Die Reform des Finanzierungssystems der Europäischen Union:
Eine eigene Steuer für die EU-Ebene?

Europäische Hochschulschriften

Publications Universitaires Européennes
European University Studies

Reihe V
Volks- und Betriebswirtschaft

Série V Series V
Sciences économiques, gestion d'entreprise
Economics and Management

Bd./Vol. 3267

PETER LANG
Frankfurt am Main · Berlin · Bern · Bruxelles · New York · Oxford · Wien

Udo Wartha

Die Reform des Finanzierungssystems der Europäischen Union: Eine eigene Steuer für die EU-Ebene?

PETER LANG
Internationaler Verlag der Wissenschaften

Bibliografische Information der Deutschen Nationalbibliothek
Die Deutsche Nationalbibliothek verzeichnet diese Publikation in der Deutschen Nationalbibliografie; detaillierte bibliografische Daten sind im Internet über <http://www.d-nb.de> abrufbar.

Zugl.: Erlangen, Nürnberg, Univ., Diss., 2006

D 29 (n2)
ISSN 0531-7339
ISBN 978-3-631-56406-6

www.peterlang.de

Vorwort

Die vorliegende Arbeit entstand während meiner Tätigkeit als wissenschaftlicher Mitarbeiter am Lehrstuhl für Volkswirtschaftslehre, insbes. Finanzwissenschaft an der Wirtschafts- und Sozialwissenschaftlichen Fakultät der Friedrich-Alexander-Universität Erlangen-Nürnberg.

Mein erster Dank gilt meinen wissenschaftlichen Mentoren - meinem Doktorvater, Rektor Professor Dr. Karl-Dieter Grüske, sowie dem Zweitgutachter, Professor Dr. Berthold U. Wigger -, die das Interesse an dem Thema und der formalen Arbeit geweckt, mich am Lehrstuhl betreut und in dieser Zeit meinen volkswirtschaftlichen Horizont erweitert haben. Bedanken möchte ich mich bei allen Kolleginnen und Kollegen, die mich in der Promotionszeit begleitet und wertvolle Anregungen zur Arbeit gegeben haben. Robert Dehm, Daniel Frohschammer, Alexander v. Kotzebue, Dr. Frank Kupferschmidt, Dr. Julia Kupzowa und Dr. Jobst Leikeb darüber hinaus für das aufmerksame und kritische Begutachten von Manuskriptteilen sowie Dr. Dieter Vollkommer, Dr. Ute Leber, Dr. Michael Maier und Dr. Monika Schenk für die angenehme Zusammenarbeit und die Weitergabe ihres Erfahrungsschatzes. Dank gilt auch den Lehrstuhlsekretärinnen Anke Große, Karin Sendner und Andrea Wilhelm sowie den studentischen Hilfskräften Bianca Distler und Verena Kley für die vielfältige Unterstützung sowie Dorothee Wüstholz für die mühevolle Formatierung des Literaturverzeichnisses.

Danken möchte ich im Besonderen meiner Familie. Meinen Eltern, die mir das Studium ermöglicht und mich auf meinem Weg immer bestärkt haben, und natürlich meiner Frau Ina Gombert, die selbst in der Schlussphase ihrer eigenen Promotion immer für meine Promotionssorgen da war. Sehr danken möchte ich auch meiner Tochter Jana für ihre immense Geduld und ihr Verständnis dafür, dass ihr Papa so viel Zeit mit der Anfertigung eines Buches verbrachte, das ja nicht einmal richtige Bilder enthält.

Nürnberg, im März 2007 Udo Wartha

Inhaltsverzeichnis

II Beurteilung der EU-Steuer-Vorschläge anhand steuerartspezifischer und steuerartübergreifender Kriterien 73

Abbildungsverzeichnis

Tabellenverzeichnis

Symbolverzeichnis - Auszug

Kapitel 3

p'	Preis
p''	Preis nach Erhöhung des Steuersatzes
R_s^A	(negativer) Steueraufkommenseffekt der dezentralen Ebene
R_s^B	(positiver) Steueraufkommenseffekt der dezentralen Ebene
R_f	(negativer) Steueraufkommenseffekt der zentralen Ebene
T_s^0	Steuersatz der dezentralen Ebene
T_f^0	Steuersatz der zentralen Ebene
T_s^1	Steuersatz der mitgliedstaatlichen Ebene nach Steuererhöhung
T_f^1	Steuersatz der mitgliedstaatlichen Ebene ($=T_f^0$)
q	privates Gut
q'	nachgefragte Menge des Gutes in der Ausgangssituation
q''	nachgefragte Menge des Gutes nach Steuererhöhung

Kapitel 5

c	privater Konsum
F	Zielfunktion der EU-Politiker
g	öffentliches Gut der Mitgliedstaaten
g^*	effiziente Menge an (mitgliedstaatlichen) öffentlichen Gütern
G	föderale Ausgaben der EU-Ebene je Mitgliedstaat
G^*	effiziente Menge an föderalen öffentlichen Ausgaben je Mitgliedstaat
m	verfügbares Einkommen des repräsentativen Konsumenten

$MCPF(\tau^*)$	Grenzkosten der öffentlichen Einnahmeerhebung (effiziente Situation)
$MCPF^u$	Grenzkosten der öffentlichen Einnahmeerhebung (unitarische Besteuerung)
$MCPF^d$	Grenzkosten der öffentlichen Einnahmeerhebung (geteilte Besteuerungshoheit)
S	Zielfunktion der Politiker der mitgliedstaatlichen Ebene
t	Steuersatz der Mitgliedstaaten
T	Steuersatz der EU-Ebene
U	Nutzen
V	indirekter Nutzen
x	privater Konsum
α	Eigeninteresse der Politiker
ε	kompensierte Preiselastizität der Nachfrage
$\gamma'(g)$	Grenznutzen aus der Bereitstellung mitgliedstaatlicher öffentlicher Güter (effizientes Ergebnis)
$\Gamma'(G)$	Grenznutzen der EU-Ausgaben je Mitgliedstaat (effizientes Ergebnis)
$\gamma'(g^u)$	Grenznutzen aus der Bereitstellung mitgliedstaatlicher öffentlicher Güter (unitarische Besteuerung)
$\Gamma'(G^u)$	Grenznutzen der EU-Ausgaben je Mitgliedstaat (unitarische Besteuerung)
$\gamma'(g^d)$	Grenznutzen aus der Bereitstellung mitgliedstaatlicher öffentlicher Güter (geteilte Besteuerung)
$\Gamma'(G^d)$	Grenznutzen der EU-Ausgaben je Mitgliedstaat (geteilte Besteuerung)
τ	gemeinsamer Steuersatz beider Ebenen
q	privates Gut
R_f^A	(negativer) Steueraufkommenseffekt (EU-Ebene)
R_f^B	(positiver) Steueraufkommenseffekt (EU-Ebene)
R_s	(negativer) Steueraufkommenseffekt (Mitgliedstaaten)
T_f	Steuersatz der EU-Ebene
T_s	Steuersatz der Mitgliedstaaten

Kapitel 6

a^*	effizientes Angebot des reinen öffentlichen Gutes Pollution Abatement
a_i	Angebot von Pollution Abatement in einem Mitgliedstaat

a_{sub}	ineffizient niedriges Angebot von Pollution Abatement
c	privater Konsum
D	Verschmutzungsniveau in der Föderation
F	Zielfunktion der EU-Politiker
g_i	öffentliches Güterangebot der Mitgliedstaaten
G	Ausgaben der EU-Ebene je Mitgliedstaat
m_i	verfügbares Einkommen des repräsentativen Konsumenten
$MCPF(\tau)$	Grenzkosten der öffentlichen Einnahmeerhebung
$MCPF(\tau^d)$	Grenzkosten der öffentlichen Einnahmeerhebung in der Wahrnehmung der Politiker (geteilte Besteuerung)
n	Anzahl der Mitgliedstaaten der Föderation
S	Zielfunktion der Politiker in den Mitgliedstaaten
T	Steuersatz der föderalen Ebene auf das verschmutzende Gut x
U_i	Nutzen des repräsentativen Konsumenten
x	privates Gut
t_i	Steuersatz der Mitgliedstaaten
T	EU-Steuersatz
V_i	indirekter Nutzen des repräsentativen Konsumenten
ε	kompensierte Preiselastizität der Nachfrage
τ	gemeinsamer Steuersatz von EU-Ebene und Mitgliedstaaten x
ξ	Disnutzen

Abkürzungsverzeichnis

Abb.	Abbildung
Abs.	Absatz
Art.	Artikel
Bd.	Band
BGBl.	Bundesgesetzblatt
BIP	Bruttoinlandsprodukt
BNE	Bruttonationaleinkommen
BSP	Bruttosozialprodukt
BVerfG	Bundesverfassungsgericht
EAG	Europäische Atomgemeinschaft
ECOFIN	Rat der Europäischen Union in der Zusammensetzung der Wirtschafts- und Finanzminister
EEA	Einheitliche Europäische Akte
EFTA	Europäische Freihandelszone
EGKS	Europäische Gemeinschaft für Kohle und Stahl
EGV	Vertrag zur Gründung der Europäischen Gemeinschaft
ESVG 95	Europäisches System Volkswirtschaftlicher Gesamtrechnung 1995
EU	Europäische Union
EU-15	Mitgliedstaaten der Europäischen Union vor dem Beitritt neuer Mitglieder in 2004
EU-25	Mitgliedstaaten der Europäischen Union nach dem Beitritt neuer Mitglieder in 2004
EuGH	Europäischer Gerichtshof
EUR	Euro
Eurostat	Statistisches Amt der Europäischen Gemeinschaften
EUV	Vertrag über die Europäische Union
EZB	Europäische Zentralbank
FDI	ausländische Direktinvestitionen
FOCJ	Functional, Overlapping, Competing Jurisdictions

GASP	Gemeinsame Außen- und Sicherheitspolitik
GG	Grundgesetz
Hrsg.	Herausgeber
IBC	International Benchmark Club
IMF	International Monetary Fund
Jg.	Jahrgang
MCPF	Marginal Costs of Public Funds
MwSt	Mehrwertsteuer
NMS-10	Neumitglieder in der Europäischen Union seit 2004
OECD	Organisation für wirtschaftliche Zusammenarbeit und Entwicklung
o.V.	ohne Verfasser
RWI	Rheinisch-Westfälisches Institut für Wirtschaftsforschung
SGB	Sozialgesetzbuch
VGR	Volkwirtschaftliche Gesamtrechnung
WTO	World Trade Organization
ZEW	Zentrum für Europäische Wirtschaftsforschung

Kapitel 1

Einführung

1.1 Problemstellung der Arbeit

Mit der Kernfragestellung der vorliegenden Arbeit „*Sollte die EU-Ebene eine eigene Steuer erheben?*“ wird eine europapolitisch keineswegs hypothetische Entscheidungssituation behandelt. Die Einführung einer EU-Steuer steht auf der politischen Agenda der Europäischen Kommission und wird von politischer wie wissenschaftlicher Seite intensiv diskutiert.

Auslöser der Reformdiskussion der EU-Finanzierung ist die Kritik am geltenden Eigenmittelsystem, dem vielfach Intransparenz und Komplexität vorgeworfen wird. Die EU-Bürger könnten das System nicht durchschauen und erst recht nicht angemessen kontrollieren. Die EU-Ebene besitze darüber hinaus zu wenig Finanzautonomie.

Bereits 1977 wurden im MacDougall-Bericht Vorschläge zur Einführung einer eigenen EU-Steuer formuliert. Die Gutachten der Europäischen Kommission von 1994 und 1998 konkretisierten diese Vorschläge. In ihrem jüngsten Bericht über das Funktionieren des Eigenmittelsystems von 2004 stellt die Kommission drei Reformvarianten für die EU-Finanzierung vor und plädiert dabei für die Schaffung einer EU-Steuer. Unterstützung erhält die Europäische Kommission dabei von Seiten prominenter Politiker der Mitgliedstaaten.

Im Jahr 2001 forderten unter anderem der damalige Kommissionspräsident Prodi, die damalige EU-Haushaltskommissarin Schreyer sowie der damalige deutsche Finanzminister Eichel mit Blick auf die Erweiterung der Europäischen Union um eine große Zahl neuer Mitgliedstaaten die Einführung einer EU-Steuer.[1] Damit keimte die bereits seit Jahrzehnten existente Idee zur Reform der EU-Finanzierung mit Zuweisung einer eigenen Besteuerungshoheit an die EU-Ebene wieder auf. Zu einer Realisierung der Vorschläge kam es in 2001 allerdings nicht - sie wurden vom Europäischen Parlament und der Mehrheit der EU-Finanzminister abgelehnt.[2]

Dennoch führte die Kommission ihre Arbeiten an einem grundlegenden Reformkonzept für die EU-Finanzierung fort. Sie befürchtete erhebliche Wohlstandsunterschiede innerhalb der EU, da die Bruttonationaleinkommen der neuen Mitgliedstaaten allesamt unter dem

[1] Vgl. Schick/Märkt (2001), o.V. (2001c).

[2] Vgl. Berschens (2001).

EU-Durchschnitt liegen würden, womit steigende Ausgabenverpflichtungen einhergingen. Tabellini spricht in diesem Zusammenhang von einem Albtraum:

> „Enlargement [...] will make the political debate on the EU budget a nightmare.“[3]

Eine Neubelebung erfuhr die EU-Steuer-Diskussion in der Folge des Europäischen Rates im Dezember 2005 in Brüssel. So forderte der österreichische Bundeskanzler Schüssel in seiner Rede vor dem Europäischen Parlament zur Erläuterung des Präsidentschaftsprogramms im ersten Halbjahr 2006:

> „Ich sage jetzt auch etwas, dem vielleicht nicht alle von Ihnen zustimmen werden: Europa braucht eine stärkere Eigenfinanzierung. Es geht nicht, dass wir aus den nationalen Budgets alles herausschneiden, was wir für Europa brauchen. Dann kommen wir genau in diese unglückliche Spannung zwischen Nettozahlern und Nettoempfängern. Eine stärkere Eigenfinanzierung ist vielleicht nicht populär, aber notwendig. [...] Ich bitte auch das Europaparlament um Unterstützung: Wer ein starkes Europa will, darf sich nicht scheu um diese Frage herumdrücken.“[4]

Konkret spricht sich Schüssel für eine Steuer auf kurzfristige Finanzspekulationen oder Flugbenzin aus.[5] Auch der britische Premierminister Blair regte im Rahmen einer Debatte des Europäischen Parlaments Ende Dezember 2005 eine Intensivierung des Themas an:

> „Ich habe eine europäische Steuer nie befürwortet, aber man muss sich die Frage nach der besten Art der Geldeinnahme stellen. [...] Die EU-Steuer „ist etwas, das die Kommission untersuchen sollte.“[6]

Kommissionspräsident Barroso wirbt im Dezember 2005 ebenfalls dafür, die Eigenmittelfinanzierung statt wie derzeit mit Beitragscharakter verstärkt über „echte“ Eigenmittel vorzunehmen und damit die Finanzautonomie der EU-Ebene zu erhöhen. Er ruft dazu auf

> „[...] einen Weg zu finden, eine direkte Verbindung zwischen den Haushalten der Länder und dem Haushalt der Europäischen Union zu vermeiden.“[7]

Denn, so Barroso, die ständige Auseinandersetzung um die Finanzierung der Gemeinschaftsaufgaben schade dem Ansehen der Europäischen Union.

---

[3] Tabellini (2003), S. 93.

[4] Schüssel (2006).

[5] Vgl. Schüssel (2006).

[6] Tony Blair im Rahmen einer Debatte des Europäischen Parlaments zu den Ergebnissen des Europäischen Rates, 20.12.2005. Zitiert nach o.V. (2005).

[7] Kommissionspräsident Barroso, zitiert nach Crolly (2005).

Die Bemühungen im Rahmen des Arbeitsprogramms der Kommission spiegeln sich schließlich im Bericht der Kommission über das Funktionieren des Eigenmittelsystems „Finanzierung der Europäischen Union“ wider, den die Europäische Kommission am 6.9.2004 dem Rat vorgelegt hat. Dabei wird für die Einnahmenseite des EU-Haushalts die Einführung einer EU-Steuer empfohlen.

Die ablehnenden Volksentscheide zur EU-Verfassung in Frankreich und den Niederlanden 2005 versetzten dem Integrationsprozess in der Europäischen Union einen erheblichen Dämpfer. Die Staats- und Regierungschefs einigten sich in dieser politischen Krise der Europäischen Union nach Monate andauerndem Streit mit der Kommission und dem Europäischen Parlament auf Leitlinien für den neuen Eigenmittelbeschluss mit Gültigkeit ab 2007 und auf die Finanzielle Vorausschau 2007-2013.

Die Ergebnisse lassen sich als Weg des geringsten Widerstands interpretieren, da in vielen kritischen Fragen kein Durchbruch erzielt wurde. Die Reform des Eigenmittelsystems konzentriert sich demnach auf die Modifizierung des seit 1984 geltenden exklusiven Beitragsrabatts im Rahmen der EU-Finanzierung für Großbritannien. Der Rabatt für Großbritannien wird für die gesamten sieben Jahre der Finanziellen Vorausschau um rund 10,5 Milliarden Euro gekürzt, was eine verstärkte Beteiligung Großbritanniens an der Bewältigung der Finanzierungslasten der Osterweiterung sicherstellt.[8]

Eine Entscheidung hinsichtlich der Einführung einer EU-Steuer wurde in den Beschlüssen des Europäischen Rates nicht herbeigeführt, so dass für den Eigenmittelbeschluss mit Gültigkeit ab 1.1.2007 keine entscheidende Änderung der Eigenmittelquellen zu erwarten ist.

Eine Einigung liegt nur in der Hinsicht vor, dass man während der Laufzeit der Finanziellen Vorausschau von 2007-2013, in 2008 oder 2009, die Möglichkeit einplant, über Einnahmen und Ausgaben neu zu entscheiden. In Art. 9 des Entwurfs der Europäischen Kommission für den Eigenmittelbeschluss ist daher folgende Regelung vorgesehen:

> „Im Rahmen der vollständigen, weit reichenden Überprüfung sämtlicher Aspekte der EU-Ausgaben und -Einnahmen über die die Kommission 2008/2009 Bericht erstatten wird, nimmt sie eine generelle Überprüfung des Eigenmittelsystems vor und unterbreitet hierzu erforderlichenfalls Vorschläge.“

Die Auseinandersetzung mit der EU-Steuer-Thematik besitzt also auch für die nächsten Jahre eine hohe Relevanz.

---

[8]Grundlage für diese stärkere Einbeziehung Großbritanniens ist die Entwicklung des Bruttonationaleinkommens (BNE) pro Kopf, ausgedrückt in Kaufkraftstandards. Großbritannien nimmt nach Berechnungen der Kommission in 2003 die Spitzenposition in der EU-25 ein. Vgl. Europäische Kommission (2004d), S. 5. Die Absenkung des Rabatts Großbritannien (die Agrarausgaben ausgenommen) voll an den Kosten der Erweiterung der Union beteiligen.

1.2 Vorbemerkungen zur Europäischen Union

Das Thema der vorliegenden Arbeit erfordert keine abschließende Klärung der - in letzter Konsequenz rechtswissenschaftlichen - Fragestellung nach dem Status der Europäischen Union. Ob die Europäische Union *de jure* ein Föderalstaat, Staatenverbund oder Staatenbund ist, kann hier vernachlässigt werden.[9]

Von Bedeutung ist allerdings, ob die Europäische Union in dem Sinne als Föderation zu interpretieren ist, so dass die Anwendung des Instrumentariums der Theorie des fiskalischen Föderalismus zur Analyse der Zuweisung von Besteuerungshoheiten in föderalen Systemen zulässig ist.

1.2.1 Die Europäische Union - eine Föderation?

Die Diskussion um die gegenwärtige sowie zukünftige Staatlichkeit der Europäischen Union hat eine lange Tradition. Im Wesentlichen kann man die beiden in der Diskussion vertretenen Extrempositionen mit der Churchill-Vision der „Vereinigten Staaten von Europa“ und dem von de Gaulle präferierten „Europa der Vaterländer“ benennen. In der Churchill-Vision sollte sich die Europäische Union (EU) zu einem Föderalstaat entwickeln und demnach eine Verbindung mehrerer Staaten zu einem Bundesstaat darstellen, in dem die Staatlichkeit der Gliedstaaten zwar weitgehend erhalten bleibt, staatliche Aufgaben und Befugnisse aber zwischen den beiden Ebenen aufgeteilt werden. Im Europa de Gaulles wird ein Staatenbund vorgezogen, der eine vergleichsweise weniger enge Verbindung von Staaten vorsieht und die Souveränität der Mitgliedsstaaten grundsätzlich unangetastet lässt. Der Staatenbund kann zwar eigene Organe unterhalten, verbindliche Beschlüsse in der Regel jedoch nur dann fassen, wenn alle Mitgliedsstaaten diesen zustimmen.[10]

Die EU wird nach dem Maastricht-Urteil des Bundesverfassungsgerichts aus dem Jahr 1993 als Staatenverbund eingestuft[11], was als Zwischenstufe zwischen Staatenbund und Bundesstaat gesehen werden kann. Hierbei schließen sich die Einzelstaaten als Mitgliedstaaten einer auf zwischenstaatliche Zusammenarbeit zielenden Gemeinschaft an, wobei Aufgaben und Befugnisse in Letztverantwortung weitgehend bei den Nationalstaaten verbleiben. Der zentralen Ebene können aber von den Mitgliedstaaten durch gemeinsamen Beschluss und im Rahmen der mitgliedstaatlichen Verfassungen supranationale Kompetenzen übertragen werden. Die Wahrnehmung von Aufgaben der EU ist allerdings eng an die von den Mitgliedstaaten übertragenen Kompetenzen gebunden (Prinzip der begrenzten Ermächtigung).[12]

[9] Eine tiefer gehende Betrachtung findet sich dazu bei Blankart (2006), S. 621ff. sowie bei Blankart/Mueller (2003).

[10] Blankart (2006) bietet einen Vergleich der Strukturen und Entscheidungsformen in den Organisationstypen Staatenbund und Bundesstaat. Vgl. Blankart (2006), S. 621ff.

[11] Vgl. BVerfGE73, 339.

[12] Vgl. Folkers (2002), S. 229.

Die Europäische Union ist nach herrschender Meinung nicht als Föderation oder Bundesstaat zu werten.[13] Folkers (2002) sieht die EU eher als ein „*evolutorisches, dynamisches System der Kooperation, nicht aber [als] ein gegebenes staatliches Gebilde*“[14]. Art. 23 Abs. 1 und 2 des Grundgesetzes bietet jedoch Anhaltspunkte dafür, die Europäische Union doch als Quasi-Föderation zu interpretieren:

> „(1) Zur Verwirklichung eines vereinten Europas wirkt die Bundesrepublik Deutschland bei der Entwicklung der Europäischen Union mit, die demokratischen, rechtsstaatlichen, sozialen und föderativen Grundsätzen und dem Grundsatz der Subsidiarität verpflichtet ist und einen diesem Grundgesetz im wesentlichen vergleichbaren Grundrechtsschutz gewährleistet. Der Bund kann hierzu durch Gesetz mit Zustimmung des Bundesrates Hoheitsrechte übertragen. [...]
>
> (2) In Angelegenheiten der Europäischen Union wirken der Bundestag und durch den Bundesrat die Länder mit. Die Bundesregierung hat den Bundestag und den Bundesrat umfassend zum frühestmöglichen Zeitpunkt zu unterrichten.“

Die Bindung der Europäischen Union an föderative Grundsätze und die Mitwirkung der dezentralen Ebenen, was zumindest in Deutschland über das GG garantiert wird, kann als bedeutendes Kriterium zur Abwehr zentralistischer Tendenzen in der EU verstanden und nach Ansicht von Zuleeg (2000b) als Stärkung der föderalen Prinzipien der EU gewertet werden.[15]

Der EU sind zudem über die in den Verträgen festgeschriebenen Handlungsermächtigungen vielfältige und weit reichende Aufgaben zugewiesen worden. Das Europarecht wirkt darüber hinaus maßgeblich auf nationale Politikbereiche, die weiterhin in mitgliedstaatlicher Verantwortung liegen.

Seit den 1970er Jahren verzeichnet außerdem das Europäische Parlament einen stetig wachsenden Einfluss im politischen Entscheidungsprozess der EU. Vor allem in Haushaltsangelegenheiten der EU wurde das Parlament gestärkt. Gleichzeitig wurde die demokratische Legitimität des Europäischen Parlaments durch die Direktwahl der EU-Abgeordneten seit 1979 erhöht. Die Europäische Union ähnelt somit in ihrer Struktur dem Aufbau anderer föderal gegliederter Staaten, wie z.B. Deutschland, Österreich, Schweiz, Kanada und die Vereinigten Staaten.

Für die Analyse der Arbeit kann die Europäische Union als quasi-föderaler Staatenverbund interpretiert und mit Zuleeg(2002b) somit vereinfachend angenommen werden:

> „When talking about the Union one could easily call it a federation.“[16]

---

[13] Vgl. Grimm (1995). Auch eine mögliche Ratifizierung der EU-Verfassung würde an diesem Punkte nichts grundlegend ändern.

[14] Folkers (2002), S. 233.

[15] Vgl. Zuleeg (2000a, 2000b).

[16] Zuleeg (2000b), S. 674.

1.2.2 Anwendung der Theorie des fiskalischen Föderalismus

Die Anwendung der Theorie des fiskalischen Föderalismus wird von einigen Autoren wie etwa Henke (1981) und Folkers (1994) kritisch gesehen. Henke (1981) betont, dass die EU als Zusammenschluss souveräner Staaten (noch) kein föderalistisches Gebilde in der Form darstellt, wie es von der Theorie des fiskalischen Föderalismus vorausgesetzt wird.[17] Nach Folkers (1994) erfüllt die EU-Ebene weder Allokations- noch Distributions- oder Stabilisierungsaufgaben in einem Maße, dass daraus ein EU-Haushalt begründet werden könnte.[18] Daher sei die Theorie des Föderalismus auf die institutionellen Strukturen der EU nicht anwendbar. Das analytische Konzept sei für andere institutionelle Strukturen entwickelt worden.[19]

Die Theorie des fiskalischen Föderalismus, in dessen Rahmen auch die Theorie der fiskalischen Externalitäten fällt, ermöglicht jedoch die Beantwortung von Fragestellungen, die in der vorliegenden Arbeit von Bedeutung sind. Für die Zuweisung von Kompetenzen auf unterschiedliche föderale Ebenen, insbesondere die Zuweisung der Besteuerungshoheit auf die EU-Ebene, können etwa mit Hilfe der Theorie der fiskalischen Externalitäten wichtige Schlussfolgerungen abgeleitet werden.

In der einschlägigen Literatur wird diese Vorgehensweise immer wieder angewandt. Bereits die MacDougall-Berichte der Kommission von 1977 gehen von einer „pre-federal integration"[20] aus und wenden theoretische Methoden zur Untersuchung von Föderationen auf die Europäische Wirtschaftsgemeinschaft an.

In der vorliegenden Arbeit wird die Europäische Union als (quasi-)föderaler Staatenverbund interpretiert und so die Anwendbarkeit der ursprünglich für die nationalstaatliche Betrachtung entwickelte Theorie des fiskalischen Föderalismus auf die EU gerechtfertigt.[21]

Aufgrund der einzigartigen ökonomischen, politischen und konstitutionellen Strukturen der EU lässt sich in einigen Punkten eine Übertragung nicht problemlos realisieren.[22] In jedem Fall ermöglicht die Anwendung der Theorie des fiskalischen Föderalismus aber ein besseres Verständnis der Europäischen Union.[23]

1.3 Zielsetzung und Aufbau der Arbeit

Sollte die EU-Ebene eine eigene Steuer erheben? - Diese Fragestellung steht im Mittelpunkt der vorliegenden Arbeit. Dabei wird eine systematische, theoretisch fundierte Analyse der Argumente für bzw. gegen die Einführung einer EU-Steuer vorgenommen, um abschließend Handlungsempfehlungen für die zukünftigen Bemühungen im Rahmen einer Reform der EU-Finanzierung zu geben.

---

[17]Vgl. Henke (1981), S. 18f.

[18]Vgl. Folkers (1994), S. 9.

[19]Vgl. Folkers (1994), S. 50f.

[20]Europäische Kommission (1977a), S. 14. Vgl. Europäische Kommission (1977a, 1977b) sowie Oates (2002c), S. 42.

[21]Vgl. Oates (1972, 1999) sowie Heinemann (2001), S. 218ff.

[22]Siehe Kapitel 3.2.3, S. 59.

[23]So auch Oates (2002c), S. 37.

Dabei konzentriert sich die Arbeit auf folgende Fragestellungen:

1. Rechtfertigen die Mängel des gegenwärtigen Finanzierungssystems der Europäischen Union eine grundlegende Reform?

2. Welche ökonomischen und politischen Kriterien eignen sich konkret für die Beurteilung der EU-Steuer-Vorschläge der Europäischen Kommission und welche Kriterien bieten steuerartübergreifend Argumente für oder gegen die Einführung einer EU-Steuer?

3. Wie ist die Reform des EU-Finanzierungssystems mit der Einführung einer EU-Steuer auf Basis der entwickelten steuerartspezifischen und steuerartübergreifenden Beurteilungskriterien insgesamt zu bewerten?

Neben den vor allem von politischer Seite häufig angeführten Argumenten der Transparenzsteigerung, der Erhöhung der Finanzautonomie der EU-Ebene und der Vereinfachung der EU-Finanzierung wird im Rahmen der Einführung der EU-Steuer auch immer wieder einer Effizienzsteigerung durch die bessere Erfüllung des Prinzips der fiskalischen Äquivalenz[24] als Vorteil angeführt. Die EU-Steuer führt demnach zu einer Ansiedlung von Einnahmen- und Ausgabenentscheidungen auf den föderalen Ebenen, was einen Verbund von Nutzern, Zahlern, Entscheidern und Anbietern schafft.[25] Darüber hinaus besitzt das Eigenmittelsystem der EU - dem Namen nach ein System „eigener" Mittel - mit seinen aufkommensmäßig bedeutendsten Komponenten (den Mehrwertsteuer-Eigenmitteln und den Bruttonationaleinkommen-Eigenmitteln) eher Eigenmittelquellen mit Beitragscharakter. Der Anteil der Traditionellen Eigenmittel an der EU-Finanzierung hat sich in den letzten Jahren zudem stark zu Lasten der „Beiträge" verschoben.

Die eher einseitig positive politische Bewertung der EU-Steuer soll in der vorliegenden Arbeit mit Hilfe eines umfassenden Katalogs an allgemeinen und spezifischen Kriterien genauer überprüft werden. Dabei spielt neben grundlegenden ökonomischen und politischen Aspekten, aus denen Empfehlungen für eine bestimmte Allokation der Besteuerungshoheit in einem föderalen System abgeleitet werden können, vor allem der Einfluss von vertikalen fiskalischen Externalitäten eine bedeutende Rolle.

Die Arbeit bereichert damit die Debatte um eine Reform des Eigenmittelsystems um bisher nicht diskutierte Argumente und liefert Handlungsempfehlungen für die politischen Entscheidungsträger.

Der Aufbau der Arbeit wird im folgenden kurz skizziert und kann in der Übersichtsabbildung 1.1 nachvollzogen werden. Die Arbeit gliedert sich in zwei Teile und insgesamt neun Kapitel.

Nach der Einführung in **Kapitel 1** werden im darauf folgenden **Teil I** der Arbeit „EU-Finanzierung, Reformbedarf und Reformoptionen" in einem ersten Schritt der Analyse

[24] Vgl. Olson (1969).

[25] In einer ganzheitlichen Betrachtung sollte neben der Frage der Allokation der Besteuerungshoheit auch die Verteilung der Aufgaben und die Verteilung der Ausgabenkompetenzen auf die verschiedenen Ebenen analysiert werden. Vgl. dazu etwa Gerken et al. (2002).

zunächst das Einnahmensystem der EU vorgestellt, mögliche Probleme aufgezeigt und schließlich die von der Europäischen Kommission vertretenen Reformvorschläge skizziert.

Kapitel 2 erläutert das gegenwärtige System der EU-Finanzierung. Zum besseren Verständnis des Status quo wird dabei besonders auch auf die historische Entwicklung der EU-Finanzierung eingegangen. Im Mittelpunkt stehen die Ausgestaltung des Eigenmittelsystems auf Basis des aktuellen Eigenmittelbeschlusses für den Zeitraum 2000 bis 2006 sowie die Bewertung des Finanzierungssystems. Zum Abschluss des Kapitels werden mögliche Reformoptionen vorgestellt, die dem Rat der Europäischen Union zur Vorbereitung einer Entscheidung über eine Reform des EU-Finanzierungssystems von der Europäische Kommission vorgeschlagen wurden.

Kapitel 3 thematisiert eingangs verschiedene Aspekte, die für die Umsetzung der EU-Steuer-Variante von Bedeutung sind. Dabei wird die EU-Steuerpolitik im Bereich der indirekten und der direkten Steuern ausführlich dargestellt, um die Voraussetzungen für die Implementierung einer EU-Steuer zu veranschaulichen.

Nach einer eingehenden Vorstellung der konkreten Vorschläge für eine EU-Steuer durch die Europäische Kommission - EU-Mehrwertsteuer, EU-Energie-/CO_2-Steuer und EU-Körperschaftsteuer - wird versuchsweise eine Zuordnung der Steuerarten auf die unterschiedlichen föderalen Ebenen der EU anhand gängiger Prinzipien der Zuweisung von Besteuerungshoheiten unternommen.

Anknüpfend an die Nichtberücksichtigung vertikaler fiskalischer Externalitäten in den Zuordnungsprinzipien wird am Ende von Kapitel 3 in die Theorie der fiskalischen Externalitäten eingeführt und deren Bedeutung für die Beurteilung der Implementierung einer EU-Steuer herausgearbeitet. Die ausführliche Darstellung der Problematik der fiskalischen Externalitäten ist notwendig, weil dieser Aspekt - insbesondere die Existenz vertikaler Steuerexternalitäten - in der wissenschaftlichen und vor allem in der politischen Diskussion um die EU-Steuer weitgehend vernachlässigt wird.

In **Teil II** der Arbeit „Beurteilung der EU-Steuer-Vorschläge anhand steuerartspezifischer und steuerartübergreifender Kriterien" erfolgt zunächst eine Einzel-Bewertung der drei von der Europäischen Kommission ausgewählten EU-Steuer-Vorschläge und abschließend eine allgemeine Beurteilung der Einführung einer EU-Steuer.

In **Kapitel 4** werden aus unterschiedlichen Ansätzen zur Beurteilung von steuerpolitischen Entscheidungen und Steuersystemen für die Arbeit relevante steuerartspezifische Beurteilungskriterien für die Zuweisung einer Besteuerungshoheit an die EU-Ebene abgeleitet und diese im Einzelnen ausführlich vorgestellt.

Diese steuerartspezifischen Kriterien werden schließlich zur Bewertung der EU-Mehrwertsteuer in **Kapitel 5**, der EU-Energie-/CO_2-Steuer in **Kapitel 6** sowie der EU-Körperschaftsteuer in **Kapitel 7** herangezogen. Die einzelnen Kapitel enden jeweils mit einer zusammenfassenden Beurteilung der Eignung der Steuerarten.

In Kapitel 5 werden einführend die Auswirkungen einer EU-Mehrwertsteuer bei gleichzeitigem Zugriff der Mitgliedstaaten auf die Bemessungsgrundlage anhand eines einfachen Modells dargestellt - dabei spielen vertikale Steuerexternalitäten eine bedeutende Rolle. In Kapitel 6 wird eine stilisierte EU-Energie-/CO_2-Steuer modelliert, die von vollständig benevolenten Politikern erhoben wird. Dabei stehen ebenfalls die Effizienzwirkungen durch das Auftreten vertikaler Steuerexternalitäten im Mittelpunkt der Analyse. Dabei wird auch kurz auf die eng mit der Zuweisung von Einnahmekompetenzen für Umweltsteuern verbundene Zuweisung von Ausgabenkompetenzen für Pollution Abatement in föderalen System eingegangen, die für die Beurteilung der EU-Energie-/CO_2-Steuer-Variante eine Rolle spielen. Kapitel 7 verzichtet bei der Beurteilung der EU-Steuer auf eine Modellanalyse hinsichtlich der Wirkung vertikaler (und horizontaler) Steuerexternalitäten. Aufgrund der besonderen Probleme bei dieser Steuerart im Hinblick auf „Harmonisierungsbedarf" und „politische Durchsetzbarkeit" wird hier stattdessen verstärkt auf die vielfältigen Schwierigkeiten und zahlreichen (bisher erfolglosen) Harmonisierungsbemühungen im Rahmen der Körperschaftsbesteuerung in der Europäischen Union eingegangen. Darüber hinaus werden mögliche Vor- und Nachteile von Steuerwettbewerb und Steuerharmonisierung skizziert.

In **Kapitel 8** werden im Anschluss an die Beurteilung der einzelnen Steuerarten steuerartübergreifende Beurteilungskriterien herangezogen, um grundsätzliche Effekte einer Verlagerung der Besteuerungshoheit von den Mitgliedstaaten an die EU-Ebene herauszuarbeiten, die nicht mit einem konkreten EU-Steuer-Vorschlag verknüpft sind.

In **Kapitel 9** werden Politikempfehlungen gegeben, die auf den Ergebnissen der Bewertung der EU-Steuer-Vorschläge auf Grundlage der Beurteilung anhand steuerartspezifischer Kriterien in Kapitel 4 und der Beurteilung steuerartübergreifender Kriterien in Kapitel 8 basieren. Ein Ausblick auf zukünftige Entwicklungen des EU-Eigenmittelsystems schließt die Arbeit ab.

Abbildung 1.1: Aufbau der Arbeit

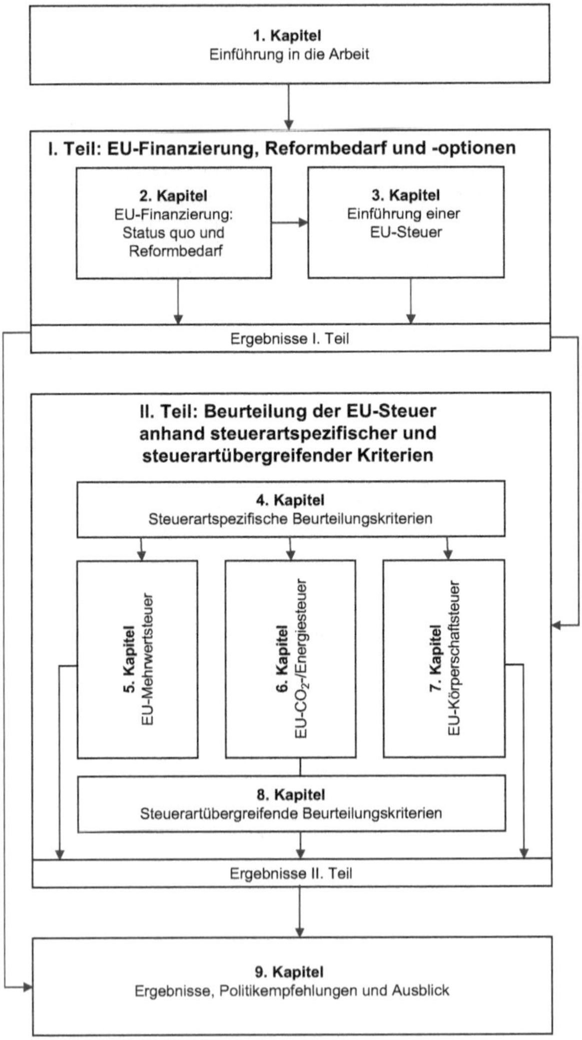

Quelle: Eigene Darstellung.

Teil I

EU-Finanzierung, Reformbedarf und Reformoptionen

Kapitel 2

Die Finanzierung der Europäischen Union: Status quo und Reformbedarf

In diesem Kapitel wird das gegenwärtige System der EU-Finanzierung mit seinen Eigenmittelquellen sowie dessen historische Entwicklung vorgestellt.[1] Darauf aufbauend wird das Eigenmittelsystem anhand von Beurteilungskriterien bewertet und Gründe für einen Reformbedarf dargestellt. Abschließend werden die im Gutachten der Europäischen Kommission vorgeschlagenen Reformvarianten für das EU-Finanzierungssystem vorgestellt.

In der vorliegenden Arbeit liegt der Fokus der Untersuchung auf der Einnahmenseite der EU-Finanzverfassung. Bei der Darstellung der EU-Finanzierung und der Entwicklung des Eigenmittelsystems wird auf die Einbeziehung der Ausgabenseite des Haushaltes weitestgehend verzichtet. Wenn die Ausgaben der EU bei den Überlegungen zur Reform der EU-Finanzierung und der Einführung einer EU-Steuer eine Rolle spielen, wird an diesen Stellen dennoch darauf eingegangen.

2.1 Der Haushalt der Europäischen Union

Grundsätzlich finden sich alle Regelungen, die die Finanzbeziehungen in einem staatlichen System tangieren, in der Finanzverfassung. Diese regelt für ein Gemeinwesen sowohl die Einnahmenerzielung und Einnahmenverteilung (z.B. Finanzausgleichsregelungen) wie auch die Regelung von Aufgaben und die damit verbundenen Ausgaben.[2]

Zur Finanzverfassung der EU-Verträge zählen in diesem Sinne alle (primärrechtlichen) Bestimmungen zu den Finanzvorschriften (Eigenmittelsystem und Haushaltsrecht) in Art. 268ff. EGV sowie die rechtlichen Grundlagen der verschiedenen Ausgabenprogramme der

[1] Einen Überblick über die Entwicklungsphasen der europäischen Finanzverfassung bietet Guth (1997). Wird von der „Finanzierung der EU“ gesprochen, so ist streng genommen das Finanzierungssystem der Europäischen Gemeinschaften gemeint. Die EU besitzt bisher keine eigene Rechtspersönlichkeit und nach dem Vertrag über die Europäische Union erfolgt auch die Finanzierung der Aufgaben der EU über den Haushalt der Europäischen Gemeinschaften.

[2] Die finanzwissenschaftliche Literatur fasst den Begriff der Finanzverfassung sehr weit. Vgl. Zimmermann (1983). Siehe in Bezug auf die EU auch Heinemann (1995, 2001).

EU. Es sind aber nicht nur die primärrechtlichen Bestimmungen der Gemeinschaftsverträge zur Finanzverfassung zu zählen, sondern auch die sekundärrechtlichen Bestimmungen (Verordnungen, Richtlinien und Entscheidungen). Auch das gesamte Haushaltsrecht ist unter den Begriff der Finanzverfassung zu subsumieren.[3]

Die Europäische Union verfügt zur Wahrnehmung ihrer Aufgaben über einen eigenen Haushalt. Dabei ist sie dem Grundsatz des Haushaltsausgleichs unterworfen. Einnahmen und Ausgaben sind für jedes Jahr auszugleichen. Eine Kreditaufnahme zur Finanzierung des Haushalts ist nicht zulässig (Art. 268 Satz 3 EGV). Grundsätzlich bilden der Rat und das Europäische Parlament die Haushaltsbehörden. Sie sind zur Beschlussfassung in Haushaltsfragen befugt.

Mit Hilfe von jährlichen Ausgabenobergrenzen versucht die EU, Haushaltsdisziplin zu üben und die Verpflichtungen aus den Finanziellen Vorausschauen einzuhalten. In der Haushaltsordnung sind die folgenden Haushaltsgrundsätze für die Ausführung des Haushalts enthalten: Haushaltswahrheit, Jährlichkeit, Haushaltsausgleich, Wirtschaftlichkeit der Haushaltsführung, Spezialität, Transparenz, Rechnungseinheit, Einheit und Gesamtdeckung.

Im Haushaltsplan werden zum einen Mittel für Verpflichtungen (dafür bestehen rechtliche Verpflichtungen aus den Verträgen) als auch für Zahlungen (Barzahlungen oder Banküberweisungen an die Begünstigten) veranschlagt. Die Verpflichtungsermächtigungen und die Zahlungsermächtigungen decken sich oft nicht, da die Mittel für mehrjährige Programme und Projekte in der Regel in dem Jahr gebunden werden, in dem das Programm oder Projekt beschlossen wird, jedoch im Laufe der Jahre erst nach und nach entsprechend dem Stand der Projektumsetzung ausgezahlt werden. Wird der EU-Haushalt - beispielsweise anlässlich einer Erweiterung - aufgestockt, so nehmen also zunächst die Verpflichtungen und dann erst die Zahlungen zu. Nicht alle Programme und Projekte werden abgeschlossen, so dass der Betrag der Mittel für Zahlungen niedriger ist als der für Verpflichtungen.

Die Finanzierung des EU-Haushalts erfolgt durch ein auf Art. 269 EGV beruhendes so genanntes Eigenmittelsystem.[4] Eigenmittel sind Mittel, die getrennt und unabhängig von den Mitgliedstaaten der Finanzierung der Gemeinschaft dienen. Die Bezeichnung „Eigenmittel" entstammt der Formulierung des Artikels 269 Satz 1 EGV: „*Der Haushalt wird unbeschadet der sonstigen Einnahmen vollständig aus Eigenmitteln finanziert.*" Diese werden dauerhaft zugewiesen und die Mitgliedstaaten sind auf Basis der Gemeinschaftsverträge zur Zahlung verpflichtet. Der Weg der Kreditfinanzierung steht der EU aufgrund der obligatorischen Ausgeglichenheit von Einnahmen und Ausgaben (Art. 268 EGV) nicht offen. Die derzeitigen Eigenmittel nach dem Eigenmittelbeschluss von 2000 setzen sich aus Tra-

[3]Kops (1997) unterscheidet zudem in eine statische und eine dynamische Sicht. Erstere regelt lediglich die Verteilung der Kompetenzverteilung für vorgegebene Aufgaben und Einnahmequellen. In der dynamischen Sicht regelt die Finanzverfassung zudem noch die Aufgaben selbst, deren Träger und die Einnahmequellen. Vgl. Kops (1997), S. 46ff.

[4]Gemäß Art. 269 EGV trifft der Rat auf Vorschlag der Kommission und nach Anhörung des Parlaments einen einstimmigen Eigenmittelbeschluss, der weiterhin noch von den nationalen Parlamenten ratifiziert werden muss.

Tabelle 2.1: Einnahmen der Europäischen Union im Haushaltsjahr 2006

Einnahmequellen	in Euro	in %
Traditionelle Eigenmittel	14.225.100.000	12,70
Mehrwertsteuer-Eigenmittel	15.884.321.797	14,19
Bruttonationaleinkommen-Eigenmittel	80.562.496.558	71,95
Sonstige Einnahmen	1.297.689.094	1,16
Gesamtbetrag der Einnahmen	**111.969.607.449**	

Quelle: Europäisches Parlament (2006), S. 11.

ditionellen Eigenmitteln, Mehrwertsteuer-Eigenmitteln und Bruttonationaleinkommen-Eigenmitteln zusammen, die den Mittelbedarf der Ausgabenseite abdecken müssen (Art. 268 EGV). Das Budget wird dabei nach oben hin durch eine Eigenmittelobergrenze begrenzt.

Einen ersten Einblick in die Einnahmen- und Ausgabenseite des EU-Haushalts auf Basis des Gesamthaushaltsplans für 2006 bieten die Tabellen 2.1 und 2.2.

Seit 1988 beschließt die EU so genannte „Finanzielle Vorausschauen“ als Instrument der mehrjährigen Finanzplanung für in der Regel jeweils sieben Jahre[5], um die Haushaltsdisziplin und das Haushaltsverfahren zu verbessern.[6] In den Vorausschauen werden für die jeweiligen Zeiträume detaillierte Angaben bezüglich der jährlichen Ausgaben unter Berücksichtigung der maximal zur Verfügung stehenden Eigenmittel gemacht.[7] Bisher wurden die Finanzielle Vorausschau 1988-1992 (Delors-I-Paket[8]), die Finanzielle Vorausschau 1993-1999 (Delors-II-Paket[9]), die Finanzielle Vorausschau 2000-2006 (im Rahmen der Agenda 2000) sowie 2006 die Finanzielle Vorausschau 2007-2013 beschlossen (vgl. Tabelle 2.3).

2.1.1 Finanzielle Vorausschau 2000-2006

Im Rahmen des Europäischen Rates von Berlin am 24./25.3.1999 wurde eine politische Einigung über die Finanzielle Vorausschau 2000-2006 durch die Beschlüsse zur Agenda 2000

[5]Die erste Finanzielle Vorausschau wurde allerdings nur für fünf Jahre erstellt.

[6]Vgl. Europäisches Parlament, Rat der Europäischen Union und Europäische Kommission (1999).

[7]Der jeweils geltende Eigenmittelbeschluss gibt eine Eigenmittelobergrenze vor, die nicht überschritten werden darf.

[8]Siehe Kapitel 2.2.1.2, S. 21.

[9]Siehe Kapitel 2.2.1.2, S. 22.

Tabelle 2.2: Ausgaben der Europäischen Union im Haushaltsjahr 2006

Ausgabensektoren	in Euro	in %
Landwirtschaft	50.991.020.000	45,54
Strukturmaßnahmen	35.639.599.237	31,83
Interne Politikbereiche	8.889.218.143	7,94
Verwaltung	6.656.369.817	5,94
Externe Politikbereiche	5.369.049.920	4,80
Heranführungsstrategie	2.892.850.000	2,58
Ausgleichszahlungen	1.073.500.332	0,96
Reserven	458.000.000	0,41
Gesamtbetrag der Ausgaben	**111.969.607.449**	

Quelle: Europäisches Parlament (2006), S. 10.

erreicht.[10] Mit der mehrjährigen Finanzplanung sollten die entstehenden Kosten der für 2004 geplanten Aufnahme neuer Mitgliedstaaten gedeckt werden. Zusätzliche Ausgaben im Vergleich zur vorhergehenden Finanziellen Vorausschau wurden durch die Erweiterung im Bereich Landwirtschaft und Strukturpolitik vorgesehenen. Die zunächst für die EU-15 geltende Finanzielle Vorausschau 2000-2006 wurde auf Basis der Beschlüsse der Agenda 2000 vom Europäischen Rat in Kopenhagen vom 12./13.12.2002 um die Ausgabenbedarfe der neuen Mitgliedstaaten zur Finanziellen Vorausschau der EU-25 erweitert.[11]

Die Eigenmittelobergrenze von 1,24% des gesamten EU-Bruttonationaleinkommens (EU-BNE)[12] wurde im Rahmen des ebenfalls anlässlich des Europäischen Rates von Berlin angenommenen Eigenmittelbeschlusses nicht geändert. Es wurde aber während der Laufzeit der Vorausschau angekündigt, dass der Haushaltsspielraum bis zur Obergrenze durch die zusätzlichen Erweiterungsbelastungen weitgehend ausgeschöpft werden könnte.[13]

[10] Das Europäische Parlament stimmt am 6.5.1999 der Interinstitutionellen Vereinbarung mit der Finanziellen Vorausschau für den Zeitraum 2000-2006 zu. Vgl. Europäisches Parlament, Rat der Europäischen Union und Europäische Kommission (1999).

[11] Vgl. Europäisches Parlament und Rat (2003). In diesem Dokument wurde beschlossen, dass auch die Heranführungshilfen für die Türkei aus dieser Ausgabenrubrik finanziert werden.

[12] Das Bruttonationaleinkommen wird seit 2000 in Anwendung des Europäischen Systems der volkswirtschaftlichen Gesamtrechnung ESVG 95 gemäß der Verordnung (EG) Nr. 2223/96 anstelle des Bruttosozialprodukts verwendet.

[13] Vgl. Europäische Kommission (2004), S. 3f. „Die derzeitige Erweiterung wird das BIP der Union - und damit ihre Einnahmen - um 5% steigern, allerdings bei einer um 30% größeren Bevölkerung. Daraus ergibt sich, dass die Ausgaben stärker steigen als die Einnahmen. So bedeutet die Erweiterung vier Millionen zusätzliche Landwirte, eine Zunahme um 50% und eine Verdopplung der Einkommensunterschiede

Tabelle 2.3: Finanzielle Vorausschau 2000-2006 (EU-25)

(in Mio. EUR zu Preisen von 1999)	2000	2001	2002	2003	2004	2005	2006
1. Landwirtschaft	**40.920**	**42.800**	**43.900**	**43.770**	**44.657**	**45.677**	**45.807**
1a Gemeinsame Agrarpolitik	36.620	38.480	39.570	39.430	38.737	39.602	39.612
1b Ländliche Entwicklung	4.300	4.320	4.330	4.340	5.920	6.075	6.195
2. Strukturpolitische Maßnahmen	**32.045**	**31.455**	**30.865**	**30.285**	**35.665**	**36.502**	**37.940**
Strukturfonds	29.430	28.840	28.250	27.670	30.533	31.835	32.608
Kohäsionsfonds	2.615	2.615	2.615	2.615	5.132	4.667	5.332
3. Interne Politikbereiche	**5.930**	**6.040**	**6.150**	**6.260**	**7.877**	**8.098**	**8.212**
4. Externe Politikbereiche	**4.550**	**4.560**	**4.570**	**4.580**	**4.590**	**4.600**	**4.610**
5. Verwaltungsausgaben	**4.560**	**4.600**	**4.700**	**4.800**	**5.403**	**5.558**	**5.712**
6. Reserven	**900**	**900**	**650**	**400**	**400**	**400**	**400**
Währungsreserve	500	500	250	0	0	0	0
Reserve für Soforthilfen	200	200	200	200	200	200	200
Reserve für Darlehensgarantien	200	200	200	200	200	200	200
7. Heranführungsstrategie	**3.120**	**3.120**	**3.120**	**3.120**	**3.120**	**3.120**	**3.120**
Landwirtschaft	520	520	520	520			
Strukturpolitisches Instrument zur Vorbereitung auf den Beitritt	1.040	1.040	1.040	1.040			
PHARE (beitrittswillige Länder)	1.560	1.560	1.560	1.560			
8. Ausgleichsbeträge					**1.273**	**1.173**	**940**
Mittel für Verpflichtungen insgesamt	**92.025**	**93.475**	**93.955**	**93.215**	**102.985**	**105.128**	**106.741**
Mittel für Zahlungen insgesamt	**89.600**	**91.110**	**94.220**	**94.880**	**100.800**	**101.600**	**103.840**
Obergrenze der Mittel für Zahlungen (in % des BSP)	**1,07%**	**1,08%**	**1,11%**	**1,10%**	**1,08%**	**1,06%**	**1,06%**
Spielraum für unvorhergesehene Ausgaben	0,17%	0,16%	0,13%	0,14%	0,16%	0,18%	0,18%
Eigenmittelobergrenze (in % des BNE)	**1,24%**	**1,24%**	**1,24%**	**1,24%**	**1,24%**	**1,24%**	**1,24%**

Quelle: Europäische Kommission (2003e), S. 31.

2.1.2 Finanzielle Vorausschau 2007-2013

Die Verhandlungen über die Finanzplanung der Union für die Jahre 2007-2013 wurden im Dezember 2005 zum Abschluss gebracht. Die Staats- und Regierungschefs der EU einigten sich unter dem Ratsvorsitz Großbritanniens auf einen siebenjährigen Finanzrahmen von 864,3 Milliarden Euro, was im Durchschnitt 1,05% des EU-BNE entspricht. Dabei wurden bereits Ausgaben eingeplant, die den EU-Beitritt von Bulgarien und Rumänien im Jahr 2007 einbeziehen. Die Vorschläge der Europäischen Kommission und der britischen Ratspräsidentschaft lagen zuvor bei jeweils 1,14% bzw. 1,03% (vgl. Tabelle 2.4).

Da für den Zeitraum 2007 bis 2013 im Rahmen der Verhandlungen weder im Bereich der Agrarpolitik noch in der Kohäsionspolitik grundlegende Reformen mit Ausgabenminderungen beschlossen wurden, orientieren sich die Ausgabenverpflichtungen an denen der vorhergehenden Periode 2000-2006. Die Eigenmittelobergrenze wurde bei 1,24% des EU-BNE konstant gehalten.[14]

2.2 Das Eigenmittelsystem der Europäischen Union

2.2.1 Das Eigenmittelsystem: Historische Entwicklung

2.2.1.1 Beitragsfinanzierung von 1953-1970

Über echte eigene Mittel verfügte auf Basis des Pariser Vertrags 1952 zunächst die Europäische Gemeinschaft für Kohle und Stahl (EGKS). Auch für die 1957 gegründete Europäische Wirtschaftsgemeinschaft (EWG) und die Europäische Atomgemeinschaft (EAG) waren Eigenmittel vorgesehen.[15] Zunächst sahen die Römischen Verträgen jedoch eine Finanzierung über Finanzbeiträge der Mitgliedstaaten vor. In der Folge lag der Fokus der haushaltspolitischen Reformen auf der Harmonisierung der Finanzierungssysteme der drei Gemeinschaften. Die Herstellung von Finanzautonomie sollte schließlich mit dem Aufkommen der geplanten Zollunion erreicht werden. Mit dem Fusionsvertrag, der am 1.7.1967 in Kraft trat,[16] wurden ein gemeinsamer Rat und eine gemeinsame Kommissi-

zwischen Reich und Arm. Der Haushalt soll die Strategie von Lissabon und den Weg der EU-Wirtschaft zu mehr Wettbewerbsfähigkeit und Innovation unterstützen." Europäische Kommission (2004), S. 4.

[14]Die Forderungen einiger Mitgliedstaaten aus der Gruppe der Nettozahler nach einer 1%-Obergrenze wies die Kommission zurück, da vertragliche Verpflichtungen damit nicht mehr erfüllt werden könnten. Die tatsächlich getätigten Auszahlungen im Zeitraum der Finanziellen Vorausschau 2000-2006 liegen im Durchschnitt bei etwa 0,98% des EU-BNE. Mit der Forderung der Nettozahler würde man die bestehende Ausgabenhöhe einfrieren, den Spielraum für unvorhergesehene Ausgaben vermindern bzw. einen Druck auf das bestehende Ausgabenniveau auslösen. Vgl. Kommission(2004b), S. 30. Die Forderung wurde schriftlich im so genannten „Brief der Sechs" vom Dezember 2003 durch Deutschland, Frankreich, Großbritannien, die Niederlanden, Österreich und Schweden erhoben. Dänemark und Finnland unterstützen grundsätzlich die Position.

[15]Art. 201 des EWG-Vertrages sah - analog zu Art. 173 des EAG-Vertrags - eine Ersetzung dieser Einnahmen durch „eigene Mittel" vor. An dieser Stelle erscheint erstmals der Begriff „eigene Mittel" in den Finanzierungsbestimmungen der Europäischen Gemeinschaften.

[16]Zu den Unterzeichnerstaaten zählten Belgien, Deutschland, Frankreich, Italien, Luxemburg und die Niederlanden.

Tabelle 2.4: Finanzielle Vorausschau 2007-2013 (EU-25)

(in Mio. EUR zu Preisen von 2004)	2007	2008	2009	2010	2011	2012	2013	Gesamtbetrag für 2007-2013
1. Nachhaltiges Wachstum	**51.267**	**52.415**	**53.616**	**54.294**	**55.368**	**56.876**	**58.303**	**382.139**
1a Wettbewerbsfähigkeit	8.404	9.097	9.754	10.434	11.295	12.153	12.961	74.098
1b Kohäsion für Wachstum und Beschäftigung	42.863	43.318	43.862	43.860	44.073	44.723	45.342	308.041
2. Bewahrung und Bewirtschaftung der natürlichen Ressourcen	**54.985**	**54.322**	**53.666**	**53.035**	**52.400**	**51.775**	**51.161**	**371.344**
davon: marktbezogene Ausgaben und Direktzahlungen	43.120	42.697	42.279	41.864	41.453	41.047	40.645	293.105
3. Unionsbürgerschaft, Freiheit, Sicherheit und Recht	**1.199**	**1.258**	**1.380**	**1.503**	**1.645**	**1.797**	**1.988**	**10.770**
3a Freiheit, Sicherheit und Recht	600	690	790	910	1.050	1.200	1.390	6.630
3b Unionsbürgerschaft	599	568	590	593	595	597	598	4.140
4. Die EU als globaler Partner	**6.199**	**6.469**	**6.739**	**7.009**	**7.339**	**7.679**	**8.029**	**49.463**
5. Verwaltung	**6.633**	**6.818**	**6.973**	**7.111**	**7.255**	**7.400**	**7.610**	**49.800**
6. Ausgleichszahlungen	**419**	**191**	**190**					**0,8**
Verpflichtungsmittel insgesamt	**120.702**	**121.473**	**122.564**	**122.952**	**124.007**	**125.527**	**127.091**	**864.316**
in % des BNE	**1,10%**	**1,08%**	**1,07%**	**1,04%**	**1,03%**	**1,02%**	**1,01%**	**1,05%**
Zahlungsmittel insgesamt	**116.650**	**119.620**	**111.990**	**118.280**	**115.860**	**119.410**	**118.970**	**820.780**
in % des BNE	**1,06%**	**1,06%**	**0,97%**	**1,00%**	**0,96%**	**0,97%**	**0,94%**	**1,00%**
Spielraum	0,18%	0,18%	0,27%	0,24%	0,28%	0,27%	0,30%	0,24%
Eigenmittelobergrenze in % des BNE	**1,24%**	**1,24%**	**1,24%**	**1,24%**	**1,24%**	**1,24%**	**1,24%**	**1,24%**

Quelle: Europäische Kommission (2006d), S. 6.

on der Europäischen Gemeinschaften eingesetzt. Damit begann die Verschmelzung der bisher weitgehend unabhängigen Gemeinschaftsorganisationen EGKS, EAG und EWG und ihrer Finanzierungssysteme.[17] Bis zu diesem Zeitpunkt bestanden für die jeweiligen Gemeinschaften eigenständige Finanzierungsbestimmungen.[18]

2.2.1.2 Eigenmittelbeschlüsse 1970, 1985, 1992, 1994

Auf Basis des Ratsbeschlusses vom 21.4.1970 wurde der erste Eigenmittelbeschluss herbeigeführt und das für EWG und EAG geltende System der mitgliedstaatlichen Finanzbeiträge durch ein System von Eigenmitteln ersetzt. Der Eigenmittelbeschluss trat 1971 in Kraft.[19] Darin wurde vereinbart, dass die Gemeinschaft nach einer bis 1975 dauernden Übergangszeit[20] vollständig aus eigenen Mitteln finanziert werden solle, wobei folgende Kategorien von Einnahmen als eigene Mittel galten:[21]

- Agrarabschöpfungen und Zuckerabgaben (Art. 2a des Eigenmittelbeschlusses);
- Zölle des Gemeinsamen Zolltarifs[22] (Art. 2b) mit Ausnahme der Zölle auf EGKS-Produkte (abzüglich zehn Prozent dieser Einnahmen, die als Erstattung der Erhebungskosten an die Mitgliedstaaten zurückzahlt werden) (Art. 3 Abs. 1);
- Mehrwertsteuer-Eigenmittel (bis zu einem Prozent einer einheitlichen Mehrwertsteuer-Bemessungsgrundlage)[23] (Art. 4).

Bedingt durch Verzögerungen bei der Einführung der Mehrwertsteuer und Probleme bei der Harmonisierung der Mehrwertsteuer-Bemessungsgrundlage wurde das System der Mehrwertsteuer-Eigenmittel aber erst regulär ab 1980 angewendet. Bis dahin wurden weiterhin Beiträge der Mitgliedstaaten an die EU-Ebene abgeführt.

In den folgenden Jahren zeigte sich immer deutlicher, dass die zugesagten Finanzmittel für die Finanzierung eines ausgeglichenen Gemeinschaftshaushalts nicht mehr ausreichen würden. Im Juni 1984 einigte man sich im Rahmen des Europäischen Rates von Fontainebleau auf eine Erweiterung des Eigenmittelrahmens der Gemeinschaft, die im Eigenmittelbeschluss vom 7.5.1985 mit Wirkung vom 1.1.1986 umgesetzt wurde. Darin wurde eine Anhebung des maximalen Abrufsatzes der Mehrwertsteuer-Eigenmittel auf 1,4% und

[17]Die Forschungs- und Investitionshaushalte von EGKS und EAG wurden allerdings von der Fusion ausgenommen.

[18]Vgl. dazu genauer Peffekoven (1994).

[19]Vgl. Rat der Europäischen Gemeinschaften (1970), S. 19.

[20]Während der Übergangsphase entrichteten die Mitgliedstaaten weiterhin Finanzbeiträge gemäß Art. 3 Abs. 2.

[21]Vgl. Rat der Europäischen Gemeinschaften (1970), S. 20f.

[22]Diese Einnahmen wurden bereits in Art. 201 EWG-Vertrag als mögliche eigene Mittel erwähnt. Sie resultieren aus der Funktion der Gemeinschaft als Zollunion.

[23]Die Mehrwertsteuer-Eigenmittel erfüllten damals die Restfinanzierungsfunktion des EU-Haushalts.

- insbesondere für Großbritannien - ein Mechanismus zum Ausgleich von Haushaltsungleichgewichten beschlossen.[24]

Die nächste tiefgreifende Reform des Finanzsystems wurde durch die Vorschläge des so genannten „Delors-I-Pakets" 1987 eingeleitet.[25] Das Finanzierungssystem der EG war in den Vorjahren von Haushaltskrisen gekennzeichnet. Die darauf folgende Diskussion führte zum Eigenmittelbeschluss von 1988, der unter anderem folgende Kernpunkte enthielt:[26]

- Einbeziehung der Zölle auf EGKS-Produkte (Art. 2 Abs. 1b);
- direkte Einbehaltung von 10% der Traditionellen Eigenmittel als Erstattung der Erhebungskosten durch die Mitgliedstaaten (Art. 2 Abs. 3);
- Kappung der Mehrwertsteuer-Bemessungsgrundlage auf 55% des BSP des jeweiligen Mitgliedstaates[27] (Art. 2 Abs. 1c);
- Einführung einer weiteren Eigenmittelquelle auf Grundlage des BSP, nachdem insbesondere das Aufkommen der Mehrwertsteuer-Eigenmittel immer weiter zurückgegangen ist[28];
- Bestätigung des britischen Haushaltsausgleichs;
- Einführung einer mehrjährigen Finanziellen Vorausschau (Art. 3 Abs. 1).[29]

Seither fällt den BSP-Eigenmitteln die Restfinanzierungsfunktion für den EU-Haushalt zu, die bisher die Mehrwertsteuer-Eigenmittel inne hatten.[30] Um den Umfang der an die Gemeinschaft abzuführenden Eigenmittel zu begrenzen, wurde mit Beschluss vom 24.6.1988 (nach dem Europäischen Rat von Brüssel) eine Gesamtobergrenze eingeführt,

---

[24]Dabei handelt es sich um den unter der Bezeichnung „Briten-Rabatt" bekannten, komplizierten Ausgleichsmechanismus, der bis heute die Beitragslast Großbritanniens zu Lasten der übrigen Mitgliedstaaten reduziert. Die Abrechnung erfolgte zunächst über die Mehrwertsteuer-Eigenmittel. Vgl. Europäischer Rat (1984).

[25]Vgl. Europäische Kommission (1987), Rat der Europäischen Gemeinschaften (1988a).

[26]Vgl. Europäischer Rat (1988a).

[27]Die Mehrwertsteuer-Bemessungsgrundlage wird für die Berechnung der Abführung an den Gemeinschaftshaushalt nur noch bis zu einer Höhe von maximal 55% des BSP des jeweiligen Mitgliedstaates herangezogen. Vgl. Messal (1991), S. 71. Damit sollte der unterstellten regressiven Wirkung der Mehrwertsteuer-Eigenmittel Rechnung getragen werden. Vgl. z.B. Europäische Kommission (1998), Anhang 1, S. 2.

[28]Diese wird daher auch als „vierte Einnahme" bezeichnet. Dabei handelt es sich um „Einnahmen, die sich ergeben aus der Anwendung eines im Rahmen des Haushaltsverfahrens unter Berücksichtigung aller sonstigen Einnahmen festzulegenden Satzes auf den Gesamtbetrag des BSP aller Mitgliedstaaten." Europäischer Rat (1988), Art. 2 Abs. 1 Buchstabe d, S. 25.

[29]Im Rahmen dieser Vorausschau wurde insbesondere eine jährliche Gesamtobergrenze bezogen auf den Gesamtbetrag der Ausgaben festgelegt. Dies war die logische Konsequenz aus der Festlegung einer Obergrenze für die BSP-Eigenmittel und dem Defizitverbot für den Gemeinschaftshaushalt.

[30]Vgl. Caesar (1996), S. 148.

die 1992 1,20% des Gesamtbetrags des BSP der Gemeinschaft erreichte. In Erwartung eines neuen Eigenmittelbeschlusses blieb die Obergrenze von 1,20% in den Haushaltsjahren 1993 und 1994 gültig.

Nach dem Ende der ersten (außerordentlich nur fünfjährigen) Finanziellen Vorausschau kam der Anstoß zu einer Neuregelung des Eigenmittelsystems erneut vom damaligen Kommissionspräsidenten Delors. Das so genannte Delors-II-Paket[31] bildete die Grundlage für die Beschlüsse des Europäischen Rates im Dezember 1992 in Edinburgh. Umgesetzt wurden die Ergebnisse des Gipfels mit dem „Beschluss des Rates über das System der Eigenmittel der Europäischen Gemeinschaften" am 31.10.1994, der allerdings erst nach Abschluss sämtlicher Ratifizierungsverfahren der nationalen Parlamente im Frühjahr 1996 rückwirkend zum 1.1.1995 in Kraft treten konnte. Die wichtigsten Einzelmaßnahmen des vierten Eigenmittelbeschlusses waren:[32]

- Kappung der Mehrwertsteuer-Bemessungsgrundlage für Staaten mit einem Pro-Kopf-BSP von weniger als 90% des Gemeinschaftsdurchschnitts sofort auf 50% des BSP (Kohäsionsfonds-Länder nach Art. 161 EGV), für alle übrigen Staaten Senkung der Kappungsgrenze in Schritten von einem Prozentpunkt jährlich bis 1999 ebenfalls auf 50% (Art. 2 Abs. 1c);

- Rückführung des maximalen Abrufsatzes für die Mehrwertsteuer-Eigenmittel von 1,4% auf 1% in 1999 (Art. 2 Abs. 4a);

- Anhebung der Eigenmittelobergrenze in 1995 auf 1,21% des EU-BSP und schrittweise bis 1999 auf 1,27%(Art. 3 Abs. 1);

- Beibehaltung des Ausgleichsmechanismus für Haushaltsungleichgewichte;

- Aufforderung an die Kommission zur Erstellung eines Berichts zur Entwicklung des EU-Finanzierungssystems (Art. 10).

Mit dem Eigenmittelbeschluss von 1994 wurde die Bedeutung der Mehrwertsteuer-Eigenmittel weiter vermindert[33], während ein größerer Teil der Finanzierung zukünftig über die BSP-Eigenmittel erfolgen sollte. Die BSP-Eigenmittel entwickelten sich somit nach und nach zur wichtigsten Einnahmequelle der Gemeinschaft.

Zum Ablauf der Finanziellen Vorausschau Ende 1999 wurde es immer dringlicher, die Finanzierung der Gemeinschaft auf die bevorstehenden Herausforderungen einer Erweiterung um zahlreiche neue Mitgliedstaaten vorzubereiten.[34] Die Kommission hatte die Aufgabe, einen Bericht zur zukünftigen Entwicklung vorzulegen, was im Entwurf der Agenda

[31] Vgl. Europäische Kommission (1992b), S. 36ff.

[32] Vgl. Rat der Europäischen Union (1994), S. 9ff.

[33] Eine Analyse der Belastungswirkungen der Kappung der Mehrwertsteuer-Eigenmittel findet sich bei Messal/Klein (1993).

[34] Daran hat auch der zum 1.1.1995 erfolgte Beitritt der „zahlungskräftigen" Neumitglieder Österreich, Finnland und Schweden nichts geändert.

2000 mündete.[35] Darin enthalten war unter anderem ein Bericht über das Funktionieren des Eigenmittelsystems, veröffentlicht in der endgültigen Fassung am 7.10.1998. In diesem prüfte die Kommission das Finanzierungssystem auf Ergiebigkeit, Beitragsgerechtigkeit, Finanzautonomie, Transparenz, Einfachheit und Kosteneffektivität.[36]

Es gelang der Kommission aber nicht, die wesentlichen Teile der vorgeschlagenen Änderungen auf dem Europäischen Sondergipfel in Berlin am 24./25.3.1999 durchzusetzen. Die Kritik am Eigenmittelsystem aus oben genanntem Bericht kann daher überwiegend auch weiterhin für das heutige Eigenmittelsystem aufrechterhalten werden. Die Ergebnisse des Berliner Gipfels wurden im Eigenmittelbeschluss vom 29.9.2000 umgesetzt, der zum 1.1.2002 in Kraft trat. Dieser enthält folgende Kernpunkte:[37]

- Umstellung der Berechnungsgrundlage für das BSP auf das neue Europäische System Volkswirtschaftlicher Gesamtrechnung (ESVG 95)[38];
- Beibehaltung der Eigenmittelobergrenze bei 1,27% des EU-BSP (bzw. 1,24% des EU-BNE);
- Reduzierung des Abrufsatzes der Mehrwertsteuer-Eigenmittel auf 0,75% ab 2002 und auf 0,50% ab 2004 (Art. 2 Abs. 4);
- die Bemessungsgrundlage für die Mehrwertsteuer-Eigenmittel („Kappung") wird weiterhin auf maximal 50% des BSP des jeweiligen Mitgliedstaates beschränkt (Art. 2 Abs. 1c);
- Erhöhung der Erhebungskostenpauschale von 10% auf 25% für die Traditionellen Eigenmittel mit Festsetzung ab 2001;
- Annahme einer neuen Finanziellen Vorausschau für die Jahre 2000 bis 2006 (Erstellung zweier Szenarien: Szenario I für EU-15 sowie Szenario II für EU-21);
- Änderung in der Finanzierung des Briten-Rabatts: Österreich, Finnland, Schweden und Deutschland tragen nur 25% ihres eigentlichen Anteils zur Finanzierung des Rabatts (Art. 5 Ziff. 1).

2.2.2 Der Eigenmittelbeschluss von 2000

Das Eigenmittelsystem auf Basis des Eigenmittelbeschlusses von 2000 umfasst folgende Eigenmittelarten:[39]

[35]Vgl. Europäische Kommission (1997b).

[36]Vgl. Europäische Kommission (1998a, 1998b).

[37]Vgl. Europäischer Rat (2000), S. 42ff.

[38]Die Anwendung der aktualisierten Berechnungsgrundlage für die BSP-Berechnung im Rahmen des Haushalts war von den Mitgliedstaaten verzögert worden. Vgl. Europäische Kommission (1998), S. 12).

[39]Vgl. Rat der Europäischen Union (2000).

- Traditionelle Eigenmittel (TEM)(u.a. Einnahmen aus der Gemeinsamen Agrarpolitik, z.B. Agrarabschöpfungen und Zuckerabgaben, sowie die Zolleinnahmen der Gemeinschaft aufgrund der supranational verantworteten EU-Handelspolitik);

- Mehrwertsteuer-Eigenmittel (Berechnungsgrundlage ist eine theoretisch harmonisierte EU-Bemessungsgrundlage);

- Bruttonationaleinkommen-Eigenmittel (Berechnungsgrundlage ist das Bruttonationaleinkommen der Mitgliedstaaten).

Die auf Basis des Eigenmittelbeschlusses berechneten Finanzierungsbeiträge für Mehrwertsteuer- und Bruttonationaleinkommen-Eigenmittel dienen lediglich zur Bestimmung der Zahlungsverpflichtungen der Mitgliedstaaten. Welche nationalen Einnahmequellen tatsächlich zur Finanzierung beitragen, bleibt den Mitgliedstaaten überlassen. Als „echte" Eigenmittel, über deren Bemessungsgrundlage sowie Erhebungssatz allein die EU bestimmt und den Mitgliedstaaten nur der Einzug der Mittel zufällt, können nur die Traditionellen Eigenmittel mit ihrem geringen und stetig sinkenden Anteil an den Gesamteinnahmen bezeichnet werden.[40] Die Bezeichnung Eigenmittel für die Mehrwertsteuer- und die Bruttonationaleinkommen-Eigenmittel täuscht daher ein wenig über den Beitragscharakter dieser Einnahmequellen hinweg.

Bei der Ausschöpfung der Eigenmittelarten werden die einzelnen Einnahmequellen in der oben aufgeführten Reihenfolge in Anspruch genommen. Zuerst werden die traditionellen Eigenmittel voll ausgeschöpft, dann die Mehrwertsteuer-Eigenmittel. Die noch nicht durch die ersten beiden Eigenmittelarten gedeckten Ausgaben werden schließlich über Bruttonationaleinkommen-Eigenmittel gedeckt.

Über die Eigenmittel hinaus werden zur Finanzierung des Gesamthaushalts auch sonstige Einnahmen herangezogen:[41] Steuern auf die Gehälter der Bediensteten der EU-Organe und sonstige Abzüge von diesen Gehältern, Bankzinsen, Beiträge von Drittländern zu bestimmten Gemeinschaftsprogrammen (z.B. im Bereich Forschungspolitik), Rückzahlungen nicht in Anspruch genommener Finanzhilfen sowie Verzugszinsen (z.B. aus nicht fristgerechter Gutschrift von Eigenmittelbeiträgen durch die Mitgliedstaaten). Außerdem wird auf den Überschuss des vorhergehenden Haushaltsjahrs zurückgegriffen. Dieser entspricht der Differenz zwischen den im vorhergehenden Jahr eingezahlten Eigenmitteln und den tatsächlichen Ausgaben dieses Jahres. Im Haushaltsjahr 2005 machten die sonstigen Einnahmen (ohne den Überschuss des Haushaltsjahrs 2004) ca. 1% der gesamten EU-Einnahmen aus. Sie können daher in der weiteren Betrachtung vernachlässigt werden.[42]

Mit dem Eigenmittelbeschluss von 2000 werden die 1995 geänderten Bestimmungen des Europäischen Systems Volkswirtschaftlicher Gesamtrechnungen (ESVG 95) übernom-

[40] Die Aufkommensentwicklung der unterschiedlichen Einnahmearten setzt sich auch in 2006 fort. Vgl. Europäische Kommission (2005b), S. 32. Vgl. dazu Abbildung 2.5, S. 30.

[41] Art. 2 Abs. 2: „In den Haushaltsplan der Europäischen Union einzusetzende Eigenmittel sind ferner Einnahmen aus sonstigen, gemäß dem EG-Vertrag oder dem Euratom-Vertrag im Rahmen einer gemeinsamen Politik eingeführten Abgaben, sofern das Verfahren nach Art. 269 des EG-Vertrags oder nach Art. 173 des Euratom-Vertrags durchgeführt worden ist." Vgl. auch Europäische Kommission (2002a), S. 233ff.

[42] Vgl. den Haushaltsplan der Kommission für das Jahr 2006, Europäische Kommission (2006b), S. 25.

men. In der Folge wird statt des Bruttosozialprodukts (BSP) nun das Bruttonationaleinkommen (BNE) im Haushaltsverfahren und bei der Eigenmittelberechnung verwendet.[43]

Um jedoch den Betrag der finanziellen Ressourcen, der den Gemeinschaften zur Verfügung gestellt wird, unverändert beizubehalten, musste die Eigenmittelobergrenze, die als Prozentsatz des Bruttonationaleinkommen der EU ausgedrückt wird, in der Folge angepasst werden. Die neue Obergrenze beträgt liegt demnach bei 1,24% des EU-BNE und nicht mehr bei 1,27% des EU-BSP.[44]

Die drei Eigenmittelquellen - Traditionelle Eigenmittel, Mehrwertsteuer-Eigenmittel und Bruttonationaleinkommen-Eigenmittel - werden im Folgenden ausführlicher vorgestellt.

2.2.2.1 Traditionelle Eigenmittel

Zu den Traditionellen Eigenmitteln sind Agrarabschöpfungen und Zölle zu zählen. Früher unterschied man zwischen vier Arten von Eigenmitteln: den Agrarabschöpfungen, den Zöllen, den Mehrwertsteuer-Einnahmen und den Bruttonationaleinkommen-Einnahmen.[45] Die Unterscheidung zwischen Agrarabschöpfungen und Zöllen wurde aufgegeben, da faktisch kein Unterschied mehr zwischen den auf Agrarerzeugnisse und den auf die sonstigen Erzeugnisse erhobenen Einfuhrzöllen besteht. Zölle und Agrarabschöpfungen[46] werden daher unter der Bezeichnung Traditionelle (oder Originäre) Eigenmittel zusammengefasst.[47]

Nach Art. 2, Abs. 1 des Eigenmittelbeschlusses 2000 fallen folgende Einnahmen in diese Kategorie:

- Abschöpfungen, Prämien, Zusatz- oder Ausgleichsbeträge, zusätzliche Teilbeträge und andere Abgaben auf den Warenverkehr mit Drittländern, die von den Organen der Gemeinschaften im Rahmen der gemeinsamen Agrarpolitik eingeführt worden sind oder noch eingeführt werden, sowie Abgaben, die im Rahmen der gemeinsamen Marktorganisation für Zucker vorgesehen sind;

---

[43] In Art. 1 Abs. 3 der Verordnung (EG, Euratom) Nr. 1287/2003 des Rates vom 15.7.2003 zur Harmonisierung des Bruttonationaleinkommens zu Marktpreisen (BNE-Verordnung) (Vgl. Rat (2003a)) wird die Berechnung des BNE wie folgt definiert: „Das BNE ist gleich dem von den gebietsansässigen institutionellen Einheiten per saldo empfangenen Primäreinkommen: empfangene Arbeitnehmerentgelte, Produktions- und Importabgaben abzüglich der Subventionen, per saldo empfangene Vermögenseinkommen (empfangene abzüglich geleistete), Bruttobetriebsüberschuss und Bruttoselbstständigeneinkommen. Das BNE ist gleich dem BIP abzüglich der an die übrige Welt geleisteten Primäreinkommen zuzüglich der aus der übrigen Welt empfangenen Primäreinkommen.“

[44] Vgl. Europäische Kommission (2001a). In 2001 hat die Kommission die Eigenmittelobergrenze mit folgender Berechnungsformel an das ESVG 95 angepasst: $1,27\% \frac{1998+1999+2000 BSP ESVG zweite Ausgabe}{1998+1999+2000 BSP ESVG 95}$. Vgl. Europäische Kommission (2001a), S. 2f.

[45] Die Bruttonationaleinkommen-Einnahme wird daher in der Literatur mitunter als vierte Einnahmequelle aufgeführt.

[46] Im Rahmen der gemeinsamen Organisation des Zuckermarktes entrichten die Zuckerproduzenten auch Abgaben auf Zucker- und Isoglukoseprodukte. Sie dienen der Finanzierung der Ausfuhrerstattungen beim Export von Zucker in den Weltmarkt und werden ebenfalls zu den Traditionellen Eigenmittel gezählt.

[47] Vgl. z.B. Europäische Kommission (1998), Anhang 1, S. 1.

- Zölle des Gemeinsamen Zolltarifs und andere Zölle auf den Warenverkehr mit Drittländern, die von den Organen der Gemeinschaften eingeführt worden sind oder noch eingeführt werden, sowie Zölle auf die unter den Vertrag über die Gründung der Europäischen Gemeinschaft für Kohle und Stahl fallenden Erzeugnisse.

Die Traditionellen Eigenmittel werden von den Mitgliedstaaten erhoben und an die EU abgeführt. Gemäß Art. 2 Abs. 3 des Eigenmittelbeschlusses 2000 behalten die Mitgliedstaaten von den Einnahmen 25% für die Erhebung ein.

Für diese Eigenmittelart besitzt die EU die Gesetzgebungs- und Ertragshoheit, d.h. die EU kann deren Art und Höhe eigenständig regeln und ihr fließen die Einnahmen nach Erhebung durch die Mitgliedstaaten abzüglich des Erhebungsausgleichs zu.

Wie in Tabelle 2.5 für den Zeitraum von 1996-2005 deutlich wird, sinkt der Anteil der Einnahmen aus Traditionellen Eigenmitteln an den gesamten Eigenmitteln stetig. Verantwortlich dafür sind unter anderem Zugständnisse im Rahmen der Verhandlungen zur Öffnung des Europäischen Agrarmarktes sowie Zollsenkungsverpflichtungen im Rahmen der WTO-Handelsliberalisierung sowie die gestiegene Erstattung der Erhebungskosten von 10% auf 25% des Aufkommens.

2.2.2.2 Mehrwertsteuer-Eigenmittel

Die Mehrwertsteuer-Eigenmittel werden nach Art. 2, Abs. 1 des Eigenmittelbeschlusses von 2000 berechnet. Es sind

> „Einnahmen, die sich aus der Anwendung eines für alle Mitgliedstaaten einheitlichen Satzes auf die nach Gemeinschaftsvorschriften bestimmte einheitliche MwSt-Eigenmittelbemessungsgrundlage eines jeden Mitgliedstaats ergeben. Die für diese Zwecke heranzuziehende Bemessungsgrundlage darf 50% des nach Absatz 7 definierten BSP eines jeden Mitgliedstaats nicht überschreiten.“[48]

Die Berechnung der Einnahmen aus den Mehrwertsteuer-Eigenmitteln ergeben sich aus den Berechnungen der Mitgliedstaaten nach Maßgabe einer allgemein verbindlichen EU-Verordnung.[49] Die Mitgliedstaaten legen der Kommission Jahresübersichten mit Angaben zur nationalen Mehrwertsteuerbemessungsgrundlage vor, die diese dann prüft und auf deren Basis die Beträge für die einzelnen Mitgliedstaaten berechnet werden. Die Mehrwertsteuer-Eigenmittel sind daher eher als Finanzbeiträge der Mitgliedstaaten zu interpretieren.[50]

Die Berechnung der Beiträge der Mitgliedstaaten auf Basis einer theoretisch harmonisierten Bemessungsgrundlage ist der nicht vollständig vollzogenen Harmonisierung der Mehrwertsteuer-Systeme geschuldet. Auf die „künstlich“ geschaffene Bemessungsgrundlage wird ein einheitlicher Abrufsatz erhoben. Der Abrufsatz der Mehrwertsteuer-Eigenmittel (der einheitliche Satz auf die theoretisch harmonisierte Bemessungsgrundlage

[48] Rat der Europäischen Union (2000).

[49] Vgl. Rat der Europäischen Gemeinschaften (1989, 2000, 2003).

[50] Exemplarisch dazu Caesar (1996b), S. 168.

jedes Mitgliedstaates) lag 1999 bei 1% und wurde mit dem Beschluss von 2000 für die Haushaltsjahre 2002 und 2003 auf 0,75% gesenkt. Ab dem Haushaltsjahr 2004 gilt ein Abrufsatz von 0,50%. Dazu Art. 4 des Eigenmittelbeschlusses von 2000:

> „Der in Absatz 1 Buchstabe c) genannte einheitliche Satz entspricht dem Satz, der sich ergibt aus der Differenz zwischen
>
> a) dem maximalen MwSt-Abrufsatz von 0,75% für 2002 und 2003, 0,50% ab 2004 und
>
> b) einem Satz („eingefrorenen Satz“), der dem Verhältnis zwischen dem Referenzausgleichsbetrag nach Artikel 4 und der Summe der gemäß Absatz 1 Buchstabe c) festgestellten MwSt-Bemessungsgrundlagen aller Mitgliedstaaten entspricht, wobei berücksichtigt wird, dass sich das Vereinigte Königreich nicht an der Finanzierung seines Korrekturanspruchs beteiligt und der Anteil Deutschlands, der Niederlande, Österreichs und Schwedens an der Finanzierung der VK-Korrektur [Vereinigtes Königreich, A.d.V.] auf ein Viertel ihres normalen Anteils reduziert wird.“[51]

Für alle Mitgliedstaaten wurde für den Haushalt 2006 tatsächlich nur noch ein einheitlicher Satz von 0,3095% auf die nach Maßgabe der Gemeinschaftsvorschriften ermittelte einheitliche Mehrwertsteuer-Bemessungsgrundlage angewandt.[52]

Der maximale Abrufsatz wurde ab 2002 auf 0,75% und ab 2004 auf 0,5% der Bemessungsgrundlage beschränkt, was die Bedeutung dieser Eigenmittelquelle zusätzlich vermindert. Die Basis wird darüber hinaus nur solange zur Berechnung der mitgliedstaatlichen Zahlungsverpflichtung herangezogen, bis 50% (seit 2004) des nationalen Bruttonationaleinkommens des jeweiligen Mitgliedstaates erreicht ist. Diese Kappung der Bemessungsgrundlage wurde eingeführt, um Mitgliedstaaten, deren Konsum und somit deren Mehrwertsteuer einen verhältnismäßig höheren Anteil am Bruttonationaleinkommen einnimmt, nicht übermäßig zu belasten. Dieses Vorgehen setzt allerdings voraus, dass Volkswirtschaften mit einem höheren Anteil am Konsum weniger wohlhabend sind und somit bei der EU-Finanzierung im Sinne der horizontalen Gerechtigkeit zwischen den Mitgliedstaaten geschont werden sollen.

Insbesondere von den ärmeren Mitgliedstaaten wurde vorgebracht, ihr Anteil an der Finanzierung des Gemeinschaftshaushaltes sei aufgrund ihrer hohen Konsumquote gemessen an ihrem BSP (als Maß für die Beitragskapazität) zu hoch; die Abgabe auf die

---

[51] Rat der Europäischen Union (2000). Zur Finanzierung des Ausgleichsmechanismus zur Korrektur des Missverhältnisses zwischen den Zahlungen und Rückflüssen für Großbritannien erfolgt über die restlichen 24 Mitgliedstaaten. Der erforderliche Betrag wird abhängig vom jeweiligen Anteil am EU-BNE auf diese umgelegt. Für Deutschland, die Niederlande, Österreich und Schweden gilt jedoch eine Deckelung. Sie zahlen nur 25% ihres errechneten Anteils an der Briten-Rabatt-Finanzierung. Der fehlende Betrag wird dann auf die verbleibenden 20 Mitgliedstaaten umgelegt. Im Haushalt 2005 wurden für den Ausgleichsmechanismus 5,1 Mrd. EUR veranschlagt.

[52] Vgl. Europäisches Parlament (2006), S. 22ff.

einheitliche Mehrwertsteuer-Bemessungsgrundlage wirke somit regressiv.[53] Durch die erweiterte Kappung infolge des Eigenmittelbeschlusses von 1994 und die Reduzierung des maximalen Abrufsatzes verringerte sich das Aufkommen aus dieser Quelle sowohl relativ als auch absolut immer weiter. Dabei ist interessant, dass von der Kappung auch reichere Mitgliedstaaten profitieren.[54]

Ein weiterer Effekt der Kappung der Bemessungsgrundlage bei 50% des mitgliedstaatlichen Bruttonationaleinkommens ist der, dass die Mehrwertsteuer-Eigenmittel somit letztlich wie Bruttonationaleinkommen-Eigenmittel wirken.

2.2.2.3 Bruttonationaleinkommen-Eigenmittel

Nach Art. 2, Abs. 1 d) des Eigenmittelbeschlusses 2000 sind Bruttonationaleinkommen-Eigenmittel wie folgt definiert:

> „Einnahmen, die sich ergeben aus der Anwendung eines im Rahmen des Haushaltsverfahrens unter Berücksichtigung aller übrigen Einnahmen festzulegenden Satzes auf den Gesamtbetrag des BNE aller Mitgliedstaaten."[55]

Den Bruttonationaleinkommen-Eigenmitteln kommt im Rahmen des jährlichen Haushaltsverfahrens der EU die Aufgabe zu, die Einnahmen bis zur Deckung der in der Finanziellen Vorausschau geplanten Ausgabenverpflichtungen aufzufüllen. Sie dienen der Auffüllung des Gemeinschaftshaushalts bis zum Ausgleich von Einnahmen und Ausgaben.[56] Um die Deckungslücke zu füllen, wird auf das Bruttonationaleinkommen als Bemessungsgrundlage ein einheitlicher Berechnungssatz erhoben.[57] Die Bruttonationaleinkommen-Eigenmittel sind somit als Finanzbeiträge der Mitgliedstaaten zu interpretieren.[58]

Wie bereits erwähnt erfüllen die Bruttonationaleinkommen-Eigenmittel die Restfinanzierungsfunktion für den EU-Haushalt. Die Haushaltszuwächse oberhalb des Wachstums der übrigen Eigenmittel wurden seit ihrer Einführung von den Bruttonationaleinkommen-Eigenmitteln getragen. Seit 1995 ist ihr Anteil stetig und bis jetzt auf rund 75% des gesamten Eigenmittelaufkommens in 2005 gestiegen.

---

[53]Die These ist allerdings umstritten. Vgl. etwa Klein (1997), S. 85, Folkers (1994), S. 35f. Siehe auch Kapitel 4.2.2, S. 80

[54]Vgl. dazu Huber (2001), S. 50f. Siehe auch Gros/Micossi (2005), S. 12.

[55]Rat der Europäischen Union (2000), S. 44.

[56]Die Einnahmen müssen nach den Haushaltsgrundsätzen die Zahlungsermächtigungen decken. Dazu der Grundsatz des Haushaltsausgleichs in Art. 15 der Verordnung 2343/2002 (Vgl. Europäische Kommssion (2002b): (1) Der Haushaltsplan ist in Einnahmen und Zahlungsermächtigungen auszugleichen. (2) Die Verpflichtungsermächtigungen dürfen den Zuschuss der Gemeinschaft, zuzüglich der eigenen Einnahmen sowie etwaiger anderer Einnahmen im Sinne von Art. 5 Buchstabe b), nicht überschreiten. (3) Die Gemeinschaftseinrichtung ist nicht befugt, Kredite aufzunehmen.

[57]Berechnet auf Basis der „BNE-Verordnung". Vgl. Rat der Europäischen Union (2003e).

[58]Vgl. exemplarisch Caesar (1996b), S. 168.

2.3 Bewertung des EU-Finanzierungssystems

Die Finanzierung der Europäischen Union (EU) wird häufig als reformbedürftig dargestellt.[59] Auslöser der Reformdiskussion sind vor allem die mangelnde Transparenz und die Komplexität des bestehenden Systems. Zudem wird - vor allem von Seiten der Europäischen Kommission - die geringe finanzielle Autonomie der EU kritisiert. Eine Staatengemeinschaft mit einer vergleichbaren Integrationstiefe besitzt in der Regel eine geringere finanzielle Abhängigkeit von ihren Mitgliedstaaten. Nur internationale Organisationen und eher lose zusammenhängende Staatengemeinschaften finanzieren sich über Beiträge der Mitglieder, die in periodischen Abständen neu verhandelt werden.[60] Den zentralen Ebenen von Staatengemeinschaften mit einem hohen Anteil supranationaler Kompetenzen wird zumeist eine eigene Besteuerungshoheit zugewiesen.[61] Die Entscheidung über die zukünftige Finanzierung - auf Basis von Beiträgen oder durch „echte" eigene Mittel - wirkt sich auf die zukünftige Gestalt der EU aus: Bleibt die EU weiterhin Staatenverbund mit Schwerpunkt auf zwischenstaatlicher Zusammenarbeit oder ist sie auf dem Weg zum Bundesstaat Europa mit föderaler Prägung und Vollendung der politischen Union?

Um Aufschluss über den Reformbedarf zu bekommen, erhielt die Kommission vom Rat der Europäischen Union mit dem letzten Eigenmittelbeschluss im Jahr 2000 den Auftrag, bis 2006 eine generelle Überprüfung des gegenwärtigen Eigenmittelsystems vorzunehmen.[62] Im Kommissionsgutachten von 2004 werden schließlich Optionen für die zukünftige Gestaltung der EU-Finanzierung vorgestellt. Die Kommission analysiert darin auch ausführlich das bestehende System und legt ihre Gründe dar, warum sie es für reformbedürftig hält.

Ein Blick auf die Entwicklung des Eigenmittelsystems (siehe Tabelle 2.5) lässt zunächst deutlich werden, dass die EU-Finanzierung im Zeitraum von 1996-2005 tiefgreifenden Veränderungen unterlag. Daraus allein kann nicht ohne weiteres ein Reformbedarf abgeleitet werden, dennoch gibt die Entwicklung Anlass, das bestehende System zu hinterfragen.

Die Haushaltseinnahmen für die EU-25 im Haushaltsjahr 2006 in Höhe von insgesamt 111 969,61 Mio. EUR[63] werden dabei zu 12,70% aus Traditionellen Eigenmitteln, zu 14,19% aus Mehrwertsteuer-Eigenmitteln und zu 71,95% aus Bruttonationaleinkommen-Eigenmitteln gespeist, was 1,00% des EU-BNE der Mitgliedstaaten entspricht. Der Vergleich dieser Zahlen mit denen aus dem Jahr 1979, in dem die Umstellung der Finanzierung der Gemeinschaft auf eigene Mittel erstmalig vollständig angewandt wurde, macht die Entwicklung deutlich. Die Agrarabschöpfungen (mit 14%) und die Zolleinnahmen (mit knapp 35%) als Traditionelle Eigenmittel machten damals insgesamt rund 50% der Gesamteigenmittel-Einnahmen aus. In der Folgezeit verringerte sich dieser Anteil stetig. Zwar blieb der absolute Betrag der Agrareinnahmen nahezu konstant, relativ zum steigen-

[59] Exemplarisch dazu Schreyer (2001).

[60] Vgl. Peffekoven (1981).

[61] Vgl. Biehl et al. (2005), S. 2.

[62] Diese generelle Überprüfung umfasst auch die Untersuchung und Bewertung der Schaffung neuer, autonomer Eigenmittelquellen.

[63] Die einheitlichen Abrufsätze für die Mehrwertsteuer-Eigenmittel und die Bruttonationaleinkommen-Eigenmittel betragen in 2006 0,3095% und 0,7267%.

Tabelle 2.5: Entwicklung der Eigenmittelarten 1996-2005

Jahr / Eigenmittelart (in %)	1996	1997	1998	1999	2000	2001	2002	2003	2004	2005
Traditionelle Eigenmittel	19,1	18,8	17,2	16,8	17,4	18,1	11,9	13,0	12,0	11,4
Mehrwertsteuer-Eigenmittel	51,3	45,5	40,3	37,8	39,9	38,7	28,8	25,4	14,6	14,1
Bruttonationaleinkommen-Eigenmittel	29,6	35,7	42,5	45,4	42,7	43,2	59,3	61,6	73,4	74,5
Eigenmittel insgesamt (in Mrd. EUR)	71,1	75,3	82,5	82,5	88,0	80,7	77,7	83,6	93,3	108,5

Quelle: Europäische Kommission (2004d), S. 3.

den Gesamt-Einnahmenvolumen sank damit aber ihre Bedeutung. Auch das Aufkommen aus Zöllen konnte nicht mit dem Wachstum des Haushaltsvolumens Schritt halten. Hierfür ist hauptsächlich die fortschreitende weltweite Handelsliberalisierung verantwortlich zu machen, die für einen unterproportionalen Anstieg der Zolleinnahmen im Vergleich zum Wachstum des Außenhandelsvolumens sorgte.[64]

Die Mehrwertsteuer-Eigenmittel waren bis Mitte der 1990er Jahre die Hauptfinanzierungsquelle der Gemeinschaft. Ab 1995 wurden die Mehrwertsteuer-Eigenmittel (mit einem damaligen Anteil von 52,2% an den Einnahmen) in immer stärkerem Umfang durch Bruttonationaleinkommen-Eigenmittel ersetzt. Darin kam der vom Rat gewünschte Politikwechsel in der Finanzierung zum Tragen, der mit der Kappung der Mehrwertsteuer-Bemessungsgrundlage im Eigenmittelbeschluss von 1988 seinen Anfang genommen hatte.[65] Der Anteil der Mehrwertsteuer-Eigenmittel hat sich somit um rund zwei Drittel im Vergleich zu 1995 verringert, während sich der relative Anteil der Bruttonationaleinkommen-Eigenmittel an den Gesamteinnahmen von 29,6% in 1995 auf 71,95% in 2006 mehr als verdoppelt hat.

In den Berichten der Europäischen Kommission über das Funktionieren des Eigenmittelsystems von 1998 und 2004 wird die Bewertung der EU-Finanzierung anhand eines Kriterienkatalogs vorgenommen. Diese Kriterien und deren Auslegung durch die Europäische Kommission werden im Anschluss vorgestellt und gegebenenfalls kritisch kommentiert. Die Kriterien im Einzelnen lauten:

- Sichtbarkeit und Einfachheit,
- Finanzautonomie,
- Beitrag zu einer effizienten Allokation der wirtschaftlichen Ressourcen,
- Hinlänglichkeit,
- Kosteneffizienz in Bezug auf den Verwaltungsaufwand,

[64] Vgl. Busch (1998), S. 15f.
[65] Vgl. Busch (1998), S. 17.

- Einnahmenstabilität und
- Gerechte Bruttobelastung.[66]

2.3.1 Sichtbarkeit und Einfachheit

In aller Deutlichkeit werden von der Kommission die Defizite des gegenwärtigen Eigenmittelsystems in Bezug auf Transparenz und Einfachheit kritisiert. Die Struktur und Funktionsweise könne in seinem Detaillierungsgrad mit einem klassischen, auf Steuereinnahmen beruhenden Einnahmensystem verglichen werden. Es sei für ein im Wesentlichen auf Finanzbeiträgen beruhendes Finanzierungssystem überdimensioniert und zu kompliziert.[67] Zu einer zusätzlichen Verkomplizierung der Einnahmenerzielung trägt die Regelung zur Einnahmenkorrektur im Rahmen des Ausgleichs außerordentlicher Haushaltsungleichgewichte („Briten-Rabatt") bei, deren Berechnungsverfahren außerordentlich komplex ist.

2.3.2 Finanzautonomie

Eines der Hauptziele bei der Einführung der Finanzierung der Gemeinschaft aus eigenen Mitteln im Beschluss von 1970 war es, die Finanzautonomie der gemeinschaftlichen Institutionen zu stärken.[68] Die Institutionen der Gemeinschaften können aber ohne Eigenmittelbeschluss der Mitgliedstaaten die Einnahmenseite des EU-Haushalts nicht verändern. Lediglich die Traditionellen Eigenmittel mit Gesetzgebungshoheit auf der EU-Ebene sind als „echte" eigene Mittel anzusehen. Die Bruttonationaleinkommen-Eigenmittel und auch die Mehrwertsteuer-Eigenmittel sind als Finanzbeiträge der Mitgliedstaaten zu interpretieren.[69]

Die Vereinnahmung „eigener Mittel" durch die Traditionellen Eigenmittel und die damit verbundene Finanzautonomie der EU-Ebene ging wie oben dargestellt allerdings mehr und mehr zurück. In der Folge haben sich die Mehrwertsteuer-Eigenmittel und später die Bruttonationaleinkommen-Eigenmittel zur Hauptfinanzierungsquelle der Gemeinschaft entwickelt. Die Bedeutung der Traditionellen Eigenmittel als tatsächliche „eigene Mittel" ging aus den oben genannten Gründen stark zurück.[70] Das Europäische Parlament kritisiert diese Entwicklung und betont, *„[...] dass auf lange Sicht das Eigenmittelsystem so geändert werden sollte, dass eine finanzielle Autonomie erreicht wird."*[71] Auch die Kommission stellt fest, dass die Finanzautonomie der EU unzureichend ist und identifiziert folgende daraus resultierende Mängel im geltenden System:

- Die zunehmende Abhängigkeit der EU von einzelstaatlichen Transfers führt zu Konflikten mit den Mitgliedsstaaten, die versuchten, nationale Ansprüche auf EU-Haushaltsmittel geltend zu machen.

---

[66] Vgl. Europäische Kommission (2004e), S. 6ff.

[67] Der Rechnungshof bestätigt diese Position. Vgl. Europäischer Rechnungshof (1998), S. 17.

[68] Vgl. Rat der Europäischen Gemeinschaften (1970).

[69] Vgl. exemplarisch Folkers (1998), S. 589ff.

[70] Siehe dazu Kapitel 2.2.2.1, S. 26.

[71] Vgl. Europäisches Parlament (2001), S. 5.

- Die Verknüpfung finanzpolitischer Fragen der Mitgliedstaaten mit EU-Belangen beeinträchtigt die Wahrnehmbarkeit der Unions-Politik für den Bürger.
- Da für den EU-Bürger die an den EU-Haushalt abgeführten Steuern nicht unmittelbar als solche erkennbar sind, beklagt die Kommission eine Aushöhlung der demokratischen Rechenschaftspflicht.

2.3.3 Beitrag zu einer effizienten Allokation der wirtschaftlichen Ressourcen

Ökonomische Effizienz wird von der Europäischen Kommission so verstanden, dass

> „[...] the financing of the EU should contribute to an efficient allocation of economic resources, for example by contributing to the proper functioning of the internal market or by setting a price tag on negative externalities, such as pollution.“[72]

Als zentrales Ziel der Kommission steht hierbei das Funktionieren des Binnenmarktes im Mittelpunkt. Dass das Finanzierungssystem der Reduzierung negativer Externalitäten (z.B. durch Umweltverschmutzung) dienen sollte, wird von der Europäischen Kommission damit erstmals thematisiert. In früheren Stellungsnahmen zum Finanzierungssystem wurden derartige Anforderungen noch nicht formuliert. Da das gegenwärtige Eigenmittelsystem nicht auf eine Internalisierung externer Effekte ausgelegt ist, kann die Aufnahme dieser Anforderung zur Untermauerung der Kommissionspläne zur Einführung einer EU-Steuer (z.B. einer Umweltsteuer) gesehen werden.

Die Kommission stellt fest, dass das Eigenmittelsystem der EU direkt nur mit der Erhebung der Traditionellen Eigenmittel preisverzerrend Einfluss auf die ökonomischen Akteure nimmt (und geht im Wesentlichen auf das Verfahren zur Erhebung dieser Eigenmittelart ein). Mit der Festsetzung der mitgliedstaatlichen Zahlungsverpflichtungen sei nur indirekt über die Steuerfinanzierung der Mitgliedstaaten ein Verzerrungseffekt verbunden. Eine abschließende Beurteilung des gegenwärtigen Eigenmittelsystems aus Effizienzsicht erfolgt nicht.[73]

2.3.4 Hinlänglichkeit

Hinsichtlich der Ergiebigkeit zeigt sich die Kommission mit dem geltenden System zufrieden. Bis auf das Rezessionsjahr 1993, in dem sich die Obergrenze von 1,20% des BSP als nicht ausreichend erwies, sei die Finanzierung der Ausgabenpläne stets möglich gewesen. Allerdings entwickelt sich die Ergiebigkeit der einzelnen Einnahmequellen unterschiedlich. So ist insbesondere bei den Traditionellen Eigenmitteln und den Mehrwertsteuer-Eigenmitteln eine deutliche Verminderung der Aufkommen zu verzeichnen.

---

[72] Europäische Kommission (2004e), S. 9.

[73] Vgl. Europäische Kommission (2004e), S. 11f.

Ein Blick in die Finanziellen Vorausschauen für 2000-2006 und 2007-2013 bestätigt allerdings, dass die Mittel ausreichen.[74] Zwischen der Eigenmittelobergrenze und der tatsächlichen Obergrenze für Zahlungen der EU liegt in jedem Jahr eine Sicherheitsmarge, die es der Union erlaubt, auf Unsicherheiten (z.B. geringeres Wirtschaftswachstum als unterstellt oder unvorhersehbare Ausgaben (z.B. Katastrophenhilfe)) reagieren zu können. Das „Hauptziel“[75] der Kommission - die Stabilität der Mittelflüsse an die EU - wird erfüllt.[76] Auch die Lasten der Osterweiterung haben nicht zu einer deutlichen Schmälerung der Sicherheitsmarge geführt. Die Eigenmittelobergrenze von 1,24% wurde auch nach 2004 von den Ausgaben nicht erreicht.

2.3.5 Kosteneffizienz in Bezug auf den Verwaltungsaufwand

Für die Untersuchung der Kosteneffizienz muss zwischen den einzelnen Eigenmittelarten unterschieden werden. Während die Bruttonationaleinkommen-Eigenmittel verhältnismäßig einfach in ihrer Höhe zu ermitteln und einzuziehen sind, ist der Aufwand bei den Mehrwertsteuer-Eigenmitteln und besonders bei den Traditionellen Eigenmitteln deutlich größer.

Die Berechnung der Mehrwertsteuer-Eigenmittel unterliegt einem komplizierten Verfahren zur Ermittlung einer theoretisch harmonisierten Bemessungsgrundlage. Diese wird letztlich auf Basis von VGR-Daten der Mitgliedstaaten errechnet. Probleme entstehen dabei in der Hinsicht, dass die Mitgliedstaaten die einheitlichen Regeln zum Teil unterschiedlich anwenden und damit Einfluss auf ihren EU-Finanzierunganteil nehmen. Weiterhin leiden die Mehrwertsteuer-Eigenmittel darunter, dass bei ihrer Erfassung das Ausmaß an Steuerhinterziehung und -betrug in den Mitgliedstaaten eine bedeutende Rolle spielt.[77] Die Probleme sind neben den Verteilungswirkungen auch ursächlich für die Einführung und der Bruttonationaleinkommen-Eigenmittel in 1988.

Die Erhebung der Agrarabschöpfungen und Zölle gilt als besonders aufwändig.[78] Die Zollgesetzgebung besteht aus unzähligen Einzelregelungen für die jeweiligen Güterkategorien. Diese müssen außerdem ständig an neue Produkte und wechselnde Handelsströme angepasst werden. Die Mitgliedstaaten sind für die Erhebung der Traditionellen Eigenmittel und Weiterleitung der Mittel an die Kommission verantwortlich. Die Kontrolle

[74]Vgl. Kapitel 2.3, S. 17ff.

[75]Europäische Kommission (2004), S. 1.

[76]Dies spiegelt sich auch in den Finanziellen Vorausschauen wider. Siehe Kapitel 2.1.1, S. 15. Vgl. auch Europäische Kommission (2004a), S. 4.

[77]Vgl. Europäische Kommission (2005d).

[78]Siehe dazu beispielsweise Europäische Kommission (2005c).

der ordnungsgemäßen Wahrnehmung der Aufgaben durch die Mitgliedstaaten obliegt der Kommission. Da jede Einbuße aufgrund mangelnder Erhebungsgenauigkeit bei den Traditionellen Eigenmitteln durch einen erhöhten BSP-Abrufsatz ausgeglichen werden muss, führen Nachlässigkeiten bei den Mitgliedstaaten letztlich zu einer Lastverschiebung der EU-Finanzierung unter den Mitgliedstaaten. Aufgrund der äußerst komplizierten Materie ist zu beobachten, dass sowohl die nationalen Behörden wie auch ihre Regierungen es vorziehen, nicht die Anwendung der Vorschriften und die Kontrollmechanismen weiter zu verschärfen, sondern einen etwas höheren Bruttonationaleinkommen-Beitrag zu zahlen.

Ziel ist es, die Erhebung der Eigenmittel auf Basis einer hinreichend harmonisierten Bemessungsgrundlage möglichst effizient durchzuführen.[79] Die Kommission kommt abschließend zum Ergebnis, dass eine grundlegende Veränderung des geltenden Eigenmittelsystems aus dem Aspekt der Erhebungseffizienz nicht zwingend erforderlich sei. Während eine radikale Vereinfachung im Sinne einer stärkeren oder gar vollständigen Finanzierung durch auf dem Bruttonationaleinkommen-Anteil beruhende Beiträge von der Kommission noch 1998 in Erwägung gezogen wird[80], wird im Gutachten von 2004 diese Option negativ beurteilt.[81]

2.3.6 Gerechte Bruttobelastung

Den Traditionellen Eigenmitteln und den Mehrwertsteuer-Eigenmitteln wird eine regressive Wirkung unterstellt. Diese Sichtweise wird über die einstimmig angenommenen Eigenmittelbeschlüsse bezüglich der Kappung der Mehrwertsteuer-Eigenmittel und der Senkung der Abrufsätze letztlich von allen Mitgliedstaaten geteilt. Der Gleichheit der Beitragszahlung in Relation zur Beitragskapazität der Mitgliedstaaten wird demnach eine große Bedeutung eingeräumt.

Als geeigneter Indikator zur Bemessung der Beitragskapazität wird von der Europäischen Kommission und den Mitgliedstaaten das Bruttonationaleinkommen herangezogen. Der gegenwärtige Stand der Verteilungswirkungen der EU-Finanzierung wird mit der Bruttonationaleinkommen-Eigenmittel-lastigen Finanzierung und der sukzessiven Verminderung der Bedeutung der Mehrwertsteuer-Eigenmittel als weitgehend gerecht eingestuft. Allein der Korrekturmechanismus für Großbritannien führt über die Veränderung der jeweiligen mitgliedstaatlichen Finanzierungslast zu einer eher willkürlichen Veränderung der Belastungswirkung.[82]

Probleme - allerdings in geringerem Maße - für die Verteilungswirkungen der EU-Finanzierung können aber auch durch die Reihenfolge der Auffüllung des EU-Haushalts mit den Eigenmittelquellen entstehen. Die Eigenmittel werden in der festgelegten Reihenfolge - Traditionelle Eigenmittel, Mehrwertsteuer-Eigenmittel und zuletzt die

[79]Vgl. Europäische Kommission (1998a), S. 13.
[80]Vgl. Europäische Kommission (1998a), S. 36.
[81]Vgl. Europäische Kommission (2004e), S. 12f.
[82]Vgl. Europäische Kommission (2004e), S. 13.

Bruttonationaleinkommen-Eigenmittel - zur Deckung des Eigenmittelbedarfs herangezogen. Damit werden die Anreize der Mitgliedstaaten zur ordnungsgemäßen Erhebung und Weiterleitung der Traditionellen Eigenmittel und der Mehrwertsteuer-Eigenmittel geschwächt. Die entstehenden Einnahmenausfälle für die EU, die auf Verfahrensfehler oder Nachlässigkeit einzelner Mitgliedstaaten zurückzuführen sind, werden mit Änderungen hinsichtlich der Lastverteilung kollektiviert, indem die Bruttonationaleinkommen-Beiträge aller Mitgliedstaaten steigen.[83]

2.3.7 Zwischenfazit

Die Europäische Kommission schätzt den Reformbedarf des gegenwärtigen Finanzierungssystems vor dem Hintergrund der oben aufgeführten Kriterien als gegeben ein. Grundsätzlich ist die Vorgehensweise der Kommission im Gutachten allerdings kritisch zu sehen. So geht die Kommission bei der Bewertung zum einen nur auf einige Teilaspekte ein und unterlässt es zum anderen, die einzelnen Kritikpunkte am System deutlich herauszuarbeiten, was insbesondere für das Kriterium „Beitrag zu einer effizienten Allokation der wirtschaftlichen Ressourcen“ gilt.

Die Kommission kommt abschließend auf positive Eigenschaften des Eigenmittelsystems hinsichtlich Hinlänglichkeit und Stabilität. Negativ wird aber die mangelnde Sichtbarkeit und die Komplexität gesehen. Das System trage darüber hinaus nicht wesentlich zu einer ausgewogenen Allokation der wirtschaftlichen Ressourcen in der EU bei. Beklagt wird ferner die stetig sinkende Finanzautonomie der EU-Ebene.[84]

2.4 Reformvorschläge der EU-Kommission

Mit dem Bericht über das Funktionieren des Eigenmittelsystems vom 14.7.2004[85] stellt die Kommission mit Hinweis auf den Reformbedarf des geltenden Eigenmittelsystems

[83]Im Rahmen eines Vertragsverletzungsverfahrens im Fall von Dänemark versucht die Europäische Kommission in der Frage der Haftung für Fehlverhalten der Mitgliedstaaten eine rechtliche Klärung durch den Europäischen Gerichtshof zu erreichen (Rechtssache C-392/02).

[84]Vgl. Europäische Kommission (2004d), S. 4. Im Bericht wird für tiefer gehende Ausführungen zwar auf den technischen Anhang verwiesen. Aber auch dort bleiben die Arguemente eher oberflächlich.

[85]Vgl. Europäische Kommission (2004d, 2004e).

drei Optionen für das EU-Finanzierungssystem zur Diskussion.[86] Es handelt sich dabei um folgende Reformvorschläge:

(1) Beibehaltung des bestehenden Eigenmittelsystems mit Einführung eines neuen allgemeinen Korrekturmechanismus zur Vermeidung außerordentlicher Haushaltslasten einzelner Mitgliedstaaten;

(2) Wechsel zu einem rein auf Bruttonationaleinkommen-Eigenmittel basierenden Einnahmensystem;

(3) Einführung eines Eigenmittelsystems, das auch eine eigene Besteuerungshoheit für die EU vorsieht. Eine EU-Steuer ersetzt die Mehrwertsteuer-Eigenmittel, während die Bruttonationaleinkommen-Eigenmittel und die Traditionellen Eigenmittel nach wie vor erhoben werden. Als mögliche EU-Steuern werden eine EU-Mehrwertsteuer mit einem EU-Aufschlagssatz, eine EU-CO_2-/Energiesteuer sowie eine EU-Körperschaftsteuer erwogen.

2.4.1 Reformvariante I: Beibehaltung des gegenwärtigen Eigenmittelsystems mit Einführung eines neuen allgemeinen Korrekturmechanismus

Das Auftreten von Haushaltsungleichgewichten steht häufig im Zentrum der Diskussion über eine Reform der EU-Finanzierung[88] seit der Europäische Rat von Fontainebleau 1984 für Großbritannien den bis heute fortgeführten Korrekturmechanismus beschlossen

[86]Eine eigene Verschuldungskompetenz der EU-Ebene wird derzeit von der Kommission nicht angestrebt und daher in der vorliegenden Arbeit nicht analysiert. Grundsätzlich hat in föderalen Systemen die Staatsverschuldung auf der zentralen Ebenen zwar eine gewisse Bedeutung. Bisher schließt die Verpflichtung zum Haushaltsausgleich über das Eigenmittelsystem eine Kreditfinanzierung oder die Emission von Anleihen allerdings aus. Vgl. Art. 268 Satz 3 und Art. 269 Satz 1 EGV. Siehe auch Rat der Europäischen Gemeinschaften (2002). Der darin enthaltene Grundsatz des Haushaltsausgleichs regelt, „dass die Einnahmen und Ausgaben innerhalb des Haushalts ausgeglichen sein müssen und dass die Gemeinschaften nicht dazu befugt sind, Kredite aufzunehmen, um ihre Ausgaben abzudecken.“ Dennoch kann gezeigt werden, dass die EU in der Vergangenheit bereits versteckte Formen der Verschuldung zur Finanzierung genutzt hat, was Bedenken hinsichtlich der Intransparenz und mangelnden parlamentarischen Kontrolle aufwirft. Die Verschuldung erfolgt dabei entweder über die Europäische Investitionsbank oder über Anleihe- und Darlehenstätigkeit, die nicht vom EU-Haushalt erfasst wird. Die Größenordnungen sind aber zu vernachlässigen. Die Europäische Kommission selbst lehnt die Finanzierungsmöglichkeit über Verschuldung ab. Vgl. Europäische Kommission (2000d), S. 98f. In der gegenwärtigen Entwicklungsstufe der Europäischen Integration überwiegen die Nachteile einer Zuweisung der Verschuldungskompetenz an die EU. Die schon heute intransparenten Entscheidungsprozesse verhindern eine effiziente Sanktionierung übermäßiger Verschuldung, die zu einer ausreichenden Beachtung der Präferenzen der Bürger im Hinblick auf die europäische Verschuldung führen könnte.[87] Der Entwurf geeigneter Regeln, die eine EU-Verschuldungstätigkeit effektiv kontrollieren könnten, wäre erforderlich. Die Praxis der Anwendung des Stabilitäts- und Wachstumspaktes in der EU zeigt aber, dass die Durchsetzung entsprechender institutioneller Regelungen Probleme bereitet. Vgl. zur Verschuldungsfinanzierung der EU auch Heinemann (2001), S. 232ff. und Heinemann (1995).

[88]Siehe Kapitel 4.2.2, S. 82.

hat. Der Grundsatz einer allgemeinen, für alle Mitgliedstaaten offen stehenden Korrektur von Haushaltsungleichgewichten wurde dabei bereits in den Schlussfolgerungen des Rates 1984 anerkannt, in dem festgestellt wurde:

> „...any Member State sustaining a budgetary burden which is excessive in relation to its relative prosperity may benefit from a correction at the appropriate time."[89]

Die Situation in der Europäischen Union hat sich seit 1984 entscheidend verändert. Großbritannien hat seitdem eine sehr positive Entwicklung seines relativen Wohlstands zu verzeichnen. Nach einer Untersuchung der Europäischen Kommission betrug in 2003 das Pro-Kopf-Einkommen (gemessen in Kaufkraftstandards) 110% des EU-15-Durchschnitts. Trotzdem ist nach wie vor der Korrekturmechanismus in Kraft, der Großbritannien einen Teil seiner Beitragszahlungen erstattet.

Andere Nettozahler mit ähnlichem oder geringerem relativen Wohlstand gelangen bei Auftreten von außerordentlichen Haushaltslasten nicht in den Genuss einer Korrektur. Die Erweiterung der EU um zehn - im Durchschnitt weniger wohlhabende - Mitgliedstaaten wird eine Verlagerung der Ausgaben in diese Länder bewirken. Großbritannien ist dank seines Ausgleichs, der von allen Mitgliedstaaten, einschließlich den weniger wohlhabenden, finanziert wird, der einzige Staat, der sich an der Finanzierung der zusätzlichen Kosten weitgehend nicht beteiligen muss. Die Kommission prognostiziert, dass bei Beibehaltung des gegenwärtigen Systems, Finnland und Großbritannien 2013 die geringsten Nettozahlungen leisten müssten.

Die Kommission hat daher vorgeschlagen, anstelle der derzeitigen Korrektur einen allgemeinen Korrekturmechanismus für alle großen Nettobeitragszahler einzuführen, der gewährleistet, dass denjenigen Mitgliedstaaten, die nicht in den Genuss einer Korrektur kommen, keine übermäßig hohen Finanzierungslasten entstehen. Das wird im Vorschlag der Kommission dadurch erreicht, dass das Gesamtvolumen der Korrekturen auf einen Höchstbetrag begrenzt wird.

Der Korrekturmechanismus wird ausgelöst, wenn der Nettobeitrag eines Mitgliedstaats 0,35% seines Bruttonationaleinkommens überschreitet. Der diesen Schwellenwert übersteigende Betrag wird im Vorschlag zu 66% erstattet. Das Gesamtvolumen der Erstattung würde auf 7,5 Mrd. EUR pro Jahr begrenzt. Dieser Betrag müsste von allen Mitgliedstaaten nach Maßgabe ihres relativen Anteils am Bruttonationaleinkommen finanziert werden. Weiterhin sind bei der Einführung eines allgemeinen Korrekturmechanismus vier Jahre lang Übergangsmaßnahmen für Großbritannien vorgesehen, um die finanziellen Auswirkungen der Änderung abzufedern.[90]

[89] Europäischer Rat (1984).

[90] Für detaillierte Informationen zum geplanten allgemeinen Ausgleichsmechanismus siehe Europäische Kommission (2004c).

2.4.2 Reformvariante II: Einführung eines auf dem Bruttonationaleinkommen beruhenden Finanzierungssystems im Sinne einer reinen Beitragsfinanzierung

Das gegenwärtige System weist ein hohes Maß an Komplexität auf, die zu einem großen Teil durch die Berechnung der Mehrwertsteuer-Eigenmittel und durch die Berücksichtigung des Großbritannien-Rabatts verursacht wird.

In dieser Reformvariante sollen die Bruttonationaleinkommen-Eigenmittel in der bisherigen Ausgestaltung fortgeführt werden und sowohl die Traditionellen Eigenmittel als auch die Mehrwertsteuer-Eigenmittel ersetzen. Das Finanzierungssystem würde sich dann zu einem reinen Beitragssystem wandeln, das die Zahlungsanteile der Mitgliedstaaten am mitgliedstaatlichen BNE bemisst.[91]

Die bemängelte Transparenz des gegenwärtigen, auf drei Eigenmittelarten beruhenden Systems könnte damit deutlich verbessert werden. Dies gilt um so mehr für den Fall, dass die Mitgliedstaaten dezentral wesentlich leichter für eine Erhöhung der Transparenz der jeweiligen EU-Beiträge sorgen könnten. Möglich wäre dies beispielsweise durch einen für die EU-Finanzierung zweckgebundenen Aufschlag auf die nationale Einkommen- oder Mehrwertsteuer.[92] Zugleich würde die aufwändige Erhebung der Traditionellen Eigenmittel sowie die komplizierte Ermittlung der Mehrwertsteuer-Eigenmittel entfallen.[93] Ein ausschließlich am Bruttonationaleinkommen beruhendes Finanzierungssystem wirkt sich insbesondere vorteilhaft auf die Einfachheit des EU-Finanzierungssystems aus. Im Sinne einer Verbesserung der Beitragsgerechtigkeit könnte auf diese Weise direkt am relativen Wohlstand der Mitgliedstaaten angeknüpft werden.[94]

[91]Vgl. grundlegend zur Finanzierung internationaler Institutionen Peffekoven (1981).

[92]Vgl. dazu das Modell eines zweistufigen Zuschlagsverfahrens von Biehl/Winter (1990), S. 86ff. In einem ersten Schritt würde die Festlegung des nationalen Finanzierungsbeitrags an die EU erfolgen. Die Höhe des Beitrags kann auf Basis eines politisch beschlossenen Maßstabs festgelegt werden, um den Gerechtigkeitsansprüchen der Mitgliedstaaten zu genügen. Biehl/Winter empfehlen einen progressiven Tarif, abhängig vom nationalen Pro-Kopf-BSP. Im zweiten Schritt wird dieser Betrag anhand des jeweiligen Einkommensteueraufkommens in einen nationalen Zuschlagssatz umgerechnet, der auf die Steuerschuld jedes Steuerzahlers erhoben wird. In Deutschland wäre ein derartiges Verfahren wegen der Ähnlichkeit zum dort erhobenen „Solidaritäts-Zuschlag" verhältnismäßig leicht realisierbar. Durch ein solches Verfahren wären sowohl die gerechte Lastverteilung zwischen den Mitgliedstaaten als auch die Verteilung des Beitrags gemäß der innerstaatlichen Präferenzen sichergestellt. Dies gilt natürlich auch bei einer Finanzierung der Beiträge direkt aus den nationalen Haushalten. Die individuelle Belastung durch die Finanzierung der EU wäre dann aber weniger transparent.

[93]Theoretische Untermauerung für diesen Vorschlag kann könnte etwa die Theorie der Finanzzuweisungen sein, die beispielsweise von Boadway (1992) vorgestellt wird. Diese liefert allerdings wenig geeignete Ansatzpunkte zur Anwendung auf die Finanzierungsregelung der EU. Die im Rahmen der dortigen Analyse vorgetragenen Argumente berücksichtigen lediglich die Möglichkeit von Finanzzuweisungen einer zentralen Ebene an die dezentralen Ebenen. Vgl. Boadway (1992), S. 48ff.

[94]Eine ausführliche Würdigung der Beitragsvariante findet sich bei Huber (2001), S. 53ff. Interessant erscheint sein Vorschlag zu einer Integration von Ausgaben- und Einnahmenreform der EU. So schlägt er vor, die Beitragsfinanzierung mit einem progressiven Tarif am BIP pro Kopf festzumachen und gleichzeitig Leistungen aus den Transferfonds der EU (z.B. Strukturfonds) zu kürzen, um damit politische Zustimmung für eine grundlegende Reform zu generieren.

Die Unterschiede zwischen einem rein auf Bruttonationaleinkommen-Beiträgen gestützten System und dem gegenwärtigen Eigenmittelsystem sind darüber hinaus nur gering. Der Anteil der Traditionellen Eigenmittel als einzige „echte Eigenmittel" ist, wie bereits ausgeführt, drastisch zurückgegangen.[95] Der EU-Haushalt wird bereits zu rund 90% aus Beiträgen der Mehrwertsteuer-und Bruttonationaleinkommen-Eigenmittel finanziert, wobei die Bruttonationaleinkommen-Eigenmittel in 2006 allein einen Anteil von rund 72% besitzen.

Da die Kommission auf Basis der Verträge die EU als Zusammenschluss von Mitgliedstaaten *und* von Bürgern ansieht, was sich auch bei der Finanzierung des Haushalts über ein Konzept der „Eigenmittel" berücksichtigt werden sollte, gewinnt sie der Reformvariante allerdings nur wenig Positives ab.

2.4.3 Reformvariante III: Erhöhung des Anteils der auf Steuern gestützten Eigenmittel an der Finanzierung des EU-Haushalts mit Einführung einer eigenen EU-Steuer

Das gegenwärtige Finanzierungssystem garantiert der EU zwar hinreichende und stabile Einnahmen, lässt nach Ansicht der Europäischen Kommission aber einen direkten Bezug zum EU-Bürger vermissen und ist darüber hinaus kompliziert und intransparent. Die Einnahmequellen werden als Eigenmittel bezeichnet, sind aber de facto Finanztransfers (Beiträge) der Mitgliedstaaten an die EU-Ebene.

In der von der Europäischen Kommission präferierten Reformvariante wird daher eine Stärkung der Eigenmittel-Finanzierung durch die Einführung einer neuen steuerbasierten Eigenmittelart angestrebt. Die EU-Steuer soll an die Stelle der statistischen Mehrwertsteuer-basierten Eigenmittel treten und darüber hinaus auch dazu beitragen, den Anteil der Bruttonationaleinkommen-Eigenmittel an der EU-Finanzierung zu verringern. Der Finanzierungsanteil der EU-Steuer soll in etwa 50% des EU-Haushalts betragen (siehe Abbildung 2.1).

Mit der EU-Steuer erhofft man sich die Überwindung der Defizite des derzeitigen Eigenmittelsystems, „*wie Fehlen eines direkten Bezugs zum EU-Bürger, Abhängigkeit von Transfers aus den Staatskassen der Mitgliedstaaten und nicht zu rechtfertigende Komplexität*"[96], um eine möglichst effiziente Ressourcenallokation zu gewährleisten. Das Eigenmittelsystem würde den Wechsel von einem System nationaler Beiträge auf eine EU-Steuer-Finanzierung einleiten und somit „eine Union aus Mitgliedstaaten und Völkern Europas"[97] besser widerspiegeln.

Der EU-Ebene würde allerdings kein Steuerfindungsrecht zugewiesen werden. Eine Besteuerungshoheit würde der EU-Ebene nur begrenzt für eine im Rahmen eines Eigenmittelbeschlusses definierte Steuerart zugewiesen werden.[98]

[95] Siehe Abbildung 2.5, S. 30.
[96] Europäische Kommission (2004d), S. 10.
[97] Europäische Kommission (2004b), S. 40.
[98] Vgl. Schreyer (2001), S. 223.

Abbildung 2.1: Struktur der Eigenmittel im gegenwärtigen System und in Reformvariante III der Europäischen Kommission

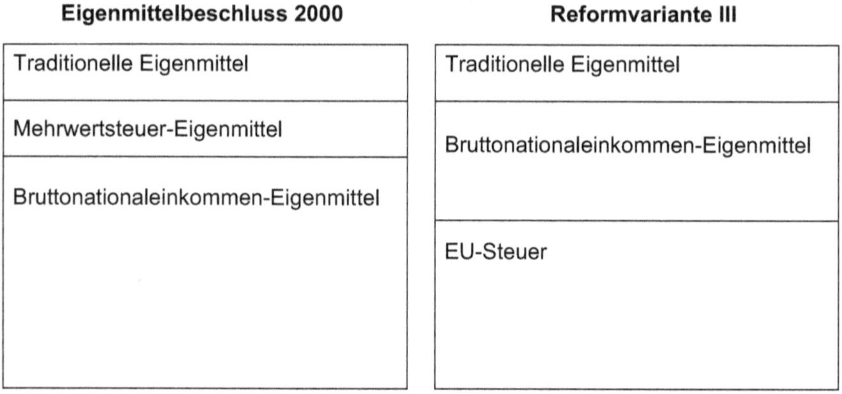

Quelle: Eigene Darstellung.

Die Europäische Kommission vertritt den Standpunkt, dass durch die Einführung einer EU-Steuer die Steuerbelastung der Bürger nicht zwingend ansteigen muss. Den Mitgliedstaaten steht offen, im Rahmen der parallel erhobenen Steuer (im Rahmen der EU-Mehrwertsteuer) bzw. bei anderen nationalen Steuern entsprechende Steuersenkungen in Höhe der weggefallenen Mehrwertsteuer-Eigenmittel und der geringeren Bruttonationaleinkommen-Eigenmittel vorzunehmen.[99]

Nach dem Vorschlag der Kommission soll ein EU-Steuer-basiertes Finanzierungssystem frühestens ab 2014 eingeführt werden. Der Kommissionsvorschlag von 2004 stellt konkret eine EU-Mehrwertsteuer, eine EU-CO_2-/Energiesteuer und eine EU-Körperschaftsteuer zur Diskussion.

2.5 Zusammenfassung

Bereits im Eigenmittelbeschluss von 1970 waren echte eigene Mittel im Sinne einer in den Budgetprozess der Gemeinschaft eingebundenen Bestimmung eines Steuersatzes auf eine harmonisierte Mehrwertsteuer-Bemessungsgrundlage vorgesehen. Der MacDougall-Bericht der Europäischen Kommission von 1977 analysiert diesen Vorschlag ebenfalls intensiv.[100] Im Eigenmittelbeschluss 1994 wird die Kommission aufgefordert, bis Ende 1999 eine Studie vorzustellen, die die Schaffung einer neuen Eigenmittelquelle untersucht. Die

[99] Vgl. Kommission(2004b), S. 40.

[100] Vgl. Rat der Europäischen Gemeinschaften (1970), Europäische Kommission (1977a, 1977b)

Kommission hat 1998 in einem Bericht über die Finanzierung der EU ausführlich eine große Zahl potenzieller EU-Steuern geprüft. Der durch den Eigenmittelbeschluss 2000 von der Kommission geforderte Bericht über das Funktionieren des Eigenmittelsystems konzentriert sich schließlich auf drei bestimmte Vorschläge, die hinsichtlich ihrer Eignung in der Vorstudie von 1998 gut abgeschnitten haben.

Ein realistischer Zeitpunkt für die Umsetzung einer Reform mit der Einführung autonomer Eigenmittel und der Substitution der Mehrwertsteuereigenmittel wird von der Kommission erst in 2014 mit Auslaufen der Finanziellen Vorausschau 2007-2013 und den damit anstehenden Neuverhandlungen des Eigenmittelbeschlusses gesehen.

Die Europäische Kommission favorisiert in ihrem Gutachten von 2004 die Einführung einer EU-Steuer deutlich. Sie spricht selbst von einer „politische[n] Standortbestimmung“.[101] Für zukünftige Verhandlungen über eine Reform des Eigenmittelsystems ist daher von einer weiteren intensiven Auseinandersetzung mit dem EU-Steuer-Thema zu rechnen. Im folgenden Kapitel 3 wird daher der Reformvorschlag III der Europäischen Kommission einer eingehenderen Untersuchung unterzogen.

[101]Europäische Kommission (2004d), S. 15.

Kapitel 3

Eine eigene Steuer für die Europäische Union?

Im Kapitel 3 wird der Reformvorschlag der EU-Kommission zur Einführung einer EU-Steuer einer genaueren Prüfung unterzogen. Zunächst wird in die Steuerpolitik der Europäischen Union eingeführt, um einen Einblick in den aktuellen Harmonisierungsstand von indirekten und direkten Steuern zu bekommen. Die einzelnen EU-Steuer-Vorschläge - EU-Mehrwertsteuer, EU-CO_2-/Energie-Steuer und EU-Körperschaftsteuer - werden im Anschluss vorgestellt. Mit Hilfe von in der „Tax Assignment"-Literatur gängigen Prinzipien zur Zuweisung von Besteuerungshoheiten in föderalen Systemen wird im Folgenden versucht, Ergebnisse in Bezug auf die EU-Steuer-Vorschläge abzuleiten. In Anwendung der Prinzipien auf die Europäische Union treten dabei allerdings Probleme auf. Diese werden identifiziert, was zum Abschluss des Kapitels zu einer Auseinandersetzung mit der Theorie fiskalischer Externalitäten führt. Diese erlangt darüber hinaus in den Modellierungen der Kapitel 5 und Kapitel 6 eine besondere Bedeutung.

3.1 Steuerpolitik der Europäischen Union

Die Europäische Union besitzt zur Verwirklichung ihrer Ziele im Rahmen der vertraglichen Bestimmungen die Möglichkeit zu einer eigenen Steuerpolitik. Im Wesentlichen zielt die EU-Steuerpolitik dabei auf die Verwirklichung eines funktionsfähigen Binnenmarktes. In einigen Bereichen - vor allem im Bereich der indirekten Steuern - hat sie einen großen Einfluss auf die mitgliedstaatliche Steuerpolitik.

Die klassischen Instrumente einer Koordinierung sind Empfehlungen und Richtlinien, die zu einer Angleichung der Rechtsvorschriften in den Mitgliedstaaten führen sollen. Koordinierungsmaßnahmen sind zum Teil rechtlich nicht bindend oder lassen einen gewissen Spielraum in der mitgliedstaatlichen Umsetzung. Harmonisierungsmaßnahmen hingegen sind rechtlich verpflichtend. Harmonisierung reicht dabei von einer Teilharmonisierung - z.B. über die Vereinbarung von Mindestsätzen bzw. Bandbreiten für Steuersätze - bis hin zu einer vollständigen Harmonisierung von Steuersätzen und Bemessungsgrundlagen in den Mitgliedstaaten.

3.1.1 Harmonisierungsbemühungen bei indirekten Steuern

Art. 93 EGV bietet eine Rechtsgrundlage zur Harmonisierung von Vorschriften für die Mehrwertsteuer, Verbrauchsabgaben und sonstige indirekte Steuern.[1] Der Rat nimmt dabei auf Vorschlag der Kommission und nach Anhörung des Parlaments und des Wirtschafts- und Sozialausschusses einstimmig Maßnahmen zur Harmonisierung der Rechtsvorschriften der Mitgliedstaaten im Bereich der indirekten Steuern an. Allerdings knüpft der Artikel dieses Vorgehen an die Bedingung, diese Maßnahmen im Sinne der Errichtung und des Funktionierens des Binnenmarktes durchzuführen. Für diese Regelungskompetenz spricht, dass steuerlich induzierte Verzerrungen von Güterströmen in einem gemeinsamen Markt vermieden werden sollen.

Die EU hat sich bereits in der Vergangenheit intensiv darum bemüht, die Mehrwertsteuerharmonisierung im Rahmen der Schaffung und Gewährleistung eines funktionierenden Binnenmarktes voranzutreiben. Ziel war dabei die Reduzierung von Behinderungen des innergemeinschaftlichen Güterverkehrs durch unterschiedliche, direkt den Güteraustausch betreffende Steuerpraktiken sowie die Abschaffung von Steuerkontrollen an den Binnengrenzen. Im Ergebnis kann man heute von einem hohen Harmonisierungsniveau ausgehen. Die derzeit vorherrschende Regelung stellt allerdings kein reines auf dem Ursprungslandprinzip basierendes System dar, sondern basiert auf einem komplizierten Melde- und Kontrollsystem. Im Arbeitsprogramm der Europäischen Kommission ist langfristig allerdings die schrittweise Einführung eines Mehrwertsteuersystems nach dem Ursprungsland vorgesehen.[2] Die schnelle Realisierung erweist sich jedoch als problematisch, da die Bereitschaft der EU-Mitgliedsländer aufgrund drohender Einbußen bei den Steuereinnahmen gering ist, die Mehrwertsteuersätze und -strukturen vollständig zu harmonisieren. Bis zum völligen Übergang zum Ursprungslandprinzip versucht die Kommission allerdings, im Rahmen des derzeitigen (Misch-)Systems, Verbesserungen zu realisieren. Zielsetzung ist die Vereinfachung, Modernisierung und einheitliche Anwendung der bestehenden Regelungen und die Verbesserung der Verwaltungszusammenarbeit.

Der aktuelle Harmonisierungsstand sieht wie folgt aus: Es gilt ein EU-weiter minimaler Standardsteuersatz von 15%, der alle zwei Jahre einer Revision unterzogen wird; es gibt eine Option für die Einführung reduzierter Steuersätze, die über 5% liegen müssen; weiterhin ist die Herabsetzung des Steuersatzes auf 0%, die Festlegung eines besonders reduzierten Satzes oder eines vorübergehenden Steuersatzes für einzelne Länder bis zur Einführung des endgültigen Systems möglich; so genannte Luxussteuersätze oder erhöhte Steuersätze wurden abgeschafft.

Mit der am 1.6.2006 in Kraft getretenen Verordnung des Rates zur einheitlicheren Anwendung der Vorschriften des gemeinsamen Mehrwertsteuer-Systems in der EU soll eine einheitlichere Anwendung der in der 6. Mehrwertsteuer-Richtlinie[3] festgelegten ge-

---

[1] In Art. 175 EGV findet sich zudem noch eine Bestimmung zur Einführung von Steuern im Zusammenhang mit der EU-Umweltpolitik.

[2] Vgl. Europäische Kommission (2001), S. 12ff.

[3] Vgl. Rat der Europäischen Gemeinschaften (1988b) und Rat der Europäischen Union (2006).

meinsamen Mehrwertsteuer-Vorschriften ermöglicht werden. Ziel ist eine Steigerung der Transparenz und der Rechtssicherheit der Marktteilnehmer und der Steuerverwaltungen.[4]

Auch im Bereich der Verbrauchsteuern gibt es mit Bezug auf einen funktionierenden Binnenmarkt ohne Wettbewerbsverzerrungen einen fortgeschrittenen Harmonisierungsstand. Mit der Vollendung des Binnenmarktes 1993 hat man sich auf ein gemeinsames Verbrauchsteuersystem geeinigt.[5] Dieses umfasst die Warenkategorien Tabak, Alkohol und Mineralöl. Das System hat die Bemessungsgrundlagen weitgehend harmonisiert, was eine genaue Festlegungen der steuerpflichtigen Waren, Bezugsgrößen und Befreiungen zur Folge hatte. Die Steuerniveaus sind zum Teil über Mindeststeuersätze nach unten begrenzt, wobei für die Mitgliedstaaten durch Ausnahmeregelungen durchaus Freiräume bei der Festlegung der Steuersätze gelassen werden und nationale Besonderheiten angemessen berücksichtigt werden. Das komplizierte Verbrauchsteuersystem gewährleistet allerdings noch keine vollständig harmonisierten Steuersätze und -basen. Eine Vielzahl von Steuerbefreiungen und Ausnahmeregelungen führt dazu, dass man von einer einheitlichen Besteuerung im engeren Sinne noch nicht sprechen kann. Die Kommission sieht deshalb in diesem Bereich weiterhin Handlungsbedarf und strebt in weiten Bereichen nicht nur die weitere Harmonisierung der Bemessungsgrundlagen, sondern auch der Steuersätze an.[6] Mit der am 1.1.2004 in Kraft getretenen Richtlinie zur Energiebesteuerung in der Europäischen Union[7] ist etwa eine weitreichende Harmonisierung im Bereich des Energiebesteuerung vollzogen worden. Auf Basis der Richtlinie werden die Bemessungsgrundlagen weitgehend harmonisiert und Mindeststeuersätze für Energieprodukte - z.B. Mineralöle, Gas, Strom und Kohle - festgelegt.

Der Rat der Europäischen Union hat in seinem Arbeitsprogramm für 2006 die weitere Fortsetzung der Bemühungen im Bereich indirekter Steuern erklärt. Insbesondere werden neue Initiativen zur Vereinfachung und Modernisierung des Mehrwertsteuer-Systems und der Verbrauchsteuern (z.B. auf alkoholische Getränke) angekündigt.[8]

3.1.2 Harmonisierungsbemühungen bei direkten Steuern

Die Verträge der Europäischen Union sehen nicht explizit Regelungen für den Bereich der direkten Besteuerung vor. Konkrete Rechtsgrundlagen gibt es für die Vermeidung von Doppelbesteuerung in der Europäischen Union, wozu Verhandlungen zur Beseitigung

[4]Zuvor konnten sich die Mitgliedstaaten an so genannten Leitlinien orientieren, die zusammen von den Mitgliedstaaten und der Kommission erarbeitet wurden. Die Leitlinien stellen für die Steuerverwaltungen mangels Rechtskraft allerdings nur eine Orientierungshilfe dar. Zu weiteren Plänen der Kommission im Bereich der Mehrwertsteuer-Strategie siehe Europäische Kommission (2003d).

[5]Vgl. Richtlinie 92/12/EWG des Rates über das allgemeine System den Besitz, die Beförderung und die Kontrolle verbrauchsteuerpflichtiger Waren. Vgl. Rat der Europäischen Gemeinschaften (1992).

[6]Vgl. Europäische Kommission (2001), S. 14ff.

[7]Vgl. Richtlinie 2003/96/EG des Rates vom 27.10.2003 zur Restrukturierung der gemeinschaftlichen Rahmenvorschriften zur Besteuerung von Energieerzeugnissen und elektrischem Strom. Vgl. Rat der Europäischen Union (2003a).

[8]Vgl. Rat der Europäischen Union (2005), S. 18.

eingeleitet werden sollen (Art. 293 EGV).[9] Ebenfalls sind auf Basis des Art. 94 EGV[10] Harmonisierungsmaßnahmen möglich. Dazu sind einstimmige Beschlüsse von Richtlinien für die Angleichung von Rechtsvorschriften notwendig, die sich unmittelbar auf die Errichtung oder das Funktionieren des Binnenmarktes auswirken. Weiterhin bietet Art. 96 EGV bei Beeinträchtigung der Wettbewerbsbedingungen im Binnenmarkt[11] eine Rechtsgrundlage für ein Tätigwerden der Gemeinschaft. Grundsätzlich könnte auch über die Grundfreiheiten eine Vereinheitlichung von Rechtsregeln in der EU erreicht werden.[12] Die angeführten vertraglichen Ermächtigungen im Bereich direkter Steuern bieten jedoch allesamt nur geringe Einflussmöglichkeiten zur Schaffung von EU-Regelungen. Aufgrund der nur beschränkten rechtlichen Grundlagen war die direkte Besteuerung bisher nicht Schwerpunkt der Steuerpolitik der EU. Sie soll jedoch nach Vorstellungen der Kommission in den nächsten Jahren verstärkt ein Tätigkeitsfeld darstellen.[13]

Im Bereich der Arbeitseinkommenbesteuerung findet Koordination der persönlichen Einkommensteuern auf der europäischen Ebene nur auf Grundlage des Ziels der Vermeidung grenzüberschreitender Diskriminierungen und Beschränkungen der Grundfreiheiten statt. Zwar werden in der gesamten EU Arbeitseinkommen besteuert, jedoch mit unterschiedlichen Tarifverläufen und Ausnahmeregelungen. Es ist offensichtlich, dass es zwischen den einzelnen EU-Staaten sehr große Unterschiede gibt und deswegen der Koordinierungsstand als eher gering einzustufen ist.[14]

Unternehmen in den verschiedenen Mitgliedstaaten der EU werden nach sehr unterschiedlichen Maßstäben besteuert. Die Besteuerungssystematiken und die Steuersätze weichen zum Teil stark voneinander ab.[15] Da lange Zeit für die innereuropäische Zusammenarbeit von Unternehmen bedeutende steuerliche Hindernisse bestanden und eine ökonomisch wünschenswerte Verflechtung nicht stattfinden konnte, hat man 1990 mit der Zielsetzung, das Funktionieren des Binnenmarktes zu verbessern, zwei bedeutende Richtlinien erlassen - die Fusionsrichtlinie und die Mutter-Tochter-Richtlinie. Diese sollen zum einen bei Umstrukturierungen von Unternehmen aus unterschiedlichen Mitgliedstaaten steuerliche Nachteile beseitigen und zum anderen die Doppelbesteuerung der Gewinne von Mutter- und Tochterunternehmen in unterschiedlichen EU-Ländern vermeiden. Weiterhin wurden

[9] Art. 293 EGV 2. Spiegelstrich. Vgl. Patterson/Martínez Serrano (2000), S. 21.

[10] Art. 94 EGV: „Der Rat erlässt einstimmig auf Vorschlag der Kommission und nach Anhörung des Europäischen Parlaments und des Wirtschafts- und Sozialausschusses Richtlinien für die Angleichung derjenigen Rechts- und Verwaltungsvorschriften der Mitgliedstaaten, die sich unmittelbar auf die Errichtung oder das Funktionieren des Gemeinsamen Marktes auswirken."

[11] Art. 96 EGV: „Stellt die Kommission fest, dass vorhandene Unterschiede in den Rechts- und Verwaltungsvorschriften der Mitgliedstaaten die Wettbewerbsbedingungen auf dem Gemeinsamen Markt verfälschen und dadurch eine Verzerrung hervorrufen, die zu beseitigen ist, so tritt sie mit den betreffenden Mitgliedstaaten in Beratungen ein. Führen diese Beratungen nicht zur Beseitigung dieser Verzerrung, so erlässt der Rat mit qualifizierter Mehrheit auf Vorschlag der Kommission die erforderlichen Richtlinien. Die Kommission und der Rat können alle sonstigen, in diesem Vertrag vorgesehenen zweckdienlichen Maßnahmen treffen."

[12] Siehe andeutungsweise Europäische Kommission (2001), S. 8.

[13] Vgl. Europäische Kommission (2001), S. 10f., 17ff.

[14] Vgl. Patterson/Martínez Serrano (2000), S. 38f.

[15] Vgl. dazu etwa Spengel (2004).

Schlichtungsverfahren zur Vermeidung von Doppelbesteuerung auf Grundlage des Art. 293 EGV einführt und ein Verhaltenskodex zur Unternehmensbesteuerung beschlossen, der - allerdings rechtlich nicht bindende - Richtlinien zur Vermeidung von schädlichem Steuerwettbewerb enthält.[16]

Die Kommission schlug dem Rat der Wirtschafts- und Finanzminister 1996 ein neues Globalkonzept für den Bereich der direkten Steuern vor. Die Steuerpolitik der Mitgliedstaaten sollte stärker auf wichtige Ziele der Union ausgerichtet werden, z.B. auf die Förderung von Wachstum und Beschäftigung und die Vollendung des Binnenmarktes. Gleichzeitig sollte eine Aushöhlung der Besteuerungsgrundlagen verhindert und gegen schädlichen Steuerwettbewerb vorgegangen werden. Die Kommission vertrat die Auffassung, dass selbst bei Beibehaltung des Einstimmigkeitsprinzips mehr Fortschritte erzielt werden könnten, wenn die weitreichenden Folgen der Nichtannahme der einzelnen Vorschläge stärker bedacht würden. Sie wies darauf hin, dass das wiederholte Ausbleiben von Fortschritten bei der Koordinierung der Steuerpolitik, Verzerrungen im Binnenmarkt weiterhin fördert und darüber hinaus auch zum Verlust von Arbeitsplätzen in der EU beiträgt und sogar Möglichkeiten zur Aushöhlung der Besteuerungsgrundlage schafft. Das Globalkonzept der Kommission leitete eine Reihe von Folgepapieren[17] ein und führte zu einer Phase intensiver Diskussionen zwischen den EU-Mitgliedstaaten über die Harmonisierungserfordernisse bei direkten Steuern. Der Rat einigte sich im Dezember 1997 schließlich auf den Entwurf eines „Steuerpakets“[18], das Maßnahmen zur Bekämpfung schädlichen Steuerwettbewerbs in der EU enthielt. Das Steuerpaket, das vom Rat offiziell am 3.6.2003 angenommen wurde[19], umfasst folgende Punkte:

- einen politischen Verhaltenskodex zur Beseitigung schädlicher Unternehmensteuerregelungen;
- einen Rechtsakt zur Gewährleistung einer effektiven Mindestbesteuerung von Zinserträgen;
- einen Rechtsakt zur Beseitigung der Quellensteuern auf grenzüberschreitende Zahlungen von Zinsen und Lizenzgebühren zwischen verbundenen Unternehmen.

Am weitesten sind die aus dem Steuerpaket resultierenden Bemühungen bei der Besteuerung von Zinserträgen fortgeschritten. Die 2003 verabschiedete und 2005 in Kraft getretene Richtlinie zur EU-Zinsbesteuerung zielt auf eine verbesserte steuerliche Erfassung von grenzüberschreitenden Zinszahlungen an Privatanleger in der EU und die Vermeidung

[16]Siehe Kapitel 7.1, S. 131ff.

[17]Vgl. Europäische Kommission (1996b), Europäische Kommission (1997a) und Europäische Kommission (1997c).

[18]In der selben Vereinbarung des Rates vom Dezember 1997 verpflichtete sich die Kommission, Leitlinien für die Anwendung der Regeln über staatliche Beihilfen auf Maßnahmen im Bereich der direkten Unternehmensbesteuerung vorzulegen. Diese Leitlinien wurden am 11.11.1998 angenommen. Ihren bisher letzten Bericht über ihre Tätigkeit im Bereich steuerlicher Beihilfen legte die Kommission am 26.11.2003 vor.

[19]Vgl. Rat der Europäischen Union (2003b), Rat der Europäischen Union (2003c).

von Steuerhinterziehung. Es handelt sich dabei nicht um eine EU-Steuer, sondern um eine Verbesserung des Informationsaustausches beziehungsweise der einheitlichen Erhebung von Quellensteuern (mit Beteiligung des Mitgliedstaates, in dem der Anleger seinen Wohnsitz hat) in den Mitgliedstaaten, deren Bankgeheimnis erhalten bleibt. Der Fortschritt bei der Zinsbesteuerung lässt sich darauf zurückführen, dass diese mobilitätsbedingt einem stärkeren Steuerwettbewerb unterliegen und in vielen Mitgliedstaaten die Zinseinkünfte von Ausländern nicht zur Besteuerung herangezogen wurden, was ein hohes Maß an Steuerhinterziehung zur Folge hatte.[20]

Im Rahmen der Unternehmensbesteuerung in der Europäischen Union kann nicht von einer ausgeprägten Harmonisierung gesprochen werden. Die Besteuerungspraxis in den EU-Mitgliedsländern ist als sehr heterogen zu bezeichnen.[21] Die Europäische Kommission hat ihre Strategie dabei häufig geändert und strebt in ihrem aktuellen Arbeitsprogramm eine Harmonisierung der Körperschaftsbesteuerung im Rahmen ihrer Binnenmarktstrategie an. Die Vorteile des Marktes von fünfundzwanzig Mitgliedstaaten sollen sich in vollem Umfang entfalten können. Dabei stellt die Abschwächung der Auswirkungen von Steuerschranken ein vorrangiges Ziel dar. Fünfundzwanzig unterschiedliche Systeme der Unternehmensbesteuerung erschweren nach Ansicht der Kommission ein reibungsloses Funktionieren des Binnenmarktes. Konkrete Projekte sind die Überarbeitung der Mutter-/Tochter-Richtlinie und der Fusionsrichtlinie. Langfristig ist die Einführung einer einheitlichen Körperschaftsteuer-Bemessungsgrundlage in der EU geplant, wofür mehrere Varianten mit unterschiedlichem Harmonisierungsniveau zur Diskussion stehen.[22] Im Arbeitsprogramm der österreichischen Ratspräsidentschaft für die erste Jahreshälfte 2006 wird der Weg der Kommission unterstützt. Auch der Rat strebt im Bereich direkter Steuern die Schaffung einer gemeinsamen konsolidierten Steuerbemessungsgrundlage für Unternehmen auf politischer Ebene an.[23]

3.1.3 Steuer- und haushaltspolitische Strategie der Europäischen Kommission

Die gegenwärtige steuerpolitische Strategie der EU nach den Vorstellungen der Europäischen Kommission spiegelt sich vor allem in der Mitteilung der Europäischen Kommission (2001b) wider. Zum zentralen Ziel der EU-Steuerpolitik wird demnach die Funktionsfähigkeit des Binnenmarktes erklärt. Steuerliche Hindernisse der grenzüberschreitenden Wirtschaftstätigkeit sollen beseitigt werden. Die Europäische Kommission versucht damit die EU-Steuerpolitik auf die im März 2000 vom Europäischen Rat von Lissabon beschlossene Strategie auszurichten, die Europäische Union bis zum Jahre 2010 zum wettbewerbsfähigsten und dynamischsten wissensbasierten Wirtschaftsraum der Welt zu machen.

[20] Vgl. Deutsche Bank (2005).

[21] Vgl. dazu etwa Spengel (2004). Auf die Bemühungen der Europäischen Kommission, in diesem Bereich Fortschritte zu erzielen, wird in Kapitel 7 im Zusammenhang mit der Beurteilung der EU-Körperschaftsteuer aber noch ausführlicher eingegangen. Siehe Kapitel 7.1, S. 131ff.

[22] Vgl. Europäische Kommission (2003b), Europäische Kommission (2001), S. 18ff.

[23] Vgl. Rat der Europäischen Union (2005), S. 18.

Der Fokus der Kommission liegt wie oben bereits angedeutet vor allem auf einer stärkeren Koordinierung und Harmonisierung[24] der Steuerpolitiken der Mitgliedstaaten, um steuerliche Hindernisse für den Binnenmarkt zu beseitigen. Zur Umsetzung der Strategie wurden bereits konkrete Vorschläge zur Körperschaftsteuer, der Mehrwertsteuer, den Verbrauchsteuern und den Kraftfahrzeugsteuern gemacht.

Parallel zu den Bemühungen der Europäischen Kommission, die EU-Steuerpolitik auf die Lissabon-Strategie auszurichten, wird an einer Reform der EU-Finanzierung gearbeitet. Die EU-Steuer - von der damaligen Haushaltskommissarin Schreyer wiederbelebt - wurde 2001 als am besten geeignete Säule eines erneuerten, transparenten und finanzielle Autonomie sichernden EU-Eigenmittelsystems vorgeschlagen.[25] Die frühere EU-Kommissarin Schreyer stellt allerdings klar, dass nicht etwa das Steuerfindungsrecht auf die EU überginge, sondern es vielmehr nur um die Übertragung einer Steuerquelle mit Entscheidungsbefugnissen für den Steuersatz an die EU-Ebene geht.[26]

In Art. 9 des Eigenmittelbeschlusses von 2000 wurde die Europäische Kommission aufgefordert, bis zum Ablauf des aktuellen Eigenmittelbeschlusses im Jahr 2006 Vorschläge zur Reform des Eigenmittelsystems zu erarbeiten. Darin heißt es:

> „Die Kommission nimmt vor dem 1. Januar 2006 eine generelle Überprüfung des Eigenmittelsystems vor und fügt dem Bericht hierüber erforderlichenfalls geeignete Vorschläge bei; sie berücksichtigt hierbei alle relevanten Faktoren, wozu auch die Auswirkungen der Erweiterung auf die Haushaltsfinanzierung, die Möglichkeit einer Änderung der Eigenmittelstruktur durch die Schaffung neuer autonomer Eigenmittel und die dem Vereinigten Königreich zugestandene Korrektur der Haushaltsungleichgewichte sowie die Deutschland, den Niederlanden, Österreich und Schweden zugestandene Reduzierung des Finanzierungsanteils gemäß Artikel 5 Absatz 1 gehören."[27]

Die Kommission hat in 2004 signalisiert, dass sie nicht beabsichtigt „in naher Zukunft neue Eigenmittel vorzuschlagen".[28] Nach eigenen Aussagen wird ab 2014 ein EU-Eigenmittelsystem angestrebt, das eine EU-Steuer enthalten soll. Für den kommenden Eigenmittelbeschluss ist der EU-Steuer-Vorschlag daher nicht von Bedeutung.

[24] Koordinierung heißt zunächst, mit Hilfe von Konventionen, Empfehlungen und Leitlinien eine rechtlich nur wenig verbindliche Annäherung und Abstimmung der Steuerpraktiken der einzelnen Mitgliedstaaten zu erreichen. Unter Koordinierung mit höherer Intensität versteht man Harmonisierungsmaßnahmen. Dabei ist zwischen partieller Harmonisierung mit abgeschwächten Harmonisierungsbemühungen sowie Festlegung minimaler oder maximaler Steuersätze und totaler Harmonisierung mit identischen Bemessungsgrundlagen und Steuersätzen unterschieden werden. Vgl. Patterson/Martínez Serrano (2000), S. 35.

[25] Schon im Eigenmittelbeschluss von 1970 wird eine derartige EU-Steuer angestrebt. Vgl. Rat der Europäischen Gemeinschaften (1970). Vgl. auch Schick/Märkt (2002), S. 27f.

[26] Vgl. Schreyer (2000), S. 123.

[27] Rat der Europäischen Union (2000), Art. 9.

[28] Kommission(2004b), S. 40

3.2 Zuweisung einer Steuerhoheit an die EU

Die politische Diskussion über eine EU-Steuer wird gemeinhin mit dem Namen der früheren Haushaltskommissarin, Michaele Schreyer, verbunden. Diese hatte eine entsprechende Forderung bereits kurz nach ihrem Amtsantritt im September 1999 formuliert und im Jahr 2001 konkrete Positionen vorgestellt. Unterstützt wurde sie in der Folge von den Ministerpräsidenten von Belgien, Guy Verhofstadt, und Luxemburg, Jean-Claude Juncker.[29] Auch der damalige Präsident der EU-Kommission, Romano Prodi, machte sich diese Haltung zu Eigen.[30] An kritischen Stimmen, insbesondere aus anderen Mitgliedstaaten und den Wirtschafts- und Steuerzahlerverbänden, fehlte es allerdings nicht.[31] Ein von politischer Seite häufig genannter Grund für die Reform des Eigenmittelsystems war und ist die Osterweiterung der EU in 2004 und die damit verbundenen finanziellen Lasten.[32]

In der wissenschaftlichen Literatur zur Finanzierung der Europäischen Union wird die Frage der Zuweisung einer Besteuerungshoheit auf die EU-Ebene ebenfalls ausgiebig diskutiert. Exemplarisch dafür können Henke (1981), Biehl (1988, 1991a), Caesar (1990, 1996, 2002, 2004, 2006), Fuest (1996), Genser (1997), Colasanti (1997), Wissenschaftlicher Beirat (1998), Henke/Perschau (1999), Schreyer (2000, 2001), Fehr (2001), Huber (2001), Milbrandt (2001), Schick/Märkt (2002), Sapir (2003), Boss (2004) genannt werden. Grundtenor in den Stellungnahmen ist dabei allerdings eine eher skeptische Haltung gegenüber der EU-Steuer. Kritisch wird häufig vor allem der Ausbau der Einnahmenbasis der EU ohne gleichzeitige Reformen auf der Ausgabenseite gesehen. Eine Reform des Ausgabensektors, die fehlerhafte Entwicklungen in der Vergangenheit korrigiert und dadurch auch Haushaltsmittel freisetzt, sollte eng mit der Neugestaltung des Finanzierungssystems verknüpft werden. Die Beschlüsse im Rahmen der Agenda 2000 zur Agrar- und Strukturpolitik können zwar als erster Schritt in einer Konsolidierung der EU-Ausgabenpolitik interpretiert werden, eine grundlegende Reform des Ausgabensektors des EU-Haushalts wurde mit Blick auf die Senkung der Ausgabenverpflichtungen in der EU-25 jedoch bisher nicht angegangen.

Die Kommission hat in ihren Berichten über die Funktionsfähigkeit des Eigenmittelsystems von 1998 und 2004 dargelegt, dass das derzeit gültige Eigenmittelsystem vor allem durch eine mangelnde Transparenz für den EU-Bürger, eingeschränkte Finanzautonomie der EU-Ebene und hohe Komplexität gekennzeichnet sei. Diese Komplexität betrifft weniger die Regelungen, welche Einnahmequellen herangezogen werden bzw. mit welchen Abrufsätzen diese Bemessungsgrundlagen belegt werden. Die Schwierigkeit, das System nachzuvollziehen, zeigt sich vielmehr in den Rechtsinstrumenten, die die Umsetzung der Eigenmittelbeschlüsse und die Berechnung der Eigenmittel-Anteile regeln. In den Be-

---

[29] Vgl. o.V. (2001b).

[30] Vgl. o.V. (2001c).

[31] Vgl. etwa „Reynders EU-Steuer stößt auf Skepsis", in: europa-digital vom 13.7.2001, „Kommt die EU-Steuer?", in: NZZ Online vom 5.4.2003, „TAE lehnt eigene EU-Steuer ab", (Presseinformation der Taxpayers Association of Europe) vom 6.6.2003.

[32] Vgl. Schreyer (2000), S. 124, Donges et al. (1998). Als weiteres Indiz dafür kann die Beibehaltung der Haushaltsobergrenze für 2000-2006 bei 1,27% des EU-BSP dienen. Anderer Ansicht bezüglich des zukünftigen Finanzbedarfs sind Caesar (2002), S. 138f. und Huber (2001), S. 52f.

rechnungsverfahren finden sich gewachsene politische Kompromisse, die nicht mehr ohne weiteres nachvollziehbar sind. Bei aller Kritik am Eigenmittelsystem wird aber auch zugestanden, dass das System in dem Sinne gut funktioniert, dass es zur Finanzierung der Ausgaben ausreichend Mittel bereitstellt. Um die Mängel des aktuellen Systems zu beseitigen und auch weiterhin ausreichend Mittel zu gewährleisten, soll nach Ansicht der Kommission jedoch eine autonome Eigenmittelquelle im Sinne einer eigenen EU-Steuer eingeführt werden.

Zur Begründung der konzeptionellen Neugestaltung der Einnahmenseite der EU[33] stehen neben dem gewachsenen Finanzbedarf insbesondere die Verbesserung der EU-Finanzautonomie und eine Transparenzsteigerung des Einnahmensystems im Mittelpunkt. Die nicht vorhandene Einnahmenautonomie und somit enge Abhängigkeit von den Mitgliedstaaten wird - vor allem von Seiten der Kommission[34] - vielfach als problematisch angesehen. Dem europäischen Entscheidungsprozess mangelt es weiterhin aufgrund der fehlenden Rückkopplung mit der Einnahmenseite des EU-Haushalts an finanzpolitischer Rationalität.[35] Die Abhängigkeit von den Haushalten der Mitgliedstaaten wird zudem stetig größer, da die Einnahmen aus den Traditionellen Eigenmitteln bei gleichzeitig unverhältnismäßig hohem Verwaltungsaufwand abnehmen und der Anteil der Eigenmittel mit Beitragscharakter weiter ansteigt.[36] Das Transparenzargument schließlich zielt darauf ab, dass das gegenwärtige System für die EU-Bürger und Steuerzahler nicht durchschaubar und über die geringe Fühlbarkeit eine Identifikation der europäischen Bürger mit der Gemeinschaft nicht gegeben ist. Dies wird erst bei klareren Beziehungen zwischen Steuerzahlung und Leistungen der EU-Ebene möglich.[37]

3.2.1 EU-Steuer-Vorschläge der Europäischen Kommission

Die Auswahl einer geeigneten Bemessungsgrundlage für eine EU-Steuer ist eng mit einer weitgehend fortgeschrittenen Harmonisierung der Bemessungsgrundlage verknüpft.[38] In ihrem Gutachten von 1998 untersucht die Kommission eine Vielzahl von neuen autonomen Eigenmittelarten.[39] Da die Harmonisierung der direkten Steuern wie oben darge-

[33]Vgl. Biehl (1991, 1994), Genser (1997), S. 109f.

[34]Vgl. Schreyer (2001), S. 223ff.

[35]Damit wird dem fiskalföderalistischen Grundsatz der fiskalischen Äquivalenz widersprochen. Vereinfacht dargestellt soll demnach der Kreis der Nutznießer öffentlicher Leistungen mit dem Kreis der Kostenträger entsprechen. Ausführlicher dazu Kapitel 8.1.2, S. 165.

[36]Siehe Abbildung 2.5, S. 30. Vgl. Europäische Kommission(1998), S. 2, Schreyer (2001), S. 224. Ein Bedeutungsgewinn kommt vor allem den Bruttonationaleinkommen-Eigenmitteln zu. Dies wird von der Europäischen Kommission im Sinne einer am Leistungsfähigkeitsprinzip orientierten Abgabe der Mitgliedstaaten als unproblematisch angesehen. Kritisch dazu Caesar (1996), S. 167. Insbesondere verlieren die Zolleinnahmen aufgrund internationaler Liberalisierungsbemühungen im Handel (WTO) zunehmend an Bedeutung.

[37]Vgl. Schick/Märkt (2002), S. 29.

[38]So auch Huber (2001), S. 56.

[39]Vgl. Europäische Kommission (1998b), S. 25. Insgesamt werden in diesem Gutachten folgende Eigenmittelarten untersucht:Mehrwertsteuer, Energiesteuer, Verbrauchsteuern auf Tabak, Alkohol und Mineralöl, Körperschaftsteuer, Steuern auf Verkehrs- und Telekommunikationsdienstleistungen, Einkommen-

stellt bisher nur in Ansätzen erfolgte und bei indirekten Steuern wie der Mehrwertsteuer und Verbrauchsteuern ein deutlicher Harmonisierungsvorsprung besteht, wurden im Kommissionsgutachten 2004 eine EU-Mehrwertsteuer und eine EU-CO_2-/Energiesteuer in die engere Wahl gezogen.[40] Im Fokus des Kommissionsgutachtens von 2004 steht mit der EU-Körperschaftsteuer allerdings auch eine direkte Steuer, die vom Harmonisierungsstand wenig aussichtsreich ist, aber mit der Binnenmarktstrategie der Kommission eng verknüpft ist. Die drei zur Diskussion stehenden Steuerarten werden im Folgenden kurz vorgestellt.

Für den weiteren Verlauf der Untersuchung sei an dieser Stelle noch einmal in Erinnerung gerufen, dass der Reformvorschlag III der Europäischen Kommission auch nach Einführung einer EU-Steuer ein Nebeneinander von EU-Steuer, Traditionellen Eigenmitteln und Bruttonationaleinkommen-Eigenmitteln vorsieht. Die Bruttonationaleinkommen-Eigenmittel werden auch in einem EU-Steuer gespeisten System als residuale Finanzierungsquelle dienen, die je nach Schwankung der anderen Eigenmittelarten das EU-Budget im erforderlichen Maß auffüllt.

3.2.1.1 EU-Mehrwertsteuer

Bereits bei Einführung des Eigenmittelsystems 1970 hatte man auf lange Sicht die Mehrwertsteuer als EU-Steuer angedacht.[41] Aus den damaligen Absichten, eine EU-Steuer auf Basis der Mehrwertsteuer zu formen, und vor allem hinsichtlich der Förderung eines funktionierenden Binnenmarktes rührt die heute bereits weitgehend vollzogene Harmonisierung der mitgliedstaatlichen Mehrwertsteuersysteme.[42]

Der Vorschlag der Kommission zur EU-Mehrwertsteuer[43] basiert auf einem Zuschlagssystem. Die EU-Ebene erhält die Steuerhoheit für die Erhebung eines Steueraufschlags auf die Mehrwertsteuersätze der Mitgliedstaaten. Die Steuersätze sollen aus Gründen der Transparenz und Fühlbarkeit auf den Rechnungen getrennt ausgewiesen werden. Die Höhe der mitgliedstaatlichen Steuersätze soll weiterhin im Rahmen der vorgegebenen Bandbreiten schwanken dürfen. Es gilt aber ein einheitlicher EU-Steuersatz, so dass jeder Mitgliedstaat die gleiche Finanzierungslast, gemessen am jeweiligen nationalen Mehrwertsteueraufkommen, an die EU abführt.

Um eine Ungleichbehandlung zu vermeiden, bedingt die Einführung der EU-Steuer-Vorschläge - auch im Falle der EU-Mehrwertsteuer - zunächst eine vollständige Harmonisierung der Bemessungsgrundlage und damit die Einführung eines einheitlichen Mehrwert-

---

steuer, Quellensteuer auf Zinserträge und die EZB-Seigniorage. Vgl. Europäische Kommission (1998), Anhang 2, S. 4.

[40]Kritisch bezüglich der Eignung dieser beiden Steuerarten allerdings Mutén (2001), S. 229ff.

[41]Im Langes Report (Langes (1994)) wurde ebenfalls ein EU-Zuschlagssatz auf die Mehrwertsteuer der Mitgliedstaaten vorgesehen. In dem damaligen Vorschlag sollten die Mehrwertsteuer- und Bruttonationaleinkommen-Eigenmittel allerdings vollständig ersetzt werden.

[42]Im Rahmen des Binnenmarktes ist eine weit reichende Harmonisierung der nationalen Mehrwertsteuer-Systeme von Bedeutung, um den grenzüberschreitenden Warenverkehr zu vereinfachen und komplizierte Grenzausgleichsregelungen zu vermeiden.

[43]Vgl. Europäische Kommission (2004e), S. 51ff.

steuersystems in der EU. Vor dem Hintergrund der bereits im bestehenden Eigenmittelsystem weitgehend harmonisierten (theoretischen) Steuerbasis kann der noch verbleibende Harmonisierungsbedarf allerdings als gering eingestuft werden.[44]

Um Befürchtungen vor steigenden Steuerbelastungen entgegenzutreten, wird von Seiten der Kommission argumentiert, dass keine zusätzliche Steuerlast durch die EU-Mehrwertsteuer entsteht, wenn der EU-Steuer-Aufschlag durch eine Absenkung des mitgliedstaatlichen Steuersatzes in gleicher Höhe kompensiert würde.[45] Die Erhebung der Steuer würde durch die Europäische Union in Zusammenarbeit mit Steuerverwaltungen der Mitgliedstaaten im Rahmen der nationalen Mehrwertsteuerabrechnungen erfolgen.

Folgende zentrale Schritte bis zu einer Umsetzung einer EU-Mehrwertsteuer werden von der Kommission angeführt:

- Harmonisierung der Bemessungsgrundlage vor allem in der Frage der Behandlung der ermäßigten und steuerbefreiten Gütergruppen;
- Einigung auf einen funktionierenden Erhebungsmechanismus;
- Festlegung des EU-Aufschlagssatzes.

Der Zeitplan der Kommission sieht für die EU-Mehrwertsteuer-Variante in etwa sechs Jahre vor. Der bestehende Harmonisierungsstand sei fortgeschritten und die restlichen offenen Punkte der Anpassung des bestehenden Systems seien in diesem Zeitraum durchaus verhandelbar.[46]

3.2.1.2 EU-CO_2-/Energiesteuer

Die Kommission hat sich im Rahmen ihres Vorschlags einer EU-CO_2-/Energiesteuer zur Eigenmittelfinanzierung noch nicht auf eine bestimmte Ausgestaltung festgelegt. So ist offen, ob es sich um eine CO_2-Steuer, eine Steuer auf bestimmte Energieträger (z.B. auch Flugbenzin) oder eine allgemeine Energie-Steuer handeln soll. Die Harmonisierungsbemühungen für eine Energiesteuer sind vergleichsweise weit fortgeschritten, wofür im Wesentlichen die EU-Energie-Richtlinie von 2004 verantwortlich ist.

Die Einführung einer CO_2-/Energiesteuer wurde in der Europäischen Union bereits 1992 mit einem konkreten, umweltpolitisch motivierten Vorschlag der Kommission gefordert. Der damalige Entwurf sah eine relativ niedrige Besteuerung des Energieverbrauchs jeweils zur Hälfte bemessen am CO_2-Gehalt und zur Hälfte am Energiegehalt vor.[47] Eine Finanzierungsfunktion für den EU-Haushalt war damals jedoch nicht vorgesehen. Das

[44]Vgl. Europäische Kommission (2004e), S. 51ff.

[45]Dazu die Europäische Kommission (2004e), S. 51f.: „For example, if the national VAT rate is 21%, and assuming the introduction of an EU rate of 1%, the national rate would come to 20%. The total VAT rate levied would still be 21%."

[46]Vgl. Europäische Kommission (2004e), S. 51 ff.

[47]Vgl. Europäische Kommission (2004e), S. 47ff. Eine derartige Steuer wurde von der Europäischen Kommission bereits im Oktober 1991 zur Erreichung einer Begrenzung der Kohlendioxidemissionen vorgeschlagen. Der Vorschlag fand aber keine Zustimmung im Rat. Vgl. Europäische Kommission (1998), Anhang 2, S. 4. Siehe auch Folkers (1998), S. 650ff.

Steueraufkommen sollte an die Mitgliedstaaten zurückfließen und dort zur Senkung anderer (verzerrender) Steuern verwendet werden.[48]

Beim gegenwärtigen EU-CO_2-/Energiesteuer-Vorschlag handelt es sich wie auch schon bei der EU-Mehrwertsteuer um eine indirekte Steuer. Die Besteuerung erfolgt bei einer CO_2-/Energiesteuer auf den Energiegehalt oder den CO_2-Gehalt eines Energieträgers. Die konkreten Bezugspunkte der EU-Steuer sind bisher von der Europäischen Kommission aber noch weitgehend offen gelassen, was eine umfassende Bewertung erheblich erschwert.[49]

Aus dem Kommissionsvorschlag kann aber entnommen werden, dass sich ein guter Anknüpfungspunkt für die EU-Steuer über die weitgehend harmonisierte Steuerbasis für Motorkraftstoffe bietet.[50] Bezüglich der geplanten Steuersätze wird lediglich davon ausgegangen, dass bereits mit in der EU-Richtlinie festgelegten, um 50% reduzierten Mindestsätzen ein ausreichendes Aufkommen zur Finanzierung der Hälfte des EU-Budgets erzielt werden kann.

Die von der österreichischen Ratspräsidentschaft im Januar 2006 vorgeschlagene Besteuerung von **Flugbenzin** (oder der entstehenden Emissionen) als alternative Bemessungsgrundlage zu den Kommissionsvorschlägen wurde auch von der Kommission im Gutachten von 2004 angedacht, ohne die Ausgestaltung der Variante zu konkretisieren.[51] Neben dem fiskalischen Ziel stehen dabei bei dieser Steuerart auch klimapolitische Zielsetzungen im Sinne einer Internalisierung der (mindestens EU-weit auftretenden) externen Effekte des Luftverkehrs im Mittelpunkt. Gleichzeitig wird mit dieser Lösung die Beseitigung des Wettbewerbsvorteils des Flugverkehrs im Vergleich zu anderen Verkehrsmitteln durch eine einheitliche steuerliche Belastung beseitigt.

Bei den Aufkommensschätzungen besteht eine hohe Unsicherheit. Die Schätzungen der Kommission gehen von mindestens 9 Mrd. Euro durch die Internalisierung negativer externer Effekte des CO_2- und NO_x-Ausstoßes aus. Eine EU-Steuer auf Kerosin in Höhe von 330 EUR/1000 Liter würde in etwa ein Aufkommen in Höhe von 17 Mrd. Euro erzeugen.[52]

Die Einführung der Flugbenzinsteuer als EU-Steuer ist in der Umsetzung jedoch anspruchsvoll. Flugbenzin wird bisher in keinem EU-Mitgliedstaat besteuert. Die Etablierung der Steuer würde somit als zusätzlich eingeführte Steuer die Gesamtsteuerbelastung in den Mitgliedstaaten erhöhen, was eine politische Durchsetzbarkeit fraglich erscheinen lässt.[53]

[48]Vgl. Scholz (2003), S. 53f.

[49]Die Geeignetheit einer CO_2- und Energiesteuer kann sich etwa hinsichtlich der Kosteneffizienz und der Erreichung eines bestimmten Reduktionsziels deutlich unterscheiden. Nach Zhang/Baranzini (2004), S. 508f. führen Energiesteuern zur Erreichung eines Reduktionsziels zu einem 20% höheren Verlust gemessen am BIP als die Verwendung einer CO_2-Steuer.

[50]Damit sind verbleites und unverbleites Benzin, Diesel, Auto- und Erdgas eingeschlossen - Kraftstoffe, die etwa im Bereich der Industrieproduktion eingesetzt werden, fallen nicht unter die EU-Richtlinie.

[51]Vgl. Schüssel (2006), Europäische Kommission (2004e), S. 47.

[52]Die Berechnung geht von den in der Energiesteuer-Richtlinie festgelegten Mindestsätzen ab 2010 aus. Grundlage ist der Verbrauch der 25 Mitgliedstaaten in 2001.

[53]Vgl. Europäische Kommission (2004e), S. 49f., Wit/Dings (2002).

Folgende Schritte sind bis zu einer Umsetzung des EU-CO_2-/Energiesteuer-Vorschlags nach Angaben der Kommission zwingend notwendig:

- Bestimmung der Bemessungsgrundlage, auf die der EU-Steuersatz erhoben werden soll;
- Bestimmung des EU-Steuersatzes;
- Erarbeitung und Verabschiedung der Rechtsgrundlagen für die Erhebung und Verwaltung der EU-Steuer.

Aufgrund der bereits erfolgten Harmonisierung der Steuerbasis und der Mindeststeuersätze für die Diesel- bzw. Kraftstoffvariante auf Basis der EU-Richtlinie werden für die Konzeption der EU-Steuer nach Kommissionsangaben etwa zwei bis vier Jahre veranschlagt. Die tatsächliche Implementierung könnte in drei bis sechs Jahren möglich sein. Für die Variante der EU-Besteuerung von Flugbenzin rechnet man mit zwei bis drei Jahren für die technische Vorbereitung. Vier bis fünf Jahre würde insgesamt für die Implementierung einer EU-Flugbenzinbesteuerung veranschlagt.[54]

3.2.1.3 EU-Körperschaftsteuer

Die Übertragung der Körperschaftsteuer an die EU-Ebene wurde bereits in früheren Studien analysiert (z.B. Europäische Kommission (1978, 1994, 1998c), was zunächst als Indiz für die besondere Bedeutung dieser Steuerart für die Europäische Kommission angesehen werden kann. Mit der Körperschaftsteuer wird von der Kommission eine direkte Steuer zur EU-Finanzierung vorgeschlagen.[55] Die Steuerhoheit über Bemessungsgrundlage und Steuersatz soll dabei wie bei der EU-CO_2-/Energiesteuer vollständig an die EU-Ebene übertragen werden. Es würde ein einheitlicher EU-Körperschaftsteuersatz auf eine vollständig harmonisierte Bemessungsgrundlage erhoben. Dies sichert wiederum die Gleichbehandlung der Mitgliedstaaten.[56]

Der Körperschaftsteuer-Vorschlag ist vor dem Hintergrund einer sehr heterogenen Unternehmensbesteuerung in der Europäischen Union im Vergleich zu den indirekten Steuern sehr ambitioniert. Sowohl die Bemessungsgrundlagen (z.B. Abschreibungsregeln, Verlustabzugsregelungen, etc.) als auch die Steuersätze unterscheiden sich stark, was eine (Voll-) Harmonisierung erschwert. Trotz ernsthafter Bemühungen, diese Steuerart zu harmonisieren (z.B. Neumark Committee (1963), van den Tempel Report (1977), Europäische Kommission (1975, 1990), Ruding Report (1992), Europäische Kommission (2001d)), wurde eine spürbare Harmonisierung auch bisher nicht erreicht. Die Körperschaftsbesteuerung in der EU weist allerdings gewisse Koordinierungsmerkmale auf. Diese sind das Resultat der Bemühungen der Kommission, die Nichtdiskriminierung ausländischer EU-Firmen

---

[54] Vgl. Europäische Kommission (2004e), S. 50f.

[55] Ausführlich dazu Europäische Kommission (2004e), S. 55ff.

[56] Eine EU-Steuer auf unterschiedliche Bemessungsgrundlagen würde eine Ungleichverteilung der Belastungen erzeugen.

im Binnenmarkt, die Doppelbesteuerung und andere Hindernisse der grenzüberschreitenden Unternehmenstätigkeit zu verringern. Der verbleibende Harmonisierungsbedarf bis zu einer möglichen europäischen Steuererhebung ist allerdings weiterhin beachtlich.[57] Die Bemühungen zu einer Reform in der EU sind bereits so alt, dass das Thema von Bach und Wiegard (2002) als „Evergreen der Finanz- und Steuerpolitik“[58] bezeichnet wird.

Die Kommission befürchtet mit der Existenz derart unterschiedlicher Körperschaftsteuersysteme eine schwerwiegende Störung der Kapitalallokation in der EU. Der EU-Steuer-Vorschlag ist daher nicht nur haushaltspolitisch motiviert, sondern passt sich auch in die steuerpolitische Strategie der Kommission gut ein, die Funktionsfähigkeit des Binnenmarktes und damit eine unbeschränkte und unverzerrte Kapitalverkehrsfreiheit zu fördern. Parallelen zu den Bemühungen der Generaldirektion Steuern und Zollunion der Kommission zur Harmonisierung der Bemessungsgrundlage sind deutlich erkennbar. Bei diesen Bemühungen wird aber ausdrücklich nicht das Ziel einer Harmonisierung der Steuersätze verfolgt.[59]

Die Aussage der Kommission, dass die Körperschaftsteuer als EU-Steuer „*would imply setting minimum tax rate to the harmonized tax base*“[60] lässt einen gewissen Interpretationsspielraum hinsichtlich der geplanten Ausgestaltung der Steuer. Zwar wird im Kommissionsbericht zumeist das Szenario mit einem einheitlichen EU-Steuersatz angenommen, eine abschließende Entscheidung der Kommission, ob den Mitgliedstaaten weiter die Möglichkeit eingeräumt wird, einen Aufschlag auf den EU-Satz vorzunehmen, liegt diesbezüglich nicht vor. Eine Wahlmöglichkeit der Unternehmen zwischen parallel zur Anwendung kommender mitgliedstaatlicher Besteuerungssysteme und einer EU-Besteuerung wird von der Kommission mit Hinweis auf den dann möglichen vertikalen Steuerwettbewerb zwischen der EU und den Mitgliedstaaten jedoch abgelehnt.[61]

Die zentralen Voraussetzungen für die Einführung der EU-Körperschaftsteuer sind:

- Einigung der Mitgliedstaaten auf eine einheitliche harmonisierte Bemessungsgrundlage;
- Abstimmung der EU-Körperschaftsteuer mit den Einkommensteuersystemen der Mitgliedstaaten;
- Analyse der Wechselwirkungen mit dem bestehenden Netzwerk an bilateralen Steuerabkommen, die die EU-Länder mit Nicht-EU-Ländern verbindet;
- Bestimmung des Steuersatzes und die Rückverteilung des Steueraufkommens auf die Mitgliedstaaten (falls das Aufkommen den Bedarf übersteigt);

[57] Siehe dazu auch Kapitel 7.1, S. 131ff.

[58] Bach/Wiegard (2002), S. 83.

[59] Zu den Bemühungen der Kommission, eine stärkere Harmonisierung zu erreichen, siehe beispielsweise Europäische Kommission (2001c), S. 23f., Europäische Kommission (2001d) sowie Europäische Kommission (2003).

[60] Europäische Kommission (2004e), S. 56.

[61] Vgl. Europäische Kommission (2004e), S. 56. Eine derartige Optionslösung wird im Rahmen der Vorschläge der Generaldirektion Steuern und Zölle der Kommission jedoch vorgeschlagen. Vgl. Europäische Kommission (2001d), S. 16.

- Einigung bezüglich der Verantwortlichkeiten von EU und Mitgliedstaaten bei der Erhebung der Steuer.

Begründet in den (vor allem politischen) Schwierigkeiten, eine gemeinsame Bemessungsgrundlage als Voraussetzung für die Einführung einer EU-Steuer zu etablieren, hält sich die Kommission mit konkreten Vorhersagen zurück, was den veranschlagten Zeitrahmen angeht. Sie schätzt die Vorbereitungszeit für eine EU-Körperschaftsteuer (ohne Implementierung) auf fünf bis zehn Jahre.

3.2.2 Einnahmensysteme in föderalen Strukturen

Im Rahmen der Einführung einer eigenen EU-Steuer werden verschiedene Fragen aufgeworfen: Welche Ebene hat die Gesetzgebungskompetenz und bestimmt somit über Einführung und Abschaffung von Steuern (Objekthoheit) und die Bemessungsgrundlagen und Steuersätze (Gestaltungshoheit)? Welcher Ebene fließt das Steueraufkommen zu (Ertragshoheit)? Welcher Ebene obliegt die Steuerverwaltung (Durchführungshoheit)? Unter Berücksichtigung dieser Kompetenzen lassen sich folgende Systeme - in ihrer Reinform - unterscheiden:

- Trennsystem,
- Zuweisungssystem,
- Verbundsystem und
- Zuschlagssystem.[62]

Mit jeder Entscheidung für ein bestimmtes System ist auch eine Entscheidung hinsichtlich der politischen Autonomie der EU-Ebene verbunden.

Über die Einbindung einer EU-Steuer in das Eigenmittelsystem der EU verbleibt die Objekthoheit bei den Mitgliedstaaten. Nur über die explizite Zuweisung einer Steuerhoheit in den Eigenmittelbeschlüssen kann die EU-Ebene das Recht erhalten, eine Steuerquelle zu nutzen. Hinsichtlich der Gestaltungs- und Ertragshoheit können die drei EU-Steuer-Vorschläge in die Kategorien Trennsystem (EU-CO_2-/Energiesteuer und EU-Körperschaftsteuer) und Zuschlagssystem (EU-Mehrwertsteuer) eingeordnet werden, wor-

[62] Vgl. Zimmermann/Henke (2005), S. 205ff.

auf im Folgenden noch genauer eingegangen wird. Das Verbundsystem[63] und das Zuweisungssystem[64] spielen im Rahmen der Kommissionsvorschläge keine Rolle.

Von geringerer Relevanz in der vorliegenden Arbeit ist die Durchführungskompetenz[65], also die Verantwortung für die Abgabenerhebung. Diese sollte grundsätzlich an diejenige Ebene verliehen werden, der die geringsten Kosten bei der Erhebung der Einnahmequellen entstehen.

3.2.2.1 Trennsystem im Rahmen der EU-CO_2-/Energiesteuer und der EU-Körperschaftsteuer

Trennsysteme sind grundsätzlich mit einem hohen Grad an Einnahmeautonomie verbunden. Zu unterscheiden sind das ungebundene und das gebundene Trennsystem. Beim ungebundenen Trennsystem würde der EU-Ebene im Falle einer EU-Steuer eine umfassende Gesetzgebungshoheit bezüglich der Auswahl der Steuerart sowie hinsichtlich der Ausgestaltung der Bemessungsgrundlage und der Steuersätze zufallen - sie hätte dann Objekthoheit und volle Gestaltungshoheit. Das ungebundene Trennsystem würde der EU-Ebene damit weitreichende Möglichkeiten zur Ausweitung der Eigenmittelquellen eröffnen.

Im Rahmen des gebundenen Trennsystems, bei dem die Objekthoheit bei den Mitgliedstaat verbleibt, kann man drei Formen unterscheiden[66]:

- Die EU-Ebene kann über eine bestimmte Steuer (oder Gruppe von Steuern) verfügen. Für diese Steuer fällt ihr die volle Gestaltungs- und Ertragshoheit zu.

[63] Vgl. Zimmermann/Henke (2005), S. 207ff. Ein Verbundsystem liegt vor, wenn sich mehrere Ebenen in einem föderalen System gemeinsam über eine oder mehrere Steuern finanzieren. Es kann als Mischsystem bezeichnet werden, dass seinen Charakteristika nach zwischen Trenn- und Zuweisungssystem liegt. Die Gesetzgebungshoheit und die Ertragshoheit lägen bei einem Verbundsystem bei der EU-Ebene und den Mitgliedstaaten. Beide Ebenen müssten sich auf eine Aufteilungsquote des gesamten Steueraufkommens (Gesamtverbundsystem) oder einzelner Steuern (Einzelverbundsystem) einigen. Der Grad der Autonomie der EU hinge letztendlich davon ab, welches Gewicht ihr bei den Aufteilungsquoten zugestanden wird. Realistisch wäre die Einbindung der EU-Ebene im Rahmen eines Einzelverbundes. Im Verbundsystem hätte die EU-Ebene keine Möglichkeit eigenständig das ihr zufließende Steueraufkommen zu beeinflussen. Würde die EU am Aufkommen einer Einzelsteuer beteiligt, die bereits durch einen nationalen Steuerverbund - in Deutschland beispielsweise zwischen Bund und Ländern - verteilt wird, so müssten die nationalen Steuersysteme neu ausbalanciert werden, d.h. die nationalen Aufteilungsquoten müssten neu verhandelt werden.

[64] Vgl. Zimmermann/Henke (2005), S. 210ff. Der Grad an Autonomie für die EU-Ebene im Rahmen des Zuweisungssystems wäre gering. Die Gesetzgebungskompetenz sowie die Ertragshoheit für die Steuern lägen allein bei den Mitgliedstaaten, welche dann aus ihrem Steueraufkommen die EU-Ebene finanzierten. Die Stellung der EU-Ebene wäre demnach verhältnismäßig schwach. Während man in einem zentralistischen Kontext von einem Zuweisungssystem von oben nach unten sprechen würde, könnte in Bezug auf die EU von einer Zuweisung von unten nach oben gesprochen werden. Das in der EU bis zum Eigenmittelbeschluss von 1970 gültige Beitragssystem aber durchaus auch das gegenwärtige Eigenmittelsystem mit dem überwiegenden Teil der Finanzierung aus Mehrwertsteuer- und Bruttonationaleinkommen-Eigenmitteln kann als Zuweisungssystem interpretiert werden.

[65] Vgl. Spahn (1993), S. 21ff.

[66] Vgl. Zimmermann/Henke (2005), S. 206f.

- Die EU-Ebene kann für eine bestimmte Steuer lediglich den Steuersatz autonom bestimmen. Die Ertragshoheit liegt bei der EU-Ebene, während die Gestaltungshoheit hinsichtlich der Bemessungsgrundlage bei den Mitgliedstaaten verbleibt.
- Die Gestaltungshoheit für Bemessungsgrundlage und Steuersatz liegt bei den Mitgliedstaaten. Die Ertragshoheit wird jedoch vollständig der EU-Ebene zugewiesen. Diese Form des Trennsystems weist der EU-Ebene kaum eigenen Entscheidungsspielraum zu.

Nach den Vorschlägen der Europäischen Kommission (2004e) entscheiden die EU-Mitgliedstaaten weiterhin im Rahmen des Eigenmittelbeschlusses, ob und wenn ja, auf welche Steuerart die EU-Ebene zugreifen darf. Die EU-Ebene erhält im Falle der EU-CO_2-/Energiesteuer und der EU-Körperschaftsteuer die Ertragshoheit und die Gestaltungshoheit hinsichtlich der Steuersätze und der Bemessungsgrundlage. Die Objekthoheit verbliebe bei den Mitgliedstaaten.[67]

3.2.2.2 Zuschlagssystem im Rahmen der EU-Mehrwertsteuer

Beim Zuschlagssystem liegt die Ertragshoheit wie beim Verbundsystem sowohl bei den Mitgliedstaaten als auch bei der EU-Ebene. Die EU partizipiert in Form eines Zuschlagssatzes auf den Steuersatz der Mitgliedstaaten an der mitgliedstaatlichen Besteuerung einer harmonisierten EU-Mehrwertsteuer-Bemessungsgrundlage. Die Objekthoheit verbleibt dabei auf der Ebene der Mitgliedstaaten. Die EU-Ebene erhält lediglich die Gestaltungshoheit für die Erhebung des Zuschlagssatzes und die Ertragshoheit für das damit verbundene Aufkommen.

Finanzautonomie für die EU entsteht hier also in der Hinsicht, dass sie einen Zuschlagssatz autonom bestimmen kann. Ein offen ausgewiesener Zuschlagssatz bietet den EU-Bürgern ein hohes Maß an Transparenz, da sie die Kosten der Tätigkeit der EU auf Basis des auf Rechnungen ausgewiesenen Steuerbetrags einschätzen können. Die Belastung für die EU-Bürger ist durch vollständige Harmonisierung der Bemessungsgrundlage in jedem Mitgliedstaat gleich, was sich auch bei unterschiedlichen mitgliedstaatlichen Steuersätzen durch den einheitlichen Aufschlagssatz nicht ändern würde.[68]

3.2.3 Prinzipien der vertikalen Allokation der Besteuerungshoheit in Anwendung auf die Einführung einer EU-Steuer

3.2.3.1 Prinzipien der Allokation der Besteuerungshoheit nach Musgrave

Traditionelle Föderationen (z.B. Deutschland, Kanada, USA) befinden sich in einem kontinuierlichen Entwicklungsprozess, was die Kompetenzverteilung zwischen Zentrale und

[67] Zu bedenken ist allerdings, dass durch das besondere Verfahren der Eigenmittelbeschlüsse, die Mitgliedstaaten auch weiterhin Einfluss auf die Gestaltungshoheit nehmen können.

[68] Auch hier gilt es zu bedenken, dass die Mitgliedstaaten über die Eigenmittelbeschlüsse auch weiterhin einen großen Einfluss auf die Gestaltungshoheit haben.

den Mitgliedstaaten betrifft. Zumeist geht es in jüngerer Zeit jedoch eher um Fragen der Dezentralisierung von Kompetenzen als um eine Zentralisierung. Mit der Herausbildung neuer Föderationen, wie etwa in Russland, oder der sukzessiven Entwicklung einer echten supranationalen Ebene in der EU stellt sich aber auch die Frage nach der Verteilung von Besteuerungskompetenzen von unteren Ebenen auf übergeordnete Ebenen in den letzten Jahren neu. Die Literatur zur Kompetenzverteilung auf der Einnahmeseite in föderalen Systemen (Tax Assignment-Literatur) erlangt dadurch eine neue Bedeutung.[69]

Die folgende normative Analyse soll Antworten auf die Frage geben, ob sich bestimmte Ebenen - lokale, regionale oder zentrale - für die Zuweisung bestimmter Steuerarten besonders eignen, um hinsichtlich der EU-Steuer-Vorschläge Empfehlungen ableiten zu können.

Die zentralen Arbeiten zu der Thematik von Musgrave (1983) und Gordon (1983) liegen bereits einige Zeit zurück.[70] Dennoch wird in der Literatur bei der Zuweisung von Besteuerungshoheiten nach wie vor auf diese frühen Arbeiten Bezug genommen. Der Ansatz von Musgrave (1983) soll daher auch für die Beantwortung der Frage nach der Zuweisung einer Steuerhoheit an die EU-Ebene auf seine Eignung hin untersucht werden.[71]

Musgrave (1983) leitet in seinem wegweisenden Beitrag „*Who should tax, where, and what*" unter Berücksichtigung besonderer Eigenschaften föderaler Systeme einige allgemeine Prinzipien der Zuweisung von Besteuerungshoheiten ab. Ausgehend von einer gegebenen Struktur von zentraler, regionaler und lokaler Gebietskörperschaften und einer gegebenen Zuweisung von Ausgabenkompetenzen stellt Musgrave folgende Regeln auf:[72]

1. Vor allem Gebietskörperschaften der mittleren und vor allem unteren Ebene sollten Steuerbasen mit geringer interregionaler Mobilität besteuern. Mobile Bemessungsgrundlagen sollten in jedem Fall von der Zentrale besteuert werden, da andernfalls Verzerrungen der Ressourcenallokation zu erwarten sind. Die Empfehlung an die unteren Ebenen lautet, sich auf die Besteuerung von immobilen Bemessungsgrundlagen (z.B. Boden) zu konzentrieren oder zumindest Äquivalenzsteuern zu erheben.

2. Progressiv ausgestaltete Steuern sollten von einer Gebietskörperschaft besteuert werden, die eine einheitliche Steuerbasis am effizientesten besteuern kann.

[69] Vgl. etwa Oates (2002c), Gerken et al. (2002) oder Winer (2000) in Bezug auf Kanada.

[70] Der Ansatz von Gordon (1983) wird hier nicht ausführlicher dargestellt, da er in Bezug auf die EU-Steuer-Problematik ähnliche Mängel wie der Ansatz von Musgrave (1983) aufweist. Gordon (1983) analysiert die Effizienz- und Verteilungseffekte einer Allokation der Besteuerungshoheit in einem föderalen System auf mehrere Ebenen im Rahmen eines Optimalsteuermodells. Der Ansatz wurde von Inman/Rubinfeld (1996) erweitert. Für Inman/Rubinfeld (1996), S. 308, stellt der Ansatz von Gordon „the conceptual framework - the 'skeleton' - for organizing the body of the new theoretical and empirical literature on taxation in federalist economies" dar. Gordon untersucht die Ursachen für Ineffizienzen im Rahmen der Besteuerung in föderalen Systemen und betrachtet dabei Steuerexport und horizontale fiskalische Externalitäten aber auch Verteilungseffekte. Vgl. Gordon (1983). Siehe auch Oates (1999), S. 1126 sowie Oates (1994), S. 132.

[71] Vgl. Inman/Rubinfeld (1996).

[72] Vgl. Musgrave (1983), S. 10ff.

3. Progressiv ausgestaltete persönliche Steuern zum Zwecke der Umverteilung sollten von der Zentrale erhoben werden (z.B. progressive Einkommensbesteuerung). Eine dezentrale Besteuerung wird in der Regel zu rein steuerlich induzierten Migrationsbewegungen führen.

4. Steuern, die Stabilisierungszielen dienen, sollten zentral erhoben werden. Die Besteuerung durch untere Ebenen sollte im Konjunkturzyklus stabil sein.

5. Steuerbasen, die in der Föderation stark ungleich verteilt sind, sollten zentral besteuert werden.

6. Äquivalenzsteuern und Gebühren bieten sich grundsätzlich für alle Ebenen an. Sie eignen sich jedoch vor allem für dezentrale Ebenen. Auch bei mobilen Bemessungsgrundlagen werden bei der Erhebung von Äquivalenzsteuern keine unmittelbaren Anreize zur Abwanderung der Steuerbasis ausgelöst, da die Steuerzahlung Kosten und Nutzen der öffentlichen Leistungen widerspiegelt.

Dieser Katalog an Empfehlungen von Musgrave weist einige Mängel auf. So wird die Verknüpfung von Aufgaben-, Ausgaben- und Einnahmenkompetenzen sowie die Existenz eines Finanzausgleichssystems vernachlässigt. Ebenso berücksichtigt der Ansatz nicht die Effekte in Bezug auf Verwaltungs- und Befolgungskosten (compliance costs), die mit einer Verteilung der Besteuerungshoheit auf föderale Ebenen verbunden sind. Die Prinzipien würden beispielsweise den ungünstigen Fall zulassen, dass unterschiedliche Ebenen Bemessungsgrundlagen unterschiedlich definieren und unterschiedliche Verwaltungsverfahren anwenden.[73] Messere et al. (2003) erweitern daher auf Basis der Kriterien von Owens/Nørregaard (1991) die Prinzipien von Musgrave (1983) um Gerechtigkeitsaspekte und administrative Ziele:[74]

1. Die Steuer sollte relativ immobile Bemessungsgrundlagen besteuern. Die Bemessungsgrundlage wird andernfalls in Gebietskörperschaften mit niedrigeren Steuersätzen abwandern und somit die Möglichkeiten zur freien Gestaltung der Höhe der Steuersätze durch die besteuernde Gebietskörperschaft einschränken.

2. Die Sichtbarkeit der Steuer sollte gegeben sein, um die Verantwortlichkeit der lokalen Regierungen zu erhöhen.

3. Die Steuer sollte ausreichend Aufkommen generieren, um die Aufgaben der lokalen Ebene zu finanzieren. Die Einnahmen sollten darüber hinaus langfristig stabil, vorhersehbar und vorzugsweise aufkommenselastisch sein.

4. Steuerexport sollte weitgehend vermieden werden.

5. Die Steuerzahler sollten die Steuer als gerecht einschätzen.

[73] Vgl. Dahlby (2001), S. 97.
[74] Vgl. Messere et al. (2003), S. 57f.

6. Die Verwaltung der Steuer sollte einfach sein.
7. Eine lokale Steuer sollte nicht zu progressiv ausgestaltet sein, um keine Abwanderung reicherer Steuerbürger auszulösen.

Unter Berücksichtigung der Prinzipien von Musgrave (1983) und Messere et al. (2003) sollten unterschiedliche föderale Ebenen mit folgenden Steuern ausgestattet werden:[75]

- zentrale Ebene: Körperschaftsteuer, Mehrwertsteuer, Verbrauchsteuern, persönliche Einkommensteuer, Zölle, Erbschaftsteuer, Steuern auf natürliche Ressourcen
- dezentrale Ebene: Verbrauchsteuern, persönliche Einkommensteuer (mit Wohnsitzprinzip)
- lokale Ebene: Grundsteuer, Verbrauchsteuern, sowie Lohnsummensteuer.

Diese Resultate legen demnach für alle EU-Steuer-Vorschläge - EU-Mehrwertsteuer, EU-CO_2-/Energiesteuer und EU-Körperschaftsteuer - eine Verlagerung auf die EU-Ebene nahe.

Die oben aufgeführten Prinzipien von Musgrave (1983) eignen sich jedoch eher für einen „top-down-Ansatz" der Allokation der Besteuerungshoheit in einer bereits existierenden Föderation und weniger für die Frage wie etwa in einer „entstehenden" Föderation, wie der Europäischen Union, die Gesetzgebungskompetenzen für Besteuerung von den Mitgliedstaaten auf die Zentrale übertragen werden sollten. Die Übertragbarkeit der Prinzipien auf die EU erweist sich demnach als problematisch. Die Ergebnisse sind daher nur bedingt aussagekräftig.[76]

3.2.3.2 Anwendung der klassischen Prinzipien auf die Europäische Union?

In der nationalstaatlichen Perspektive kommt der Zentrale eine besondere Verantwortung zu, sich um Effizienz und Gerechtigkeit (z.B. durch Umverteilungspolitiken) zu sorgen. Die Allokation eines großen Teils der Steuerhoheit auf die zentrale Ebene berücksichtigt, dass

[75] Eine Übersicht über eine auf den klassischen Prinzipien beruhende Zuordnung von Steuern auf föderale Ebenen findet sich bei Musgrave (1983), S. 13 oder Dahlby (2001), S. 96.

[76] Dahlby (2001) unterscheidet bei der Zuweisung der Besteuerungshoheit in den top-down und den bottom-up-Ansatz. Vgl. Dahlby (2001), S. 94. Beim top-down-Ansatz wird ein Nationalstaat als gegeben angenommen und fragt aus Sicht der Zentrale unter Einbeziehung möglicher Effizienz- und Verteilungswirkungen, welche Steuer- und Ausgabenkompetenzen an dezentrale Ebenen abgegeben werden können. Der bottom-up-Ansatz fragt hingegen aus der Perspektive der dezentralen Ebenen, welche Steuer- und Ausgabenkompetenzen an die Zentrale abgegeben werden können. In der Frage der Zuweisung einer eigenen Steuerhoheit an die EU-Ebene ist demnach der bottom-up-Ansatz von Bedeutung. Die Mitgliedstaaten stehen vor der Entscheidung, ob sie einen Eingriff in ihre bisher unangetastete Souveränität zulassen wollen. Die Perspektive der Mitgliedstaaten ist dabei im Wesentlichen von der Einschätzung der mitgliedstaatlichen Effizienz- und Verteilungswirkungen bestimmt. Begg/Grimwade (1998), S. 57, werten die EU allerdings eher als „middle-up and middle-down system".

zwischen den Gebietskörperschaften auf der unteren Ebene Unterschiede im Pro-Kopf-Einkommen bestehen, Spillover-Effekte und fiskalische Externalitäten auftreten können und die Zentrale die Steuer einfacher verwalten kann. Den dezentralen Ebenen werden, den Prinzipien folgend, Steuerbasen zugewiesen, die eher immobil sind, nicht ungleich über die Gebietskörperschaften verteilt sind und von den dezentralen Steuerverwaltungen leicht zu administrieren sind.

In einem föderalen System kommt es bei der Zuweisung der Besteuerungshoheiten auf die verschiedenen Ebenen somit grundsätzlich auf die vorliegende Verteilung der Aufgaben und Ausgabenkompetenzen, die Existenz eines Finanzausgleichssystems[77] sowie den Grad der Mobilität der zu besteuernden Bemessungsgrundlagen an.[78]

Auch Oates (1994) kritisiert die klassischen Kriterien zum tax assignment: „*we have some general prescriptions for the assignment of revenue instruments to different levels of government. But we badly need a better empirical sense of just what is at stake here.*“[79]

Die vertikale Allokation der Besteuerungskompetenzen in der EU erfordert demnach über die klassischen Prinzipien hinausgehende Kriterien. Insbesondere die besondere Entwicklungsstufe der EU-Ebene sowie die Existenz vertikaler fiskalischer Externalitäten werden in den Prinzipien bisher nicht ausreichend berücksichtigt.

3.2.3.2.1 Geringe Bedeutung der EU-Ebene Wie in Kapitel 1.2 bereits ausgeführt kann die Europäische Union als quasi-föderales System interpretiert werden.[80] Die Mobilität der Faktoren Arbeit und Kapital ist durch die Grundfreiheiten in den Gemeinschaftsverträgen - zumindest formal - umfassend garantiert. Die Gemeinschaft bietet einen gemeinsamen Währungsraum für die Mitgliedstaaten, die die Aufnahmekriterien zum Euro-Raum erfüllen. Darüber hinaus wird über die Gemeinschaftsverträge und die Durchsetzung durch den Europäischen Gerichtshof ein Rechtsrahmen gewährleistet, der die grenzüberschreitenden Aktivitäten rechtlich absichert.[81]

Für die Europäische Union gilt allerdings, dass sie ihr Handeln an den vertraglichen Zielen - z.B. dem Funktionieren des Binnenmarkts - ausrichten muss. Eine reine EU-Umverteilungspolitik kann auf Basis der Gemeinschaftsverträge aber nicht erfolgen. Die EU-Ebene wird daher auch von Boadway (2003) nicht als „gewichtige“ Ebene interpretiert.[82]

Bei der Anwendung der Prinzipien von Musgrave auf die EU sind daher gewisse Einschränkungen zu machen. Die Mitgliedstaaten sind vergleichsweise unabhängig und im politischen Entscheidungsprozess auf der EU-Ebene durch den Rat stark vertreten. Die bei den Mitgliedstaaten verbliebene Souveränität übersteigt die der dezentralen Ebenen in Föderationen wie Deutschland oder Kanada deutlich. Den Empfehlungen der Prinzi-

[77]Vgl. Musgrave (1983), S. 11ff. Siehe auch Feld und Schneider (2000), S. 5ff. sowie Spahn (1993), S. 13f.

[78]Vgl. Oates (1999), S. 1125.

[79]Oates (1994), S. 133.

[80]Siehe Kapitel 1.2.1, S. 4.

[81]So auch Boadway (2003), S. 2.

[82]Vgl. Boadway (2003), S. 3.

pien von Musgrave, die eine bestimmte föderale Struktur mit einer gewichtigen Rolle der Zentrale unterstellen, kann die Europäische Union nicht entsprechen. Die EU-Ebene als zentrale Ebene der Europäischen Union besitzt aufgrund der durch die Verträge rechtlich und institutionell noch nicht vollzogenen Entwicklung zur Föderation noch nicht die Voraussetzungen zur Wahrnehmung der traditionellen zentralen Aufgaben. Der EU-Ebene sind zwar in vielen Politikbereichen ausschließliche und geteilte Kompetenzen zugewiesen worden (Zoll- und Handelspolitik, Agrarpolitik, Gemeinsame Außen- und Sicherheitspolitik (GASP), Technologie- und Industriepolitik, Umweltpolitik), allerdings fehlen ihr substanzielle Ausgabenkompetenzen beziehungsweise eigene Einnahmekompetenzen, die „nationale Zentralen" auf Basis der jeweiligen Finanzverfassung zugewiesen bekommen. Für eine supranationale Ebene ist die EU-Ebene mit vergleichsweise wenig Kompetenzen ausgestattet.[83]

Beim Ansatz von Musgrave (1983) ist folglich zu berücksichtigen, dass die daraus resultierenden Empfehlungen für föderale Systeme gelten, die sich am klassischen Nationalstaat orientieren. Die Zentrale besitzt in diesem Kontext eine große Macht und ist mit weitreichenden Kompetenzen ausgestattet. Die wichtigsten Steuerarten liegen in Föderationen demnach in der Hoheit der Zentrale.[84] Viele Effekte, insbesondere das Ausmaß der die Grenzen der Mitgliedstaaten überschreitenden Mobilität, stellen sich in dem eher noch heterogenen föderalen System der EU anders dar. Daher lassen sich die Ergebnisse nicht ohne weiteres übertragen.

3.2.3.2.2 Nichtberücksichtigung vertikaler Externalitäten In den Prinzipien von Musgrave (1983) und Messere et al. (2003) werden die vertikalen fiskalischen Beziehungen zwischen den föderalen Ebenen weitgehend unberücksichtigt gelassen.[85]

Häufig wird aber im Rahmen der föderalen Finanzbeziehungen auf Bemessungsgrundlagen - direkt oder indirekt - sowohl von der Zentrale als auch von den unteren Ebene zugegriffen. Werden die Effekte, die die unterschiedlichen Ebenen auf die Bemessungsgrundlage auslösen, nicht bei der Entscheidung der Ebenen berücksichtigt, kommt es über das Auftreten von vertikalen fiskalischen Externalitäten zu suboptimal hohen Steuersätzen. Für die Klärung der Frage, wie die Steuerhoheiten in einem föderalen System verteilt werden sollen, ist eine Analyse des konkurrierenden Zugriffs zweier Ebenen auf eine Steuerbasis in jedem Fall von Bedeutung.[86]

---

[83]So auch Begg/Grimwade (1998), S. 13.

[84]Häufig entsteht ein vertikales Ungleichgewicht in der Finanzausstattung (vertical fiscal gap) durch die asymmetrische Aufteilung von Ausgaben- und Einnahmenkompetenzen auf zentrale und dezentrale Ebene. Der Zentrale mit dem größten Teil des Steueraufkommens muss die anderen Ebenen, z.B. über einen Steuerverbund, am Aufkommen partizipieren lassen.

[85]So auch Dahlby (2001), S. 97.

[86]Vgl. dazu die Ausführungen in Kapitel 5.1.4, S. 97 und Kapitel 6.1.4, S. 119.

3.3 Fiskalische Externalitäten und die Allokation der Besteuerungshoheit

3.3.1 Einführung in die Theorie der Externalitäten

Externalitäten sind in der ökonomischen Theorie des Staates eine bekannte Ausprägung des Marktversagens. Liegen Externalitäten vor, so stellt sich ohne einen geeigneten Internalisierungsmechanismus eine ineffiziente Allokation der Ressourcen ein.

Die Literatur zu Externalitäten geht zurück auf Marshall (1920) und Pigou (1920). Die Einbindung in die moderne Ökonomik wurde im Rahmen der Analyse von Marktversagensaspekten in der Umweltökonomik durch Baumol/Oates (1975) vollzogen. Dabei wurden Verschmutzungsexternalitäten und Möglichkeiten der Internalisierung analysiert.[87] Nach Verhoef (1999) kann zunächst folgende allgemeine Definition angeführt werden:

> „An external effect exists when an actor's (receptor's) utility (or production) function contains a real variable whose actual value depends on the behaviour of another actor (the supplier), who does not take this effect into account in his decision-making process.“[88]

Eine Externalität ist also ein Ereignis, das einer Person oder Gruppe von Personen, die bei der Entscheidung nicht beteiligt war, einen wirtschaftlich fassbaren Nutzen oder Schaden verursacht. Sie ist nicht marktvermittelt und hat keinen Preis.[89] Dabei ist in dieser Definition den Rahmenbedingungen, unter denen diese Externalitäten auftreten, keine Grenze gesetzt. Der Externalitäten-Ansatz wird von Baumol/Oates auch als „extraordinarily elusive“[90] bezeichnet.

3.3.2 Die Theorie der fiskalischen Externalitäten

Vor allem mit Aufkommen der Steuerwettbewerbsliteratur[91] wurde das Externalitätenkonzept auf die Akteure des öffentlichen Sektors übertragen. Eine fiskalische Externalität tritt demnach dann auf, wenn die Steuer- und/oder Ausgabenpolitik einer Gebietskörperschaft in positiver oder negativer Art und Weise auf das Budget einer anderen Gebietskörperschaft wirkt.[92] Die Anreizstruktur der entscheidenden Gebietskörperschaft führt dabei zu einem Abweichen vom gesellschaftlich optimalen Verhalten.[93]

---

[87] Frühe Analysen aufbauend auf dem Externalitätenkonzept sind im umweltökonomischen Kontext auch bei Mishan (1971) und Sandmo (1975) zu finden.

[88] Verhoef (1999), S. 200.

[89] Vgl. Wigger (2006), S. 58.

[90] Baumol/Oates (1988), S. 14. Dies wird auch von Cornes/Sandler (1996) kritisiert.

[91] Siehe exemplarisch Wildasin (1988), Wilson (1999).

[92] Vgl. dazu Wrede (2002), Boadway (2001), Köthenbürger (2000), Dahlby (1996), Keen (1998) sowie Cornes/Sandler (1996).

[93] In der jüngeren Literatur finden sich vermehrt Untersuchungen zu fiskalischen Ausgabenexternalitäten. Exemplarisch sind hier Dahlby (1996), Wrede (1997), Feist/Schöb (1998), Dahlby/Wilson (2003)

Fiskalische Externalitäten in föderalen Systemen werden in der Literatur in unterschiedlichen Modellrahmen untersucht. Bezüglich der Zielfunktionen des Staates kann von benevolenten oder das Steueraufkommen maximierenden Leviathan-Regierungen ausgegangen werden. Ein benevolenter Staat ist an der Wohlfahrt der Individuen interessiert und besitzt keine Eigeninteressen. Dabei ist für die Analyse föderaler Systeme anzumerken, dass benevolente Staaten und benevolente Zentralregierungen im Zusammenspiel durchaus unterschiedliche Ergebnisse anstreben können. Einem Leviathan-Politiker ist hingegen an der Maximierung des Steueraufkommens zur Befriedigung seiner Eigeninteressen gelegen.[94] Weiterhin wird bei der Modellierung hinsichtlich der zeitlichen Abfolge der Politikentscheidungen unterschieden. Werden die Entscheidungen simultan getroffen (z.B. Nash-Gleichgewichte) oder übernimmt eine Ebene oder Gebietskörperschaft den ersten Zug (z.B. Stackelberg-Gleichgewichte)?[95]

Fiskalische Externalitäten in föderalen Systemen können als **Abwärtsexternalitäten** auftreten, wenn die Entscheidung der zentralen Ebene das Budget der dezentralen Ebene beeinflusst. Von **Aufwärtsexternalitäten** spricht man, wenn die Entscheidungen der dezentralen Ebene das Budget der zentralen Ebene beeinträchtigt. Eine fiskalische Externalität kann weiterhin entweder direkt oder indirekt auftreten. Als **direkte fiskalische Externalität** wird sie bezeichnet, wenn eine Änderung der fiskalischen Parameter eines Staates oder einer Region einen Effekt auf Private (z.B. Haushalte) in einem anderen Staat oder einer anderen Region hat. Die jeweiligen Effekte für die Privaten in dem agierenden Staat oder der Region sind jeweils im Entscheidungskalkül der Regierung internalisiert.[96] Von **indirekten fiskalischen Externalitäten** spricht man, wenn die Änderung der fiskalischen Parameter des Staates fiskalische Parameter anderer Gebietskörperschaften (andere Staaten oder andere Ebenen eines föderalen Systems) beeinflussen.

Horizontale fiskalische Externalitäten können zwischen unabhängigen Staaten im internationalen Kontext oder aber zwischen staatlichen Gebietskörperschaften einer Ebene einer Föderation auftreten. Sie treten auf, wenn etwa Gebietskörperschaften derselben Ebene - also beispielsweise die Mitgliedstaaten der EU - zueinander im Steuerwettbewerb stehen. Eine **vertikale fiskalische Externalität** impliziert, dass die Externalitäten zwischen den Ebenen in einem föderalen Mehrebenensystem auftreten. Voraussetzung dafür ist, dass eine staatliche Ebene die fiskalischen Effekte, die sie auf das Budget einer anderen staatlichen Ebene (aufwärts oder abwärts) ausübt, nicht in ihr Entscheidungskalkül aufnimmt. Die Analyse vertikaler fiskalischer Externalitäten in föderalistischen Systemen

---

Wrede/Fenge (2004), Martínez-López (2005) und Wrede (2005) zu nennen. Dabei geht es analog zu den fiskalischen Steuerexternalitäten um die Rückwirkungen von Ausgabenentscheidungen föderaler Ebenen auf die Budgets der jeweils anderen Ebenen.

[94]Die Bezeichnung „Leviathan" geht auf Thomas Hobbes zurück. Vgl. Hobbes (1651/1976).

[95]Gegeben die beiden konkurrierenden staatlichen Ebenen handeln simultan ist in beiden Richtungen mit einem ineffizienten Ergebnis - betrachtet man ausschließlich die vertikalen Beziehungen und vernachlässigt horizontale Externalitäten - zu rechnen. Handelt die zentrale Ebene als Stackelberg-Führer, so ist nicht mehr ohne Weiteres mit einer ineffizienten Situation zu rechnen, da die zentrale Ebene das Verhalten der dezentralen Ebenen und dessen Effekte antizipieren kann. Vgl. Boadway (2001), S. 107f.

[96]Ein Beispiel für direkte horizontale Steuerexternalitäten ist Steuerexport. Siehe Kapitel 7.2.1.3, S. 146.

wurde in der Literatur lange vernachlässigt. Erste Arbeiten dazu finden sich bei Cassing/Hillman (1982), Flowers (1988), Johnson (1988, 1991), Dahlby (1996) und Boadway/Keen (1996).[97]

3.3.3 Steuerexternalitäten

Wie in Kapitel 3.2.3 dargelegt wurde ist bei der Frage der Zuweisung einer Besteuerungshoheit an die Europäische Union insbesondere die Existenz fiskalischer Steuerexternalitäten von Bedeutung.

3.3.3.1 Horizontale fiskalische Steuerexternalitäten

Die Entscheidung einer Gebietskörperschaft, eine mobile Bemessungsgrundlage zu besteuern, hat nicht nur Auswirkungen auf das eigene Budget, sondern auch auf das Budget anderer Gebietskörperschaften. Werden die horizontalen fiskalischen Externalitäten nicht im Entscheidungsprozess internalisiert, sind Ineffizienzen zu erwarten. In der Regel lässt sich bei einer Anhebung des Steuersatzes in einer Region ein positiver Effekt auf die Steuerbasis und somit das Budget der anderen Region(en) vermuten. In der die Steuer erhöhenden Gebietskörperschaft ist bei einer positiven Elastizität der Bemessungsgrundlage eine Verminderung des Steueraufkommens und schließlich eine Reduzierung des Angebots öffentlicher Güter verbunden. Verlagert sich die Bemessungsgrundlage über die Grenze der Gebietskörperschaft, so steigt in den anderen Regionen das Steueraufkommen und das öffentliche Güterangebot. Über die Anpassungsreaktionen der benachteiligten Gebietskörperschaften kommt es zu einem Steuerwettbewerb mit dem Standardergebnis der klassischen Steuerwettbewerbsmodelle: Zu niedrige Steuersätze mit einer ineffizient niedrigen Bereitstellung öffentlicher Güter („race to the bottom“-These).[98]

Büttner (2003) überprüft empirisch die Existenz horizontaler fiskalischer Externalitäten, indem er die zentrale These der Steuerwettbewerbsliteratur - „Besteuerung mobiler

[97]Cassing/Hillman (1982) analysieren in einem spieltheoretischen Rahmen die negativen Folgen einer Überausschöpfung einer Steuerbasis durch eine föderale und eine staatliche Ebene. Im Vergleich zu einer kooperativen Lösung sind das Steueraufkommen kleiner und die Zusatzlasten der Besteuerung größer. Flowers (1988) betrachtet eine Föderation mit aufkommensmaximierenden Leviathan-Regierungen, die letztlich auf dem fallen Ast der Lafferkurve landen. Eine föderale Struktur mit vertikalem Steuerwettbewerb kann demnach nicht im Sinne der Brennan/Buchanan-Hypothese als Leviathan-Beschränkung gesehen werden. Im Rahmen einer der Umverteilung dienenden Einkommensteuer kommt Johnson (1988) zum Ergebnis, dass ein Teil der Belastung einer Steuererhöhung auf der dezentralen Ebene durch Steuerzahler der anderen Mitgliedstaaten im föderalen System getragen wird. Durch die Verkleinerung der Bemessungsgrundlage wird auch der Anteil der Steuerzahlungen an die zentrale Ebene verringert, was zu einer höheren Belastung der Steuerzahler in den anderen Mitgliedstaaten führt, die den Steuerausfall ausgleichen müssen. Es entsteht ein erhöhter Anreiz zur Umverteilung. Strategische Aspekte der finanzpolitischen Interaktion von dezentraler und zentraler Ebene bleiben in dieser Analyse aber weitgehend unbeachtet.

[98]Einen guten Überblick über die große Zahl theoretischer Ansätze im Bereich Steuerwettbewerb liefert Wilson (1999). Es finden sich vielfältige Erweiterungen der Grundmodelle, z.B. um asymmetrische Gebietskörperschaften. Siehe dazu Kanbur/Keen (1993) und Bucovetsky (1991). Grundlegend dazu auch z.B. Wildasin (1986), Gordon (1983). Siehe auch Schenk (2002), S. 205ff.

Steuerbasen löst signifikante Externalitäten für andere Gebietskörperschaften aus" - testet. Dabei untersucht er Steuerbasiseffekte von lokalen Steuersätzen im Rahmen der lokalen Besteuerung von Kapital durch die Gewerbesteuer.[99] Den Ergebnissen folgend existiert ein Zusammenhang zwischen den Steuersätzen benachbarter Kommunen. Die Anhebung des eigenen Steuersatzes hat eine negative Wirkung auf die eigene lokale Steuerbasis und einen positiven Effekt auf die Basis der Nachbarkommunen. Insgesamt deuten die Ergebnisse auf die Existenz horizontaler Externalitäten hin.

3.3.3.2 Vertikale fiskalische Steuerexternalitäten

Im Gegensatz zu den horizontalen Steuerexternalitäten, die zwischen Gebietskörperschaften auf einer Ebene entstehen, treten vertikale fiskalische Steuerexternalitäten[100] zwischen verschiedenen über- und untergeordneten staatlichen Ebenen in einem föderalen System auf. Durch Externalitäten, die von den Ebenen ausgelöst werden, wird die Steuerbasis und damit das Budget der anderen Ebene positiv oder negativ beeinflusst.[101]

Das Auftreten vertikaler Steuerexternalitäten führt in einem föderalen System isoliert - d.h. ohne Vorliegen horizontaler Externalitäten - zu suboptimal hohen Steuersätzen und zu einer Überbereitstellung öffentlicher Güter.[102]

---

[99] Es werden in diesem Ansatz nicht nur die Steuersätze der betreffenden Gebietskörperschaft betrachtet, sondern auch die Steuersätze der benachbarten Gebietskörperschaften. Grundlage für die Untersuchung sind Paneldaten für rund 1000 Kommunen in Deutschland über einen Zeitraum von einundzwanzig Jahren, die eine lokale Besteuerung von Unternehmensgewinnen durchführen. In der Studie getestet, wie sich die Steuersätze der direkt benachbarten Gebietskörperschaften beeinflussen.

[100] Vgl. zu vertikalen Externalitäten Wigger/Wartha (2004, 2003), Madiès (2004), Lucas (2004), Flochel/Madiès (2002), Sato (2000), Keen (1998), Boadway/Keen (1996), Boadway et al. (1998), Sobel (1997), Dahlby (1996), Wrede (1996), Hoyt (1996). Eine positive Theorie der überlappenden Einkommensbesteuerung liefert Klor (2006).

[101] Dazu Wilson (1999), S. 290f.: „To conclude, vertical tax competition seems to be a more slippery concept than horizontal tax competition. It seems most likely to create inefficiencies in models where the federal government is unable to optimally influence the choice of policy instruments by local governments, due to commitment problems, information problems, or objectives other than welfare maximization. Future work should seek to develop more realistic political processes within and between the different levels of government."

[102] Werden die Wirkungen auf die anderen Ebenen nicht in das Entscheidungskalkül internalisiert, kommt es zu einer Unterschätzung der MCPF und somit ineffizienten Ergebnissen. Die tatsächlichen MCPF unterscheiden sich von denen, die die Ebenen wahrnehmen. Vgl. Dahlby (1996), S. 398f. Dahlby/Wilson (2003) weisen allerdings darauf hin, dass das Vorzeichen der vertikalen Externalität nicht so einfach vorherzusagen ist, wie in der Literatur angenommen. Sie zeigen, dass unter bestimmten Umständen die vertikale Externalität bei Überlappung der Steuerbasis auch einen positiven Effekt haben kann. In der Literatur findet sich eine breite Literatur zu möglichen Internalisierungsstrategien in föderalen Systemen. Häufig wird dabei - siehe z.B. Flowers (1988), Dahlby (1996), Boadway/Keen (1996), Keen/Kotsogiannis (1996) - gezeigt, dass die Internalisierung in einem föderalen Systemen durch die zentrale Ebene erfolgen kann. Die Internalisierung kann aber auch durch ein Finanzausgleichsystem (Dahlby (1996), Boadway/Keen (1996), Boadway et al. (1998), Feld (2000)), die Trennung der Bemessungsgrundlagen (Flowers (1988)) oder die Erhöhung der Zahl der unteren Gebietskörperschaften (Keen/Kotsogiannis (1996)) erfolgen. Vgl. dazu Hoyt (1999), S. 492.

Ursächlich für negative vertikale Steuerexternalitäten ist im einfachsten Fall das Überlappen der Steuerbasen der föderalen Ebenen. Dazu kommt es, wenn verschiedene Ebenen eines Staates eine Steuerhoheit zugewiesen bekommen und auf die identische Steuerbasis zugreifen. Es handelt sich dabei um ein im öffentlichen Sektor auftretendes Allmende-Problem, welches in anderen Fällen etwa bei der Überfischung von Fischgründen oder im namensgebenden Beispiel der Übernutzung der Gemeindewiese auftritt.[103]

Überlappende Steuerbasen sind in föderalen Systemen häufig zu beobachten. Nach Flochel/Madies (2002) entsteht 70% des Steueraufkommens der Provinzen in Kanada und 44% des Steueraufkommens der US-Bundesstaaten aus mit anderen Ebenen überlappenden Steuerbasen. Als Beispiele für die überlappende Besteuerung einer Bemessungsgrundlage können die Verbrauchsbesteuerung von Zigaretten sowohl von Seiten des Bundes wie der Bundesstaaten in den USA[104] oder die Körperschaftsteuer des Bundes und die Gewerbesteuer der Kommunen in Deutschland angeführt werden.[105]

Zur Verdeutlichung der Problematik vertikaler Externalitäten dient Abbildung 3.1. Zwei föderale Ebenen greifen in diesem Beispiel mit ihren Steuersätzen auf die selbe Bemessungsgrundlage zu. Vereinfachend wird eine vollkommen elastische Angebotskurve und eine fallende Nachfragekurve unterstellt. Beide föderalen Ebenen haben eine Steuerkompetenz für eine Verbrauchsteuer im Sinne einer Wertsteuer. Die zentrale Ebene erhebt in der Ausgangssituation den Steuersatz T_f^0 und die staatliche Ebene den Steuersatz T_s^0. Für die Menge q' im Gleichgewicht muss der Preis $p_0 + (T_f^0 + T_s^0)p_0 = p'$ entrichtet werden. Wird nun von einer der beiden Ebenen - in der vorliegenden Abbildung von der dezentralen Ebene - eine Erhöhung des Steuersatzes beschlossen, kommt es zu folgenden Veränderungen. Der Steuersatz der zentralen Ebene wird der Einfachkeit halber bei $T_f^0 = T_f^1$ belassen. Der Steuersatz der dezentralen Ebene wird von T_s^0 auf T_s^1 angehoben. Die erhöhte steuerliche Belastung durch den gestiegenen Gesamtsteuersatz $T_f^1 + T_s^1$ führt zu einer Preissteigerung auf p'' und einer Mengenreaktion des besteuerten Gutes q. Die nachgefragte Menge des Gutes q im neuen Marktgleichgewicht sinkt von q' auf q''. Diese Änderung der Bemessungsgrundlage wirkt sich auf beide Ebenen in der Föderation aus, da beide Ebenen auf die selbe Bemessungsgrundlage zugreifen.

Es kommt für beide Ebenen zu einem Steuerbemessungsgrundlagen-Effekt in Höhe von R_f für die zentrale Ebene und R_s^A für die Mitgliedstaaten. Bei der dezentralen Ebene kommt es über die Anhebung des Steuersatzes darüber hinaus noch zu einem positiven Steueraufkommens-Effekt R_s^B. Der Nettoeffekt für die dezentrale Ebene ist positiv $RB_s > RA_s$. Bei einer unkoordinierten Anhebung des Steuersatzes durch die zentrale Ebene, wie im vorliegenden Fall, löst die dezentrale Ebene eine aufwärts gerichtete vertikale Steuerexternalität aus, indem sie durch ihre Entscheidung die Steuerbemessungsgrundla-

[103] Zu dem Allmende-Problem kann es auch kommen, wenn Steuerzahlungen, die an eine Ebene entrichtet werden müssen, bei der Steuerberechnung einer anderen Ebene abgezogen werden können (Abzugssystem). Eine andere Variante wäre das Verrechnungssystem, in dessen Rahmen die Steuerzahlungen gegeneinander aufgerechnet werden können. In diesem Sinne kann der Steuerwettbewerb zwischen zwei staatlichen Ebenen auch durch die Steuergesetzgebung ausgelöst werden.

[104] Vgl. Dahlby (1996), S. 399.

[105] Hoyt (1999), S. 25, bietet eine Übersicht überlappende Steuerbasen in Deutschland, Kanada und den USA.

Abbildung 3.1: Vertikale Steuerexternalitäten bei überlappenden Steuerbasen

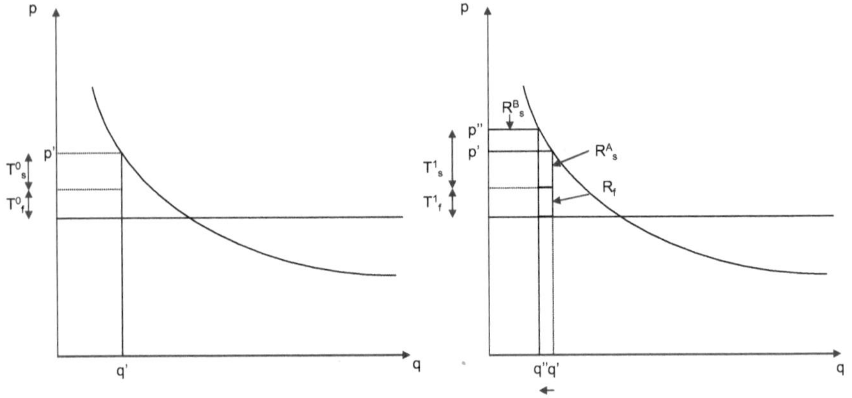

Quelle: Eigene Darstellung in Anlehnung an Hindriks/Myles (2006), S. 579.

ge für beide Ebenen verkleinert und die Steuereinnahmen der zentralen Ebene reduziert (R_f). In Reaktion auf die Verringerung des Steueraufkommens ist zu erwarten, dass auch die zentrale Ebene ihren Steuersatz anhebt, was wiederum einen Effekt in die andere Richtung auslöst. Im Ergebnis sind ineffizient hohe Steuersätze auf die Bemessungsgrundlage zu erwarten.[106]

Zum Nachweise der Existenz vertikaler Steuerexternalitäten liegen einige empirische Untersuchungen vor. Exemplarisch sind Brülhart/Jametti (2004), Andersson/Aronsson/Wikström (2004), Esteller-Moré/Solé-Ollé (2001, 2002), Boadway/Hayashi (2001), Goodspeed (2000), Besley/Rosen (1998) zu nennen.

Besley/Rosen (1998) bestätigen in einer Untersuchung für die USA, dass die Erhöhung der Steuern der Zentrale auf Zigaretten und Alkohol bei den Bundesstaaten einen Anreiz zur Erhöhung dieser Verbrauchsteuern auslöst. **Esteller-Moré/Solé-Ollé (2002)** testen die Bedeutung vertikaler Steuerexternalitäten im Rahmen der Einkommensbesteuerung in den USA für den Zeitraum 1987-1996. Es wird dabei die Reaktion der Steuersätze der Bundesstaaten auf den Steuersatz der Bundesebene beobachtet. Die Ergebnisse bestätigen einen Einfluss der Steuerpolitik der Bundesebene auf die Staaten. Eine Erhöhung des Einkommensteuersatzes des Bundes hat demnach einen Anstieg der Einkommensteuersätze der Bundesstaaten zur Folge. Ein interessantes Ergebnis ist weiterhin, dass ein vergleichbarer Effekt auch bei den Steuersätzen der allgemeinen Umsatzsteuer (general

[106] Vgl. Goodspeed (2000), S. 496f. oder auch Dahlby (2001), S. 97, Esteller-Moré/Solé-Ollé (2002), S. 236.

sales tax) in den Bundesstaaten zu beobachten ist. Es tritt demnach auch ohne direkte Überlappung der Bemessungsgrundlagen eine vertikale Steuerexternalität auf.

Horizontale und vertikale Externalitäten können aber auch gleichzeitig auftreten. Dies wird in unterschiedlichen Modellrahmen etwa von Keen/Kotsogiannis (2002), Flochel/Madiès (2002), Madiès (2004), Kelders/Köthenbürger (2005) analysiert. Die Anhebung des Steuersatzes in einem föderalen System kann demnach positive horizontale Steuerexternalitäten und negative vertikale Steuerexternalitäten auslösen. Die resultierende ineffizient hohe Besteuerung durch das Überlappen von Steuerbasen kann unter Umständen eine ineffizient niedrige Besteuerung durch das Vorliegen von Steuerwettbewerb um die Bemessungsgrundlage ausgleichen.

3.4 Zusammenfassung

Im Bericht der Europäischen Kommission (2004e) zum Funktionieren des Eigenmittelsystems wird für die Reform des Eigenmittelsystems eine EU-Steuer favorisiert. Die bisherigen steuerpolitischen Harmonisierungsbemühungen der EU-Ebene lassen zunächst deutliche Fortschritte bei der Harmonisierung indirekter Steuern erkennen. Im Rahmen der direkten Steuern wurden bisher keine vergleichbaren Ergebnisse erreicht. Dennoch wird im Rahmen der EU-Steuer-Vorschläge neben den beiden indirekten Steuern - der EU-Mehrwertsteuer und der EU-Energie-/CO_2-Steuer - auch eine direkte Steuer, die EU-Körperschaftsteuer, zur Diskussion gestellt.

Nach einer eingehenden Vorstellung der EU-Steuer-Kandidaten wurde ein erster Versuch anhand der Prinzipien von Musgrave (1983) unternommen, die Steuerarten den föderalen Ebenen der EU zuzuordnen. Den Prinzipien folgend sollten alle Steuerarten auf die EU-Ebene verlagert werden, was in krassem Gegensatz zur tatsächlich zu beobachtenden Verteilung der Steuerhoheiten in der Europäischen Union steht. Die Anwendung der Prinzipien erweist sich daher offensichtlich als problematisch.

Obwohl die Europäische Union in der vorliegenden Arbeit als föderales System interpretiert wird,[107] muss etwa die Empfehlung nach Musgrave (1983), eine mobile Bemessungsgrundlage (z.B. Körperschaftsteuer) der Zentrale (EU-Ebene) zuzuweisen, durch den besonderen Integrationsgrad der EU abgeschwächt werden.[108]

In der Europäischen Union wird zwar von vier Ebenen ausgegangen (EU-Ebene, mitgliedstaatliche Ebene, regionale Ebene und lokale Ebene), Kapital und Arbeit sind in der EU aber weit weniger mobil als in der idealtypischen Föderation im Ansatz von Musgrave. Verantwortlich dafür sind - zum Teil vertragswidrige - mitgliedstaatliche Regelungen, die Wegzugkosten verursachen oder sprachliche Probleme und kulturelle Unterschiede zwischen den Mitgliedstaaten. Die EU-Ebene ist darüber hinaus im Vergleich zu mitgliedstaatlichen Zentralen mit deutlich geringeren Kompetenzen ausgestattet.

---

[107] Siehe dazu die Ausführungen in Kapitel 1.2.1, S. 4.

[108] Vgl. Dahlby (2001), S. 100f. Nach Musgrave würde eine progressive Besteuerung durch einen Mitgliedstaat mit dem Ziel einer Umverteilungspolitik zu starken Migrationseffekten oder Kapitalbewegungen führen, was in der EU nicht in dem zu erwartenden Ausmaß zu beobachten ist. Vgl. Spahn (1993), S. 14.

In einem föderalen System, in dem mehreren Ebenen gleichzeitig Entscheidungskompetenzen für die Besteuerung übertragen werden, ist zudem häufig mit dem Auftreten vertikaler fiskalischer Externalitäten zu rechnen, die in den Prinzipien von Musgrave (1983) ebenfalls nicht berücksichtigt werden. Im Rahmen der Beurteilung der Effizienzwirkungen einer Zuweisung der Steuerhoheit an die EU-Ebene sind diese vertikalen fiskalischen Externalitäten von großer Bedeutung und daher in die Analyse mit einzubeziehen.

Diese Analyse erfolgt anhand von steuerartspezifischen Kriterien, die im folgenden Kapitel 4 vorgestellt werden. In den Kapiteln 5, 6 und 7 werden die einzelnen EU-Steuer-Vorschläge schließlich - unter Einbeziehung der Theorie vertikaler fisklischer Externalitäten - auf ihre Eignung als EU-Steuer hin untersucht und beurteilt.

Teil II

Beurteilung der EU-Steuer-Vorschläge anhand steuerartspezifischer und steuerartübergreifender Kriterien

Kapitel 4

Steuerartspezifische Beurteilungskriterien für die Zuweisung einer Besteuerungshoheit an die EU-Ebene

In diesem Kapitel werden eine Reihe von Beurteilungskriterien vorgestellt, die eine umfassende Bewertung der in Kapitel 3 vorgestellten einzelnen Steuerarten der Reformvariante III mit Einführung einer EU-Steuer ermöglichen sollen.

Für die abschließende Beurteilung der einzelnen EU-Steuer-Vorschläge ist nicht damit zu rechnen, dass ein EU-Steuer-Vorschlag alle Kriterien erfüllen wird. Es geht vielmehr bei der Bewertung der einzelnen vorgeschlagenen Steuerarten zunächst darum, den am besten geeigneten EU-Steuer-Vorschlag zu identifizieren. Mit dieser Einschätzung der einzelnen Steuerarten ist allerdings noch keine generelle Aussage über die Vorteilhaftigkeit einer EU-Steuer verbunden.

4.1 Kategorisierung und Auswahl relevanter Beurteilungskriterien aus bestehenden Ansätzen

Allgemeine Grundsätze der Besteuerung unterliegen je nach institutionellem und politischem Umfeld der betreffenden Volkswirtschaft sowie in Abhängigkeit sich wandelnder Grundwerte einer Gesellschaft einem stetigen Wandel. Im Laufe der Zeit können sich die Schwerpunkte bei den Prinzipien der Besteuerung demnach durchaus ändern. Messere (1998) bemerkt für den allgemeinen Umgang mit Prinzipien der Besteuerung treffend: „*It is one thing to set up criteria, quite another to interpret them.*“[1]

In der Literatur finden sich bereits Ansätze mit Kriterien für die Bewertung von Steuersystemen allgemein oder speziell für die Zuweisung von Besteuerungskompetenzen, die

[1] Messere (1998), S. 199.

sich für die vorliegende Fragestellung eignen würden.[2] Das Ziel des folgenden Abschnitts ist, zunächst eine Auswahl relevanter Ansätze vorzustellen, um schließlich diejenigen Kriterien zu identifizieren, die sich für die Beurteilung der EU-Steuer-Vorschläge am besten eignen. Im Folgenden werden daher die Kriterien von Smith (1776), Neumark (1970), der Europäischen Kommission (1998a, 1998b) und der Europäischen Kommission (2004d) kurz vorgestellt.[3]

Die von Adam Smith (1776) in „The Wealth of Nations" entwickelten Anforderungen an ein gutes und gerechtes Steuersystem sind auch für die heutige Bewertung von steuerpolitischen Entscheidungen durchaus noch zeitgemäß.[4] Es handelt sich dabei um:

- Wohlfeilheit,
- Bequemlichkeit,
- Gleichheit und
- Bestimmtheit.

Der Staat sollte demnach im Rahmen der Besteuerung die dabei entstehenden Kosten minimieren (Wohlfeilheit). Weiterhin sollte die Besteuerung nicht zu Verhaltensänderungen führen und die Anreize der Wirtschaftssubjekte verzerren (Bequemlichkeit). Ebenfalls von Bedeutung für Smith war die Gleichbehandlung der Steuerbürger, die ihre Steuer als gerecht empfinden sollten (Gleichheit). Die Forderung nach Einfachheit und Transparenz des Steuersystems (Bestimmtheit) vervollständigt Smiths Besteuerungsgrundsätze. Bereits die Kriterien von Smith spiegeln die wichtigen Aspekte Effizienz und Gerechtigkeit wider, die auch für die EU-Steuer-Bewertung eine Rolle spielen.

Ein erster Versuch, einen Katalog an modernen Besteuerungsgrundsätzen aufzustellen, wurde von Neumark (1970) unternommen. In seinem Buch „Grundsätze gerechter und ökonomisch rationaler Steuerpolitik" stellt er einen umfassenden und systematischen Orientierungsrahmen für die Steuerpolitik auf. Reding/Müller (1999) bezeichnen den Ansatz als „Krönung der synoptisch-systematisierenden Versuche einer geschlossenen Behandlung der Besteuerungsgrundsätze"[5].

Die zahlreichen Grundsätzen werden dabei in

- fiskalisch-budgetäre (Ausreichendheit, Anpassungsfähigkeit)
- ethisch-sozialpolitische (Gerechtigkeitspostulate, Redistributionspostulat)
- wirtschaftspolitische (wirtschaftsordnungspolitische Prinzipien, prozesspolitische Prinzipien) und

---

[2] Ein Überblick findet sich etwa Reding/Müller (1999), S. 229ff.

[3] Weitere Kriterienkataloge finden sich etwa bei Spahn (1993), Begg/Grimwade (1998) und Caesar (2004).

[4] Vgl. Smith(1776), zitiert nach Smith (1983), S. 703ff.

[5] Reding/Müller (1999), S. 235.

- steuerrechtliche und steuertechnische (Widerspruchslosigkeit und Systemhaftigkeit, Steuertransparenz, Praktikabilität der Steuermaßnahmen, Stetigkeit des Steuerrechts, Wohlfeilheit der Besteuerung, Bequemlichkeit der Besteuerung)

Funktionen gegliedert. Die Komplexität des Neumarkschen Kriterienkatalogs ist allerdings hoch. Eine Beurteilung steuerpolitischer Maßnahmen erscheint, ohne eine Gewichtung der einzelnen Kriterien nur schwer möglich zu sein.[6]

Die Europäische Kommission (1998a, 1998b) verwendet in ihrem Gutachten von 1998 zur Bewertung einer EU-Steuer „*zwei ökonomische Überlegungen und mehrere nachgeordnete Erwägungen*“[7]. Auf Basis dieser Kriterien wurden auch die EU-Steuer-Vorschläge des Kommissionsgutachtens von 2004 ausgewählt. Zu den Kriterien zählen:

- Vorliegen externer Effekte,
- regionale Willkürlichkeit der Steuerbemessungsgrundlage/des Steueraufkommens,
- horizontale Gleichheit,
- Sichtbarkeit für den EU-Bürger,
- Bezug zu den gemeinsamen Politiken,
- die Harmonisierung der Bemessungsgrundlage sowie
- Ergiebigkeit, Effizienz und Kosteneffizienz.[8]

Die oben dargestellten Kriterienkataloge zur Beurteilung steuerpolitischer Entscheidungen bieten wertvolle Anhaltspunkte für die Entwicklung steuerartspezifischer Beurteilungskriterien für die EU-Steuer-Vorschläge. Sowohl der klassische Katalog von Smith wie auch die umfassende Darstellung der Besteuerungsgrundsätze von Neumark bieten dabei bereits geeignete Anknüpfungspunkte hinsichtlich Effizienz- und Verteilungsaspekten sowie administrativen Überlegungen. Während allerdings der Smithsche Ansatz zu wenig differenzierte Kriterien bietet, kann der Neumarksche Ansatz aufgrund seiner zu starken Ausdifferenziertheit nicht überzeugen. Die Europäische Kommission deckt hingegen mit ihrem Katalog an Beurteilungskriterien durchaus die für die Prüfung relevanten Aspekte ab. Problematisch erscheinen jedoch Redundanzen (z.B. zwischen das Vorliegen externer Effekte und regionaler Willkürlichkeit der Steuerbemessungsgrundlage/des Steueraufkommens sowie Effizienz im letzten Kriterium), der Gehalt von Kriterien (Sichtbarkeit für den EU-Bürger, Bezug zu den gemeinsamen Politiken) sowie die Unvollständigkeit (externe Effekte beziehen nicht vertikale Steuerexternalitäten ein, politische Durchsetzbarkeit spielt bei der Auswahl der EU-Steuer keine Rolle). Im folgenden Abschnitt wird daher ein eigener Kriterienkatalog vorgestellt, mit Hilfe dessen die eben beschriebenen Mängel beseitigt werden sollen.

[6]In diesem Sinne auch Reding/Müller (1999), S. 238. Mit einem Kriterienkatalog aus nur acht Kriterien hat Neumark (1988) einen für die Bewertung einer Steuerreform anwendungsfreundlicheren vorgelegt. Vgl. Neumark (1988).

[7]Europäische Kommission (1998b), S. 1.

[8]Vgl. Europäische Kommission (1998a), S. 2ff.

4.2 Steuerartspezifische Beurteilungskriterien

Unter Berücksichtigung der oben vorgestellten Kriterienkataloge wird im Folgenden eine für die Problemstellung einer EU-Steuer sinnvolle Auswahl an Kriterien vorgestellt, an denen die einzelnen Vorschläge für eine EU-Steuer beurteilt werden sollen.[9] Die Kriterien zur Aufteilung der Besteuerungshoheit auf unterschiedliche Ebenen in einem föderalen System werden in anderen Ansätzen[10] häufig in ökonomische, administrative und politische Kriterien unterschieden. Diese Differenzierung erweist sich als künstlich, da oft nicht klar zwischen den einzelnen Wirkungen zu trennen ist. In der vorliegenden Arbeit wird daher auf eine Differenzierung der Beurteilungskriterien verzichtet.

Da innerhalb der einzelnen Kriterienkataloge häufig Zielkonflikte (z.B. zwischen Effizienz- und Gerechtigkeitsziel) auftreten, ist nicht zu erwarten, dass eine Steuer oder ein Steuersystem in der Realität alle Kriterien erfüllen wird. Die steuerpolitische Entscheidung für oder gegen eine bestimmte EU-Steuer ist daher stets vor allem eine politische Entscheidung, die sich aber zumindest von den Kriterien leiten lassen sollte.

Die zur Beurteilung herangezogenen **steuerartspezifischen Beurteilungskriterien** sind:

- Ökonomische Effizienz,
- Verteilungswirkungen,
- Harmonisierungsbedarf,
- Administrative Kosten und compliance costs,
- Ergiebigkeit und Konjunkturabhängigkeit des Steueraufkommens,
- Einfachheit, Transparenz und Fühlbarkeit und
- Politische Durchsetzbarkeit.

4.2.1 Ökonomische Effizienz

Im Rahmen der normativen Analyse einer EU-Steuer wäre zunächst an eine effiziente Besteuerung im Sinne einer first-best-Besteuerung zu denken. Im Rahmen der Einnahmeerzielung durch den Staat ist in der Regel aber stets mit Zusatzlasten der Besteuerung und

[9] Eine Analyse der Stabilisierungseffekte durch eine EU-Steuer ist vor dem Hintergrund des vergleichsweise geringen Steueraufkommens und der damit verbundenen geringen Stabilisierungseffekte in der vorliegenden Arbeit zu vernachlässigen. Dass der EU als zentraler Ebene mit weit reichenden währungspolitischen Kompetenzen stabilitätspolitische Verantwortung übertragen werden sollte, kann grundsätzlich zugestimmt werden. So auch Genser (1997), Wyplosz (1991) und Inman/Rubinfield (1992). Kritisch dazu Berthold (1993), der eine Aufgabenübertragung auf die EU nicht für zwingend notwendig ansieht und zwischenstaatliche Koordination bevorzugt.

[10] Vgl. Begg/Grimwade (1998).

somit verzerrender Besteuerung zu rechnen. Es wird für die Bewertung der EU-Steuer-Vorschläge daher von einem zweit-besten Steuersystem ausgegangen, wenn von effizienten Ergebnissen gesprochen wird. Dazu Sandmo (1976):

> „It seems definitely sensible to admit the unrealism of the assumption that the public sector can raise all its tax revenue from neutral (...) taxes, and once we admit this we face the second-best problem.“[11]

Ökonomische Effizienz wird von der Europäischen Kommission in dem Sinne verstanden, dass die Finanzierung der EU eine bestmögliche effiziente Allokation der wirtschaftlichen Ressourcen garantieren sollte. Darunter fällt aus Kommissionssicht vor allem ein störungsfreies Funktionieren des Binnenmarktes und die Reduzierung negativer Externalitäten durch Umweltverschmutzung.[12]

Bisher wirkt das Eigenmittelsystem der EU nur mit der Erhebung der Traditionellen Eigenmittel direkt preisverzerrend auf das Verhalten der Wirtschaftssubjekte. Mit der Festsetzung der mitgliedstaatlichen Zahlungsverpflichtungen im Rahmen der Mehrwertsteuer- und Bruttonationaleinkommen-Eigenmittel ist hingegen nur indirekt über die Steuerfinanzierung der Mitgliedstaaten ein Verzerrungseffekt verbunden.[13] Um dem Effizienzkriterium zu genügen, sollte eine EU-Steuer zur Finanzierung der EU herangezogen werden, deren mit der Besteuerung verbundene Verzerrungen möglichst gering ausfallen.

In diesem Zusammenhang kann auf eine mit der Reformvariante EU-Steuer indirekt verbundene potenzielle Effizienzsteigerung hingewiesen werden. Im Rahmen der EU-Steuer-Einführung entsteht durch den Wegfall der Mehrwertsteuer-Eigenmittel und das aufkommensmäßige Zurückfahren der BNE-Eigenmittel in den Haushalten der Mitgliedstaaten eine zum Teil deutliche Entlastung. Nach eigenen Berechnungen auf Basis der Eigenmittel-Einnahmen der EU und der Eigenmittelzahlungen Deutschlands an die EU in 2006 [14] ergäbe sich allein für den Bundeshaushalt in Deutschland eine Entlastung in Höhe von rund 10,5 Mrd. EUR. Dieser Entlastungseffekt durch die EU-Steuereinführung bietet den Mitgliedstaaten Spielraum für einen Verzerrungen reduzierenden Umbau ihres Steuersystems.[15]

Exkurs: Regionale Streuung des Steueraufkommens Ein weiteres Effizienz orientiertes Argument, das für eine stärkere zentrale Ansiedlung der Steuerkompetenz spricht,

---

[11]Sandmo (1976), S. 38. Siehe auch Reding/Mueller (1999), S. 253ff. Wiegard (1982) beschreibt eines der bedeutendsten Ergebnisse der Theorie des Zweitbesten wie folgt: „Wenn die optimale Politik nicht in einer oder mehreren Teilen der Ökonomie durchgesetzt werden kann, dann macht es keinen Sinn in anderen Bereichen die erst-besten Bedingungen zu erreichen. Es ist dann besser sich an Bedingungen im zweit-besten Sinn zu orientieren.“ Wiegard (1982), S. 159.

[12]Vgl. Europäische Kommission (2004e), S. 9.

[13]Vgl. Europäische Kommission (2004e), S. 11f.

[14]Vgl. Bundesministerium der Finanzen (2006b), S. 15, Europäisches Parlament (2006).

[15]Die Effizienz eines Steuersystems erhöht sich, wenn die entstehenden Zusatzlasten für ein gegebenes Steueraufkommen sinken. Vgl. Sandmo (1976), S. 37.

ist das Vorliegen einer regional willkürlichen Streuung der Bemessungsgrundlage und somit des Steueraufkommens („regional arbitrariness argument“). Je einseitiger das Profil eines regionalen Steueraufkommens in einer Föderation ist, desto eher ist davon auszugehen, dass die Unterschiede nicht in unterschiedlich hohen regionalen Präferenzen und somit Ausgabenbedarfen begründet sind. Besteuern Mitgliedstaaten der EU eine zufällig verteilte Steuerbasis, so können sie mit geringen Steuersätzen ihr Budget in ausreichendem Maße finanzieren und mittels attraktiver Steuersätze auf andere Bemessungsgrundlagen Ressourcen in ineffizient hohem Maße aus anderen EU-Staaten anziehen.[16]

Am Beispiel der Zölle, die im Rahmen des Eigenmittelsystems bereits der EU-Ebene zugewiesen wurden, kann dieser Aspekt gut nachvollzogen werden. Im Falle der Zölle ist die Bemessungsgrundlage (Importe) eher zufällig in bestimmten Regionen konzentriert, während die importierten Güter für das gesamte EU-Gebiet bestimmt sind.[17] Bei den Zöllen wird in diesem Zusammenhang vom „Rotterdam-Antwerpen-Effekt“ gesprochen. Die großen Häfen dieser beiden Städte wickeln einen großen Teil der Importe in den EU-Binnenmarkt ab. Die Zolleinnahmen würden bei mitgliedstaatlichem Zugriff den jeweiligen Staaten Belgien und Holland zugerechnet, was eine sehr ungleiche Verteilung der Einnahmen zur Folge hätte. Eine Zuordnung der Entscheidungs- und Ertragskompetenz für die Zölle an die zentrale Ebene erweist sich daher als vorteilhaft.

Für die von der Europäischen Kommission vorgeschlagenen Bemessungsgrundlagen der drei Steuerarten - Verbrauch, CO_2-Emissionen/Energieverbrauch oder Unternehmensgewinne - kann allerdings nicht von einer regionalen Streuung in dem oben angeführten Sinne ausgegangen werden, so dass darüber eine Verlagerung der Steuerhoheit an die EU-Ebene nicht zu rechtfertigen ist.

4.2.2 Verteilungswirkungen

Die Verteilungswirkungen der potenziellen EU-Steuer-Kandidaten für Individuen und Haushalte sind für die politischen Entscheidungsträger von großer Bedeutung. In der Beurteilung der EU-Steuerarten wird daher - soweit es die nur wenig konkreten Vorschläge der Kommission zulassen - darauf eingegangen, wie sich die Steuerlast auf die Einkommensgruppen in den Mitgliedstaaten verteilt. Die einseitige Betrachtung der Verteilungswirkungen der Einnahmenseite des EU-Haushalts ist dabei sicherlich nicht unproblematisch. Eine ganzheitliche Bewertung der Verteilungseffekte sollte darüber hinaus auch die Verteilungswirkungen der EU-Ausgabenprogramme mit einbeziehen.

Das Kriterium der Verteilungswirkungen wird für jede Steuerart auch auf die Ebene der Mitgliedstaaten übertragen. Zur Auslegung des Gerechtigkeitsbegriffs wird allgemein entweder das Äquivalenz- oder das Leistungsfähigkeitsprinzip herangezogen. Danach soll der Beitrag eines Mitgliedstaates dem ihm aus der Mitgliedschaft entstehenden Nutzen oder aber den durch ihn verursachten Kosten entsprechen (Äquivalenzprinzip). Alternativ soll jeder Mitgliedstaat einen Beitrag gemäß seiner wirtschaftlichen Leistungsfähigkeit

---

[16]Vgl. Mieszkowski (1983), Spahn (1993), S. 15.
[17]Vgl. Spahn (1993), S. 19.

erbringen (Leistungsfähigkeitsprinzip). Die Kommission und die Mitgliedstaaten orientieren sich am Leistungsfähigkeitsprinzip und verwenden als Indikator dafür das BNE der Mitgliedstaaten.

Die Kommission definiert dabei Gerechtigkeit als *„angemessenes Verhältnis des Bruttobeitrags eines Mitgliedstaates zu seinem jeweiligen BSP“*.[18] Die vertraglichen Zielsetzungen bedingen zudem in einem gewissen Maße Umverteilung zwischen reicheren und ärmeren Mitgliedstaaten in der EU. Ein „gerechter“ Beitrag zur Finanzierung lässt sich etwa aus einem verankerten Ziel ableiten, regionale Disparitäten zu verringern. Die Präambel zum EGV spricht bereits explizit von der Zielsetzung, die

> „Volkswirtschaften zu einigen und deren harmonische Entwicklung zu fördern, indem sie [die Vertragsparteien, A.d.V.] den Abstand zwischen einzelnen Gebieten und den Rückstand weniger begünstigter Gebiete verringern.“

Weiterhin regelt Art. 158 EGV im Titel Wirtschaftlicher und sozialer Zusammenhalt:

> „Die Gemeinschaft entwickelt und verfolgt (...) ihre Politik zur Stärkung ihres wirtschaftlichen und sozialen Zusammenhalts, um eine harmonische Entwicklung der Gemeinschaft als Ganzes zu fördern. Die Gemeinschaft setzt sich insbesondere zum Ziel, die Unterschiede im Entwicklungsstand der verschiedenen Regionen und den Rückstand der am stärksten benachteiligten Gebiete oder Inseln, einschließlich der ländlichen Gebiete, zu verringern.“

Das Kohäsionsziel wird allerdings weniger über die Einnahmeseite als - bisher weitestgehend erfolglos - über die EU-Ausgabenpolitik verfolgt.[19] Insbesondere über den Strukturfonds, den Regionalfonds und Kohäsionsfonds werden Finanzmittel in bedürftige Regionen gelenkt. Eine gewisse Konvergenz auf der Ebene der Mitgliedstaaten kann zwar beobachtet werden, in der regionalen Perspektive bleibt der Abstand aber noch deutlich.[20]

Aufgrund der angenommenen regressiven Wirkungen der Traditionellen Eigenmittel und der Mehrwertsteuer-Eigenmittel im gegenwärtigen Eigenmittelsystem[21] wird für eine Reform des Finanzierungssystems häufig ein „Gegengewicht“ im Sinne einer progressiv

[18] Vgl. Europäische Kommission (1998), S. 6.

[19] Vgl. Puga (2002), Holtzmann (1997).

[20] Vgl. Sapir (2003), S. 65ff.

[21] Diese Eigenmittel gelten als regressiv wirkend, was auch vom überwiegenden Teil der Literatur akzeptiert wird (kritisch z.B. Messal/Klein (1993)). Das Argument dahinter ist, dass der Konsumanteil ärmerer Mitgliedstaaten am BNE höher sei als der reicherer Mitgliedstaaten. Dazu auch Europäische Kommission (1998), S. 6. Unabhängig von der wissenschaftlichen Diskussion ist durch die Rückführung dieser regressiven Eigenmittel im Rahmen der zurückliegenden Eigenmittelbeschlüsse der dahinter stehende politische Wille zu sehen, die ärmeren Mitgliedstaaten besser zu stellen. Dies wird im Protokoll über den wirtschaftlichen und sozialen Zusammenhalt zum Vertrag über die Europäische Union von 1992 zum Ausdruck gebracht: „Angesichts des Vorschlags, dem relativen Wohlstand der Mitgliedstaaten im Rahmen des Systems der eigenen Mittel stärker Rechnung zu tragen (...) Erklären ihre Absicht, der Beitragskapazität der einzelnen Mitgliedstaaten im Rahmen des Systems der Eigenmittel stärker Rechnung zu tragen und zu prüfen, wie für die weniger wohlhabenden Mitgliedstaaten regressive Elemente im derzeitigen System der Eigenmittel korrigiert werden können“.

wirkenden Finanzierungskomponente gefordert. Ein Vorschlag Spaniens, Portugals und Griechenlands sieht daher im Rahmen der Berechnung der Bruttonationaleinkommen-Eigenmittel einen progressiven Tarifverlauf vor,[22] um die regressiven Wirkungen in stärkerem Maße auszugleichen als bisher.[23]

Eine Beurteilung der Lastverteilung erfordert allerdings eine eingehende Berechnung der mitgliedstaatlichen Belastungswirkungen unter dem neuen System mit EU-Steuer. So haben nach Berechnungen der Lastverteilung in Folge des Kappungsbeschlusses bei den Mehrwertsteuer-Eigenmitteln im Jahr 1993 nicht pauschal „ärmerer" Mitgliedstaaten profitiert, sondern es wurden auch reichere Länder wie Luxemburg und die Niederlande besser gestellt.[24]

Exkurs: Nettozahlerdiskussion Die Diskussion um die Nettobelastungen der Mitgliedstaaten ist seit Jahrzehnten Anlass intensiver politischer Auseinandersetzungen und steht bei jeder Reform der Ausgaben- und Einnahmenseite des EU-Haushalts im Vordergrund. Die Mitgliedstaaten interpretieren ihre Nettopositionen in der (verkürzten) Form, dass sie Transfers von der EU-Ebene und Zahlungen an die EU-Ebene miteinander verrechnen und sich je nach positivem oder negativem Ergebnis als Nettoempfänger oder Nettozahler sehen.[25]

Erstmals wurde die Nettozahlerproblematik von Großbritannien kurz nach dessen Beitritt zur Gemeinschaft thematisiert. Die Argumentation der britischen Regierung lief damals darauf hinaus, dass der britische Beitrag im Vergleich zu seinem Anteil am gemeinschaftlichen BSP unverhältnismäßig hoch wäre. Aufgrund eines großen Importvolumens hatte Großbritannien hohe Zolleinnahmen an die Gemeinschaft abzuführen. Im Gegenzug profitierte das Land aufgrund seiner Struktur in der Agrarwirtschaft kaum von der Gemeinsamen Agrarpolitik. Es gelang schließlich der damaligen britischen Premierministerin Thatcher auf dem Gipfel von Fontainebleau 1984 durch eine standhafte Verweigerungshaltung[26] die Durchsetzung eines Ausgleichsmechanismus für Haushaltsungleichgewichte.[27]

Die Praxis, die Gesamteffekte durch die Existenz der Europäischen Union an den finanziellen Nettopositionen festzumachen, vernachlässigt aber wichtige Aspekte. Insbesondere die Wohlfahrtseffekte durch den EU-Binnenmarkt tauchen in den Nettopositionen nicht auf und werden von den Mitgliedstaaten daher häufig nicht in der politischen Auseinandersetzung berücksichtigt.[28] Die Aussagefähigkeit der Nettosalden wird weiterhin durch

[22]Vgl. Europäische Kommission (1998a), Anhang 7, für eine ausführliche Diskussion über das Für und Wider progressiver Haushaltsbeiträge.

[23]Bereits die Einführung der Bruttonationaleinkommen-Eigenmittel sowie die Kappung der Berechnungsgrundlage für die Mehrwertsteuer-Eigenmittel wurden aus diesem Gesichtspunkt heraus vollzogen.

[24]Vgl. Messal/Klein (1993), S. 379.

[25]Vgl. Milbrandt (2001), S. 44.

[26]M. Thatcher beim Europäischen Gipfel von Fontainebleau 1984: „I want my money back." (zitiert nach: Kabatusuila (1999), S. 9.)

[27]Biehl (1991a) wertet diesen Konflikt als Zeichen dafür, dass der EU-Haushalt eine Größe erreicht hat, die Umverteilungseffekte erzeugen kann. Vgl. Biehl (1991a), S. 146.

[28]Diese wird auch vom Sachverständigenrat im Gutachten von 2004/05 so gesehen. Vgl. Sachverständigenrat (2004), S. 113. Weiterhin ist es verwunderlich, dass die Beitragsgerechtigkeit und nicht die Forde-

die im Rahmen des Kriteriums der ökonomischen Effizienz bereits angesprochenen diversen Zurechnungsprobleme erschwert.[29] Die Nettobetrachtung ist beispielsweise durch den so genannten Rotterdam-Antwerpen-Effekt verzerrt. Diejenigen Mitgliedstaaten, die den Großteil der Gesamt-Importe in die EU über ihre Seehäfen abwickeln, erfahren über die Traditionellen Eigenmittel-Zahlungen an die EU eine Verschlechterung ihrer Nettoposition. Zu den betroffenen Ländern zählen vor allem Belgien, Irland und die Niederlande.

Eine für den Nettosaldo der Mitgliedstaaten positiv wirkende Verzerrung entsteht auf der Ausgabenseite bei den Ausfuhrerstattungen. Diese werden ebenfalls dem Land angerechnet, in dem die tatsächliche Ausfuhr erfolgt. Eine weitere Verzerrung entsteht auf der Ausgabenseite durch die Anrechnung der EU-Verwaltungsausgaben auf die Mitgliedsländer, in denen die jeweiligen EU-Institutionen ihren Sitz haben. Luxemburg mit einem vergleichsweise hohen BIP pro Kopf in der EU wird somit zu einem Nettoempfänger-Land.[30] Die Verteilungswirkungen der einzelnen Ausgabenprogramme deuten allerdings darauf hin, dass Teile der in den Nettosalden einzelner Mitgliedstaaten verbuchten Ausgaben anderen Mitgliedstaaten zu Gute kommen.[31]

Die Staats- und Regierungschefs von sechs Nettozahler-Ländern (Deutschland, Frankreich, Großbritannien, Niederlande, Österreich, Schweden) erklärten 2003 in einem Schreiben an den damaligen EU-Kommissionspräsidenten Prodi, dass kein Spielraum für einen EU-Haushalt mit der Eigenmittelobergrenze von 1,24% des EU-BNE mehr besteht und forderten die Absenkung der Grenze auf 1%. Die Nettozahlerländer, insbesondere Frankreich und Deutschland, verfügen allerdings über hohe Anteile an den EU-Ausgaben im Landwirtschaftssektor. Frankreich erhält mit rund 22% den größten Anteil, Deutschland mit rund 14% den drittgrößten Anteil der gesamten landwirtschaftlichen Agrarausgaben der EU.[32] Vor dem Hintergrund dieser Zahlen ist die gleichzeitig von den Nettozahlern geforderte Begrenzung und Stabilisierung der Ausgaben in der Finanziellen Vorausschau 2007-2013 und die Konsolidierung der Politikbereiche, die keine „echten" EU-Aufgaben darstellen, nicht unbedingt konsistent und glaubhaft. Vielmehr würde eine Senkung der Eigenmittelobergrenze bei - ohne Reform - zunächst gleichbleibend hohen Transfers an

---

rung nach einer effizienten Mittelverwendung im Rahmen der Europäischen Union im Mittelpunkt steht. Die Ausgaben für Landwirtschaft beanspruchen im Haushaltsplan 2006 immer noch 42,6% der Gesamtausgaben. Schick/Märkt (2002) argumentieren dass die „kollektive" Nettozahlerdebatte vor dem Hintergrund des Angebots unterschiedlicher öffentlicher Leistungen durch die EU nicht im Vordergrund stehen sollte. Die von den EU-Bürgern an den unterschiedlichen EU-Leistungen vorgenommene Analyse der individuellen Nettozahler- und Nettoempfängersituation sei entscheidend. Vgl. Schick/Märkt (2002), S. 30. Diese individuelle Nettobetrachtung ist bei einer EU-Steuer - sofern sie für den EU-Bürger fühlbar ist - im Vergleich zu einer reinen Beitragsrechnung sicherlich überlegen, da dadurch Umverteilungsmechanismen offensichtlicher werden. Allerdings bietet die von der Kommission vorgeschlagene Reformvariante mit EU-Steuer und Beibehaltung von Traditionellen Eigenmitteln und Bruttonationaleinkommen-Eigenmitteln ebenfalls nicht die Möglichkeit die gesamten Kosten der EU in die individuelle Nettobetrachtung aufzunehmen.

[29] Siehe Kapitel 4.2.1, S. 79. Vgl. Fehr (2001), S. 40ff.

[30] Vgl. Milbrandt (2001), S. 45.

[31] Die gesetzliche Inzidenz der Eigenmittelfinanzierung und der Ausgabenprogramme muss keineswegs mit der ökonomischen Inzidenz übereinstimmen. Vgl. Walthes (1996), S. 298f.

[32] Vgl. Europäische Kommission (2005e), S. 90.

diese Ländergruppe zu einer deutlichen Verbesserung der Nettopositionen dieser Länder führen.

Einer eigenen EU-Steuer wird häufig der positive Nebeneffekt zugeschrieben, der Nettozahlerdebatte ihre politische Brisanz entziehen zu können. Dies muss aber angezweifelt werden. Die Mitgliedstaaten werden auch weiterhin durch das System aus Traditionellen Eigenmitteln, Bruttonationaleinkommen-Eigenmitteln und EU-Steuer eine Belastungsrechnung durchführen und anhand der Nettohaushaltssalden politisch argumentieren. Vielmehr ist sogar mit einer Verstärkung der Nettozahlerdiskussion durch die Einführung einer EU-Steuer zu rechnen, da Mitgliedstaaten mit einem insgesamt relativ hohen Anteil an der EU-Finanzierung in der politischen Diskussion die EU-Steuer und somit die EU-Ebene als direkt verantwortlich für die ungerechte Belastung darstellen können.

4.2.3 Harmonisierungsbedarf

Die Umsetzung der zur Diskussion stehenden EU-Steuer-Vorschläge setzt nach Ansicht der Europäischen Kommission zwingend eine Harmonisierung der jeweiligen Bemessungsgrundlagen voraus. Damit soll eine Ungleichbehandlung von Mitgliedstaaten - durch z.B. unterschiedliche Freibeträge und Ausnahmetatbestände - bei der EU-Finanzierung vermieden werden. Für die Bewertung der einzelnen Steuerarten wird daher immer eine Vollharmonisierung von Bemessungsgrundlage und Steuersatz vorausgesetzt. Das Beurteilungskriterium „Harmonisierungsstand“ dient dabei vor allem als Indikator für die Dauer der Implementierung der unterschiedlichen EU-Steuer-Vorschläge und die politische Durchsetzbarkeit.

4.2.4 Administrative Kosten und compliance costs

Die Kosten der Steueradministration und die compliance costs (Befolgungskosten der Besteuerung) können zu den indirekten Kosten der Steuererhebung gezählt werden.[33] Neben der direkten Steuerzahllast werden durch die Steuererhebung auch weitere Belastungen erzeugt, die mit Kosten verbunden sind und zu Wohlfahrtsverlusten führen.[34] Aus Effizienzgesichtspunkten sollten die Kosten der Steuererhebung minimiert werden.[35]

Aus diesem Grund werden die einzelnen vorgeschlagenen Steuerarten hinsichtlich ihrer administrativen Kosten und ihrer compliance costs genauer analysiert, um Vergleiche zum aktuellen Eigenmittelsystem ziehen zu können. Die Europäische Kommission selbst stellt fest, dass etwa die Erhebung der Traditionellen Eigenmittel und der Mehrwertsteuer-Eigenmittel im gegenwärtigen System mit einem beträchtlichen Verwaltungsaufwand ver-

[33]Allgemein können diese Kosten als Transaktionskosten der Besteuerung bezeichnet und nach Vollebergh (1995), wie folgt definiert werden:„We define *transaction costs* as the costs associated with tax assessment, collection, and enforcement; and all other costs incurred by any party to enable, facilitate, and ensure transactions from taxpayers to tax authorities.“ (Smulders/Vollebergh (2001), S. 94.) Für eine grundlegende Beschäftigung mit Transaktionskosten im öffentlichen Sektor vgl. Raab (1995).

[34]Vgl. ausführlich zur erweiterten Analytik der Steuerwirkungen Recktenwald (1984a) sowie Grüske (1989, 1991).

[35]Vgl. Dahlby (2001), S. 97. Vgl. auch Messere et al. (2002), S. 19.

bunden ist. Dafür wird vor allem der Einsatz komplizierter Kontrollinstrumentarien angeführt, die eine ordnungsgemäße Mittelerhebung (bzw. Berechnung) auf Ebene der Mitgliedstaaten sicherstellen sollen.[36]

- **Administrative Kosten** der Steuererhebung entstehen vor allem durch die Durchsetzung, Überwachung, Erhebung und Verwaltung der Steuer durch die Steuerbehörden. Nach Smulders/Vollebergh (2001) kann auf Basis der Schätzungen von Sandford/Godwin/Hardwick (1989) für Großbritannien für den Zeitraum 1986-87 für das gesamte Steuersystem von administrativen Kosten der Besteuerung in Höhe von 1,16% des Gesamtsteueraufkommens oder 1,61 Mrd. britischer Pfund ausgegangen werden. Grüske (1991) kommt in seiner Untersuchung für Deutschland auf Basis der Daten von 1984 unter Berechnung der Kosten-Steuer-Quotienten zum Ergebnis, dass mit einem Kosten-Steuer-Quotienten von größer als eins die Vermögensteuer, die Kraftfahrzeugsteuer sowie die Grund- und Grunderwerbsteuer besonders „teure" Steuerarten sind. Der Kosten-Steuer-Quotient misst dabei die Erhebungskosten je Steuer in Prozent der gesamten Erhebungskosten im Verhältnis zum Steueraufkommen je Steuer in Prozent des gesamten Aufkommens. Die Mehrwertsteuer mit einem Kosten-Steuer-Quotienten von 0,97 rangiert im Mittelfeld. Die Körperschaftsteuer kann mit 0,45 als vergleichsweise „günstige" Steuer angesehen werden. Dies wird mit der Eigenschaft begründet, dass wenige Steuerschuldner ein hohes Aufkommen generieren.[37]

  Die Ergebnisse von Sandford/Godwin/Hardwick (1989) und Grüske (1991) können vor dem Hintergrund der sich stark gewandelten Rahmenbedingungen in der EU (Zusammenarbeit der Steuerbehörden etc.) sowie der Anwendung EDV-gestützter Verwaltungsverfahren aber allenfalls als Obergrenze für die heutige Beurteilung der Steuerarten dienen.

  Die Zuweisung einer Steuerhoheit an die EU mit Ansiedlung der Verwaltungskompetenz auf der EU-Ebene könnte sich grundsätzlich aus den zu erwartenden Skalenerträgen der zentralen Einnahmeerhebung rechtfertigen lassen. Die Einrichtung einer eigenständigen EU-Steuerverwaltung mit Alleinzuständigkeit für eine EU-Steuer erscheint allerdings nicht kosteneffizient. Die entstehenden Verwaltungskosten würden im Verhältnis zum resultierenden Steueraufkommen deutlich zu hoch sein. Die Skalenerträge der Zentralisierung der Steuerverwaltung stellen sich bei einer einzelnen Steuerart nicht in dem erforderlichen Ausmaß ein.[38] Es geht bei der EU-Steuer also darum, eine optimale Arbeitsaufteilung zwischen den Steuerverwaltungen der Mitgliedstaaten und EU-Steuerverwaltung zu erreichen.

  Den sehr allgemein gehaltenen Vorschlägen der Kommission zu den einzelnen Steuerarten ist geschuldet, dass in der jeweiligen Beurteilung der Vorschläge hinsichtlich

[36]Vgl. Europäische Kommission (2001e).

[37]Vgl. Sandford/Godwin/Hardwick (1989), S. 192, und Grüske (1991), S. 48ff.

[38]Wie auch in der Frage von Dezentralisierung und Zentralisierung von Einnahme- und Ausgabenkompetenzen ist es auch in der Frage der Steuerverwaltung von Bedeutung, eine optimale Form der Zusammenarbeit zwischen mitgliedstaatlichen Steuerbehörden und der EU-Ebene zu finden.

Tabelle 4.1: Indirekte Kosten der Steuererhebung für einzelne Steuerarten (in % des Steueraufkommens)

Steuerart	administrative Kosten	compliance costs	indirekte Kosten (insgesamt)
Einkommensteuer	1,53	3,40	4,93
Mehrwertsteuer	1,03	3,69	4,72
Körperschaftsteuer	0,52	2,22	2,74
Verbrauchsteuern	0,25	0,20	0,45

Quelle: Eigene Darstellung basierend auf Sandford/Godwin/Hardwick (1989), S. 192.

ihrer administrativen Kosten lediglich einige besonders herausragende Aspekte berücksichtigt werden.

- Die **compliance costs** kann man auch als Kosten der Bürokratieüberwälzung oder Bürokratieverlagerung bezeichnen.[39] Neben der Steuerzahlung (direkte Folgekosten der Besteuerung) und den administrativen Kosten werden im Rahmen der Erfüllungskosten staatlicher Steurvorschriften ein Teil der indirekten Kosten auf den privaten Sektor - Haushalte und Unternehmen - verlagert.

  Nach der Definition der Europäischen Kommission (2001e) sind darunter Kosten zu verstehen, die den Steuerpflichtigen oder Dritten aus der Einhaltung der Vorschriften bestimmter steuerlicher Regelungen entstehen (z.B. Zeitaufwand, Rechtsberatung etc.).[40] Dazu sind grundsätzlich auch psychische Kosten zu zählen, die durch die Steuer hervorgerufen werden (Stress, Ärger, Angst, etc.). Diese werden aber sowohl bei Grüske (1989, 1991) als auch in der Berechnung der Europäischen Kommission (2001e) nicht berücksichtigt. Es werden hingegen neben den Kosten aus rechtlich vorgeschrieben Aufwendungen der Steuersubjekte aber auch Kosten einbezogen, die freiwillig im Rahmen der Steuer minimierenden Steuerplanung aufgewendet werden.[41]

  Im Folgenden soll ein kurzer Einblick in die geschätzten Größenordnungen der zu erwartenden compliance costs gegeben werden. Im Ruding-Bericht (1992) werden

[39]Vgl. Grüske (1991), S. 43.

[40]Vgl. Europäische Kommission (2001e), S. 74f.

[41]Auch im Rahmen der Untersuchungen der Europäischen Kommission (2001e) werden Steuerplanungskosten bei der Messung der Befolgungskosten vollständig berücksichtigt, was sich mit ihrem wohlfahrtsmindernden Effekt für die Gesellschaft erklären lässt. Steuerplanung besitzt einen unproduktiven Charakter und sollte auf ein Mindestmaß beschränkt sein. Rechtswidriges Verhalten wie etwa Steuerhinterziehung wird allerdings nicht zu den compliance costs gezählt.

von über 85% der Befragten die compliance costs mit weniger als 3% des gesamten Gewinns ihres Unternehmens veranschlagt.[42] Sandford/Godwin/Hardwick (1989) kommen zum Ergebnis, dass die Mehrwertsteuer mit 3,65% des Steueraufkommens vor der Körperschaftsteuer mit 2,22% die höchsten compliance costs aufweist, während diese für Verbrauchsteuern mit 0,20% sehr niedrig ausfallen.

Tabelle 4.1 bietet abschließend nochmals einen Überblick über die administrativen Kosten und compliance costs für unterschiedliche Steuerarten auf Basis der Untersuchung von Sandford/Godwin/Hardwick (1989).

4.2.5 Ergiebigkeit und Konjunkturabhängigkeit des Steueraufkommens

Eine EU-Steuer sollte zur Finanzierung der Ausgabenverpflichtungen der Gemeinschaft auf lange Sicht ein ausreichendes Aufkommen generieren, im Konjunkturverlauf keine zu großen Schwankungen aufweisen und eine gute Prognostizierbarkeit besitzen. Die Einführung einer Steuerquelle mit einem absehbar fallenden Aufkommen (wie etwa bei den Zöllen) sollte vermieden werden. Bei einer gegebenenfalls ansteigenden Eigenmittelobergrenze sollte die EU-Steuer durch Anpassungen des EU-Steuersatzes ohne große Probleme ein höheres Aufkommen generieren können. Die Ergiebigkeit der Steuer orientiert sich dabei an den Vorstellungen der Europäischen Kommission rund 50% des EU-Haushalts durch eine EU-Steuer zu finanzieren. Das Aufkommen der EU-Steuer sollte darüber hinaus keine besondere Anfälligkeit für Steuerbetrug und Steuerhinterziehung besitzen.[43]

4.2.6 Einfachheit, Transparenz und Fühlbarkeit

Im Gutachten der Europäischen Kommission (2004e) wird das Transparenzargument immer wieder als Pro-Argument für eine EU-Steuer in den Mittelpunkt gestellt. Im gegenwärtigen komplizierten Eigenmittelsystem der EU würde weiterhin ein unmittelbarer Bezug zwischen Bürger und EU-Haushalt fehlen. Die EU-Bürger seien sich nicht im Klaren darüber, welche Finanzierungslast für die Aktivitäten der EU von ihnen aufgewendet werden müsse. Durch die nur indirekte Eigenmittel-Finanzierung der EU über die allgemeinen Haushalte der Mitgliedstaaten im Rahmen der Mehrwertsteuer-Eigenmittel und der Bruttonationaleinkommen-Eigenmittel ist die EU-Haushaltsfinanzierung keineswegs von einem wünschenswert Maß an Transparenz gekennzeichnet. Die eigene Steuerhoheit soll nach Meinung der Kommission über eine Transparenzsteigerung zu einem erhöhten

[42]Der von der Europäischen Kommission eingesetzte unabhängige Sachverständigenausschusses (Ruding- Ausschuss) gab eine Erhebung bei Unternehmen in sämtlichen EG-Staaten und fünf EFTA-Staaten in Auftrag. Die Stichprobe umfasste 17 Länder: die EG-Mitgliedstaaten sowie zwei EFTA-Länder. Insgesamt beteiligten sich daran 965 Unternehmen jeglicher Branche und Betriebsgröße.

[43]Vgl. Europäische Kommission (2004e), S. 9.

Bewusstsein der EU-Bürger für die EU und einer erhöhten Akzeptanz der Gemeinschaft beitragen.[44]

Sowohl von politischer wie auch von wissenschaftlicher Seite wird die Transparenzsteigerung durch die EU-Steuer herausgehoben.[45] Eine Transparenzsteigerung im Sinne der Nachvollziehbarkeit der Finanzierungslast durch die Bürger - welche Leistungen werden mit der EU-Finanzierung bereitgestellt - ist grundsätzlich wünschenswert. Damit entsteht für den EU-Bürger im Sinne des Äquivalenzprinzips die Möglichkeit, eine Beziehung zwischen den Leistungen der EU und den damit verbundenen Finanzierungslasten herzustellen und gegebenenfalls dagegen politisch mobil zu machen.[46]

Die konkrete Konzeption einer EU-Steuer-Einführung ist aber entscheidend für ein abschließendes Urteil und bleibt bei der Bewertung der Transparenz häufig unberücksichtigt. Mit der Einführung einer EU-Steuer zur Finanzierung des gesamten EU-Haushaltes könnte die gewünschte Transparenzsteigerung etwa besser erreicht werden als mit dem Vorschlag der EU, eine EU-Steuer einzuführen und gleichzeitig weiterhin die Traditionellen Eigenmittel und die Bruttonationaleinkommen-Eigenmittel zur Finanzierung heranzuziehen. Auch die Umstellung auf ein reines Bruttonationaleinkommen-Eigenmittel-basiertes System wie von der Europäischen Kommission als Reformvariante vorgeschlagen[47] würde die Transparenz im Vergleich zu den Plänen der Kommission deutlicher steigern lassen.[48]

Die Bewertung der EU-Steuer-Varianten wird hinsichtlich ihrer Einfachheit, Transparenz und Fühlbarkeit erfolgen. Eine EU-Steuer, die diese Kriterien erfüllt, kann aber letztlich nicht garantieren, dass dieser Effekt auf die gesamte EU-Finanzierung durchschlägt. Ein reformiertes Einnahmensystem auf Basis der Eigenmittelquellen Traditionelle Eigenmittel, Bruttonationaleinkommen-Eigenmittel und EU-Steuer, deren Transparenz jeweils unterschiedlich ist, stellt insgesamt keine Verbesserung zum Status quo dar. Die Gesamtfinanzierungslast des EU-Haushalts bliebe weiterhin verschleiert.

4.2.7 Politische Durchsetzbarkeit

Art. 269 S. 2 EGV legt für die Umsetzung eines Eigenmittelbeschlusses folgendes Verfahren fest: „*Der Rat legt auf Vorschlag der Kommission und nach Anhörung des Europäischen Parlaments einstimmig die Bestimmungen über das System der Eigenmittel der Gemeinschaft fest und empfiehlt sie den Mitgliedstaaten zur Annahme gemäß ihren verfassungsrechtlichen Vorschriften.*“ Die Änderung der Eigenmittelfinanzierung unterliegt

---

[44] Vgl. dazu beispielsweise Europäische Kommission (1998b), S. 3, Europäische Kommission (2004), S. 14.

[45] Etwa Schreyer (2000), S. 123 oder auch Huber (2001b).

[46] Vgl. Schick/Märkt (2002), S. 29.

[47] Siehe Kapitel 2.4.2, S. 38.

[48] Caesar (2004) schlägt eine Zuschlagsregelung auf die nationalen Mehrwertsteuer- oder Einkommensteuersätze vor, die allerdings im Rahmen des Eigenmittelbeschlusses von den Mitgliedstaaten beschlossen würde und so Beitragscharakter hätte, um die mitgliedstaatlichen Belastungen transparenter zu machen. Damit wäre zwar keine Übertragung einer Gesetzgebungskompetenz auf die EU-Ebene verbunden, dennoch aber eine Transparenzsteigerung der finanziellen Belastung der EU-Bürger durch die EU. Vgl. Caesar (2004), S. 164.

damit dem Einstimmigkeitsprinzip mit seinen eher Reformen blockierenden Eigenschaften und bedarf weiterhin der Annahme durch die Parlamente der Mitgliedstaaten. Im Zusammenhang mit der nur schwerlich erreichbaren politischen Weiterentwicklung in sensiblen Fragen des „Tax Assignments" spricht McLure auch von der „*Tyranny of the Status quo*"[49].

Die Einführung einer EU-Steuer in als ein Problem des „Tax Assignment" vor dem Hintergrund eines bestehenden EU-Finanzierungssystems und bestehender mitgliedstaatlicher Steuersysteme zu werten. Anders als etwa bei der Gründung einer neuen Föderation beziehen die Mitgliedstaaten alle Effekte, die mit der Änderung des Finanzierungssystems verbunden sind, noch stärker in ihre Zustimmungsentscheidung ein. Vor dem Hintergrund des geltenden Einstimmigkeitserfordernisses wirkt sich diese Nettorechnung der Mitgliedstaaten zentral auf die Erfolgsaussichten eines Reformvorschlags aus. Ist der Nettoeffekt positiv, wird eine Zustimmung erfolgen und vice versa. Das Beurteilungskriterium „Politische Durchsetzbarkeit" kann daher als Schlüsselkriterium für die Beurteilung der EU-Steuer-Vorschläge angesehen werden. Unabhängig von der Vorteilhaftigkeit einzelner EU-Steuer-Vorschläge bezüglich anderen Kriterien werden im Rahmen der Bewertung der politischen Durchsetzbarkeit die maßgeblichen politischen Hürden herausgearbeitet.

4.3 Zusammenfassung

Die in diesem Kapitel vorgestellten steuerartspezifischen Beurteilungskriterien werden in den folgenden Kapiteln auf die von der Europäischen Kommission vorgeschlagenen Steuerarten - EU-Mehrwertsteuer, EU-CO_2-/Energiesteuer und EU-Körperschaftsteuer - angewendet, um unter den Steuerarten diejenige zu identifizieren, die sich als EU-Steuer am besten eignet.

Dabei soll die EU-Steuer möglichst geringe Ineffizienzen erzeugen beziehungsweise über die Internalisierung externer Effekte einen Beitrag zur Reduzierung von Ineffizienzen leisten. Es sollen keine unerwünschten Verteilungswirkungen sowohl für die privaten Haushalte als auch in Bezug auf die Mitgliedstaaten durch die EU-Steuer ausgelöst werden. Ein geringer Harmonisierungsbedarf erweist sich für die Einführung als vorteilhaft. Die administrativen Kosten und die compliance costs sollen möglichst niedrig gehalten werden und die EU-Steuer soll zur Finanzierung der Hälfte des EU-Haushalts ausreichen. Die Abhängigkeit vom Konjunkturverlauf sollte nicht zu stark ausgeprägt sein. Ebenfalls vorteilhaft für eine EU-Steuer ist ein hohes Maß an Einfachheit, Transparenz und Fühlbarkeit. Das für die Auswahl einer der drei Steuerarten entscheidende steuerartspezifische Kriterium ist schließlich die politische Durchsetzbarkeit, in dem sich zum Teil die Ergebnisse der anderen Kriterien niederschlagen.

[49] McLure(2001), S. 359.

Kapitel 5

Beurteilung der Eignung der Mehrwertsteuer als EU-Steuer auf Basis steuerartspezifischer Kriterien

5.1 EU-Mehrwertsteuer und vertikale Steuerexternalitäten

Der Bewertung der EU-Mehrwertsteuer anhand der steuerartspezifischen Kriterien vorausgehend wird in einem einfachen Rahmen die Einführung einer EU-Steuer modelliert. Die Modellierung stützt sich dabei auf die Arbeiten von Wigger/Wartha (2003) und Wigger/Wartha (2004). Steuersatz und Steuerbasis der Mitgliedstaaten werden hierbei im Sinne der EU-Steuer-Pläne als vollständig harmonisiert angenommen. Die Mitgliedstaaten und die EU-Ebene erheben auf eine einheitliche Bemessungsgrundlage einen einheitlichen Steuersatz. Die Mitgliedstaaten werden als Steuerkartell interpretiert, das einen einheitlichen Steuersatz erhebt.

Die Einführung einer EU-Steuer hat im Modell zur Folge, dass zwei Regierungsebenen in dem quasi-föderalen System der Europäischen Union auf eine perfekt überlappende Steuerbasis zugreifen. So wird von einer konkurrierenden Besteuerung durch die föderale Ebene (EU-Ebene) und der staatlichen Ebene (Mitgliedstaaten der EU) ausgegangen, die vertikale Steuerexternalitäten[1] entstehen lässt.

Die Modellierung weicht vom Kommissionsvorschlag dahingehend ab, dass die Mitgliedstaaten bei der Festsetzung ihrer Steuersätze im Rahmen der durch den aktuellen Harmonisierungsstand vorgegebenen Bandbreiten weiterhin autonom bleiben. Die im Modell angenommene Vollharmonisierung der Steuersätze auf der mitgliedstaatlichen Ebene

[1]Siehe dazu Kap. 3.3.3.2, S. 68. An dieser Stelle sei noch einmal darauf hingewiesen, dass im vorliegenden Fall der EU-Mehrwertsteuer eine perfekte Überlappung der Bemessungsgrundlagen auftritt. Die Steuerbasen müssen sich allerdings nicht zwingend vollständig überlappen, um eine vertikale Steuerexternalitäten auszulösen. Diese können ebenso auftreten, wenn die Mitgliedstaaten über die Mehrwertsteuer und andere Verbrauchsteuern (z.B. Tabaksteuer, Alkoholsteuer) auf ein bestimmtes Gut zugreifen.

ändert vor dem Hintergrund der engen Bandbreiten für die Variation der Steuersätze aber nichts an den grundsätzlichen Ergebnissen.

5.1.1 Modellannahmen

5.1.1.1 Föderale Struktur und Präferenzen der Konsumenten

Wir betrachten eine Föderation, die aus $n \geq 1$ identischen Mitgliedstaaten besteht. Vereinfachend wird von einem repräsentativen Konsumenten (in jedem Mitgliedstaat) ausgegangen, der die folgenden Präferenzen besitzt[2]:

$$U(c, x, g, G) = c + u(x) + \gamma(g) + \Gamma(G).$$

In der Nutzenfunktion stellen c und x Formen des privaten Konsums dar. Der private Konsum c ist als Güterbündel zu interpretieren, das alle Formen des privaten Konsums neben x umfasst. Die Menge des öffentlichen Gutes, dass die Mitgliedstaaten bereitstellen, wird mit g bezeichnet und G umfasst die föderalen Ausgaben (der EU-Ebene) je Mitgliedstaat. Der private Konsum x unterliegt sowohl der Besteuerung durch die föderale als auch durch die mitgliedstaatliche Ebene. Die Transformationsrate zwischen privatem und öffentlichem Gut sei gleich eins.

Die spezielle Form der Präferenzen führt dazu, dass U die gleiche Dimension wie das private Gut c hat. Definiert man das private Gut c als Numéraire-Gut, dann misst U demnach die individuelle Wohlfahrt in Geldeinheiten.

Es wird angenommen, dass für den Konsum einer Einheit des privaten Gutes x eine Geldeinheit berechnet wird. Die Budgetbeschränkung des repräsentativen Konsumenten lautet somit

$$c + (1 + \tau)\, x = m,$$

wobei m das verfügbare Einkommen des repräsentativen Konsumenten darstellt, das als exogen gegeben angenommen wird.

$$\tau = t + T$$

bezeichnet den gemeinsamen Steuersatz auf x, der sich aus dem Steuersatz der Mitgliedstaaten t und dem EU-Steuersatz T zusammensetzt.

Die Maximierung der individuellen Nutzen führt zur indirekten Nutzenfunktion

$$V(\tau, g, G) = v(\tau) + \gamma(g) + \Gamma(G) \tag{5.1}$$

[2]Die Nutzenfunktionen u, γ und Γ erfüllen die Standardannahmen bezüglich Monotonie, Konkavität und die Inada-Bedingungen, was Untersuchung im Modell vereinfacht. Zur Vereinfachung ist die Nutzenfunktion additiv separabel in den vier Argumenten und es liegt Quasi-Linearität des privaten Konsums vor. Die Nachfrage nach dem besteuerten Gut x ist damit unabhängig von der Bereitstellung der öffentlichen Güter durch die Mitgliedstaaten und den Ausgaben der föderalen Ebene für öffentlichen Güter und die Besteuerung löst nur Substitutionseffekte in Bezug auf x aus. Die Effekte der Besteuerung können somit unmittelbar als Effizienzwirkungen interpretiert werden.

mit

$$V_\tau = v'(\tau) = -x(1+\tau),$$

wobei $x(1+\tau)$ die kompensierte Nachfragefunktion nach dem Gut x darstellt. $\varepsilon(\tau)$ ist die kompensierte Preiselastizität der Nachfrage nach x. Es gilt $\varepsilon(\tau) = -(1+\tau)\,x'/x > 0$. Zur Vereinfachung nehmen wir an, dass die gemeinsamen Steuereinnahmen je Mitgliedstaat gleich $\tau\, x$ sind. Diese verlaufen konkav in τ, so dass die Steuereinnahmen einen Laffer-Kurven-Verlauf aufweisen.

5.1.1.2 Modellierung der Politiker

In der vorliegenden Modellierung sind sowohl die EU-Politiker als auch die Politiker in den Mitgliedstaaten weder vollständig benevolent noch vollständig am Eigeninteresse orientiert.[3] Dies führt im Modell dazu, dass die Effekte, die mit der Allokation einer eigenen Besteuerungshoheit auf die EU-Ebene verbunden sind, eng vom Grad an Eigeninteresse der Politiker in den Mitgliedstaaten und in der EU abhängen.[4] Das Eigeninteresse orientiert sich dabei grundsätzlich an der Größe des Budgets, über das der Politiker entscheiden kann.[5]

Die Orientierung der Politiker sowohl an der Wohlfahrt der Bürger als auch am Eigeninteresse kann durch die Annahme gerechtfertigt werden, dass auch stark am Eigeninteresse interessierte Politiker sich aufgrund ihrer Wiederwahlorientierung in einem gewissen Maß an den Interessen der Wähler (Konsumenten) ausrichten werden. Die zugrunde liegende Zielfunktion S jedes Politikers auf der mitgliedstaatlichen Ebene lautet

$$S(\tau, g, G) = \alpha\, g + (1-\alpha)\, V(\tau, g, G), \tag{5.2}$$

wobei $\alpha \in [0,1]$ den Einfluss des Eigeninteresses und somit des staatlichen Budgets misst, das der Politiker des Mitgliedstaats kontrolliert. Für $\alpha = 0$ sind die Politiker der Mitgliedstaaten vollständig benevolent. Für $\alpha = 1$ werden sie Leviathan-Politiker, da sie nur noch ihr Eigeninteresse verfolgen.

In gleicher Weise wird im Folgenden die Zielfunktion des Politikers auf der föderalen Ebene modelliert. Wir nehmen an, dass die föderale Zielfunktion F wie folgt definiert ist:

$$F(\tau, g, G) = \alpha\, G + (1-\alpha)\, V(\tau, g, G). \tag{5.3}$$

Vereinfachend gilt, dass die Eigennutz- und Wohlfahrtsorientierung auf beiden Ebenen gleich ist. α nimmt also für die Politiker auf der Ebene der Mitgliedstaaten und der EU-Ebene identische Werte an. Unter den gegebenen Bedingungen in der EU könnte eingewandt werden, dass die Politiker auf der EU-Ebene aufgrund der nur eingeschränkten

[3] Die Vorgehensweise wird auch von Edwards/Keen (1996) gewählt.

[4] Wir werden sehen, dass je mehr Gewicht das Eigeninteresse erlangt, desto weniger problematischer erweist sich die Einführung einer eigenen EU-Steuer.

[5] Vgl. grundlegend dazu Niskanen (1971), Frey/Kirchgässner (1994).

demokratischen Kontrolle[6] und der nur begrenzten Transparenz ein höheres α aufweisen sollten als die Politiker der Mitgliedstaaten. Das identische α kann jedoch vor dem Hintergrund des vorliegenden Kommissionsvorschlags gerechtfertigt werden. Die Einführung einer EU-Steuer soll demnach von einer Stärkung des Europäischen Parlaments und zum anderen mit einer Erhöhung der Transparenz einhergehen. Diese begleitenden Maßnahmen beschränken den Spielraum der EU-Politiker für eigennutzorientiertes Handeln und führen somit zu einem niedrigeren α. Aus den Modellergebnissen geht später sogar hervor, dass ein größeres α auf der EU-Ebene das Resultat noch verstärken würde.

5.1.1.3 Das Budget der Mitgliedstaaten und der EU-Ebene

Die Steuereinnahmen der Mitgliedstaaten werden jeweils für ein mitgliedstaatliches öffentliches Gut verwendet. Die EU-Ebene hingegen verteilt ihre Steuereinnahmen zu gleichen Teilen auf die Mitgliedstaaten. Weiterhin gilt, dass die Haushalte beider Ebenen ausgeglichen sein müssen. Die Budgetgleichungen für die Mitgliedstaaten (5.4) und die EU-Ebene (5.5) lauten daher

$$g = t\,x(1+\tau) \tag{5.4}$$

und

$$G = T\,x(1+\tau). \tag{5.5}$$

Aufbauend auf den oben vorgestellten Modellannahmen werden im Folgenden drei unterschiedliche Situationen näher betrachtet. Zunächst wird die effiziente Situation dargestellt, die als Referenzergebnis für die folgenden Modellvarianten dient.[7] In der Situation mit unitarischer Besteuerung wird nur einer Ebene im föderalen System eine Besteuerungshoheit zugewiesen. Somit erlangt entweder das Kartell der Mitgliedstaaten oder die EU-Ebene alleinige Besteuerungskompetenz. Die Einnahmen werden dann sowohl zur Finanzierung des mitgliedstaatlichen öffentlichen Gutes als auch der EU-Ausgaben je Mitgliedstaat verwendet. Im Fall mit geteilter Besteuerungshoheit besitzen beide staatlichen Ebenen eine Besteuerungshoheit, um jeweils das mitgliedstaatliche öffentliche Gut sowie die EU-Ausgaben zu finanzieren.

5.1.2 Ableitung der effizienten Referenzsituation

In der effizienten Allokation wird die Wohlfahrt des repräsentativen Konsumenten jedes Mitgliedstaates maximiert. Es wird somit

$$V(\tau, g, G)$$

[6]Siehe hierzu Kapitel 8.1.3, S. 167.

[7]Effizienz wird dabei nicht im erst-besten Sinne, sondern im Sinne der Theorie des Zweitbesten interpretiert, da die öffentlichen Ausgaben mit verzerrenden Verbrauchsteuern auf x finanziert werden.

unter der Nebenbedingung eines ausgeglichenen staatlichen Budgets

$$g + G = \tau x(1 + \tau)$$

maximiert. Der Nutzen wird dabei hinsichtlich des (Gesamt-)Steuersatzes τ, der mitgliedstaatlichen öffentlichen Güter g und der EU-Ausgaben je Mitgliedstaat G maximiert.

Der effiziente Steuersatz τ^*, die effiziente Menge an (mitgliedstaatlichen) öffentlichen Gütern g^* und föderalen öffentlichen Ausgaben je Mitgliedstaat G^* werden implizit durch

$$\gamma'(g^*) = \Gamma'(G^*) = MCPF(\tau^*) \tag{5.6}$$

bestimmt.[8]

Unter den $MCPF$ sind die Grenzkosten der öffentlichen Einnahmeerhebung (Marginal Costs of Public Funds) zu verstehen.[9] Sie sind für einen bestimmten Steuersatz τ wie folgt definiert:

$$MCPF(\tau) = \left[1 - \frac{\tau}{1+\tau}\,\varepsilon(\tau)\right]^{-1}.$$

Die Gleichung (5.6) besitzt folgende ökonomische Intuition: Der erste Teil besagt, dass in der effizienten Situation der Grenznutzen für den repräsentativen Konsumenten aus einem zusätzlich verausgabten Euro für das mitgliedstaatliche öffentliche Gut dem Grenznutzen aus einem zusätzlichen Euro der EU-Ausgaben je Mitgliedstaat gleicht. Der zweite Teil der Gleichung besagt, dass der soziale Grenznutzen aus einem zusätzlichen Euro für die Bereitstellung des mitgliedstaatlichen öffentlichen Gutes sowie auch der EU-Ausgaben den $MCPF$ entsprechen müssen. Letztere messen die Grenzkosten für den Konsumenten, die durch die Erhebung eines zusätzlichen Euros an Steuereinnahmen entstehen. Darin sind die Zusatzlasten der Besteuerung (excess burden) enthalten, die bei verzerrender Besteuerung entstehen. Ceteris paribus steigen die $MCPF$, wenn sich die kompensierte Preiselastizität der Nachfrage nach dem besteuerten Gut erhöht. Erhöht sich die kompensierte Preiselastizität der Nachfrage, führt dies zu steigenden Zusatzlasten der Besteuerung und somit zu einer Absenkung der öffentlichen Ausgaben beider Ebenen.

5.1.3 Besteuerung durch eine staatliche Ebene (Unitarische Besteuerung durch die EU-Ebene oder das Kartell der Mitgliedstaaten)

Im Falle unitarischer Besteuerung hat entweder das Kartell der Mitgliedstaaten oder die EU-Ebene die volle Besteuerungshoheit. Die jeweilige Ebene finanziert mit den Steuereinnahmen sowohl die öffentlichen Güter in den Mitgliedstaaten als auch die EU-Ausgaben

[8]Die Annahme, dass die Inada-Bedingungen für γ und Γ erfüllt werden, schließt Ecklösungen in Bezug auf g und G aus.

[9]Zum Konzept der MCPF vgl. z.B. Schöb (1994).

je Mitgliedstaat. Beide Varianten führen im Prinzip zum gleichen Ergebnis. Im Folgenden wird angenommen, dass das Kartell der Mitgliedstaaten mit der Besteuerungshoheit ausgestattet wird. Diese Variante deckt sich weitgehend mit den gegenwärtigen steuerpolitischen Zielsetzungen in der Europäischen Union, die Harmonisierung der Mehrwertsteuer und anderer Verbrauchsteuern noch weiter voranzutreiben.

Sind sowohl die staatlichen als auch die föderalen Ausgaben in der Hand des Kartells der Mitgliedstaaten, so zielt das Eigeninteresse des Politikers in jedem Mitgliedstaat nicht mehr nur auf das jeweilige mitgliedstaatliche Budget, sondern nunmehr auf das gesamte Budget, einschließlich der EU-Ausgaben. Jedes Mitglied des Kartells der Mitgliedstaaten versucht nun durch die Wahl von τ, g und G

$$\alpha\,(g+G) + (1-\alpha)\,V(\tau, g, G)$$

unter der Nebenbedingung

$$g + G = \tau\, x$$

zu maximieren. Die Besteuerung und die Bereitstellung öffentlicher Güter können im Ergebnis mit unitarischer Besteuerung wieder implizit durch

$$\gamma'(g^u) = \Gamma'(G^u) = MCPF^u(\tau^u) \tag{5.7}$$

bestimmt werden. Die $MCPF^u$ sind in diesem Fall

$$MCPF^u(\tau) = MCPF(\tau) - \frac{\alpha}{1-\alpha}.$$

Die $MCPF^u$ messen dabei die Grenzkosten der öffentlichen Einnahmeerhebung in der Wahrnehmung der Politiker unter unitarischer Besteuerung. Die sozialen Grenznutzen der mitgliedstaatlichen öffentlichen Güter und der föderalen Ausgaben sind wie in der effizienten Situation wieder ausgeglichen. Das bedeutet, dass die Eigennutzorientierung der Politiker (auf beiden Ebenen) nicht zu einer Verzerrung in der Zusammensetzung der öffentlichen Ausgaben von Mitgliedstaat und EU-Ebene führt.

Das lässt sich damit begründen, dass das Ausmaß des Eigeninteresses der Politiker nicht davon beeinflusst wird, ob das mitgliedstaatliche oder das föderale Budget betroffen ist. Der soziale Grenznutzen eines zusätzlichen Euros für mitgliedstaatliche oder EU-Ausgaben gleicht jedoch nur dann den sozialen $MCPF$, wenn $\alpha = 0$. In diesem Fall ist das Ergebnis im Falle unitarischer Besteuerung effizient. Für alle $\alpha > 0$ gilt hingegen $MCPF^u < MCPF$ für einen gegebenen Steuersatz τ, so dass die Politiker des Kartells der Mitgliedstaaten die $MCPF$ unterschätzen. Dies führt dann zu Überbesteuerung und Überbereitstellung mitgliedstaatlicher öffentlicher Güter und suboptimal hoher EU-Ausgaben. Da die Politiker ein größeres Interesse an mitgliedstaatlichen oder föderalen Ausgaben haben als der repräsentative Konsument, ist das Ergebnis nicht überraschend. Im nächsten Abschnitt wird die Situation bei Aufteilung der Besteuerungshoheit auf beide föderale Ebenen analysiert. Dabei wird man sehen, dass sich die Ineffizienzen, die auf das Eigeninteresse der Politiker zurückzuführen sind, noch verstärken.

5.1.4 Geteilte Besteuerung der EU-Ebene und der Mitgliedstaaten

Im Falle geteilter Besteuerungshoheit steht jeder Ebene die Gesetzgebungshoheit - zumindest die Gestaltungshoheit für den Steuersatz - zu. Jeder Ebene soll dadurch eine eigenständige Finanzierung des jeweiligen Haushalts ermöglicht werden. Das Kartell der Mitgliedstaaten wählt den Steuersatz t (in jedem Staat), so dass jeder Staat seine Bereitstellung öffentlicher Güter finanzieren kann. Die EU-Ebene wählt hingegen den Steuersatz T, um die öffentlichen Ausgaben G je Mitgliedstaat zu finanzieren. Beide Ebenen spielen nun eine Nash-Gleichgewichtsstrategie, wobei die strategische Variable jeder Ebene der Steuersatz ist, über den sie autonom bestimmen kann.[10] Als Nash-Spieler wählt nun jede Ebene einen Steuersatz, der eine beste Antwort auf den gegebenen Steuersatz der anderen Ebene darstellt. Die Budgetbeschränkung der jeweils anderen Ebene wird dabei berücksichtigt.

Relevant sind im Folgenden die Zielfunktionen der mitgliedstaatlichen und der EU-Ebene wie sie in (5.2) und (5.3) definiert sind. Weiterhin gelten die Budgetbeschränkungen der Staaten (5.4) und der EU-Ebene (5.5). Die Steuersätze t^d und T^d, die das Nash-Gleichgewicht unter geteilter Besteuerungshoheit determinieren, können wie folgt dargestellt werden:

$$t^d = \arg\ \max_{t \geq 0} S[t + T^d, t\,x(1 + t + T^d), T^d\,x(1 + t + T^d)], \tag{5.8}$$

$$T^d = \arg\ \max_{T \geq 0} F[t^d + T, t^d\,x(1 + t^d + T), T\,x(1 + t^d + T)]. \tag{5.9}$$

Die Steuersätze im Gleichgewicht werden implizit durch die Bedingungen erster Ordnung bestimmt. Diese lauten

$$\alpha\,(x + t^d\,x') + (1 - \alpha)\,[-x + \gamma'\,(x + t^d\,x') + \Gamma'\,T^d\,x'] = 0, \tag{5.10}$$

$$\alpha\,(x + T^d\,x') + (1 - \alpha)\,[-x + \gamma'\,t^d\,x' + \Gamma'\,(x + T^d\,x')] = 0. \tag{5.11}$$

Zunächst wird auch bei der Analyse der geteilten Besteuerungshoheit davon ausgegangen, dass die Zusammensetzung von mitgliedstaatlichen Ausgaben für öffentliche Güter und EU-Ausgaben je Staat nicht verzerrt wird. Es gilt also $\gamma'(g^d) = \Gamma'(G^d)$, wobei $g^d = t^d\,x$ und $G^d = T^d\,x$ die Gleichgewichtsmengen der mitgliedstaatlichen öffentlichen Güter-Bereitstellung und der EU-Ausgaben je Mitgliedstaat darstellen. Es gilt die Bedingung $x + (t^d + T^d)\,x' > 0$, was zur Folge hat, dass die mitgliedstaatlichen und föderalen Steuern nicht den das Aufkommen maximierenden Steuersatz erreichen. Es folgt dann aus der Addition von (5.10) und (5.11):

$$\gamma'(g^d) = \Gamma'(G^d) = \mathit{MCPF}^d(\tau^d). \tag{5.12}$$

[10] Steuersätze als strategische Variablen lassen sich mit dem Prinzip „revenues first, expenditures second" rechtfertigen. Die Bereitstellung öffentlicher Güter passt sich demnach an das Niveau der Steuereinnahmen an.

$\tau^d = t^d + T^d$ ist dabei der gemeinsame Steuersatz im Nash-Gleichgewicht. Es gilt weiterhin:

$$MCPF^d(\tau) = MCPF^u(\tau) - \frac{1}{2}\frac{\alpha}{1-\alpha}\frac{\tau}{1+\tau}\,\varepsilon(\tau)\left[1 - \frac{\tau}{1+\tau}\,\varepsilon(\tau)\right]^{-1}. \quad (5.13)$$

Die $MCPF^d(\tau)$ messen die *MCPF* wie sie von den mitgliedstaatlichen und EU-Politikern bei geteilter Besteuerungshoheit wahrgenommen werden. Für $\alpha > 0$ resultiert daraus, dass die *MCPF* in der Erwartung der Politiker niedriger sind als in der Situation mit unitarischer Besteuerung.

Dafür verantwortlich ist eine vertikale Steuerexternalität, die dann auftritt, wenn die Besteuerungshoheit auf verschiedene Regierungsebenen in einem föderalen System aufgeteilt wird und die Politiker nicht vollständig benevolent sind. Wenn eine der beiden Ebenen ihren Steuersatz anhebt, wird von jeder Regierung sowohl die Erosion der eigenen wie auch die der Steuerbasis der anderen Ebene internalisiert. Da jede Ebene den Wohlfahrtseffekten der jeweils anderen Ebene weniger Gewicht beimisst, wird jede Ebene die Wohlfahrtseffekte unterschätzen, die mit der Erosion der Steuerbasis der jeweils anderen Ebene verbunden sind.

Daraus folgt, dass für einen gegebenen Steuersatz die Politiker jeder Ebene niedrigere *MCPF* wahrnehmen als im Fall mit unitarischer Besteuerung. Die resultierende Überbesteuerung wird demnach noch stärker sein. Aufgrund der Annahme, dass der gemeinsame Steuersatz bei geteilter Besteuerungshoheit (τ^d) den Aufkommen maximierenden Satz nicht übersteigt, werden auch die Überbereitstellung von mitgliedstaatlichen öffentlichen Gütern und die suboptimal hohen föderalen Ausgaben das Ausmaß bei unitarischer Besteuerung übersteigen.

Die zusätzliche Wohlfahrtsverschlechterung, die mit der geteilten Besteuerungshoheit im Vergleich zum unitarischen Ergebnis verbunden ist, ist umso stärker je größer der zweite Term auf der rechten Seite der Gleichung (5.13) ist. Letzterer ist wiederum ceteris paribus umso größer je stärker die Politiker ihrem Eigeninteresse folgen, d.h. je größer α ist und je größer die kompensierte Preiselastizität der Nachfrage ε ist.

Da die Zusatzlasten der Besteuerung umso höher sind, je höher die kompensierte Nachfrageelastizität ist, hat das Resultat zur Folge, dass die Aufteilung der Besteuerungshoheit auf die Mitgliedstaaten und die EU-Ebene aus Effizienzgesichtspunkten besonders schädlich ist, falls die Besteuerung mit Zusatzlasten verbunden ist.

Ergebnis 1: *Die Aufteilung der Besteuerungshoheit zwischen zwei Ebenen in einem föderalen System - z.B. zwischen der EU-Ebene und einem Kartell der EU-Mitgliedstaaten - verschärft Überbesteuerung aufgrund der Eigenutzorientierung der Politiker. Dieser verzerrende Effekt ist umso stärker, je mehr die Politiker sich am Eigeninteresse orientieren und je größer die kompensierte Preiselastizität der Nachfrage nach dem besteuerten Gut ist.*

Die Aufteilung der Besteuerungshoheit auf beide Ebenen hat bis jetzt annahmegemäß keine verzerrenden Auswirkungen auf die Zusammensetzung von mitgliedstaatlichen öffentlichen Gütern und EU-Ausgaben je Staat. Der Grenznutzen aus der Bereitstellung mitgliedstaatlicher öffentlicher Güter entspricht dem Grenznutzen aus den EU-Ausgaben je Staat:

$$\gamma'(g^d) = \Gamma'(G^d) = MCPF^d(\tau^d).$$

Eine Verzerrung zwischen mitgliedstaatlichen öffentlichen Gütern und EU-Ausgaben je Staat wird jedoch mit hoher Wahrscheinlichkeit eintreten. Aus der Substraktion von Gleichung (5.11) und (5.10) ergibt sich nach einigen Umformungen

$$\gamma'(g^d) = \Gamma'(G^d) + \frac{\alpha}{1-\alpha}\frac{t^d - T^d}{1+\tau^d}\,\varepsilon(\tau^d). \tag{5.14}$$

Aus Gleichung (5.14) geht nun hervor, dass im Falle der Erhebung unterschiedlicher Steuersätze durch die Mitgliedstaaten und die EU-Ebene im Gleichgewicht eine Verzerrung der Bereitstellung mitgliedstaatlicher öffentlicher Güter und der EU-Ausgaben je Mitgliedstaat resultiert. Dies führt zu einer Verzerrung der öffentlichen Ausgaben beider Ebenen hin zu der Ebene, die einen niedrigeren Steuersatz erhebt und somit ein kleineres Budget kontrolliert.[11]

Der ökonomische Mechanismus dahinter ist, dass die Ebene mit dem kleineren Steuersatz und somit auch mit dem kleineren Budget die stärkere Steuerexternalität auf das Budget der anderen Ebene ausübt. Die Erhöhung des Steuersatzes durch die Ebene mit dem kleineren Budget (EU-Ebene) löst im Verhältnis zu einer Steuersatzanhebung der anderen Ebene (Mitgliedstaaten) einen stärkeren Rückgang der Steuerbasis aus. Im Kontext der EU-Mehrwertsteuer lässt sich dieses Ergebnis so interpretieren, dass die Einführung einer EU-Steuer das öffentliche Budget in Richtung EU-Ausgaben verzerren wird, falls der Steuersatz der EU kleiner als der konkurrierende Steuersatz in den Mitgliedstaaten ist.

Zunächst wird in dem Modell davon ausgegangen, dass der verzerrende Effekt der Aufteilung der Besteuerungshoheit auf die Mitgliedstaaten und die föderale Ebene stärker sein würde, wenn ein höherer Grad an Eigeninteresse der Politiker auf der EU-Ebene vorliegt.[12] Das ist insoweit nachvollziehbar, da eine Zuweisung der Besteuerungsmacht hin zu einer Ebene mit noch stärker Eigennutz orientierten Politikern die Verzerrung ansteigen lässt. Die Verzerrungen aufgrund der Aufteilung der Besteuerungsmacht sind aber auch auf die Verzerrung der Zusammensetzung der öffentlichen Ausgaben von Mitgliedstaat

[11] Eine genauere Darstellung der Externalitäten, die beide Ebenen jeweils auslösen, findet sich in Wigger/Wartha (2004), S. 360.

[12] Für den Fall einer reinen Leviathan-Regierung übersteigt der Steuersatz τ^d das Einnahmen maximierende Niveau und die Volkswirtschaft befindet sich auf dem fallenden Ast der Laffer-Kurve. α ist nimmt einen Wert nahe 1 an, so dass die Politiker nahezu vollständig am Eigeninteresse ausgerichtet sind. Die Steuereinnahmen können bei geteilter Besteuerungshoheit durch ein Absenken des gemeinsamen Steuersatzes erhöht werden. Das bedeutet, dass die Besteuerung im Gleichgewicht mit geteilter Besteuerungshoheit so hoch ist, dass die Ökonomie sich auf dem fallenden Ast der Laffer-Kurve befindet. Eine gleichzeitige Absenkung der Steuersätze auf beiden Regierungsebenen baut dann nicht nur Überbesteuerung ab, sondern führt dann sogar zu einer Erhöhung der Bereitstellung lokaler öffentlicher Güter und der föderalen Ausgaben.

und EU-Ebene zu Lasten der mitgliedstaatlichen öffentlichen Güter zurückzuführen. Somit entsteht ein weiterer Wohlfahrtsverlust, falls die EU-Ausgaben je Staat nicht die Ausgaben für mitgliedstaatliche öffentliche Güter übersteigen.

Wiederum wirkt sich auch hier die Höhe des Eigeninteresses der Politiker α und die Elastizität ε positiv auf den Effekt aus. Das Ergebnis kann wie folgt zusammengefasst werden:

Ergebnis 2: *Die Aufteilung der Besteuerungshoheit auf die Mitgliedstaaten und die EU-Ebene verzerrt die Zusammensetzung mitgliedstaatlicher öffentlicher Güter und der EU-Ausgaben je Mitgliedstaat in Richtung der Ebene mit dem kleineren Budget. Der verzerrende Effekt der Aufteilung der Besteuerungshoheit auf die Zusammensetzung der öffentlichen Ausgaben ist umso stärker, je mehr die Politiker am Eigennutz orientiert sind und je höher die kompensierte Preiselastizität der Nachfrage nach dem besteuerten Gut ist.*

Dieser Effekt kann noch einmal in der Abbildung 5.1 nachvollzogen werden.[13] Die EU-Ebene besteuert die Bemessungsgrundlage q mit einem niedrigeren Steuersatz (T_f) als die Mitgliedstaaten (T_s). Das Budget der EU-Ebene ist somit ebenfalls kleiner. Eine Steuersatzanhebung der EU-Ebene um (ΔT_f) löst für die Mitgliedstaaten einen stärkeren Aufkommenseffekt (R_s) als für die EU-Ebene (R_f^A) aus, die insgesamt über die Anhebung des Steuersatzes einen positiven Aufkommenseffekt ($R_f^B - R_f^A$) zu verzeichnen hat und ein ineffizient hohes Angebot an öffentlichen Gütern bereitstellen kann.

5.1.5 Zusammenfassung der Modellergebnisse

In diesem Kapitel wurde aus Effizienzperspektive die Frage untersucht, ob der EU-Ebene als föderale Ebene der Europäischen Union eine eigene Besteuerungshoheit zugewiesen werden sollte. Die Schlussfolgerungen basieren auf der Annahme, dass die Zuweisung einer Besteuerungshoheit für einen EU-Aufschlag auf die mitgliedstaatlich harmonisierten Bemessungsgrundlagen eine konkurrierende Besteuerung der selben Bemessungsgrundlage durch die Mitgliedstaaten und die EU-Ebene nach sich zieht. Die Mitgliedstaaten werden hierbei als Kartell interpretiert, das einen einheitlichen Steuersatz auf die Bemessungsgrundlage erhebt. Diese Annahme ist zwar im EU-Steuer-Vorschlag durch die Möglichkeit unterschiedlicher Steuersätze in den Mitgliedstaaten nicht vollständig erfüllt. Da durch die fortgeschrittene Harmonisierung die Steuersätze in vergleichsweise engen Bandbreiten liegen müssen, ist diese Annahme allerdings durchaus plausibel. Aus der konkurrierenden Besteuerung folgt schließlich eine ineffizient hohe Besteuerung der Bemessungsgrundlage und eine Überbereitstellung öffentlicher Güter. Die Aufteilung der Besteuerungshoheit auf die Mitgliedstaaten und die EU-Ebene verzerrt zudem die Zusammensetzung der Bereitstellung öffentlicher Güter in Richtung der EU-Ebene.[14]

---

[13] Siehe auch Kapitel 3.1, S. 70.

[14] Würde man losgelöst von den EU-Steuer-Vorschlägen und der damit verbundenen Vollharmonisierung von Bemessungsgrundlage und Steuersatz nicht von einem Kartell der Mitgliedstaaten ausgehen, sondern

Abbildung 5.1: Vertikale Steuerexternalitäten bei überlappenden Steuerbasen und Verzerrung des öffentlichen Güterangebots

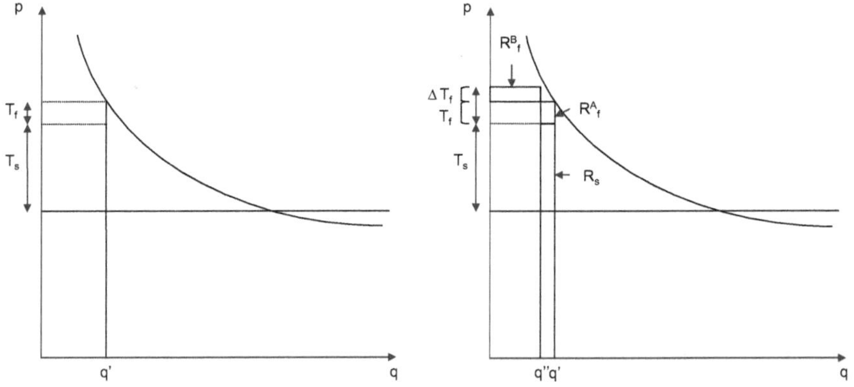

Quelle: Eigene Darstellung.

5.2 Eignung der Mehrwertsteuer als EU-Steuer

5.2.1 Ökonomische Effizienz

Zentrale Bedeutung für die Bewertung der EU-Mehrwertsteuer aus Effizienzperspektive hat der resultierende Effekt aus der Überlappung der Besteuerungsbasen von EU-Ebene und mitgliedstaatlicher Ebene. Die Zuweisung eines Zuschlagsrechts an die EU-Ebene auf eine Bemessungsgrundlage, auf die gleichzeitig auch die Mitgliedstaaten zugreifen, führt zu einer ineffizient hohen Besteuerung, einem ineffizient hohem Angebot an öffentlichen Gütern sowie einer Verzerrung der Zusammensetzung der öffentlichen Ausgaben hin zur EU-Ebene, sofern die Politiker - wovon auszugehen ist - auf beiden Ebenen nicht vollständig benevolent sind. Ursächlich dafür ist das Auftreten vertikaler fiskalischer Externalitäten.

Der Standpunkt der Kommission, dass im Rahmen der EU-Steuer-Einführung nationale Steuern im Gegenzug zurückgefahren würden, kann nicht als realistische Vorhersage des mitgliedstaatlichen Besteuerungsverhaltens angesehen werden und steht im Widerspruch zu den Vorhersagen der Theorie der vertikalen fiskalischen Externalitäten. Die Gesamtsteuerlast der EU-Bürger würde nach Einführung der EU-Mehrwertsteuer aller

von einem Steuerwettbewerb der EU-Staaten im Bereich indirekter Besteuerung, dann kämen bei der Übertragung einer Besteuerungshoheit an die EU zusätzlich zu den vertikalen Externalitäten auch noch horizontale Externalitäten ins Spiel.

Wahrscheinlichkeit nach ansteigen.[15] Um der Gefahr überhöhter Steuersätze entgegenzutreten, könnte aber an eine (wirksame) Begrenzung des EU-Zuschlagssatzes angedacht werden.[16]

Den negativen Effizienzwirkungen stehen mit der EU-Steuer positive Effekte durch die Förderung eines funktionierenden Binnenmarktes gegenüber. Die grenzüberschreitenden Güterströme innerhalb des EU-Raums würden durch die Schaffung eines einheitlichen Mehrwertsteuersystems in der EU nicht mehr durch unterschiedliche Besteuerung (und Besteuerungspraxis) in den Mitgliedstaaten verzerrt werden. Die Abwicklung der Mehrwertsteuer-Erhebung würde im gesamten Binnenmarkt dann letztendlich in gleicher Weise funktionieren wie in den Mitgliedstaaten. Dieser positive Aspekt kann zwar grundsätzlich als Argument für eine stärkere Harmonisierung der Bemessungsgrundlage und der Steuersätze angeführt werden, eine Verlagerung der Besteuerungshoheit an die EU-Ebene kann daraus aber nicht abgeleitet werden. Die Vorteile einer Verbesserung des Mehrwertsteuer-Systems in der EU fallen bei der EU-Steuer-Lösung als „Nebenprodukt" an und könnten auch auf dem Wege einer Weiterentwicklung des bestehenden Harmonisierungsstandes erreicht werden. Insgesamt lässt das Kriterium der ökonomischen Effizienz eher an der Einführung der EU-Mehrwertsteuer zweifeln, da die Gefahren einer ineffizient hohen Besteuerung überwiegen.

➪ Der EU-Mehrwertsteuer-Vorschlag kann aus Effizienzgesichtspunkten eher kritisch gesehen werden. Es treten zwar auch positive Wirkungen hinsichtlich der Funktionsfähigkeit des Binnenmarktes auf. Diese erfordern aber keinen derartigen Zentralisierungsaufwand. Zentrales Problem stellen die negativen Effizienzwirkungen durch eine konkurrierende Besteuerung der Bemessungsgrundlage durch die EU-Ebene und die Mitgliedstaaten dar.

5.2.2 Verteilungswirkungen

Die Mehrwertsteuer - als indirekte Steuer - steht in der Kritik, regressiv zu wirken. Die regressive Wirkung wird damit begründet, dass der Anteil des Konsums am Einkommen der reicheren **Individuen und Haushalte** kleiner sei als der der ärmeren Individuen und Haushalte. Die Bezieher höherer Einkommen würden dadurch verhältnismäßig zu unteren Einkommensgruppen weniger stark durch die Steuer belastet.

In der wissenschaftlichen Diskussion wird die These einer regressiven Wirkung der Mehrwertsteuer häufig abgelehnt.[17] Empirische Untersuchungen entkräften ebenfalls die These einer starken regressiven Wirkung der Mehrwertsteuer ebenfalls mehrheitlich. So kommt das Rheinisch-Westfälische Institut für Wirtschaftsforschung (RWI) in seiner Un-

[15] Vgl. auch Wissenschaftlicher Beirat beim Bundesministerium für Wirtschaft und Technologie (1998), S. 15.

[16] Dies wird analog für eine Begrenzung der regionalen Zuschlagssätze auf die Einkommensteuer oder die Körperschaftsteuer im Vorschlag vom Sachverständigenrat im Zusammenhang mit der Reform des Föderalismus in Deutschland vorgeschlagen. Vgl. Sachverständigenrat (2003), S. 305, Nr. 513.

[17] Vgl. etwa Homburg (2005), S. 154f.

tersuchung von 2002 zum Ergebnis, dass die Regressivität nur moderat ist.[18] Die regressive Wirkung der Mehrwertsteuer auf Individuen und Haushalte wird in der politischen Diskussion dagegen zumeist überschätzt.

Für die Bewertung der EU-Mehrwertsteuer wird von einer moderaten regressiven Wirkung ausgegangen, die die Verteilungswirkungen der direkten progressiven Steuern auf mitgliedstaatlicher Ebene zum Teil kompensiert, so dass ein eher (politisch akzeptierter) proportionaler Gesamteffekt auf mitgliedstaatlicher Ebene entsteht. Allerdings kann eine annähernd proportionale Wirkung durch eine entsprechende Tarifgestaltung über normale und ermäßigte Steuersätze[19] erreicht werden. Die Vereinheitlichung der Tarifgestaltung, die auch mit der Abschaffung spezieller Ausnahmeregelungen verbunden wäre, würde allerdings für einige Mitgliedstaaten in verteilungspolitischer Perspektive auch negative Effekte auslösen.[20]

Auch in der **mitgliedstaatlichen Perspektive** wird häufig eine regressive Verteilungswirkung der Mehrwertsteuer unterstellt.[21] In den Eigenmittelbeschlüssen wurde unter Berufung auf diese regressive Wirkung der Mehrwertsteuer-Eigenmittel sukzessive eine Kappung der Mehrwertsteuer-Eigenmittelberechnungsgrundlage vorgenommen. Die Argumentation erfolgt dabei in ähnlicher Weise wie in Bezug auf die Individuen und Haushalte. Ärmere Mitgliedsländer werden aufgrund ihres höheren Konsumanteils am nationalen Bruttonationaleinkommen relativ stärker als reiche Mitgliedsländer zur Finanzierung der EU herangezogen.

Die Wahl der Mehrwertsteuer als EU-Steuer-Vorschlag scheint vor allem aufgrund des in den letzten Jahren in der EU eingesetzten Umbaus des Finanzierungssystems fragwürdig, der eine deutliche Reduzierung der Mehrwertsteuer-Eigenmittel-basierten Finanzierung und einen massiven Ausbau der BNE-Eigenmittel-Finanzierung zur Folge hatte. Wegen der unterstellten regressiven Wirkung dieser Steuer wurde ihre Bedeutung durch Einführung der Bruttonationaleinkommen-Eigenmittel 1988 und durch Kappung der Bemessungsgrundlage seit 1988 immer weiter zurückgeführt. Während im Haushaltsjahr 1988 (nach Einführung der Bruttonationaleinkommen-Eigenmittel) die Mehrwertsteuer-Eigenmittel noch einen Anteil von 60,3% an der Eigenmittelfinanzierung einnahmen, ging ihr Anteil im Jahr 2006 auf rund 14,2% zurück. Zuletzt erfolgte 2004 eine Kappung der

[18] Vgl. Fritsche/Kambeck et al. (2003). Danach sollte allerdings verteilungspolitischen Gründen an den Steuersatzermäßigungen für Nahrungsmittel und die Freistellung von Wohnungsmieten festgehalten werden, da andernfalls die Progressionswirkung der Einkommensteuer kompensiert würde. Andere Untersuchungen allgemein zu den Verteilungswirkungen von indirekten Steuern können die These einer regressiven Verteilungswirkung nicht bestätigen. Je nach methodischem Ansatz wird darin bei indirekten Steuern eine eher proportionale oder sogar eine progressive Wirkung festgestellt. Zu den Ergebnissen vgl. Zimmermann/Henke (2005), S. 270f. Siehe auch Huppertz/Wartenberg (1978), S. 395ff. und Tofaute (1994), S. 644ff.

[19] Ermäßigte Steuersätze oder Steuerbefreiungen gelten in vielen Mitgliedstaaten für bestimmte Gütergruppen, denen eine besondere verteilungspolitische Bedeutung beigemessen wird.

[20] Derzeit ist die Bandbreite der (genehmigten) Steuerbefreiungen sehr groß. So werden etwa Kinderschuhe in den meisten Mitgliedstaaten mit dem vollen Steuersatz belegt. In Irland und Großbritannien gilt ein Steuersatz von 0%. Vgl. dazu und zu den Bemühungen der Kommission eine Vereinheitlichung zu Erreichen Europäische Kommission (2003c), S. 35.

[21] Vgl. Biehl (1991,1994), O'Donoghue (2001). Kritisch dazu Teutemann (1992), S. 317f.

Berechnungsbasis auf 50% des mitgliedstaalichen BNE. Eine Entscheidung der Mitgliedstaaten, rund die Hälfte des EU-Budgets nun über eine EU-Mehrwertsteuer zu finanzieren, erscheint vor dem Hintergrund der dargestellten Entwicklung widersprüchlich.

Um eine - unterstellte - regressive Wirkung für ärmere Mitgliedstaaten durch die EU-Steuer zu kompensieren, könnte das Finanzierungssystem durch eine progressiv wirkende Komponente ergänzt werden. Frühere Überlegungen von der Europäischen Kommission (1977a, 1977b, 1978) sahen für die Mehrwertsteuer-Eigenmittel etwa einen progressiven Satz vor, um die Unterschiede im BNE der Mitgliedstaaten zu berücksichtigen. Alternativ könnte in der EU-Steuer-Variante ein spezieller Korrekturmechanismus (z.B. auf dem mitgliedstaatlichen BNE beruhend) implementiert werden. Ein derartiger Korrekturmechanismus würde vergleichbar zum derzeitigen Großbritannien-Rabatt die Transparenz und Einfachheit des Systems allerdings deutlich verschlechtern und zugleich Verteilungsstreitigkeiten zwischen den Mitgliedstaaten wie im Falle des gegenwärtigen Eigenmittelsystems Tür und Tor öffnen.

In Bezug auf die EU-Finanzierung kann man festhalten, dass es nicht auf die Wirkung einer Säule der EU-Finanzierung ankommt, sondern auf die Wirkung des Gesamtsystems. Selbst wenn man der Mehrwertsteuer regressive Wirkungen unterstellt, so würde sich doch über die Bruttonationaleinkommen-Eigenmittel eine gewisse Milderung dieses Effekts einstellen. Ein Korrekturmechanismus - unterschiedliche Steuersätze oder Kompensationszahlungen an betroffene Länder - aufgrund der regressiven Wirkung dieser Einnahmeart[22] etwa über Bruttonationaleinkommen-Eigenmittel ist abzulehnen, da das Einnahmensystem damit erheblich verkompliziert würde, was sich wiederum problematisch auf das Kriterium der Einfachheit auswirken würde.

➪ Die Verteilungswirkungen der EU-Mehrwertsteuer erfordern eine besondere Aufmerksamkeit bei der Ausgestaltung der Steuer. Das Kriterium steht einer Einführung einer EU-Mehrwertsteuer aber nicht entgegen.

5.2.3 Harmonisierungsbedarf

Die Harmonisierung der nationalen Mehrwertsteuer-Systeme hinsichtlich Bemessungsgrundlage und Steuersätze ist durch die Harmonisierungs-Richtlinien der EU - zuletzt durch die 6. Richtlinie zur Harmonisierung der Umsatzsteuern von 1977 und der auf ihr basierenden Richtlinien[23] - weit fortgeschritten. Keine andere Steuer in den Mitgliedstaaten unterliegt in einem vergleichbarem Ausmaß dem Einfluss der EU-Ebene.

Die gegenwärtige EU-Mehrwertsteuer-Harmonisierung befindet sich zwar vereinfacht dargestellt in einem Zwischenschritt zwischen einem rein Ursprungsland basierten und einem rein Bestimmungsland basierten System und kann einen verzerrungsfreien innergemeinschaftlichen Handel noch nicht gewährleisten. Die Anwendung beider Prinzipien führt

[22] So gesehen von Huber (2001b), Milbrandt (2001), S. 98.

[23] Die 6. Mehrwertsteuer-Richtlinie wurde seit 1977 häufig geändert. Zuletzt durch die Richtlinie 2006/18/EG (Vgl. Rat der Europäischen Union (2006)).

zu komplizierten, fehleranfälligen und kontrollintensiven Verrechnungsmethoden. Die Umsetzung des Ziels der Europäischen Kommission, ein rein Ursprungsland basiertes System zu etablieren und die vollständige Harmonisierung der mitgliedstaatlichen Steuersätze durchzusetzen[24], ist bisher an der Zustimmung der Mitgliedstaaten gescheitert.

Dennoch kann festgehalten werden, dass detaillierte Vorschriften bezüglich der Auswahl der von der Steuer erfassten Produktgruppen (Änderungen der Mitgliedstaaten bedürfen der Genehmigung durch die Europäische Kommission) sowie enge Bandbreiten für die Steuersätze vorliegen. Dieser fortgeschrittene Harmonisierungsstand erscheint mit Blick auf die Eignung als EU-Steuer positiv. Der verbleibende Harmonisierungsbedarf - z.B. einheitliche Regelung der Produktgruppen mit niedrigeren Steuersätzen o.ä. - ist im Vergleich zu den anderen von der Kommission vorgeschlagenen Steuerarten mit vergleichsweise geringem Aufwand verbunden.

➪ Mit Blick auf den Harmonisierungsbedarf ist die EU-Mehrwertsteuer sehr gut geeignet.

5.2.4 Administrative Kosten und compliance costs

Sandford/Godwin/Hardwick (1989) berechnen in ihrer Studie für Großbritannien dass gemessen am Steueraufkommen die Mehrwertsteuer mit 1,03% verhältnismäßig hohe **administrative Kosten** erzeugt. Die Mehrwertsteuer rangiert damit hinter der Einkommensteuer, die mit 1,53% die höchsten Kosten verursacht.[25] Mit Blick auf das fortgeschrittene, stark harmonisierte System der Mehrwertbesteuerung in der EU und den Einsatz moderner Informations- und Datenverarbeitungstechnologie kann allerdings von geringeren und weiter sinkenden administrativen Kosten der Mehrwertbesteuerung ausgegangen werden. Da bei einer EU-Mehrwertsteuer die Erhebung des EU-Anteils in einem Zug mit der mitgliedstaatlichen Mehrwertsteuer erfolgt, sind die zusätzlichen administrativen Kosten aller Voraussicht eher gering.[26]

Bei den **compliance costs** kommt Grüske (1991) für die Mehrwertsteuer mit ihrer Vielzahl an detaillierten Besteuerungsvorschriften im Ergebnis zu vergleichsweise hohen Belastungen (insbesondere für die Unternehmungen).[27] Sandford/Godwin/Hardwick (1989) sehen eine überproportionale Belastung durch compliance costs insbesondere für kleinere Unternehmen. Sie berechnen in ihrer Studie für Großbritannien, dass gemessen am Steueraufkommen die Mehrwertsteuer mit 3,69% noch vor der Einkommensteuer (3,40%) die höchsten compliance costs erzeugt.[28]

[24]Vgl. Europäische Kommission (2001b), S. 11ff. Die Probleme des Übergangs vom Bestimmungsland- zum Ursprungslandprinzip erörtert Genser (1997).

[25]Vgl. Sandford/Godwin/Hardwick (1989), S. 192.

[26]Es werden über die Harmonisierung einheitliche Verwaltungsvorschriften für EU und Mitgliedstaaten angewendet. Grundsätzlich ist bei der Einbindung der nationalen Steuerbehörden in die Verwaltung der Steuer allerdings mit Anreizproblemen zu rechnen. Entsprechende Kompensationen für die Verwaltungskosten in den Mitgliedstaaten sind - vergleichbar den Erhebungskosten bei den Traditionellen Eigenmitteln im derzeitigen System - vorzusehen.

[27]Vgl. Grüske (1991), S. 53.

[28]Vgl. Sandford/Godwin/Hardwick (1989), S. 192.

Vorhersagen für die compliance costs einer EU-Mehrwertsteuer hängen sehr stark von den letztendlich geltenden Bestimmungen für das Mehrwertsteuer-System ab. Orientieren sich die noch notwendigen Harmonisierungsschritte bis zur einheitlichen Bemessungsgrundlage mit der Anwendung einheitlicher Regelungen am status quo der Mehrwertbesteuerung in den Mitgliedstaaten bzw. am Berechnungsverfahren zur Bemessung der derzeitigen Mehrwertsteuer-Eigenmittel, so ist von eher moderaten compliance costs auszugehen, da die Unternehmen auf die Steuererhebung weitgehend eingerichtet sind (z.B. Softwaresysteme, Verwaltungsverfahren, Fristen, etc.). Im Zeitablauf ist mit weiter sinkenden compliance costs auszugehen.

➪ Administrative Kosten und compliance costs hängen stark von der konkreten Umsetzung der EU-Mehrwertsteuer ab. Sie sprechen nicht a priori gegen die Einführung derselbigen.

5.2.5 Ergiebigkeit und Konjunkturabhängigkeit des Steueraufkommens

Es ist zu erwarten, dass die Ergiebigkeit einer EU-Mehrwertsteuer den Anforderungen genügt. Aufkommensschätzungen der Europäischen Kommission kommen bei einem Aufschlagssatz der EU-Ebene in Höhe von 1% auf die harmonisierte Bemessungsgrundlage zu der angestrebten Deckung von 50% des EU-Haushalts. Die breite Bemessungsgrundlage ermöglicht es zudem, mit einer geringen Anhebung des Steuersatzes erhebliche Aufkommenssteigerungen für eine unter Umständen notwendige Ausweitung des Finanzbedarfs zu erzielen.[29]

Das Aufkommen der Mehrwertsteuer wird leichten zyklischen Schwankungen unterliegen, mit denen allerdings auch die Mehrwertsteuer-Eigenmittel im gegenwärtigen Eigenmittelsystem konfrontiert sind. Etwaige Schwankungen können durch die Eigenschaft der Bruttonationaleinkommen-Eigenmittel als residuale Eigenmittelquelle ausgeglichen werden.

Caesar (1990) weist auf die Problematik hin, dass das Aufkommen der Mehrwertsteuer langsamer als das BNE wächst, da die Mehrwertsteuer eine Aufkommenselastizität zum BNE von kleiner als eins besitzt. Trotz der Breite der Bemessungsgrundlage werden Teile der Investitionen und öffentlichen Leistungen nicht erfasst, so dass das Wachstum der Bemessungsgrundlage mutmaßlich geringer ausfällt als das Wachstum des BNE. Dies kann allerdings zu Forderungen nach einer Erhöhung des EU-Steuersatzes führen.[30]

In diesem Zusammenhang ist die hohe Anfälligkeit für Betrugsdelikte und Steuerhinterziehung[31] bei dieser Steuerart anzumerken, die mit einem besonderen Kontrollaufwand[32] verbunden ist. Die nationalen Unterschiede in der Steuermoral erlangen für die jeweiligen mitgliedstaatlichen Aufkommen eine besondere Bedeutung.

[29] Vgl. Europäische Kommission (2004e), S. 51f.
[30] Vgl. Caesar (1990), S. 88f. Siehe auch Begg/Grimwade (1998), S. 124.
[31] Vgl. Parsche et al. (2001).
[32] Vgl. Europäischer Rechnungshof (1998), S. 69.

➪ Die EU-Mehrwertsteuer ist mit Blick auf die Ergiebigkeit und Konjunkturabhängigkeit des Steueraufkommens gut geeignet.

5.2.6 Einfachheit, Transparenz und Fühlbarkeit

Eine EU-Mehrwertsteuer würde, verglichen mit dem gegenwärtigen „Übergangssystem" im Bereich der Mehrwertsteuer, eine erhebliche Vereinfachung mit sich bringen (Abschaffung von unterschiedlichen Ausnahmeregelungen, Vereinheitlichung ermäßigter Steuersätze, etc.). Die Vollharmonisierung der Bemessungsgrundlage und der relevanten Rechtsvorschriften fördert weiterhin das Funktionieren des Binnenmarktes.

Die Entscheidung für eine EU-Mehrwertsteuer als alleinige Finanzierungsquelle würde zu einem vergleichsweise hohen Maß an Transparenz führen. Durch eine Ausweisung des EU-Aufschlags auf die nationalen Mehrwertsteuersätze auf Rechnungen wird eine direkte Beziehung zwischen den Kosten der EU-Aktivitäten und der (individuellen) Belastung der Bürger hergestellt. Obgleich indirekte Steuern einen geringeren Merklichkeitsgrad als direkte Steuern haben, ist die EU-Mehrwertsteuer mit ihrer breiten Bemessungsgrundlage gut fühlbar. Ob man soweit gehen kann, dass mit der EU-Mehrwertsteuer ein Beitrag „*to a better identification of citizens with Europe*"[33] verbunden ist, bleibt fraglich. Die Mehrwertsteuer ist darüber hinaus aber eine „vertraute" Steuer, die die Steuerbürger einschätzen können.

Die aufgeführten Vorteile - Einfachheit, Transparenz und Fühlbarkeit - werden aber relativiert, wenn man die EU-Mehrwertsteuer in das Gesamt-Finanzierungssystem der EU (neben den Traditionellen Eigenmitteln und den Bruttonationaleinkommen-Eigenmitteln) eingebettet betrachtet. Grundsätzlich ist der EU-Mehrwertsteuer in Bezug auf das Kriterium Einfachheit, Transparenz und Fühlbarkeit eine besonders hohe Eignung zu attestieren.

➪ Im Hinblick auf die Einfachheit, Transparenz und Fühlbarkeit ist die EU-Mehrwertsteuer sehr gut geeignet.

5.2.7 Politische Durchsetzbarkeit

Der seit einigen Jahren zu beobachtende „Harmonisierungsstau" bei der Mehrwertsteuer lässt auf politische Differenzen schließen. Da die Europäische Kommission eine umfassende Reform des EU-Mehrwertsteuersystems daher als politisch nicht umsetzbar einstuft, wird unabhängig vom EU-Steuer-Vorschlag derzeit lediglich an einer Verbesserung des gegenwärtigen Systems gearbeitet. Einfachere Regeln mit einheitlicher Anwendung in den Mitgliedstaaten bei gleichzeitiger Verbesserung der Kooperation mit den nationalen Steuerbehörden stehen zur Diskussion. Eine EU-Mehrwertsteuer mit einer vollständigen Harmonisierung der Bemessungsgrundlage erscheint daher zur Zeit politisch noch wenig durchsetzbar.

---

[33] Europäische Kommission (2004e), S. 51.

Der Widerstand der Mitgliedstaaten gegen eine EU-Steuer kann im Wesentlichen auf die Befürchtung zurückgeführt werden, dass eine vollständige Harmonisierung der Steuerbasis die nationalen, verteilungspolitisch motivierten Steuersatzermäßigungen bedrohen würde.

Mit der Aufteilung der Besteuerungshoheit ist bei der Mehrwertsteuer auch ein Verlust an Einnahmeautonomie und durch den gleichzeitigen Zugriff der EU-Ebene auf die Bemessungsgrundlage letztlich auch eine Minderung des Mehrwertsteueraufkommens verbunden. Den Mitgliedstaaten dürfte es aufgrund der direkten Wählerverantwortlichkeit auch schwerer fallen ihren Steuersatz - gemäß der Vorhersage aufgrund des Vorliegens vertikaler Steuerexternalitäten - entsprechend anzuheben.

Geht man von dem Vorschlag der Kommission aus, dass die Mitgliedstaaten ihre nationalen Steuersätze begleitend zur EU-Mehrwertsteuer-Einführung um den entsprechenden Satz senken würden, so könnte die EU-Mehrwertsteuer-Einführung eine Neuregelung der innerstaatlichen Verteilung des Steueraufkommens in einigen Staaten erforderlich machen[34] und damit reichlich politische Konflikte zwischen den föderalen Ebenen in den Mitgliedstaaten auslösen.

➪ Die Chancen einer zügigen politischen Realisierung der EU-Mehrwertsteuer sind eher als gering einzuschätzen.

5.3 Zusammenfassung

Folgende Kriterien bewerten die Wahl der Mehrwertsteuer als EU-Steuer eher positiv:

- Der **Harmonisierungsbedarf** ist fortgeschritten, in einigen Punkten aber weiterhin beachtlich. Die Harmonisierung der Mehrwertsteuersysteme verläuft unabhängig von den Plänen einer EU-Steuer derzeit nur schleppend, so dass mit Blick auf eine erforderliche vollständige Harmonisierung der Bemessungsgrundlage noch einige Anstrengungen zu unternehmen wären - insbesondere hinsichtlich der Steuerausnahmen und der ermäßigten Sätze. Vor dem Hintergrund der bereits weitgehend harmonisierten Bemessungsgrundlage kann der noch verbleibende Harmonisierungsbedarf im Vergleich zu den konkurrierenden Steuerarten allerdings als vergleichsweise gering eingestuft werden.[35]

- Hinsichtlich der **Ergiebigkeit und Konjunkturabhängigkeit des Steueraufkommens** erweist sich die EU-Mehrwertsteuer als unproblematisch. Das Aufkommen ist ausreichend und die Konjunkturreagibilität bleibt im Rahmen.

- Besonders vorteilhaft zeigt sich die EU-Mehrwertsteuer in der Erfüllung der Kriterien **Einfachheit, Transparenz und Fühlbarkeit**. Durch die Einführung ei-

[34] In Deutschland ist die Ertragshoheit derzeit zu 50,25% beim Bund, zu 49,75% bei den Ländern und zu 2,2% bei den Gemeinden.

[35] Vgl. Europäische Kommission (2004e), S. 51ff.

ner EU-Steuer mit einer langen Tradition in den Mitgliedstaaten und die Entscheidung für eine Zuschlagslösung kann für die EU-Bürger von Einfachheit, Transparenz und Fühlbarkeit der Steuer ausgegangen werden. Durch die Einbindung der EU-Mehrwertsteuer in das Kommissions-Modell und die damit verbundene Aufrechterhaltung der Traditionellen Eigenmittel und der Bruttonationaleinkommen-Eigenmittel kommen diese positiven Eigenschaften jedoch nur in abgeschwächter Form zur Geltung.

Folgende Kriterien sehen die Mehrwertsteuer als EU-Steuer eher neutral oder negativ:

- Aus der Perspektive der **ökonomischen Effizienz** sind durch die Verbesserung der Funktionsfähigkeit des Binnenmarktes positive Effekte verbunden. Das Nebeneinander der nicht vollständig harmonisierten mitgliedstaatlichen Mehrwertsteuersysteme, das bisher reichhaltige Möglichkeiten für Betrug und Hinterziehung bietet, würde beseitigt.

  Diesen positiven Aspekten aus der Vollharmonisierung stehen allerdings die negativen Effizienzwirkungen der Zuweisung einer Besteuerungshoheit an die EU-Ebene gegenüber. Die zu erwartenden vertikalen Steuerexternalitäten durch den konkurrierenden Zugriff auf die selbe Bemessungsgrundlagen von EU-Ebene und Mitgliedstaaten lassen eine ineffizient hohe Besteuerung erwarten.

- Berücksichtigt man die **Verteilungswirkungen**, so kann die EU-Finanzierung vor dem Hintergrund der moderaten regressiven Wirkung der EU-Mehrwertsteuer und der Traditionellen Eigenmittel eher als problematisch eingestuft werden. Durch eine entsprechende Tarifgestaltung könnte dieser Effekt aber gemildert werden.

- Die **Kosten der Steueradministration und die compliance costs** sind bei der Mehrwertsteuer vergleichsweise hoch. Genaue Vorhersagen sind allerdings stark von den tatsächlich umgesetzten Regelungen abhängig.

- Wie bei allen Steuerarten spielt das Kriterium der **politischen Durchsetzbarkeit** eine entscheidende Rolle für die Eignung als EU-Steuer. Die Mehrwertsteuer-Variante trägt wie alle EU-Steuer-Vorschläge zu einem Souveränitätsverlust der Mitgliedstaaten bei. Abgesehen von diesem zentralen Aspekt, hängt die Zustimmung der Mitgliedstaaten stark von der jeweiligen Einschätzung der mitgliedstaatlichen Verteilungswirkungen (und somit der Entwicklung der Nettoposition) bzw. der Verhandlungen um weiterhin bestehende Ermäßigungsregelungen ab. Vor dem Hintergrund der Vorbehalte der Mitgliedstaaten hinsichtlich der regressiven Wirkungen der Mehrwertsteuer und des mit der Harmonisierung wegfallenden sozial- und verteilungspolitischen Einflusses auf steuersatzermäßigte Produktgruppen ist die politische Durchsetzbarkeit eher zu bezweifeln.

Kapitel 6

Beurteilung der Eignung der EU-CO_2-/Energiesteuer als EU-Steuer auf Basis steuerartspezifischer Kriterien

Wie Kapitel 5 bereits im Rahmen der EU-Mehrwertsteuer soll auch für die EU-Energie-/CO_2-Steuer ein einfaches Modell vorangestellt werden, um einige besondere Effekte dieser Steuerart herauszuarbeiten.[1] Um eine Analyse der Zuweisung von Besteuerungskompetenzen vorzunehmen und effizienzorientierte Aussagen im Zusammenhang mit der Frage der Allokation einer Besteuerungshoheit an die EU zu treffen, konzentriert sich das Modell wiederum auf die Theorie der fiskalischen Externalitäten.

In der Modellierung wird von einem konkurrierenden Zugriff der EU-Ebene und der Mitgliedstaaten auf die selbe Bemessungsgrundlage ausgegangen. Das steht in gewisser Weise im Widerspruch zum Vorschlag der EU-Kommission. Dieser sieht für die EU-Energie-/CO_2-Steuer abweichend zur EU-Mehrwertsteuer eine vollständige Übertragung der Besteuerungshoheit für Steuerbasis und Steuersatz auf die EU-Ebene vor. Durch den alleinigen Zugriff der EU-Steuer auf die EU-Steuer-Bemessungsgrundlage werden sich die Steuerbasen von EU-Ebene demnach nicht direkt überlappen. Dennoch ist eine indirekte (auch perfekte) Überlappung mit anderen indirekten Steuern der Mitgliedstaaten zu erwarten. Die mitgliedstaatliche Mehrwertsteuer und die CO_2-/Energiesteuer wirken beispielsweise auf den Preis und die Nachfrage des besteuerten Gutes in gleicher Weise.[2] Daher werden über das Auftreten vertikaler Steuerexternalitäten auch bei dieser EU-Steuer-Variante ähnliche Effizienzwirkungen wie bei der EU-Mehrwertsteuer in Kapitel 5 zu erwarten sein.

---

[1]Das Modell zur EU-Energie-/CO_2-Steuer in diesem Kapitel wurde erstmals im Rahmen des Vortrags „Concurrent Taxation and Pollution Abatement in a Federation with Transboundary Pollution“ im Rahmen der 61. Jahrestagung des International Institute of Public Finance (IIPF) vom 22.-25.08.2005 in Jeju, Südkorea, vorgestellt.

[2]Vgl. zur indirekten Überlappung von Bemessungsgrundlagen und dem Auftreten vertikaler Externalitäten Esteller-Moré/Solé-Ollé (2002).

Ein bedeutender Unterschied zur Modellierung in Kapitel 5 ist die Annahme, dass die Politiker auf der EU-Ebene wie auch auf der mitgliedstaatlichen Ebene als rein benevolent angesehen werden. Die Politiker haben demnach also nur Interesse an der Wohlfahrt der Individuen in der betreffenden Gebietskörperschaft - die EU-Politiker an der Wohlfahrt der gesamten EU-Bürger, die Politiker in den Mitgliedstaaten jeweils an der Wohlfahrt der Bürger in ihrem jeweiligen Staatsgebiet. Auch wenn die Orientierung der Politiker an der Wohlfahrt der Bürger zunächst optimale Ergebnisse verspricht, werden dennoch vertikale Steuerexternalitäten und damit verbundene Ineffizienzen auftreten.

Im Rahmen des Modells wird als „Nebenprodukt“ der Analyse auch auf den Aspekt der Allokation der Kompetenzverteilung für Ausgaben im Rahmen einer Verschmutzungsvermeidungs-Politik (Pollution Abatement) eingegangen. Die dabei gewonnenen Erkenntnisse kommen in der Bewertung dieser EU-Steuer-Variante zum Tragen.

Bei der abschließenden Bewertung der Steuerart spielt ein weitere Eigenschaft der EU-CO_2-/Energiesteuer eine Rolle, die im Modell nicht explizit berücksichtigt wird. Eine EU-Energie-/CO_2-Steuer hat neben dem fiskalischen Einnahmeeffekt auch eine (umweltpolitische) Lenkungswirkung. Neben dem fiskalischen Ziel im Rahmen der Reform der EU-Finanzierung ist die CO_2-/Energiesteuer somit auch immer als Umweltsteuer zu sehen, die mit dem Verbrauch von Energie bzw. CO_2 verbundene Externalitäten internalisieren soll. Diese Eigenschaft wird von der Europäischen Kommission im Rahmen ihres Gutachtens auch betont.[3]

6.1 EU-CO_2-/Energiesteuer und vertikale Steuerexternalitäten

6.1.1 Modelleinführung

6.1.1.1 Konkurrierende Besteuerung von EU-Ebene und Mitgliedstaaten

Abweichend zum Vorschlag der Europäischen Kommission wird im Folgenden eine konkurrierende Besteuerung durch die EU-Ebene und die Mitgliedstaaten modelliert. Die Annahme einer konkurrierenden Besteuerung kann aber, wie oben bereits ausgeführt, durch den gleichzeitigen Zugriff auf die Bemessungsgrundlage durch andere indirekte Steuern der Mitgliedstaaten grundsätzlich gerechtfertigt werden. Die Wirkung einer EU-CO_2-/Energiesteuer auf der EU-Ebene bei gleichzeitiger Erhebung einer Mehrwertsteuer in den Mitgliedstaaten hat vergleichbare Effizienzwirkungen wie eine Aufteilung der Besteuerungshoheit für die CO_2-/Energie-Besteuerung auf beide Ebenen.

[3]Vgl. Europäische Kommission (2004), S. 47ff.

6.1.1.2 Public Abatement-Politik und grenzüberschreitende Verschmutzung

Die Mitgliedstaaten haben neben der Steuer eine (alleinige) Kompetenz zur Durchführung einer Politik der Verschmutzungsminderung (z.B. Programm zur Förderung von alternativen Energien durch das Bundesumweltministerium in Deutschland).[4], im Folgenden als Pollution Abatement-Politik bezeichnet. Die Verantwortlichkeiten für die Umweltpolitik sind in föderalen Systemen häufig auf dezentrale und föderale Ebene aufgeteilt. In der EU wird in Art. 174ff. EGV ebenfalls von geteilten Kompetenzen in der Umweltpolitik ausgegangen. Der Hauptteil der direkten Ausgaben zur Vermeidung oder Beseitigung von Umweltverschmutzung (Pollution Abatement-Politik) liegt aber bei den Mitgliedstaaten. Zu den Schwerpunkten der EU-Ebene gehören insbesondere Richtlinien zur Reinhaltung der Luft, zur Reinhaltung des Wassers (dabei stehen vornehmlich Verschmutzungsgrenzwerte im Mittelpunkt) sowie Regelungen in den Bereichen Abfallpolitik sowie Natur- und Artenschutz. Seit 2005 ist weiterhin auf der EU-Ebene ein Emissionshandelssystem zur Verminderung von CO_2-Emissionen in Kraft getreten. Diese Aufgabenteilung wird auch in der Modellierung berücksichtigt und den Mitgliedstaaten demnach neben der Besteuerungshoheit für ein verschmutzendes Gut auch eine Kompetenz zur Durchführung einer Pollution Abatement-Politik zugewiesen.

In föderalen Systemen ist grenzüberschreitende Umweltverschmutzung (transboundary pollution) - z.B. Luftverschmutzung über SO_2-Emissionen (Saurer Regen) oder Wasserverschmutzung bei grenzüberschreitenden Flüssen oder Seen ein häufig auftretendes Problem (vgl. dazu Abbildung 6.1). Grenzüberschreitende Verschmutzung ist dadurch gekennzeichnet, dass eine Gebietskörperschaft durch Verschmutzung in mindestens einer anderen Gebietskörperschaft Kosten auslöst, die vom Verursacher nicht getragen werden. Es entsteht eine interregionale Externalität. Ohne eine Instanz, die durch verbindliche Regelungen für die Internalisierung des externen Effektes sorgt, oder Koordinierungsverhandlungen zwischen den Mitgliedstaaten, kommt es zu ineffizient hohen Verschmutzungsniveaus.

Das Angebot einer Pollution Abatement-Politik kann bei Vorliegen grenzüberschreitender Verschmutzung als reines öffentliches Gut interpretiert werden. Entgegen der eher dezentralen Kompetenzverteilung der Gemeinschaftsverträge sollte traditionellen Zuweisungskriterien folgend, die Kompetenz zum Angebot öffentlicher Güter mit EU-weiter Nutzenwirkung der Zentrale (EU-Ebene) zugewiesen werden. Damit sollen Spillover-Effekte internalisiert sowie Freifahrerverhalten und interregionaler zwischen den (Mitglied-)Staaten (z.B. Absenkung von Umweltstandards) vermieden werden. Die Beobachtung in der Europäischen Union bestätigt dabei einen in Föderationen zu beobachtenden Trend zur Dezentralisierung von umweltpolitischen Kompetenzen.[5]

[4]Im Rahmen des Erneuerbare-Energien-Gesetzes (EEG) werden erneuerbare Energien staatlich gefördert. Es wird die Errichtung von Anlagen zur Erzeugung von Wärme aus erneuerbaren Energien mit etwa 200 Mio. Euro pro Jahr gefördert. Siehe Bundesministerium für Umwelt, Naturschutz und Reaktorsicherheit (2006), S. 45.

[5]Siehe dazu etwa Frederiksson/Millimet (2002), die einen Trend zur Dezentralisierung umweltpolitischer Kompetenzen in den USA ausmachen.

Tabelle 6.1: Klassifizierung grenzüberschreitender Verschmutzung

Reichweite	Auslöser der grenzüberschreitenden Verschmutzung	resultierendes Umweltproblem
lokal	Kohlenmonoxid, Methan	Smog
regional	Schwefeldioxid, Stickstoffdioxid	Sauerer Regen
global	Flourkohlenwasserstoffe, Kohlendioxid	Klimawandel

Quelle: Eigene Darstellung nach Missfeldt (1999), S. 290.

6.1.1.3 Umweltpolitik in föderalen Systemen

Die hiermit aufgeworfene Frage „Soll zentrale oder dezentrale Steuerung im Rahmen der Umweltpolitik in föderalen Systemen greifen?“ wird im Kontext des Modells in Bezug auf die Zuweisung von Pollution Abatement-Kompetenzen an die Europäische Union oder die Mitgliedstaaten beantwortet.[6]

6.1.1.3.1 Zentralisierung von Ausgabenkompetenzen Die Frage der Zuweisung von Kompetenzen ist nicht nur für die Einnahmeseite, sondern auch für die Ausgabenseite von Bedeutung. Wenn etwa die Verschmutzung eines Mitgliedstaates auf einen anderen Mitgliedstaat wirkt und nicht in das Entscheidungskalkül des ersteren einfließt, werden die resultierenden Verschmutzungsmengen suboptimal hoch sein. Begrenzen sich hingegen die Spillovers auf das Gebiet eines Mitgliedstaates, so wird dieser eine optimale Verschmutzungsmenge herbeiführen.

Der herrschenden Meinung folgend, sollte bei Vorliegen interregionaler Externalitäten die Verantwortung auf eine übergeordnete, zentrale Ebene übertragen werden.[7]

[6]Es gibt mehrere Studien, die sich mit der Verteilung der Instrumente in einem (föderalen) Mehrebenensystem beschäftigen. So analysieren z.B. Mäler (1991) und Silva/Caplan (1997) die Wohlfahrtseffekte von Umweltpolitik in föderalen Systemen für unterschiedliche (zentralisierte und dezentralisierte) Regime.

[7]Vgl. exemplarisch Oates (2002b) oder auch Inman/Rubinfeld (1997), S. 60: „For the problems of pure public goods and interjurisdictional spillovers, the principle of economic federalism recommends that these goods be assigned to the central government.“ Oates (2002b) lehnt allerdings eine in der Föderation einheitliche Regulierung (z.B. einheitliche Verschmutzungsstandards) ab, da diese nicht zu einem (erstbesten) effizienten Ergebnis führt. Vielmehr plädiert er für Kooperation unter den dezentralen Staaten mit dem Ziel der Internalisierung der Spillover-Effekte. Shapiro/Petchey (1997) stehen der herrschen-

Bei Vorliegen einer derartigen Externalität würde bei einer rein dezentralen Lösung mit Verantwortung bei den einzelnen Mitgliedstaaten der verschmutzende Mitgliedstaat nicht mit den tatsächlichen sozialen Grenzkosten seiner Politik konfrontiert werden. Es bestehen Anreize für die Mitgliedstaaten, Pollution Abatement-Politiken in zu geringem Ausmaß anzubieten:

> „As widely recognized, such interjurisdictional externalities are likely to be the source of distorted outcomes, typically involving excessive pollution, in a setting of decentralized decision making. Our natural response for this case is to invoke central intervention of some kind (...).“[8]

6.1.1.3.2 Dezentralisierung von Ausgabenkompetenzen Viele jüngere Untersuchungen betonen, dass die dezentralen Ebenen besser informiert sind über die Präferenzen für öffentliche Güter - z.B. Pollution Abatement-Politik - und die Kosten der Bereitstellung als die Zentrale.

Unabhängig von der Form der Instrumente würde man zunächst vermuten, dass die Notwendigkeit und somit das Ausmaß des Instrumenteneinsatzes sich je nach Gebietskörperschaft unterscheidet. In jedem Mitgliedstaat unterscheiden sich die Kosten- und Nutzenerwägungen der Individuen und es liegen unterschiedliche Präferenzen für Verschmutzungsniveaus vor. Weiterhin treten je nach Art der Verschmutzung möglicherweise unterschiedliche Schadensrisiken in den einzelnen Ländern auf. Somit wäre es zunächst optimal, wenn jede Gebietskörperschaft sich eigenständig für die Erreichung des optimalen Verschmutzungsniveaus einsetzen würde.

In der jüngeren Literatur wird dieser dezentrale Ansatz in der Kompetenzzuweisung stärker befürwortet:

> „Students of fiscal federalism once believed that regional public goods that generate interregional spillovers Ů that is, goods whose economic jurisdiction exceeds the political jurisdiction of a single regional government Ů should be controlled by a supraregional governmental level, namely, the central government. Recent works, however, have demonstrated that there are circumstances under which regional policy making yields efficient provision of public goods that generate interregional spillovers in federations.“[9]

---

den Meinung allerdings kritisch gegenüber und argumentieren, dass das Vorliegen der interregionalen Externalitäten als Rechtfertigung für ein Eingreifen der Zentrale weder notwendig noch hinreichend sei. Insbesondere wird kritisch gesehen, dass für die Staaten wohl definierte Präferenzfunktionen vorliegen und die Präferenzen in jedem Staat häufig als homogen angenommen werden. Die Regierungen sind zudem voll informierte Wohlfahrtsmaximierer gemäß des Pigou-Ansatzes. Ist nach die föderale Ebene nicht mehr voll informiert und möchte auf Basis des Pigou-Ansatzes agieren, so ist nicht mehr klar, ob mitgliedstaatliche oder föderale Kontrolle im Rahmen der Internalisierung der Externalitäten vorteilhaft ist. Vgl. Shapiro/Petchey (1997), S. 122ff.

[8]Oates (2002b), S. 4.

[9]Caplan/Cornes/Silva (2000), S. 266.

Häufig lassen ältere Analysen föderaler Systeme Anreizeffekte im Mehrebenensystem unberücksichtigt.[10] Viele Untersuchungen zeigen, dass die Regierungen der unteren Ebene mit Anreizen ausgestattet werden können, die zu einer Internalisierung der Externalitäten führen.[11] Die Ergebnisse werden aber stark von den institutionellen Rahmenbedingungen der jeweils modellierten Föderationen getragen. Wenn etwa die Zentrale, nachdem sie die dezentrale Beteiligung der Mitgliedstaaten an der Bereitstellung des reinen föderalen öffentlichen Gutes beobachtet hat, über Transfers einen Ausgleich zwischen den Staaten herstellt, kann dies zu einem effizienten Ergebnis führen.[12]

Die Kompetenzverteilung in der EU mit der bei den Mitgliedstaaten angesiedelten Pollution Abatement-Politik kann als eher dezentral bezeichnen werden. Die EU regelt eher Verschmutzungsstandards und die Mitgliedstaaten führen u.a. Pollution Abatement-Politiken im Sinne der mitgliedstaatlichen Bereitstellung reiner öffentlicher Güter durch.

Im Anschluss an das Modell zur EU-Energie-/CO_2-Steuer wird versucht, auf die Frage der optimalen Zuweisung der Pollution Abatement-Politik in der Europäischen Union eine Antwort zu geben.

6.1.2 Modellannahmen

6.1.2.1 Föderale Struktur und Präferenzen der Konsumenten

Die Föderation im Modell besteht aus n identischen Mitgliedstaaten mit $i = 1, ..., n$ und $n > 1$. Es wird von jeweils einem repräsentativen Konsumenten in den Mitgliedstaaten der Föderation ausgegangen. Es wird angenommen, dass die Konsumenten nicht über die Grenzen des Mitgliedstaates hinaus mobil sind.[13] Es gibt zwei private Güter. Zum einen das private Gut x mit einem verschmutzenden Effekt, der beim Konsum entsteht. Zum anderen das private Gut c, das alle anderen Formen des privaten Konsums neben x erfasst und als Numéraire-Gut dient.

Die föderale Ebene ist mit einer Energie-/CO_2-Steuer ausgestattet und erhebt einen Steuersatz T auf das verschmutzende Gut x.[14] Die Mitgliedstaaten sind ebenfalls mit einer

[10] Dies wurde bereits kritisch von Oates (1994) und Tirole (1994) angemerkt.

[11] Vgl. z.B. Boadway (1982) und Myers (1990), Mansoorian/Myers (1993, 1997), Wellisch (1994). Auch die Ansätze von Silva/Caplan (1997) und Caplan/Silva (1999) berücksichtigen in ihren Ansätzen die Anreizsituation der unterschiedlichen Ebenen und sprechen sich für eine dezentrale Ansiedlung der Verantwortlichkeiten für die Bereitstellung reiner öffentlicher Güter (mit föderaler Wirkung) aus.

[12] Vgl. Caplan/Silva (1999).

[13] Hoel/Shapiro (2003, 2004) untersuchen die Auswirkungen von grenzüberschreitender Verschmutzung jeweils unter der Annahme perfekt mobiler Individuen und kommen zum Ergebnis, dass sich auch bei unkoordinierter Politik ein effizientes Nash-Gleichgewicht einstellen kann. Haavio (2005) sieht diese Ergebnisse mit Blick auf Migrationskosten und somit imperfekter Mobilität der Individuen allerdings skeptisch.

[14] Es handelt sich folglich um eine Umweltsteuer auf ein Endprodukt für Haushalte oder Unternehmen. Grundsätzlich wäre auch an eine Besteuerung der Primärenergie-Produkte (z.B. Rohöl, Kohle) zu denken. Smith (1999), S. 506ff., zufolge würde die Besteuerung der Primärenergieträger Vorteile besitzen, da diese Form der Besteuerung eine geringer Zahl an Steuersubjekten betrifft und somit einfacher zu administrieren ist. Darüber hinaus müsste bei der Besteuerung eines Endprodukts auch noch der Energieaufwand bei der Herstellung neben dem reinen CO2-Gehalt mit erfasst werden.

Energie-/CO_2-Steuer t_i ausgestattet, die ebenfalls auf das verschmutzende Gut x erhoben wird. In der Modellierung besteuern also beide Ebenen die gleiche Steuerbasis.

6.1.2.1.1 Grenzüberschreitende Verschmutzung Weiterhin bieten die Mitgliedstaaten eine Pollution Abatement-Politik a_i mit grenzüberschreitender Wirkung an. Jeder Mitgliedstaat n_i leidet unter der Verschmutzung, die er selbst verursacht, aber gleichzeitig auch unter der grenzüberschreitenden Verschmutzung, die andere Mitgliedstaaten $n_{j\neq i}$ verursachen.

Die Modellierung der grenzüberschreitenden Verschmutzung erfolgt in einem einfachen statischen Ansatz, der keine Effekte im Zeitablauf berücksichtigt. Die Pollution Abatement-Aktivitäten der Mitgliedstaaten führen zu positiven horizontalen Ausgabenexternalitäten aufgrund der Nutzen-Spillovers des reinen öffentlichen Gutes Pollution Abatement.

Die grenzüberschreitende Verschmutzung erzeugt einen Disnutzen ξ für jeden Konsumenten, der von D - dem Niveau an Verschmutzung in der Föderation - abhängt. Es wird angenommen, dass die Verschmutzung in der gesamten Föderation gleichmäßig auftritt. Es kommt demnach zu keinen Verschmutzungskonzentrationen in bestimmten Regionen.[15] Es gilt:

$$D = \sum(x_i - a_i).$$

6.1.2.1.2 Nutzenfunktion der Individuen Die Mitgliedstaaten stellen öffentliche Güter g_i bereit und die föderale Ebene tätigt Ausgaben je Mitgliedstaat in Höhe von G.

Die Präferenzen des repräsentativen Konsumenten lassen sich mit folgender Nutzenfunktion darstellen:[16]

$$U_i(c, x, D, g, G) = c_i + u_i(x_i) - \xi_i(D) + \gamma(g_i) + \Gamma(G). \tag{6.1}$$

Das Budget des repräsentativen Konsumenten ist

$$c_i + (1 + \tau)x_i = m_i, \tag{6.2}$$

wobei der Steuersatz τ sich aus dem föderalen Steuersatz T und dem mitgliedstaatlichen Steuersatz t_i zusammensetzt: $\tau = t + T$. Die Variable m stellt das verfügbare Einkommen des repräsentativen Konsumenten dar, welches als exogen gegeben angenommen wird.

[15]Eine ähnliche Modellierung der Verschmutzung in der Föderation findet sich bei Brückner (2003).

[16]Vgl. zu dieser Modellierung grundlegend Freeman (1993), S. 100ff. Die Nutzenfunktionen u, γ, Γ und ξ erfüllen die Standardannahmen bezüglich Monotonie, Konkavität und die Inada-Bedingungen, was Untersuchung im Modell vereinfacht. Zur Vereinfachung ist die Nutzenfunktion additiv separabel in den vier Argumenten und es liegt Quasi-Linearität des privaten Konsums vor. Die Nachfrage nach dem besteuerten Gut x ist damit unabhängig von der Bereitstellung der öffentlichen Güter durch die Mitgliedstaaten und den Ausgaben der föderalen Ebene für öffentlichen Güter und die Besteuerung löst nur Substitutionseffekte in Bezug auf x aus. Die Effekte der Besteuerung können somit unmittelbar als Effizienzwirkungen interpretiert werden.

Der repräsentative Konsument wählt c_i und x_i, um seinen Nutzen U_i in Abhängigkeit von seiner Budgetbeschränkung zu maximieren.

Das Maximierungsproblem des Konsumenten in jedem Mitgliedstaat führt zu $x^* = x(1+\tau)$ und liefert folgende indirekte Nutzenfunktion:

$$V_i(\tau, a_i, g_i, G) = m_i - (1+\tau)x_i + u(x_i) - \xi(\sum(x_i - a_i)) + \gamma(g_i) + \Gamma(G). \tag{6.3}$$

6.1.2.2 Modellierung der Politiker

Die Politiker auf der föderalen Ebene sowie auf der mitgliedstaatlichen Ebene werden als rein benevolent angesehen. Die Politiker haben demnach also nur Interesse an der Wohlfahrt der Individuen in der betreffenden Gebietskörperschaft. Die Zielfunktionen der beiden Ebenen nehmen folgende Formen an. Die Zielfunktion der Mitgliedstaaten lautet

$$S(\tau, a_i, g_i, G) = V_i(\tau, a_i, g_i, G). \tag{6.4}$$

Die Zielfunktion für die föderale Ebene lautet

$$F(\tau, a_i, g_i, G) = \sum_{i=1}^{n} V_i(\tau, a_i, g_i, G). \tag{6.5}$$

6.1.2.3 Das Budget der Mitgliedstaaten und der EU-Ebene

Die Grundannahmen der Modellierung werden durch die Budgetbeschränkungen der mitgliedstaatlichen und der föderalen Ebene vervollständigt. Es wird angenommen, dass die Transformationsrate zwischen privatem und öffentlichem Gut gleich 1 ist. In dem analysierten föderalen System gibt es kein Finanzausgleichssystem, das in vertikaler und horizontaler Richtung über Transferzahlungen Einfluss auf die Anreizstrukturen nimmt. Die Budgetbeschränkung für die Mitgliedstaaten lautet

$$a_i + g_i = t_i x_i. \tag{6.6}$$

Die Budgetbeschränkung für die föderale Ebene lautet

$$nG = \sum_{i=1}^{n} T x_i. \tag{6.7}$$

Im Folgenden werden nun zwei unterschiedliche Modell-Ergebnisse betrachtet. Zunächst wird das effiziente Ergebnis abgeleitet. Dieses soll dann im Weiteren als Referenz für das Ergebnis unter geteilter Besteuerungshoheit von mitgliedstaatlicher und EU-Ebene dienen.

6.1.3 Ableitung der effizienten Referenzsituation

Das effiziente Ergebnis ist gekennzeichnet von der Maximierung der Wohlfahrt des repräsentativen Konsumenten in jedem Mitgliedstaat. Demnach wird im effizienten Fall

$$\sum_{i=1}^{n} V_i(\tau, a_i, g_i, G) \tag{6.8}$$

in Abhängigkeit von

$$\sum_{i=1}^{n} a_i + \sum_{i=1}^{n} g_i + nG = \sum_{i=1}^{n} \tau x_i \tag{6.9}$$

maximiert. Die Maximierung des Nutzens erfolgt dabei in Bezug auf den (Gesamt-)Steuersatz τ, die Pollution Abatement-Bemühungen a, die mitgliedstaatlichen öffentlichen Güter g sowie die föderalen öffentlichen Ausgaben G. Der effiziente Steuersatz τ^*, sowie die effizienten Mengen a^*,g^*, und G^* werden implizit durch

$$\xi'(D) = \gamma'(g_i^*) = \Gamma(G^*) = MCPF(\tau^*) \tag{6.10}$$

bestimmt, wobei

$$MCPF(\tau^*) = \left[1 - \frac{\tau}{1+\tau}\varepsilon(\tau)\right]^{-1}. \tag{6.11}$$

Die Gleichung (6.10) besitzt folgende ökonomische Intuition: Der erste Teil besagt, dass sich in der effizienten Situation der Grenznutzen für den repräsentativen Konsumenten aus einem zusätzlich verausgabten Euro für das Angebot von Pollution Abatement, des mitgliedstaatlichen öffentlichen Gutes und der EU-Ausgaben je Mitgliedstaat gleicht. Der zweite Teil der Gleichung besagt, dass der soziale Grenznutzen aus einem zusätzlichen Euro für die Bereitstellung von Pollution Abatement, des mitgliedstaatlichen öffentlichen Gutes sowie der EU-Ausgaben den *MCPF* entsprechen müssen. Diese messen wiederum die Grenzkosten für den Konsumenten, die durch die Erhebung eines zusätzlichen Euros an Steuereinnahmen entstehen. Darin sind die Zusatzlasten der Besteuerung (excess burden) enthalten, die bei verzerrender Besteuerung entstehen. Ceteris paribus steigen die *MCPF*, wenn sich die kompensierte Preiselastizität der Nachfrage $\varepsilon(\tau)$ nach dem besteuerten Gut erhöht.

6.1.4 Geteilte Besteuerung durch die EU-Ebene und die Mitgliedstaaten

Im folgenden Abschnitt sollen die Effizienzeffekte untersucht werden, die aus der Aufteilung der Besteuerungshoheit auf die beiden föderalen Ebenen resultieren. Die Mitgliedstaaten haben dabei die alleinige Kontrolle über die mitgliedstaatliche Besteuerung (über den Steuersatz t_i), um ihre öffentlichen Güter g_i und die Ausgaben im Rahmen der Vermeidungspolitik a_i zu finanzieren. Die EU-Ebene hat die volle Kontrolle über den Steuersatz

T, um die föderalen öffentlichen Ausgaben für jeden Mitgliedstaat zu finanzieren. Die föderalen Steuereinnahmen werden in gleicher Höhe auf die n Mitgliedstaaten verteilt.

Die Akteure der beteiligten Ebenen verhalten sich als Nash-Spieler, wobei die strategischen Variablen der Steuersatz der föderalen Ebene T und der Steuersatz der mitgliedstaatlichen Ebene t_i ist. Es kommt im Ergebnis zu einem Nash-Gleichgewicht, da jede Ebene ihren Steuersatz, gegeben die Wahl der anderen Ebene bestimmt. Die optimalen Bereitstellungsmengen für die öffentlichen Güter a_i, g_i und G werden dann in (6.16) wieder implizit bestimmt.

Die Steuersätze t^d und T^d bestimmen ein Nash-Gleichgewicht bei geteilter Besteuerungshoheit, welches wie folgt geschrieben werden kann

$$t_i^d = \arg \max_{t_i \geq 0} S[t_i + T^d, t_i x_i(1 + t + T^d), T^d x(1 + t + T^d)], \tag{6.12}$$

$$T^d = \arg \max_{T \geq 0} F[t_i^d + T, t_i^d x_i(1 + t^d + T), T x(1 + t^d + T)]. \tag{6.13}$$

Die Steuersätze werden implizit durch die Bedingungen erster Ordnung bestimmt. Diese lauten wie folgt:

$$-x_i + \gamma'(x_i + t_i x_i') + \Gamma' \left(\frac{1}{n} T x_i' \right) = 0 \tag{6.14}$$

$$-x_i + \gamma' t_i x_i' + \Gamma'(\frac{1}{n} \left(\sum_{i=1}^{n} x_i + \sum_{i=1}^{n} T x_i' \right)) = 0. \tag{6.15}$$

Die optimalen Steuersätze und Bereitstellungsmengen der mitgliedstaatlichen öffentlichen Güter und der föderalen Ausgaben je Mitgliedstaat werden implizit durch

$$\xi'(D) = \gamma'(g_i^d) = \Gamma(G^d) = MCPF(\tau^d) \tag{6.16}$$

bestimmt, wobei

$$MCPF(\tau^d) = \left[1 - \frac{\tau}{1+\tau} \varepsilon(\tau) - \frac{1}{2n} \frac{T}{1+T} \varepsilon(\tau) \right]^{-1}. \tag{6.17}$$

Das Ergebnis bei geteilter Besteuerungshoheit führt im Vergleich zum effizienten Ergebnis zu niedrigeren $MCPF^d$. Der gleichzeitige Zugriff auf die Steuerbasis führt somit auch unter der Annahme benevolenter Politiker auf beiden Ebenen zu vertikalen Steuerexternalitäten. Im vorliegenden Fall liegt aber eine aufwärtsgerichtete vertikale Steuerexternalität vor, da lediglich die benevolenten Politiker der Mitgliedstaaten die wahren *MCPF* unterschätzen. Die benevolenten Politiker der EU-Ebene berücksichtigen hingegen bei ihrer an der Wohlfahrt aller Einwohner ausgerichteten Entscheidung (siehe Gleichung (6.4)) die Effekte auf die staatlichen Budgetbeschränkungen in voller Höhe, weshalb keine abwärtsgerichtete vertikale Steuerexternalität auftritt.

Die Stärke der aufwärtsgerichteten Externalität hängt von der Größe der kompensierten Preiselastizität der Nachfrage ε und der Zahl der Mitgliedstaaten der Föderation n ab.

Sie schlägt sich in einer Überbesteuerung durch die Ebene der Mitgliedstaaten und einer Verringerung der EU-Ausgaben für öffentliche Güter für jeden Mitgliedstaat nieder. Je kleiner die Föderation (kleines n), desto stärker schlägt der Effekt für jeden Mitgliedstaat durch.

Ergebnis: *Die Aufteilung der Besteuerungshoheit auf die EU-Ebene und die mitgliedstaatliche Ebene führt zu einer ineffizient hohen Besteuerung. Der Effekt ist umso stärker je höher die kompensierte Preiselastizität der Nachfrage nach dem besteuerten Gut und je kleiner die Föderation.*

6.1.5 Zentrale oder dezentrale Kompetenzzuweisung für Pollution Abatement?

In den Modellen, in denen die Zuweisung von Pollution Abatement-Kompetenzen an dezentrale Ebenen zu effizienten Ergebnissen führt, wird in der Regel von besonderen fiskalischen Strukturen ausgegangen, in deren Rahmen dezentrale Ebenen Anreize erhalten, sich optimal zu verhalten.

Liegen über die Finanzverfassung derartige Anreizstrukturen nicht vor, so ist mit Boadway zu befürchten, dass dezentrale Ebenen sich als Trittbrettfahrer verhalten:

> „Not only might it be difficult to rely on sub-national government to behave harmoniously, their behaviour might be overtly non-cooperative.“[17]

Silva/Caplan (1997) kommen in ihrem Ansatz zu effizienten Ergebnissen bei dezentraler Kompetenzzuweisung. In deren Modellföderation kommen effiziente Ergebnisse allerdings durch interregionale Transfers der Zentrale im Anschluss an die Politikentscheidungen der Mitgliedstaaten zustande.

> „The regional governments, anticipating that utilities would be equalized with interregional transfers, always chose, acting on their own, the central government's most preferred allocation i.e., the first best allocation.“[18]

Im Zusammenhang mit der Zuweisung von Pollution Abatement-Kompetenzen in der Europäischen Union kann jedoch nicht von der Existenz derartiger Anreizstrukturen ausgegangen werden, so dass hinsichtlich der dezentralen Bereitstellung von Pollution Abatement von einem Anreiz zum Trittbrettfahrerverhalten ausgegangen werden muss. Wenn

---

[17]Boadway (2003), S. 11.

[18]Caplan/Silva (1999), S. 45f. Die dezentrale Ebene tritt dabei als Stackelberg-Führer auf. Die Zentrale beobachtet das Verhalten der dezentralen Ebene und setzt gegebenenfalls Ausgleichsmaßnahmen durch. Dazu Silva/Caplan (1997), S. 184f.: „We found that delegating authority over pollution abatement instruments i.e., cleanup activities to regional governments was always inefficient in a federal system with centralized leadership, but decentralized control of pollution abatement production led to no efficiency losses in a federal system where regional governments move first. The last result, however, depends crucially on our assumptions about tastes, on the central governmentŠs ability of making interregional transfers, and on the complete information structure of the model.

einzelne Mitgliedstaaten Trittbrett fahren, wird das Angebot von Pollution Abatement unter a^* auf a_{sub} sinken. Es liegt aber weiterhin eine Verschmutzung durch den Konsum des Gutes x in der Föderation in Höhe von $\sum_{i=1}^{n} x_i$ vor.

Das Verschmutzungsniveau in der Föderation D mit

$$D = \sum (x_i - a_i)$$

wird demnach durch das ineffizient geringe Angebot von Pollution Abatement in Höhe von a_{sub}

$$D = \sum (x_i - a_{sub})$$

höher als in der effizienten Situation sein. Bei zentraler Bereitstellung wird hingegen ein Trittbrettfahrerverhalten der Mitgliedstaaten ausgeschlossen und es würde eine effiziente Menge an Pollution Abatement bereitgestellt.[19]

6.1.6 Zusammenfassung der Ergebnisse

Im oben dargestellten Modell wurde gezeigt, welche Effizienzwirkungen mit einer Aufteilung der Besteuerungshoheit und der Kompetenzen zur Bereitstellung des öffentlichen Gutes Pollution Abatement in einer Föderation verbunden sind. Selbst in der von benevolenten Politikern auf beiden Ebenen regierten Modellföderation können bei geteilter Besteuerungshoheit für ein verschmutzendes Konsumgut vertikale Steuerexternalitäten resultieren. Die vertikalen Externalitäten treten dabei allerdings nur aufwärtsgerichtet auf, indem die Mitgliedstaaten die Effekte einer Steuersatzänderung auf das EU-Budget und somit auf die Ausgaben je Mitgliedstaat nicht in der erforderlichen Höhe in ihre Entscheidung einbeziehen.

Neben der Steuerexternalität beobachten wir in der Föderation aber auch grenzüberschreitende Umweltverschmutzung. Durch die Bereitstellung von Pollution Abatement durch die Mitgliedstaaten entstehen direkte positive horizontale Ausgabenexternalitäten.[20] Diese führen zu einer ineffizient niedrigen Bereitstellung des reinen öffentlichen Gutes Pollution Abatement. Jeder Mitgliedstaat stellt sich besser, wenn er nicht bereitstellt und von den Bemühungen der anderen Mitgliedstaaten profitiert. Ohne Verhandlungen der Mitgliedstaaten oder eine Verlagerung der Lösung auf die föderale Ebene, kommt es im Rahmen der gegenwärtigen EU-Finanzverfassung zu keinem effizienten Ergebnis.

Es kann die Schlussfolgerung gezogen werden, dass die Besteuerungshoheit bei überlappenden Steuerbasen nur einer der beiden föderalen Ebene zugewiesen werden sollte. Bezogen auf die Reform der EU-Finanzierung kann von einer Verlagerung der Steuerhoheit auf die EU-Ebene abgeraten werden. Die Bereitstellung der Pollution Abatement-Politik sollte hingegen der föderalen Ebene zugewiesen werden, um Trittbrettfahrerverhalten einzelner Mitgliedstaaten zu verhindern.

[19] Dieses Ergebnis hängt allerdings wiederum stark von der Annahme identischer Präferenzen der Individuen in den Mitgliedstaaten ab.

[20] Vgl. Dahlby (1996), S. 402.

6.2 Eignung der CO_2-/Energiesteuer als EU-Steuer

6.2.1 Ökonomische Effizienz

Im Rahmen der Zuweisung der Besteuerungshoheit für eine Energie-/CO_2-Steuer auf die EU-Ebene kann durch die Existenz vertikaler Steuerexternalitäten auf resultierende Ineffizienzen geschlossen werden. Im Rahmen des Kommissionsvorschlags wird es bei dieser Steuerart allerdings nicht zu einer direkten Überlappung der Bemessungsgrundlagen (wie im Modell angenommen) kommen. Eine indirekte Überlappung der Bemessungsgrundlage, z.B. über die Mehrwertsteuer der Mitgliedstaaten, ist jedoch wahrscheinlich und lässt somit vergleichbare Ergebnisse erwarten.

Die Einführung einer EU-Energie-/CO_2-Steuer sollte allerdings auch im Hinblick auf einen Beitrag zur Internalisierung externer Effekte des Energieverbrauchs geprüft werden. Auf diesem Wege kann eine effizientere Ressourcenallokation erreicht werden.[21] Die EU-CO_2-/Energiesteuer kann somit auch einen Beitrag zur Erfüllung der Verpflichtungen zur Verringerung der CO_2-Emissionen aus dem Kyoto-Protokoll leisten.[22] Bei entsprechender Ausgestaltung der Steuer kann eine Emissionsvermeidung auf eine vergleichsweise kostengünstige Art und Weise erfolgen. Die Konzeption dieser (Pigou-)Steuer erfordert allerdings einen hohen Informationsbedarf für den Staat bei der Bestimmung des optimalen Steuersatzes (z.B. Kenntnis von Höhe und Verlauf des Emissionsschadens sowie der Nachfrageelastizitäten).[23]

Aus einer EU-weiten Verschmutzung der Umwelt kann, wie in Kapitel 6.1.5 dargestellt, eine Zuständigkeit der EU-Ebene für die Bereitstellung des öffentlichen Gutes „Pollution Abatement“ abgeleitet werden. Dem „benefit-pricing Argument“ folgend ist eine weitgehende Übereinstimmung von Nutzern, Zahlern, Entscheidern und Anbietern des Kollektivgutes (Pollution Abatement) mit Erfüllung des Prinzips der fiskalischen Äquivalenz anzustreben.[24] Eine EU-Steuer, die derart am Äquivalenzprinzip ausgerichtet ist, könnte somit durchaus begründet werden. Das Argument für die EU-Steuer kann aber als

[21] Vgl. Brümmerhoff (2001), S. 538. Betrachtet man den umweltpolitischen Effekt der EU-CO_2-/Energiesteuer-Lösung, so liegt diesem die Theorie der externen Effekte zugrunde, welche nach Pigou (1924) beziehungsweise die modifizierte Version der Pigou-Steuer, der Standard-Preis-Ansatz von Baumol/Oates (1975), internalisiert werden. Dabei werden im Pigou-Ansatz Verschmutzungsaktivitäten so besteuert, dass sich durch die Steuer die optimalen Ausbringungsmenge einstellt und sich soziale und private Grenzkosten entsprechen. Vgl. Fritsch et al. (2001), S. 127.

[22] Die Europäische Union hat im Rahmen der Kyoto-Vereinbarung zur Klimapolitik eine CO_2-Reduzierungsverpflichtung um 8% zum Niveau von 1990 bis zum Zeitraum 2008-2012 zugesichert.

[23] Vgl. Zimmermann/Henke (2005), S. 481f. Allerdings sieht sich der Staat beim Standard-Preis-Ansatz nicht mit einem so hohen Informationsbedarf konfrontiert. Im Ergebnis wird sich aber mit hoher Wahrscheinlichkeit auch keine optimale Ressourcenallokation einstellen. Siehe auch Blankart (2006), S. 556f. Der optimale Steuersatz hängt dabei auch vom bestehenden Steuersystem ab. Während in einem erstbesten Steuersystem ohne verzerrende Steuern der Steuersatz analog zu dem Vorschlag Pigous den Grenzschäden entsprechen sollte, muss in einem zweit-besten Steuersystem der optimale CO2-Steuersatz nach Bovenberg/Goulder (1996) 6-12% unter den sozialen Grenzkosten liegen. Vgl. Bovenberg/Goulder (1996), S. 994.

[24] Vgl. Spahn (1993), S. 15ff. Siehe zum Prinzip der fiskalischen Äquivalenz Kapitel 8.1.2, S. 165.

eher schwach angesehen werden. Zum einen kann eine Beitragslösung bei entsprechender Ausgestaltung ebenfalls im Sinne des Äquivalenzprinzips zur Finanzierung von EU-weiten öffentlichen Gütern herangezogen werden.[25] Zum anderen eignet sich das benefit-pricing-Argument vor dem Hintergrund der Reform des Finanzierungssystems mit einer Betonung des fiskalischen Ziels bei der Suche nach einer neuen Einnahmequelle nur wenig.

➪ Der EU-CO_2-/Energiesteuer-Vorschlag muss vor dem Hintergrund des eher dominierenden fiskalischen Ziels im Rahmen der EU-Finanzierung aus Effizienzgesichtspunkten eher kritisch gesehen werden.

6.2.2 Verteilungswirkungen

Als indirekte Steuer wird auch der EU-CO_2-/Energiesteuer unterstellt, eine regressive Verteilungswirkung für **Individuen und Haushalte** zu besitzen. Die These gründet darauf, dass einkommensschwächere Haushalte einen größeren Anteil ihres Einkommens zur Deckung des Energiebedarfs aufwenden als reichere Haushalte. Untersuchungen zu Energiesteuern bestätigen eine eher regressive Wirkung.[26] Die regressive Wirkung wird von Seiten der OECD (1995) allerdings als weniger gravierend dargestellt, wenn die zusätzliche Steuerlast in Prozent der tatsächlichen Ausgaben anstatt des verfügbaren Einkommens gemessen wird.[27] Regressive Verteilungswirkungen haben sich auch bei der dänischen CO_2-Steuer bestätigt. Während Haushalte im untersten Zehntel der Einkommensverteilung 0,8% ihres Jahreseinkommens als CO_2-Steuer zahlen, sind es beim obersten Zehntel nur 0,3%.[28] Nach Smith (1993) würde die Einführung einer kombinierten CO_2-/Energiesteuer von 10 USD/Barrel in Großbritannien bei den schwächsten Haushalten Mehrausgaben für Energie in Höhe von 2,4% ihrer Gesamtausgaben verursachen. Bei mittleren Einkommen würde eine entsprechende Steuer nur 1,3% und bei den einkommensstärksten Haushalten nur 0,8% der Gesamtausgaben ausmachen.[29] Ärmere Haushalte werden demnach tendenziell stärker von einer Energiesteuer belastet als reichere Haushalte.

Geht man davon aus, dass Unternehmen und Haushalte gleichermaßen in die Besteuerung einbezogen werden, so ist zu berücksichtigen, dass in vielen Sektoren die Unternehmen die Steuer auf ihre Konsumenten überwälzen können. Die Haushalte tragen in der Folge nicht nur die gestiegenen Kosten des eigenen Energiebedarfs, sondern auch die Preissteigerungen durch die Besteuerung energieintensiv hergestellter Produkte.[30]

Die Verteilungswirkungen einer Energie-/CO_2-Steuer in Bezug auf die **Mitgliedstaaten** treten je nach Energieträger-/CO_2-Anteil am Energiemix des Landes auf.[31] Wird

[25] Vgl. Caesar (2004), S. 163.
[26] Vgl. Piekkola (1998), S. 90 oder Smith (1993), S. 63.
[27] Vgl. OECD (1995), S. 21.
[28] Vgl. Wier et al. (2005), S. 245.
[29] Vgl. Smith (1993), S. 54ff. Kritisch ist hier die Verwendung von Querschnittsanalysen zur Messung von Verteilungswirkungen zu sehen, die den zukünftigen Konsum bei höheren Einkommensgruppen bei der Abschätzung der Verteilungswirkungen nicht berücksichtigen. Vgl. Zimmermann/Henke (2005), S. 271f.
[30] Vgl. Speck (1999), S. 662.
[31] Vgl. OECD (1995), S. 22.

der Energieverbrauch in den Sektoren durch fossile Energieträger (z.B. Kohle) gedeckt, entsteht etwa bei der CO_2-Steuer eine hohe Steuerbelastung. Mitgliedstaaten mit einem hohen Anteil an Produzenten regenerativer Energien oder Kernenergie würde die CO_2-Steuer-Lösung eine Entlastung im Rahmen der EU-Finanzierung verschaffen.

Berechnungen auf Basis eines EU-Steuer-Vorschlags für eine Energiesteuer von 1993[32] ergaben, dass der Großteil der Zahllast auf Griechenland und Irland entfallen wäre und Frankreich und Spanien die geringsten Anteile an der Finanzierung hätten tragen müssen.[33] Das ist vor dem Hintergrund interessant, dass Griechenland und Irland - anders als Frankreich - in 1993 (auch in 2006) zu den Nettoempfängern der EU zählten.

➪ Eine Bewertung der Verteilungswirkungen der EU-CO_2-/Energiesteuer ohne Kenntnis der konkreter Ausgestaltung ist nur schwer möglich. Bis auf eine leicht regressive Wirkung dieser Steuerart spricht in dieser Hinsicht nichts grundlegend gegen den EU-Steuer-Vorschlag.

6.2.3 Harmonisierungsbedarf

Der Kommissions-Vorschlag zur Einführung einer Energie-/CO_2-Steuer ist vor dem Hintergrund der weit reichenden Harmonisierungsbemühungen durch die am 1.1.2004 in Kraft getretene Richtlinie zur Energiebesteuerung in der Europäischen Union vielversprechend.[34] Auf Basis der Richtlinie werden die Bemessungsgrundlagen weitgehend harmonisiert und Mindeststeuersätze für Energieträger festgelegt.[35] Die Richtlinie hat in jedem Fall zu einer starken Harmonisierung der Energiebesteuerung in der Europäischen Union geführt. Damit wären die noch erforderlichen Harmonisierungsbemühungen hinsichtlich Steuerbasis und Steuersatz mit nur noch verhältnismäßig geringem Aufwand zu erreichen.

➪ Mit Blick auf den Harmonisierungsbedarf ist die EU-CO_2-/Energiesteuer sehr gut geeignet. Allerdings sind mit der Einführung einer neuartigen EU-CO_2-Steuer noch deutlich größere Anstrengungen verbunden.

6.2.4 Administrative Kosten und compliance costs

Umweltsteuern wie der CO_2-/Energiesteuer werden bei einer nicht zu komplizierten und schwer kontrollierbaren Ausgestaltung der Steuerbasis verhältnismäßig niedrige adminis-

[32]Vgl. Courchene et al. (1993), S. 91.

[33]Vgl. Begg/Grimwade (1998), S. 131.

[34]Die Richtlinie steht nicht mit den haushaltspolitischen Bestrebungen der Europäischen Kommission in Zusammenhang, sondern zielt im Wesentlichen auf die Reduzierung von Wettbewerbsverzerrungen zwischen den Mitgliedstaaten durch unterschiedliche Steuersätze und die Gleichbehandlung von Mineralöl und anderen Energieträgern.

[35]Vgl. Richtlinie 2003/96/EG des Rates vom 27.10.2003 zur Restrukturierung der gemeinschaftlichen Rahmenvorschriften zur Besteuerung von Energieerzeugnissen und elektrischem Strom. Die Richtlinie umfasst Mineralöle, Gas, Strom und Kohle.

trative Kosten zugerechnet.[36] Dafür spricht auch die weit fortgeschrittene Harmonisierung der EU-Energiebesteuerung, auf die der EU-Steuer-Entwurf aufbaut. Die meisten Steuerverwaltungen in den Mitgliedstaaten sind auf eine derartige Steuer eingestellt. Die CO_2-Steuer-Variante als neuartige Steuer in nahezu allen Mitgliedstaaten wird zunächst zu höheren administrativen Kosten führen, was zum einen an der Bemessungsgrundlage (CO_2-Gehalt eines Energieträgers) und zum anderen an der mangelnden Erfahrung der Steuerverwaltungen mit der Steuer liegt.

Sandford/Godwin/Hardwick (1989) sehen in ihrer Studie für Großbritannien für eine vergleichbare Mineralölsteuer mit 0,25% des Steueraufkommens nur geringe administrative Kosten und mit 0,20% des Steueraufkommens die geringsten compliance costs verbunden.[37]

Je nach bisheriger Einbindung der Steuerart in das Steuersystem und die Steuerverwaltungen der Mitgliedsländer können sich die indirekten Kosten - administrative Kosten und compliance costs - von Land zu Land allerdings stark unterscheiden.

➪ Administrative Kosten und compliance costs hängen stark von der jeweils umgesetzten Variante der EU-Steuer ab. Sie stellen aber kein unüberwindbares Hindernis für die Einführung der EU-CO_2-/Energiesteuer dar.

6.2.5 Ergiebigkeit und Konjunkturabhängigkeit des Steueraufkommens

Nachdem die Kommission sich in ihrem Gutachten von 2004 noch nicht auf eine bestimmte Variante festgelegt hat, sollte hinsichtlich der Nachhaltigkeit des Aufkommens nach Energie- und CO_2-Steuer differenziert werden. Eine allgemeine Energiesteuer wird im Vergleich zu einer CO_2-Steuer ein höheres Aufkommen generieren und weniger Lenkungseffekte auslösen, da es für Energie (kurzfristig) keine direkten Substitutionsmöglichkeiten gibt. So rechnet die Kommission bei einer Kraftstoffsteuer mit einem ausreichenden Steueraufkommen, da von einer relativ geringen Nachfrageelastizität ausgegangen wird. Bereits bei 50% unter den Mindestsätzen der Energiesteuer-Richtlinie liegenden Steuersätzen würde sich das Ziel der hälftigen Finanzierung des EU-Budgets realisieren lassen. Courchene et al. (1993) kommen in ihrer Studie für die Europäische Kommission für eine EU-CO_2-Steuer auf ein Steueraufkommen von 1,1% des EU-BSP.[38] Kurzfristig ist also bei beiden Varianten mit einem ausreichenden Steueraufkommen zu rechnen.[39]

[36]Vgl. Smulders/Vollebergh (2001), S. 116ff. Die Kontroll- und Verwaltungskosten können jedoch auch ein beträchtliches Ausmaß annehmen. Zu denken wäre etwa an die Besteuerung von CO_2-Emissionen, wenn gleichzeitig unterschiedliche Vermeidungstechnologien in der Produktion angewandt werden. In diesem Fall treten erhebliche Mess- und Kontrollprobleme auf.

[37]Vgl. Sandford/Godwin/Hardwick (1989), S. 192.

[38]Courchene et al. (1993) sehen dabei eine Steuer von 10 US-Dollar je Barrel Öl vor. Sie gehen bei ihrer Gesamtbetrachtung von einem Finanzbedarf der EU in Höhe von 2% des EU-BSP aus. Vgl. Courchene et al. (1993), S. 91.

[39]Sollte die gewünschte allokative Steuerungswirkung eintreten, muss allerdings ein rückläufiges oder zumindest stagnierendes Aufkommen erwartet werden.

Die Beurteilung der langfristigen Ergiebigkeit hängt - anders als bei den übrigen Verbrauchsteuern - hier speziell davon ab, ob man von einem engen Zusammenhang zwischen Wirtschaftswachstum und Energieverbrauch ausgeht. Zumindest ist von einer Tendenz der Abkopplung des Energieverbrauchs vom Sozialprodukt aufgrund der Steigerung der Energieeffizienz in Industrie und Haushalten auszugehen.[40] Die mittel- und langfristige Eignung als EU-Steuer hängt aber auch davon ab, inwieweit die Steuer Lenkungseffekte auslöst, also Verhaltensänderungen von Produzenten und Konsumenten zur Folge hat (Änderung der Nachfrageelastizitäten). Eine klare Trennung von fiskalischem Effekt und Lenkungseffekt ist bei der Konzeption einer CO_2-/Energie-Steuer nicht ohne weiteres möglich. Wie man allerdings bei der „Ökosteuer" in Deutschland beobachten kann, ist bei nicht zu hohen Steuersätzen (auf Mineralöl) mit durchaus stabilem Aufkommen und einer nur geringen Lenkungswirkung zu rechnen.[41]

Der Energiesektor unterliegt vergleichsweise starken konjunkturellen Schwankungen, was gegen eine hohe Stabilität und Prognostizierbarkeit der Einnahmequelle - unabhängig davon, ob eine CO_2- oder Energiesteuer gewählt wird - spricht. Es gilt aber auch bei dieser Steuerart, dass die in der EU-Konzeption weiterhin vorgesehenen Bruttonationaleinkommen-Eigenmittel diese Schwankungen ausgleichen können.

➪ Die EU-CO_2-/Energiesteuer ist mit Blick auf die Ergiebigkeit und Konjunkturabhängigkeit des Steueraufkommens durchaus geeignet.

6.2.6 Einfachheit, Transparenz und Fühlbarkeit

Eine CO_2-/Energiesteuer kann bei einer nicht zu komplizierten Ausgestaltung als verhältnismäßig einfache Form der EU-Finanzierung gelten. Die Besteuerung, die am Verbrauch von Energieträgern bzw. dessen CO_2-Gehalt ansetzt, ist allerdings weniger transparent und fühlbar für den Steuerzahler als etwa die EU-Mehrwertsteuer, bei der der Ausweis des Zuschlagssatzes auf Rechnungen vorgesehen ist. Dieses Verfahren wäre grundsätzlich aber auch für diese EU-Steuer-Variante denkbar. Ihre Eignung hinsichtlich Einfachheit, Transparenz und Fühlbarkeit könnte damit deutlich verbessert werden.

➪ Im Hinblick auf die Einfachheit, Transparenz und Fühlbarkeit ist die EU-CO_2-/Energiesteuer relativ gut geeignet.

6.2.7 Politische Durchsetzbarkeit

Die CO_2-/Energiesteuer würde in die alleinige Verantwortung der EU-Ebene fallen. Gesetzgebungs- und Ertragskompetenz läge für diese Steuerart vollständig bei der EU-Ebene. Dabei stellt auch hier der Souveränitätsverlust durch die Abgabe einer Besteuerungshoheit für die Mitgliedstaaten ein zentrales Problem dar. Bereits 1994 sind die Bemühungen zur Einführung einer CO_2-Steuer unter anderem daran gescheitert, dass die

[40] Vgl. Henke (1981), S. 60.
[41] Vgl. z.B. Sachverständigenrat für Umweltfragen (2004), S. 30f. Vgl. auch Huber (2001b).

EU-Mitgliedstaaten nicht bereit waren, ihre Steuersouveränität aufzugeben.[42] Dahinter verbirgt sich auch hier die Besorgnis der Mitgliedstaaten, national bedeutsame Einnahmequellen an die EU-Ebene abzutreten.[43]

Es ist weiterhin zu erwarten, dass aufgrund der unterschiedlichen Verbrauchsstrukturen von Energie bzw. CO_2-haltiger Energieträger in den Mitgliedstaaten Diskussionen über die ungleichen Belastungswirkungen der Steuer hervorgerufen und Ausgleichsforderungen laut werden. Widerstand im Falle der Entscheidung für die Energie-/CO2-Steuerlösung ist in jedem Fall Seiten der (energieintensiv produzierenden) Unternehmen (und deren Mitgliedstaaten) zu erwarten. Durch die Verteuerung des Faktors Energie ist für sie eine Verschlechterung der internationalen Wettbewerbsfähigkeit zu befürchten.

Darüber hinaus hat mit Einführung des EU-Zertifikatehandels für CO_2 im Jahr 2005, dessen Anwendungsbereich zudem ab 2008 noch deutlich ausgeweitet werden soll, die Belastung des Energieverbrauchs eine kritische Größenordnung erreicht. Die Anwendung zweier sich in ihren Effekten überlappender und in ihren Wechselwirkungen[44] zum Teil problematischen Instrumenten - Zertifikatehandel und Energie-/CO_2-Steuer - spricht ebenfalls gegen ein politische Umsetzung der EU-Energie-/CO_2-Steuer.

➪ Die Chancen einer zügigen politischen Realisierung der EU-CO_2-/Energiesteuer sind eher gering einzuschätzen.

6.3 Zusammenfassung

Folgende Kriterien bewerten die Einführung der Energie-/CO_2-Steuer als EU-Steuer eher positiv:

- Der **Harmonisierungsbedarf** ist durch die seit 2004 in Kraft getretene EU-Richtlinie zur Energiebesteuerung nur verhältnismäßig gering. Mögliche Bemessungsgrundlagen sind bereits weitgehend harmonisiert und Mindeststeuersätze festgelegt. Problematisch erweist sich allerdings die Einführung der CO_2-Steuer-Variante, da diese Form der Energiebesteuerung in der Energiesteuer-Richtlinie nicht erfasst wird.

[42]Vgl. Rahmeyer (1999), S. 16.

[43]Das Aufkommen der Mineralölsteuer in Deutschland betrug im Jahr 2005 rund 40,1 Mrd. EUR. Vgl. Bundesministerium der Finanzen (2006a), S. 53. Weiterhin ist in Deutschland über die Energiebesteuerung auch eine Entlastung des Faktors Arbeit verbunden.

[44]Die Wechselwirkung des kombinierten Einsatzes von Steuer- und Zertifikatehandel in der EU bedarf einer genaueren Prüfung. Ein nicht koordinierter Einsatz der beiden Instrumente kann Doppelregulierungen, ungleiche Behandlung von Emittenten und höhere Vermeidungskosten ohne bessere Zielerreichung zur Folge haben. Eine Lizenzlösung ist zudem einer Steuerlösung wegen der exogen vom Staat festgelegten Emissionsobergrenze hinsichtlich der ökologischen Treffsicherheit überlegen. Die Anpassung an exogene Änderungen erfolgt automatisch über den Marktpreis der Emissionsrechte. Der Rückkauf, die Abwertung oder die beschränkte Gültigkeit der Lizenzen erlauben dem Staat den Schadstoffausstoß im Laufe der Zeit zu mindern. Erfahrungen aus Skandinavien haben gezeigt, dass Steuerlösungen aufgrund von Ausnahmen nur eine geringe ökologische Zielerreichung aufweisen. Die US-amerikanischen Lizenzhandelssysteme haben hingegen die Reduktionsziele ausnahmslos erreicht.

- Die **Ergiebigkeit und Konjunkturabhängigkeit des Steueraufkommens** kann durchaus positiv beurteilt werden. Zwar besteht bei der EU-CO_2-/Energiesteuer eine nicht ganz unproblematische Vermischung von umweltpolitischen und haushaltspolitischen Zielsetzungen. Dennoch ist verschiedenen Schätzungen folgend das Aufkommen ausreichend. Die konjunkturellen Schwankungen stellen kein gravierendes Problem dar.

- Grundsätzlich kann die CO_2-/Energie-Steuer in Bezug auf **Einfachheit, Transparenz und Fühlbarkeit** positiv bewertet werden. Die EU-Bürger sind mit der Form der Besteuerung vertraut und die Energiepreise sind fühlbar.

Auf Basis der folgenden Kriterien erweist sich eine EU-Energie-/CO_2-Steuer als eher ungeeignet:

- Aus Sicht der **ökonomischen Effizienz** sind vertikale fiskalische Steuerexternalitäten und die damit verbundenen Ineffizienzen auch bei einer Vollharmonisierung von Bemessungsgrundlage und Steuersatz im Rahmen der CO_2-/Energiesteuer zu erwarten. Die Mitgliedstaaten können zwar nicht mehr direkt auf die Bemessungsgrundlage autonom zugreifen, mit einer zumindest indirekten Überlappung der Bemessungsgrundlage (z.B. durch die Mehrwertsteuer der Mitgliedstaaten) ist allerdings zu rechnen. Die Zuweisung einer Steuerhoheit an die EU ist daher kritisch zu sehen. Auch die Zuweisung einer EU-Kompetenz für Pollution Abatement kann über das benefit-pricing-Argument eine EU-Steuer nicht rechtfertigen.

  In der EU-Steuer-Diskussion wird das Erreichen umweltpolitischer Ziele zwar immer auch betont, die Konzeption der Steuer erfolgt aber eher unter haushaltspolitischen Gesichtspunkten. Daher ist zu vermuten, dass die Effizienzprobleme, die mit der Überbesteuerung der Bemessungsgrundlage einher gehen, die positiven Effekte durch die Internalisierung externer Effekte übersteigen werden.

- Betrachtet man die CO_2-/Energiesteuer hinsichtlich der **Verteilungswirkungen**, so stellt man zum einen fest, dass die einzelnen Mitgliedstaaten bezüglich des Entwicklungsstands in der Umwelttechnik sowie beim Energieverbrauch sehr heterogen sind und somit unterschiedlichen Belastungen unterliegen. Zum anderen sind in den aktuellen Vorschläge der Kommission eine Reihe von Ausnahme- und Sonderregelungen bezüglich energieintensiver Sektoren vorsehen. Die Verteilungswirkungen können abhängig von bestimmten Sonderregelungen oder Kompensationsmechanismen daher unterschiedlich stark sein. In Bezug auf die privaten Haushalte ist eine eher regressive Verteilungswirkung, abhängig von der konkreten Ausgestaltung (Energie- oder CO_2-Steuer) zu vermuten. Konkrete Verteilungswirkungen für die Mitgliedstaaten je nach Energieträger bzw. CO_2-Anteil der Energieträger am Energiemix des Landes können demnach nicht exakt vorhergesagt werden. Grundsätzlich ist eine Bewertung der Verteilungswirkungen der EU-CO_2-/Energiesteuer ohne detaillierte Hinweise zur Ausgestaltung der Steuer von Seiten der Europäischen Kommission nur begrenzt möglich.

- Die **administrativen Kosten und die compliance costs** sind ebenfalls hinsichtlich der CO_2-Steuer und der Energiesteuer zu unterscheiden. Eine EU-CO_2-Steuer führt (zumindest zu Beginn der Einführung) zu höheren Kontroll- und Verwaltungskosten sowie compliance costs, während eine EU-Energiesteuer als „bekannte" Steuer zu geringeren Kosten führt.

- Das Kriterium der **politischen Durchsetzbarkeit** spricht gegen die Wahl der Energie-/CO_2-Steuer, da durch das seit 1.1.2005 etablierte Emissionshandelssystem für CO_2 die parallele Einführung einer EU-Steuer politisch kaum durchsetzbar erscheint. Politischer Widerstand wird bei der EU-Steuer auf Energie oder CO_2 auch von den Mitgliedstaaten kommen, die durch die Ausgestaltung der Steuer negative Effekte auf deren Wettbewerbsfähigkeit[45] erleiden. Die Schaffung von Innovationsanreizen durch die Einführung einer Umweltsteuer wird in der Literatur zwar häufig positiv diskutiert. Entscheidend dabei ist, dass die positiven gesamtwirtschaftlichen Effekte durch Innovationen die negativen Effekte in energieintensiv produzierenden Sektoren zumindest ausgleichen können, wovon kurzfristig allerdings nicht ausgegangen werden kann.

[45] Die im Vergleich zum Nicht-EU-Raum höheren Produktionskosten durch die Steuer stellen grundsätzlich auch eine Benachteiligung für die Unternehmen in der EU das. Fritsch et al. (2001), S. 175, vertreten allerdings die These, dass der eingeleitete Strukturwandel die gesamtgesellschaftliche Wohlfahrt langfristig erhöhen wird. Vgl. grundsätzlich zu den Innovationswirkungen auch Porter (1990), Baranzini et al. (2000), S. 402. Jaffe et al. (1995) haben in über 100 Fällen die Auswirkungen umweltpolitischer Regulierung auf Exporte, Handelsströme und Standortverlagerungen des produzierenden Gewerbes in den USA untersucht und konnten nur geringe oder insignifikante Einflüsse einseitiger nationaler Umweltpolitik auf die Wettbewerbsfähigkeit feststellen. Vgl. Jaffe et al. (1995), S. 157.

Kapitel 7

Beurteilung der Eignung der Körperschaftsteuer als EU-Steuer auf Basis steuerartspezifischer Kriterien

7.1 Körperschaftsbesteuerung in der EU

Der Aufbau des folgenden Kapitels 7 zur EU-Körperschaftsteuer unterscheidet sich vom Aufbau der Kapitel 5 und 6 zu den anderen zur Auswahl stehenden Steuerarten. Aufgrund der vielfältigen Probleme und zahlreichen Harmonisierungsbemühungen im Rahmen der Körperschaftsbesteuerung in der Europäischen Union wird hier verstärkt auf die historische Entwicklung und den Status quo der Körperschaftsteuer sowie auf die Vor- und Nachteile von Steuerwettbewerb und Steuerharmonisierung eingegangen. Dieses „Hintergrundwissen" ermöglicht eine bessere Beurteilung der EU-Körperschaftsteuer hinsichtlich der bei dieser Steuerart besonders bedeutsamen Kriterien „Harmonisierungsbedarf" und „politische Durchsetzbarkeit".

Die ausführliche Darstellung der Harmonisierungsbemühungen im Rahmen der Körperschaftsteuer nimmt um so mehr eine wichtige Rolle ein, da diese Steuerart nicht nur bei der Reform des Eigenmittelsystems ein zentrales Betätigungsfeld der Europäischen Kommission darstellt, sondern auch unabhängig davon durch die Generaldirektion Steuern und Zollunion der Kommission an einer stärkeren Vereinheitlichung gearbeitet wird.

Hinsichtlich des Auftretens fiskalischer Externalitäten sind - bei isolierter Betrachtung der EU - auch bei dieser Steuerart ähnliche Ergebnisse wie in den Kapiteln 5 und 6 zu erwarten. Auch im Rahmen der EU-Körperschaftsteuer kann eine konkurrierende Besteuerung von EU-Ebene (über die Körperschaftsteuer) und Mitgliedstaaten (über andere Gewinnsteuern) ausgegangen werden, wenn beide Ebenen auf eine zumindest teilweise überlappende Bemessungsgrundlage - die Gewinne von Unternehmen - zugreifen. Sollte die EU-Körperschaftsteuer als EU-Steuer ausgewählt werden, ist allerdings auf Basis der konkreten Umsetzungsvorschläge genauer zu analysieren, welche Effekte durch das Zusammenspiel von vertikalen Externalitäten (Zugriff beider Ebenen auf die gleiche

Bemessungsgrundlage) und horizontalen Externalitäten (Steuerwettbewerb zwischen der Europäischen Union und Drittstaaten) hervorruft.[1]

7.1.1 Entwicklung der Körperschaftsbesteuerung in der EU

Im Bereich der direkten Steuern sind die rechtlichen Grundlagen für Harmonisierungsmaßnahmen, wie in Kapitel 3 ausgeführt, in den Gemeinschaftsverträgen nur gering ausgeprägt. Eine Koordinierung beziehungsweise Harmonisierung der Kapitalbesteuerung, insbesondere der Unternehmensbesteuerung, wurde aber immer wieder von der Kommission in ihre Arbeitsprogramme aufgenommen und steht auch in jüngster Zeit wieder auf der politischen Agenda. Nicht zuletzt der Beitritt der neuen Mitgliedstaaten zur EU-25 zum 1.5.2004 und der daraus resultierende verstärkte Steuerwettbewerb hat der Diskussion eine neue Dynamik verschafft.[2]

Auf Basis zweier Expertengutachten - dem Neumark-Bericht (1962) und dem Tempel-Bericht (1970) im Auftrag der Europäischen Kommission - wurden erste Initiativen zur Koordinierung und Harmonisierung der Kapitaleinkommens- und Unternehmensbesteuerung auf europäischer Ebene auf den Weg gebracht. Im Jahr 1967 hat die Kommission ein Programm zur Harmonisierung der direkten Steuern entworfen[3] und in den Jahren 1975, 1984 und 1985 verabschiedete die Kommission dazu entsprechende Richtlinien, die allerdings alle vom Rat nicht angenommen wurden bzw. wegen den geringen Erfolgsaussichten nicht zur Entscheidung vorgelegt wurden.[4] Ausgangspunkt für die Bemühungen der Europäischen Kommission waren damals allerdings nicht Probleme, die aus schädlichem Steuerwettbewerb resultierten, sondern vielmehr Bemühungen zur Vermeidung von Doppelbesteuerung von Kapitalerträgen.[5] In Anlehnung an den Richtlinienvorschlag von 1975 wurde 1988 ein weiterer Richtlinienentwurf zur Vereinheitlichung der steuerlichen Gewinnermittlung beschlossen. Aber auch dieser Richtlinienentwurf wurde vom Rat nicht angenommen.

Mit der Einheitlichen Europäischen Akte (EEA) 1988 wurde die Schaffung des Binnenmarktes in den Verträgen festgeschrieben. Im Rahmen der EEA wurde aber auch die

[1] Vgl. dazu etwa Rizzo (2005), Devereux/Lockwood/Redoano (2004), Keen/Kotsogioannis (2002), Boadway/Marchand/Vigneault (1998). Kelders/Köthebürger (2005) sehen die klassische Empfehlung von Musgrave (1983), die Besteuerungshoheit für mobile Bemessungsgrundlagen der Zentrale zuzuweisen, in diesem Zusammenhang skeptisch. So würde eine Abkehr von einer dezentralen Besteuerung von Kapital hin zu einer zentralen Besteuerung nicht zwingend mit einem von Musgrave vorhergesagten Effizienzgewinn gekoppelt sein, wenn damit lediglich die Vermeidung horizontaler Externalitäten erreicht wird und die Ineffizienzen aus den zwischen den Ebenen wirkenden negativen vertikalen Steuerexternalitäten erhalten blieben.

[2] Für einen Kurzüberblick zur aktuellen Debatte siehe exemplarisch die Beiträge von Jacobs (2004), Brügelmann (2004) und Weichenrieder (2004) zur Frage, ob die Unternehmensbesteuerung innerhalb der EU harmonisiert werden sollte.

[3] Vgl. Europäische Kommission (1967).

[4] Vgl. Europäische Kommission (2001c), S. 4.

[5] Vgl. Doering/Fromm (1995), S. 624ff.

Kapitalverkehrsfreiheit[6] mit Verabschiedung der Kapitalverkehrsrichtlinie[7] als eine der vier Grundfreiheiten verwirklicht. Damit ist eine weit reichende Liberalisierung des Kapitalverkehrs geschaffen worden, die für die EU-Bürger unmittelbar anwendbares Recht darstellt.

Ein erster Politikwechsel der Kommission erfolgte Anfang 1990 ausgehend von der Mitteilung der Kommission zu den Leitlinien der Unternehmensbesteuerung.[8] Die Kommission hatte ihre früheren Harmonisierungsbestrebungen ad acta gelegt und ihre bisher verfolgte Politik als „zentralistische[s] Konzept“[9] kritisiert. Die noch vorliegenden Richtlinienentwürfe zur Dividendenbesteuerung aus dem Jahr 1975 wie auch die Vereinheitlichung der steuerlichen Gewinnermittlung wurden in der Folge aus dem politischen Prozess zurückgezogen. Unter Berücksichtigung des Subsidiaritätsprinzips sollte die Unternehmensbesteuerung nunmehr lediglich mit Fokus auf die Binnenmarktstrategie der Gemeinschaft verfolgt werden. Die Bemühungen nach 1990 können lediglich als Koordinierungsstrategie bezeichnet werden.

Erstes Ergebnis der neuen Strategie war im Juli 1990 die Annahme dreier Rechtsakte der Kommission durch den Rat (zwei Richtlinien und ein zwischenstaatliches Übereinkommen) - die Fusionsrichtlinie und die Mutter-/Tochter-Richtlinie[10] sowie das Schiedsübereikommen[11]. Diese Regelungen trugen zur Förderung der innereuropäischen Zusammenarbeit und Verflechtung von Unternehmen durch Abbau bedeutender steuerlicher Hindernisse bei.

Im Jahr 1992 stellte ein von der Kommission beauftragtes Expertengremium - die Ruding-Kommission - ihre Ergebnisse zur Unternehmensbesteuerung in der Gemeinschaft vor. Die zentralen Ergebnisse in Bezug auf die Unternehmensbesteuerung legten eine weit reichende Harmonisierung im Bereich der Unternehmensbesteuerung der Gemeinschaft nahe.[12] Im Ruding-Bericht wurde bereits das Fernziel eines einheitlichen europäischen Körperschaftsteuersystems mit harmonisierter Bemessungsgrundlage befürwortet. Kurz- und mittelfristig wurde die Empfehlung geäußert, Bandbreiten für die Steuersätze einzuführen sowie die Steuerbemessungsgrundlage stärker zu harmonisieren. Die überaus zurückhaltende Reaktion der Kommission auf die Reformempfehlungen der Ruding-Kommission kann allerdings als Beleg für den Strategiewechsel der Kommission

[6] Art. 56, Abs. 1 EGV: „Im Rahmen der Bestimmungen dieses Kapitels sind alle Beschränkungen des Kapitalverkehrs zwischen den Mitgliedstaaten sowie zwischen den Mitgliedstaaten und dritten Ländern verboten.“

[7] Vgl. Rat der Europäischen Gemeinschaften (1988b).

[8] Vgl. Europäische Kommission (1990).

[9] Europäische Kommission (1990).

[10] Vgl. Rat der Europäischen Gemeinschaften (1990a) und Rat der Europäischen Gemeinschaften (1990b). Beide Richtlinien wurden auf Basis des Art. 94 EGV beschlossen. Sie dienen zum einen bei Umstrukturierungen von Unternehmen aus unterschiedlichen Mitgliedstaaten dazu, steuerliche Nachteile zu beseitigen und zum anderen die Doppelbesteuerung der Gewinne von Mutter- und Tochterunternehmen mit Sitzen in unterschiedlichen EU-Ländern zu vermeiden.

[11] Rat der Europäischen Gemeinschaften (1990c). Rechtsgrundlage hierfür war der Art. 293 EGV.

[12] Vgl. dazu Europäische Kommission (1992a). Das Ruding-Komitee empfahl zudem ein weiteres Expertengremium einzuberufen, da für die Arbeiten an der Steuerbemessungsgrundlage nicht ausreichend Zeit zur Verfügung stand.

von Harmonisierungs- zu Koordinierungsbemühungen gewertet werden. So wurden die Ratschläge, die Körperschaftsteuer-Bemessungsgrundlage weitgehend zu harmonisieren entschieden abgelehnt, was als Billigung eines Wettbewerbs der Steuersysteme im Bereich der Unternehmensbesteuerung durch die Kommission interpretiert werden kann.

Die Einberufung eines weiteren Expertengremiums 1996 durch den Rat der Wirtschafts- und Finanzminister unter Beteiligung der Europäischen Kommission[13] stellt einen weiteren Wendepunkt in der Haltung der Kommission zur Harmonisierung der Unternehmensbesteuerung dar.[14] Der Bericht des Expertengremiums kommt zum Ergebnis, dass schädlicher Steuerwettbewerb mit verantwortlich für die steuerliche Belastung des Faktors Arbeit in der EU ist und im Binnenmarkt Maßnahmen zur Erhaltung der Besteuerungsgrundlagen und zur Verhinderung von Steuerhinterziehung und Steuerumgehung zu ergreifen sind.

Die Strategie der Kommission von 1990 wurde darauf aufbauend schließlich 1997 in der Mitteilung der Kommission hinsichtlich der Problematik des schädlichen Steuerwettbewerbs weiterentwickelt und präzisiert.[15] Die Europäische Kommission konzentrierte sich in der Folge auf die Vermeidung schädlicher Effekte des Steuerwettbewerbs. Im November 1997 nahm die Kommission eine Mitteilung an, die konkrete Maßnahmen zur Bekämpfung des schädlichen Steuerwettbewerbs in der Europäischen Union enthielt.

Der Kern der Mitteilung ist ein so genanntes „Steuerpaket", das insbesondere mit dem Verhaltenskodex für die Unternehmensbesteuerung zur Vermeidung schädlichen Steuerwettbewerbs der Diskussion über die Erfordernisse der Koordinierung und Harmonisierung der Unternehmensbesteuerung in der EU eine neue Qualität verliehen hat. Das „Steuerpaket" enthält im Detail folgende Komponenten: (1) einen Verhaltenskodex für die Unternehmensbesteuerung, (2) Koordinierungsmaßnahmen im Rahmen der Besteuerung von Zinserträgen und (3) eine Vereinbarung über die Abschaffung der Quellensteuern auf die grenzübergreifende Zahlung von Zinsen und Linzenzgebühren zwischen Unternehmen.[16]

Vom Verhaltenskodex für die Unternehmensbesteuerung - ein rechtlich unverbindliches Instrument - erwartete man eine Unterstützung bei der Reduzierung ökonomischer Verzerrungen und eine Vermeidung der Erosion der Besteuerungsgrundlagen in der EU. Die Mitgliedstaaten verpflichten sich nach dem Kodex, die Grundsätze des lauteren Wettbewerbs zu beachten und auf jegliche schädliche steuerliche Maßnahmen zu verzichten. Im Verhaltenskodex sind auch Überprüfungen der einzelnen Mitgliedstaaten vorgesehen und Stillstandsvereinbarungen für Regelungen enthalten.

Die Bemühungen der Europäischen Kommission seit 1997 die Koordinierung der Unternehmensbesteuerung in der EU wieder verstärkt voranzutreiben hatten ihren Ursprung in Bedenken, dass die Verteilung der Steuerlast in den von (schädlichem) Steuerwettbewerb

[13]Die Einberufung erfolgte im Auftrag des ECOFIN-Rates mit dem Ziel, die Herausforderungen der Steuerpolitik der Gemeinschaft zu diskutieren. Mitglieder waren unter anderem Vertreter der Finanzminister und Vertreter der Europäischen Kommission.

[14]Vgl. Radaelli (1998). Die Ergebnisse der Arbeit des Gremiums wurden im so genannten zweiten Monti-Bericht oder „Bericht über die Entwicklung der Steuersysteme" vom 22.10.1996 zusammengefasst.

[15]Vgl. Europäische Kommission (1997) und Europäische Kommission (1996a).

[16]Diese Komponente wurde im Richtlinienvorschlag der Kommission vom 4.3.1998 aufgenommen. Die Richtlinie wurde schließlich am 3.6.2003 angenommen. Vgl. Rat der Europäischen Union (2003c).

betroffenen Mitgliedstaaten zu sehr zu Lasten von immobilen Faktoren - insbesondere des Faktors Arbeit geht. Insbesondere die gezielte Einrichtung von Steuersparmodellen in Mitgliedstaaten zur Abwerbung mobilen Kapitals aus anderen Mitgliedstaaten wurde verurteilt.[17]

Das auf die Binnenmarktstrategie ausgerichtete Konzept wurde durch neue Überlegungen, die auf die Stabilisierung der Steuereinnahmen der Mitgliedstaaten und die Förderung der Beschäftigung abzielen, ergänzt. Diese Ziele werden in der jüngsten Mitteilung der Kommission über die Prioritäten der Steuerpolitik in der EU erneut aufgegriffen und überprüft. Der Rat hat im Jahr 2000 zur Ergänzung der laufenden Arbeiten für das „Steuerpaket" von 1997 die Kommission mit einer umfassenden Studie über die Unternehmensbesteuerung beauftragt. Dabei stehen die Unterschiede in den effektiven Steuerbelastungen der Unternehmen in der Europäischen Union und deren Bedeutung für unternehmerische Entscheidungen (Standort-, Investitions- und Finanzierungsentscheidungen) im Mittelpunkt. Die Kommissionsstudie, deren Ergebnisse 2001 vorgestellt wurden, kann als Grundlage der gegenwärtigen EU-Strategie zur Körperschaftsbesteuerung gewertet werden.

7.1.2 EU-Strategie zur Körperschaftsbesteuerung

Mit dem Europäischen Rat von Lissabon 2000 hat sich die Europäische Union mit einer Reihe von Zielen der so genannten Lissabon-Strategie verpflichtet. Das zentrale Anliegen der Strategie ist: Die Europäische Union soll sich zum wettbewerbsfähigsten und dynamischsten wissensbasierten Wirtschaftsraum der Welt entwickeln. Die Herausforderungen der Globalisierung und der neuen wissensbestimmten Wirtschaft erforderten der Strategie nach *„eine tiefgreifende Umgestaltung der europäischen Wirtschaft"*.[18]

Ein wesentlicher Pfeiler zur Umsetzung der Lissabon-Strategie stellt die vollständige Verwirklichung des Binnenmarktes dar, damit die Liberalisierung ihre positiven Wohlfahrtseffekte vollständig entfalten kann.

> „Unbedingt erforderlich sind darüber hinaus faire und einheitlich zur Anwendung gelangende Regeln für den Wettbewerb und die staatlichen Beihilfen, damit sichergestellt wird, dass die Unternehmen im Binnenmarkt unter gleichen Voraussetzungen effizient arbeiten und florieren können."[19]

Grundlage für die gegenwärtige Position der Europäischen Kommission ist die Studie der zuständigen Kommissionsdienststellen aus dem Jahr 2001, die ein besonderes Augenmerk auf die Auswirkungen der heterogenen Unternehmensbesteuerungspraxis in der

---

[17]Dabei werden nach Bach/Wiegard (2002), S. 88, die realwirtschaftlichen Investitionsströme nicht wesentlich tangiert. Es kommt lediglich zu einer Umverteilung der Steuerbemessungsgrundlage durch die Anpassung der Unternehmen. Es liegt eine Art „beggar-my-neighbour-policy" der Regierungen vor. Bach/Wiegard verweisen vor allem auf die durch entstehenden steuerlichen Zusatzlasten. Vgl. auch Müller (1998) und Krause-Junk (1999).

[18]Europäischer Rat (2000), Nr. 1.

[19]Europäischer Rat (2000), Nr. 16.

Europäischen Union legte.[20] Anders als bei früheren Gutachten hat man im Wesentlichen internen Sachverstand herangezogen und nicht ein hochrangig besetztes externes Expertengremium beauftragt, was die Ergebnisse in hohem Maße als Position der Kommission interpretieren lässt.[21]

In der Studie wird ein gewisses Maß an Steuerwettbewerb befürwortet. Für die Kommission steht nun das Ziel im Mittelpunkt, steuerlich bedingte Hürden für grenzüberschreitende Aktivitäten in der Europäischen Union zu beseitigen. Die Kommission vertritt die Position, dass *„schädliche und für die Wirtschaft nachteilige Formen des Steuerwettbewerbs ... beseitigt werden [müssen], der allgemeine Steuerwettbewerb ... jedoch weiterhin möglich sein [muss].“*[22] Wie die Kommission in ihrer Mitteilung zur Steuerpolitik im Mai 2001 betonte, ist es *„höchste Zeit, dass die Anliegen der Steuerzahler in der EU stärker in den Mittelpunkt rücken.“*[24]

Das Strategiepapier der Europäischen Kommission konzentriert sich in Bezug auf die Unternehmensbesteuerung auf vier Reformvorschläge, die alle in unterschiedlichem Maße mit einer Harmonisierung der Bemessungsgrundlage einher gehen und die alle eine Beseitigung der vielfältigen steuerlichen Hindernisse durch eine einzige Steuerbemessungsgrundlage - mit unterschiedlichem Harmonisierungsgrad - für die EU-weite Tätigkeit von Unternehmen vorsehen:[25]

1. Gegenseitige Anerkennung des **Prinzips der Besteuerung im Sitzland** der (Hauptverwaltung der) Gesellschaft: Der Ansatz basiert im Wesentlichen auf den bestehenden Steuersystemen der Mitgliedstaaten und besitzt den Vorteil, dass auf bestehenden Systemen aufgebaut würde, mit denen bereits Erfahrungen vorliegen. Diese Regelung kann von den Unternehmen als Option neben der bisherigen Besteuerungspraxis gewählt werden. Die Unternehmen unterliegen bei der Berechnung der Einkommensaufteilung und des grenzüberschreitenden Verlustabzuges den Regeln des Sitzstaates, die von den anderen Mitgliedstaaten - sofern sie nicht zu weit von den Standards abweichen - jeweils anerkannt werden.

[20]Vgl. Europäische Kommission (2001d).

[21]Die Kommissionmitarbeiter wurden allerdings zu zwei Themenkomplexen von externen Experten beraten.

[22]Europäische Kommission (2001c), S. 6. Ein interessanter Aspekt der Kommissionsstudie von 2001 ist, dass für der Umsetzung der Kommissionsstrategie die bisher in der EU-Praxis noch nie angewendete „verstärkte Zusammenarbeit“ vorgeschlagen wird.[23] Die Anwendung dieses flexiblen Instruments der Integration wurde durch den Vertrag von Nizza 2000 noch erleichtert. Es besteht kein Vetorecht der Mitgliedstaaten gegen die Einrichtung des Verfahrens der verstärkten Zusammenarbeit und die Mindestzahl der teilnehmenden Mitgliedstaaten ist auf acht Staaten festgelegt. Art. 11 EGV beinhaltet die wesentlichen Grundsätze der verstärkten Zusammenarbeit. Art. 43 EUV regelt, dass eine derartige Zusammenarbeit den europäischen Integrationsprozess fördern muss. Art. 43a EUV betont dazu noch, dass das Verfahren „nur als letztes Mittel“ zu verstehen ist, „wenn der Rat zu dem Schluss gelangt ist, dass die mit dieser Zusammenarbeit angestrebten Ziele unter Anwendung der einschlägigen Bestimmungen der Verträge nicht in einem vertretbaren Zeitraum verwirklicht werden können“.

[24]Vgl. Europäische Kommission (2003), S. 5f.

[25]Vgl. Europäische Kommission (2001d), S. 16. Für eine eingehende Prüfung der Vorschläge vgl. McLure (2005).

2. Schaffung einer einheitlich harmonisierten EU-Bemessungsgrundlage (**einheitliche (konsolidierte) Bemessungsgrundlage**): Diese Regelung soll ebenfalls neben der jeweiligen einzelstaatlichen Regelung gelten und ein Optionsrecht beinhalten. Die Mitgliedstaaten einigen sich bei diesem Vorschlag auf eine einheitliche Definition zur Aufteilung des Einkommens, eine Definition von Konzernen und Regeln für den grenzüberschreitenden Verlustabzug. Die Mitgliedstaaten schaffen damit eine einheitliche Methode zur Lösung der Transferpreisproblematik, um die unterschiedliche Behandlung von Unternehmen in Ländern der Europäischen Union zu vermeiden.

3. Harmonisierung der einschlägigen einzelstaatlichen Vorschriften mit dem Ziel einer einzigen **EU-Körperschaftsteuerbemessungsgrundlage**: Die Europäische Kommission bezeichnet diesen Vorschlag selbst als „traditionelleren" Ansatz, da er ein hohes Maß an Harmonisierung erfordert. Die einzelstaatlichen Vorschriften würden hierbei mit dem Ziel der Errichtung eines einzigen Körperschaftsteuersystems auf EU-Ebene, das die einzelstaatlichen Systeme ersetzt, harmonisiert.

4. Modell einer **Europäischen Körperschaftsteuer**: Diese Variante entspricht in seiner obligatorischen Ausprägung[26] in etwa der von der Kommission im Rahmen der Reform des Eigenmittelsystems vorgeschlagenen EU-Körperschaftsteuer. In diesem System liegt die Steuer- und Ertragshoheit bei der EU-Ebene. Die Steuer würde von der EU-Ebene erhoben werden und ein Teil oder die Gesamtheit der Einnahmen direkt an die EU fließen. Am überschüssigen Steueraufkommen werden die Mitgliedstaaten beteiligt. Die bisherigen Probleme der Feststellung des relevanten zu versteuernden Einkommens bleiben allerdings für die Besteuerung von Unternehmen, die auch im Nicht-EU-Raum agieren, weiterhin bestehen.

Die ersten drei Vorschläge belassen die Hoheit zur Bestimmung der Steuersätze bei den Mitgliedstaaten. Der Reformvorschlag zur Europäischen Körperschaftsteuer sieht hingegen eine Vollharmonisierung von Steuerbasis und Steuersätzen im Rahmen der Etablierung einer EU-Körperschaftsteuer vor und ist damit der am weitesten gehende Vorschlag der Kommission, der sich mit der 2004 von der Kommission vorgeschlagenen EU-Körperschaftsteuer im Kontext der Reform der EU-Finanzierung weitgehend deckt.

Auch der Rat unterstützt die Europäische Kommission in ihren Bemühungen um die Reform der Körperschaftsbesteuerung in der EU. In seinem Strategiepapier für den Zeitraum 2004-2006 hat der Rat sich gegen „schädliche Steuermaßnahmen und steuersystembedingte Hindernisse im Binnenmarkt"[27] ausgesprochen. Im Arbeitsprogramm der österreichischen Ratspräsidentschaft für die erste Jahreshälfte 2006 wird auch konkret auf die Bemühungen des Rates hingewiesen, im Bereich direkter Steuern die Bemühungen zur

[26]In der Studie von 2001 wird allerdings diese Variante auch als Optionsmodell gehandelt, das parallel zu den einzelstaatlichen Vorschriften angewendet werden könnte. Vgl. Europäische Kommission (2001d), S. 16.

[27]Rat der Europäischen Union (2003d), S. 12.

Schaffung einer konsolidierten Steuerbemessungsgrundlage für Unternehmen auf technischer und politischer Ebene fortzusetzen.[28]

7.1.3 Status quo der Körperschaftsbesteuerung in der EU

Der Status quo der Unternehmensbesteuerung in der Europäischen Union ist geprägt von einer sehr heterogenen Besteuerungspraxis der Mitgliedsländer. In Bezug auf die zugrunde liegenden Steuersysteme, die Steuersätze, die Steuerbasen, das jeweilige Bruttonationaleinkommen oder das Ausmaß staatlicher Aktivitäten unterscheiden sich die Mitgliedstaaten der EU stark voneinander. Diese Heterogenität wurde durch die EU-10-Beitrittsländer im Zuge der Osterweiterung noch weiter verstärkt.[29] Da im Rahmen der Körperschaftsbesteuerung eine hohe Mobilität der Bemessungsgrundlage zu verzeichnen ist, kommen in den EU-Mitgliedstaaten häufig steuerliche Strategien zur Beeinflussung von Standortentscheidungen von Unternehmen zum Einsatz.

Ermöglicht wird die hohe Mobilität von Unternehmenskapital durch die in der Europäischen Union gewährleistete Kapitalverkehrsfreiheit (Art. 56ff. EGV)[30] und die Niederlassungsfreiheit (Art. 43ff. EGV). Der Kapitalverkehr kann demnach sowohl im EU-Raum als auch in Bezug auf Drittländern als nahezu vollständig liberalisiert angesehen werden.[31] Der Gemeinsame Markt in der Europäischen Union ermöglicht also eine nahezu ungehinderte grenzüberschreitende wirtschaftliche Betätigung.

Die Etablierung des Binnenmarktes mit dem Effekt der stärkeren Ausrichtung von Standortentscheidungen von Unternehmen an steuerlichen Rahmenbedingungen führte dazu, dass die unterschiedliche steuerliche Behandlung von Wirtschaftssubjekten in den Mitgliedstaaten offensichtlicher wurde und leitete Anpassungsreaktionen ein. Ein gewisses Maß an Steuerwettbewerb um (Unternehmens-)Kapital verbunden mit einer Abwärtsentwicklung der Steuersätze ist in jedem Fall zu konstatieren (vgl. Abbildung 7.6).

Für die grenzüberschreitend aktiven Unternehmungen stellt sich die Situation der Körperschaftsteuer in der Europäischen Union reichlich kompliziert dar. Die einzelnen Teilgesellschaften von Konzernen müssen jeweils für jeden Mitgliedstaat die relevante Steuerbemessungsgrundlage separat ermitteln. Zentrale Bedeutung bei der Berechnung der

---

[28] Vgl. Rat der Europäischen Union (2005), S. 18. Die EU und die OECD-Staaten versuchen seit einiger Zeit, „harmful tax practices“ abzuschaffen. Die OECD hat ihre Bemühungen 1998 mit ihrem Bericht „Harmful Tax Competition: An Emerging Global Issue“ begonnen. Dabei wurden ähnlich wie in der EU mit dem Code of Coduct Kriterien aufgestellt, die schädliche Steuerpraktiken identifizieren helfen sollen. Im Rahmen des „Forum on Harmful Tax Practices“ wird seither kontinuierlich an der Thematik gearbeitet. Vgl. OECD (1998).

[29] Einen guten Überblick über die differierenden Steuersysteme in der Europäischen Union liefern Jacobs et al. (2004) und Spengel (2004).

[30] Darüber sind z.B. Direktinvestitionen, Immobilieninvestitionen, Wertpapier-, Kontokorrent- und Termingeschäfte, Darlehen und Finanzkredite erfasst.

[31] Die Kapitalverkehrsfreiheit unterliegt nur wenigen Einschränkungen, die zudem zeitlich befristet werden müssen. Weiterhin gilt nach Art. 56 Abs. 1 EGV die Kapitalverkehrsfreiheit auch für „alle Beschränkungen des Kapitalverkehrs zwischen den Mitgliedstaaten sowie zwischen den Mitgliedstaaten und dritten Ländern“.

Höhe der Bemessungsgrundlage spielen dabei Verrechnungspreise, die für die grenzüberschreitenden Transaktionen zwischen Tochtergesellschaften und/oder zwischen Mutter- und Tochtergesellschaften innerhalb von Konzernen angesetzt werden und gewissen Manipulationsmöglichkeiten unterliegen.[32]

Die zunehmende Praxis der Verlagerung von Unternehmensgewinnen durch Transferpreismanipulation in Mitgliedstaaten mit besonders niedrigen Steuersätzen hat das politische Interesse an der Besteuerung von Unternehmen in der EU hat in den letzten Jahren wieder verstärkt. Diese besondere politische Aufmerksamkeit ist allerdings vor dem Hintergrund bemerkenswert, dass das Steueraufkommen aus der Körperschaftsteuer weder in den EU-15 noch in den NMS-10 einen bedeutenden Anteil am Gesamtsteueraufkommen einnimmt (vgl. Abbildung 7.1 und Abbildung 7.2). Die höchsten Anteile am Gesamtsteueraufkommen in 2004 sind in den Niederlanden (15,3%), Tschechien (12,2%), Malta (12,1%) und Irland (11,9%) zu verzeichnen. Der EU-15-Durchschnitt liegt bei 6,0%. Der NMS-10-Durchschnitt liegt bei 7,3%. Gemessen am Bruttoinlandsprodukt kann für 2004 eine besondere Bedeutung der Körperschaftsteuer nur für Luxemburg (6,1%), Tschechien (4,4%) und Malta (4,2%) festgestellt werden. Der EU-25-Durchschnitt liegt bei 2.4% (vgl. Abbildung 7.3 und Abbildung 7.4).

Der für die Steuerwettbewerbsthese zentrale Trend im Rahmen der Körperschaftsbesteuerung kann an der Absenkung der nominalen Körperschaftssteuersätze festgemacht werden, die in den Mitgliedstaaten der EU in der Periode von 1995-2004 mehrheitlich zu beobachten war (in Estland gilt sogar ein Steuersatz von 0% für im Unternehmen verbleibende Gewinne). Der Abwärtstrend beschränkt sich darüber hinaus nicht nur auf die EU-15-Staaten, sondern auch auf die neuen Mitgliedstaaten (NMS-10) (vgl. dazu Abbildung 7.6 und Abbildung 7.5. Die Lücke zwischen den nominalen Steuersätzen in den alten und neuen Mitgliedstaaten ist in dem beobachteten Zeitraum nahezu konstant geblieben. Der Durchschnitt der EU-15 liegt 2006 bei 29.5%, der durchschnittliche Satz der NMS-10 bei 20.4%.[33]

Vergleicht man die effektive Durchschnittssteuerbelastung von Unternehmen mit der nominellen Belastung ergeben sich für einige Mitgliedstaaten deutliche Veränderungen.[34] Wie Abbildung 7.7 entnommen werden kann, tritt die höchste effektive Durchschnittssteuerbelastung in der EU in Deutschland (36,0%), Frankreich (35,8%) und Belgien (35,6%)

[32]Eine besondere Rolle spielt dabei das Fremdvergleichsprinzip (arm's length-Prinzip), das die Grundlage für die Festsetzung der steuerpflichtigen Gewinne darstellt. Im einem Konzern getätigte Transaktionen müssen demnach zu den selben Bedingungen abgeschlossen werden wie sie nicht in den Konzern eingebundene Dritte vereinbart hätten. Die Steuerverwaltungen der Mitgliedstaaten müssen letztendlich die Ansätze der Mitgliedstaaten genehmigen. Vgl. Europäische Kommission (2003a), S. 24.

[33]Die Kommission schränkt in ihrer Untersuchung die Aussagekraft der Daten ein. Effekte aus unterschiedlichen Wachstumsraten (insbesondere zwischen NMS-10 und EU-15), Steuersatzsenkungen und Verbreiterungen der Bemessungsgrundlagen sind häufig nicht klar voneinander zu trennen. Vgl. Europäische Kommission (2006e), S. 5.

[34]Mit Modellrechnungen werden die unterschiedlichen Regelungen der mitgliedstaatlichen Steuersysteme erfasst. Aus Steuerarten, Steuersätzen, Bemessungsgrundlagen und Körperschaftsteuersystemen werden schließlich effektive Steuerbelastung verdichtet. Zur Berechnung der effektiven Steuerbelastung ausführlicher Spengel (2004), S. 8ff.

Abbildung 7.1: Körperschaftsteueraufkommen in Prozent des Gesamtsteueraufkommens in 2004

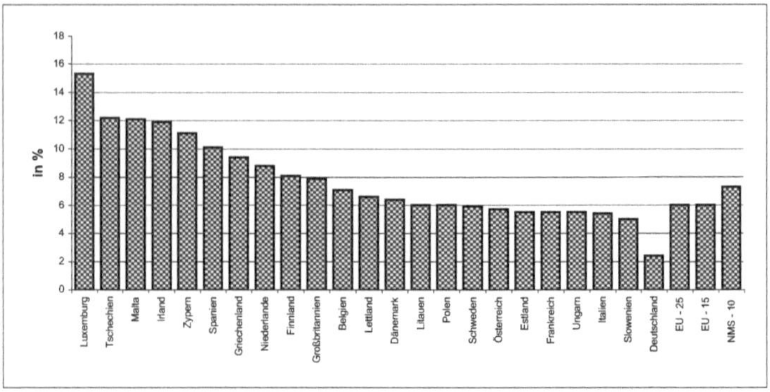

Quelle: Eigene Darstellung nach Daten aus Europäische Kommission (2006e), S. 231. Für Portugal und die Slowakei stehen für 2004 keine Daten zur Verfügung.

auf. Litauen (17,76%), Zypern (14,52%), Lettland (13,11%) und Irland (10,8%) weisen hingegen die geringste effektive Durchschnittssteuerbelastung auf.[35]

7.2 Effekte des Steuerwettbewerbs im Rahmen der Unternehmensbesteuerung in der EU

Die Kapitalverkehrsfreiheit für den EU-Raum bzw. die Globalisierung der Wirtschaft hat die Mobilität von Kapital (ausländische Direktinvestitionen (FDI) und Portfolioinvestitionen) enorm erhöht und steuerlichen Fragen eine besondere Bedeutung verschafft.

Im Folgenden soll ein kurzer Überblick über die zentralen theoretischen Argumente für und wider Steuerwettbewerb im Zusammenhang mit der Besteuerung von Unternehmen gegeben werden. Für die Einführung einer EU-Körperschaftsteuer ist auf Basis der Effekte des Steuerwettbewerbs letztendlich die Frage zu beantworten, ob eine vollständige Harmonisierung der Unternehmensbesteuerung vorzuziehen ist oder lediglich eine stärkere Koordinierung ausreichend wäre, um etwaige bestehende Mängel der Körperschaftsbesteuerung in der Europäischen Union zu beseitigen.

[35] Die Berechnungen gehen für die EU-15-Staaten allerdings vom Rechtsstand 2001 und bei den NMS-10-Staaten vom Rechtsstand 2003 aus.

Abbildung 7.2: Entwicklung Körperschaftsteueraufkommen in der EU in Prozent des Gesamtsteueraufkommens (1995-2004)

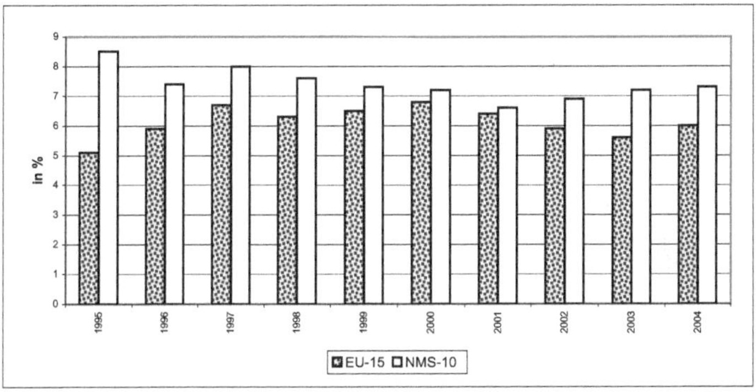

Quelle: Eigene Darstellung nach Daten aus Europäische Kommission (2006e), S. 231. Für Portugal und die Slowakei stehen für 2004 keine Daten zur Verfügung.

Abbildung 7.3: Körperschaftsteueraufkommen in Prozent des BIP in 2004

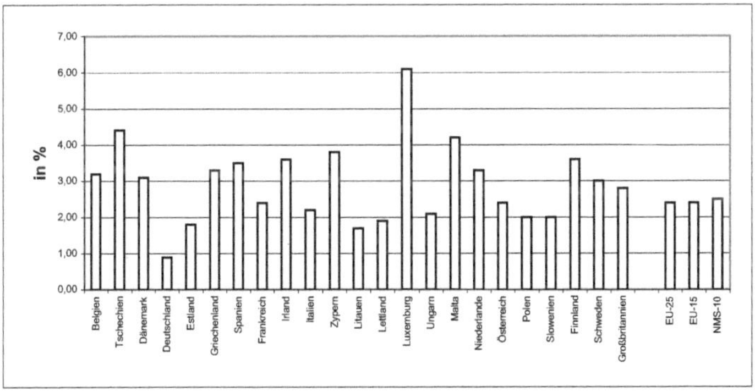

Quelle: Eigene Darstellung nach Daten aus Europäische Kommission (2006e), S. 230. Für Portugal und die Slowakei stehen für 2004 keine Daten zur Verfügung.

Abbildung 7.4: Entwicklung Körperschaftsteueraufkommen in der EU in Prozent des BIP (1995-2004)

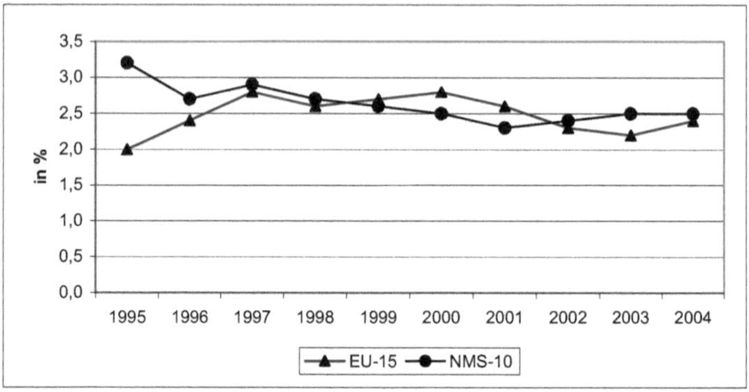

Quelle: Eigene Darstellung nach Daten aus
Europäische Kommission (2006e), S. 230.
Für Portugal und die Slowakei stehen für 2004 keine Daten zur Verfügung.

Abbildung 7.5: Tarifbelastung Körperschaftsteuer in der EU (2006)

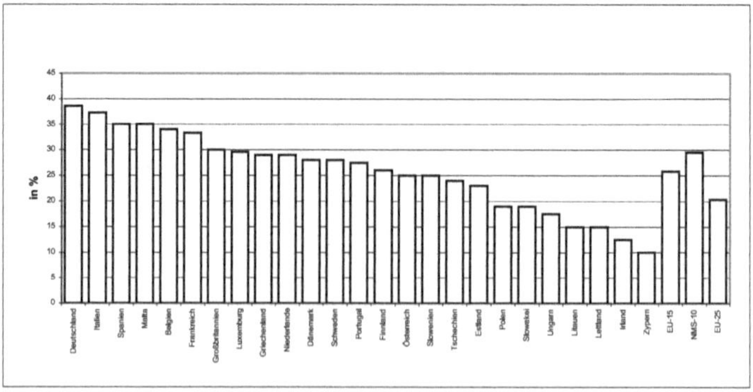

Quelle: Eigene Darstellung nach Daten aus
Europäische Kommission (2006e), S. 83.

Abbildung 7.6: Entwicklung Tarifbelastung in der EU 1995-2006

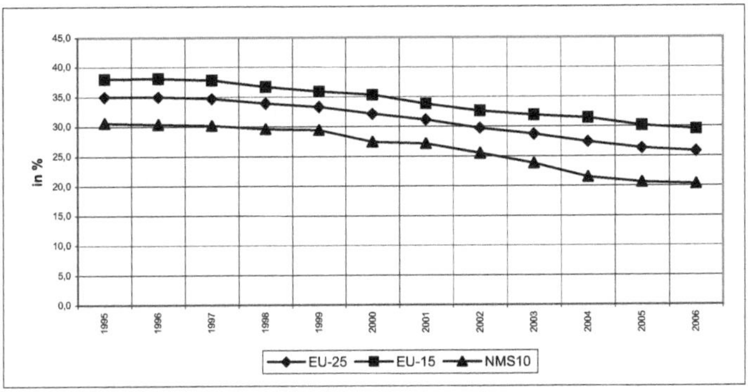

Quelle: Eigene Darstellung nach Daten aus Europäische Kommission (2006e), S. 83.

Abbildung 7.7: Vergleich Effektivbelastung / Tarifbelastung

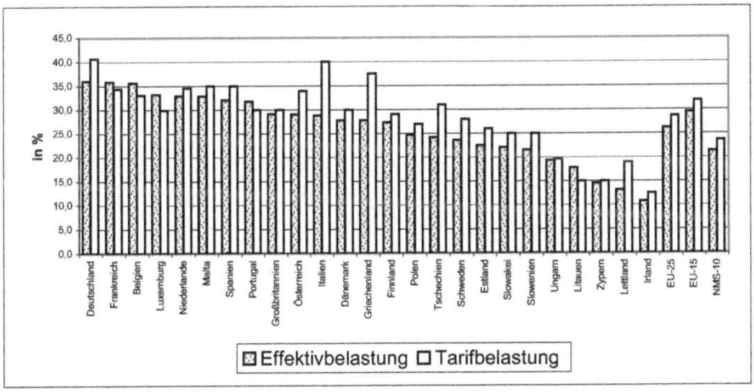

Quelle: Eigene Darstellung auf Basis von Daten aus Spengel (2004), S. 10. Rechtsstand Effektivbelastung: 2003 für NMS-10 und 2001 für EU-15. Rechtsstand Tarifbelastung: 2003 für EU-25.

7.2.1 Theorien zum Steuerwettbewerb

Steuerwettbewerb kann nach einer allgemeinen Definition von Wilson/Wildasin (2004) als „*any form of noncooperative tax setting by independent governments*“[36] verstanden werden. In der EU führen die unterschiedlichen Bemessungsgrundlagen und Steuersätze zu Unternehmensverlagerungen mit Aussicht auf steuerlich günstigere Behandlung oder sogar Steuerfreiheit zumindest bis sich die Netto-Erträge angeglichen haben[37]. Bei autonomer mitgliedstaatlicher Unternehmensbesteuerung, wird sich in der Folge Steuerwettbewerb zwischen den Mitgliedstaaten einstellen, auf dessen unterschiedliche Effekte im Folgenden eingegangen wird.

In der Literatur zum Steuerwettbewerb kann man vereinfachend drei Richtungen unterscheiden. Eine Richtung geht zurück auf Tiebout (1956) und sieht in der fiskalischen Dezentralisierung mit Wettbewerb positive, Effizienz steigernde Effekte. Die politökonomische Literatur, im Wesentlichen von Brennan/Buchanan (1980) begründet, sieht im Steuerwettbewerb ein probates Mittel zur Disziplinierung der Politik. Schließlich ist die umfangreiche Steuerwettbewerbs-Literatur, entscheidend geprägt von Wilson (1986) und Zodrow/Mieszkowski (1986), zu nennen, die den Steuerwettbewerb mit seinen Auswirkungen in Bezug auf die Entwicklung der Steuersätze und der Bereitstellung des öffentlichen Güterangebotes untersucht.[38]

7.2.1.1 Tiebout-Literatur

Zurückgehend auf Tiebout (1956) führt Wettbewerb der Gebietskörperschaften um Haushalte (oder Firmen) zu einem effizienten Angebot (lokaler) öffentlicher Güter und deren Finanzierung. Im Ausgangsmodell von Tiebout wird mit dem Fokus auf Kommunen in einem Staat der wettbewerbliche Anpassungsprozess dargestellt und die daraus entstehende Struktur der Kommunen abgeleitet. Über eine „Abstimmung mit den Füßen“ durch die Steuerbürger passen sich die Kommunen hinsichtlich des öffentlichen Güterangebots sowie der Höhe der Finanzierungslasten an und es entstehen unterschiedliche Typen von Kommunen. Dabei wird eine Besteuerung nach dem Äquivalenzprinzip gewählt, die an die Steuerzahlung eine bestimmte staatliche (kommunale) Leistung knüpft. Das entstehende jeweilige Angebot an öffentlichen Gütern, deren Finanzierung sowie die Struktur der Kommunen kann im Ergebnis als effizient angesehen werden.[39]

In Bezug auf die Frage der Bewertung von Steuerwettbewerb um mobiles Kapital in einer internationalen Perspektive diskutieren beispielsweise Lannoo/Levin (2002) die Anwendbarkeit des Tiebout-Modells. Wenn Unternehmen etwa ihre Standortentscheidungen am Angebot öffentlicher Güter und Dienstleistungen (z.B. Infrastruktur, etc.) ausrichten und sich für Niedrigsteuerländer mit einem geringen Angebot entscheiden, steht dies

[36]Wilson/Wildasin (2004), S. 1066.

[37]Vgl. Rehm (2003), Europäische Kommission (1992a).

[38]Vertiefend zu Fragen der Kapitalbesteuerung und des Steuerwettbewerbs unter Annahme alternativer Staatstheorien vgl. Schenk (2002).

[39]Die Aussagen des Tiebout-Modells sind aber immer auch mit Rücksicht auf die strikten Annahmen zu verwenden. Vgl. etwa Blankart (2006), S. 617ff.

durchaus im Einklang zur Tiebout-Modellierung. Die Beobachtungen von Standortentscheidungen von Unternehmen in der Europäischen Union zeigen jedoch, dass Unternehmen gleichzeitig von niedrigen Steuersätzen und einem attraktiven Angebot an öffentlichen Dienstleistungen profitieren können.[40] Die Finanzierung des Angebotes öffentlicher Güter erfolgt bei Steuerwettbewerb demnach zunehmend weniger über die Besteuerung von Kapital, sondern über immobile Faktoren (z.B. Arbeit).

7.2.1.2 Politökonomische Literatur

In der politökonomischen Literatur - auch als Leviathan-Literatur bezeichnet -, ausgehend von Brennan/Buchanan (1980), werden die Wirkungen des Steuerwettbewerbs positiv gewertet. Die ihr Eigeninteresse maximierenden Politiker, die für ein ineffizient hohes Bereitstellungsniveau öffentlicher Güter verantwortlich zeichnen, können in diesem Ansatz durch Steuerwettbewerb besser diszipliniert werden.

Die Politiker maximieren in dieser Literatur nicht die Wohlfahrt der Bürger ihrer Gebietskörperschaft, sondern sie versuchen die Steuereinnahmen und die an das Budget gekoppelte Macht zu maximieren. Ohne Steuerwettbewerb würde dieses Verhalten eine ineffizient hohe Besteuerung und somit auch eine ineffizient hohe Bereitstellung öffentlicher Leistungen zur Folge haben. Das zentrale Argument der politökonomischen Literatur ist daher, dass zumindest die negativen, Effizienz mindernden Effekte des Steuerwettbewerbs durch die Effizienz steigernden Effekte durch die Begrenzung der Politiker ausgeglichen werden und Steuerwettbewerb somit eine effiziente Situation herbeiführen kann.[41]

Die Eignung des Steuerwettbewerbs zur Disziplinierung des Leviathan-Staates kann aber auch kritisch gesehen werden. Zwar ist von Ineffizienzen im öffentlichen Sektor auszugehen, doch bleibt fraglich, ob der Steuerwettbewerb an der geeigneten Stelle ansetzt.[42] Steuerwettbewerb kann Steuersenkungen und damit verbunden Ausgabenkürzungen zur Folge haben, aber ob die Kürzungen bei den Ausgaben erfolgen, die durch Eigenutzorietierung von Politikern und Bürokraten sowie Lobbying-Einfluss ein ineffizient hohes Ausmaß annehmen, kann nicht mit Sicherheit gesagt werden. Dazu Sørensen (2004):

> „Tax competition seems to be a very indirect and poorly targeted instrument for countering rent seeking.“[43]

---

[40] Vgl. Avi-Yonah (2000).

[41] Die Versuche von Oates (1985, 1989) die Existenz des Leviathan-Staates empirisch zu belegen, kamen pointiert zu folgendem Ergebnis:„Leviathan is a mythical beast.“ Oates (1985), S. 756. Trotz der eher schwachen Ergebnisse sieht Oates die These eines Aufkommen maximierenden Staates in der Finanzwissenschaft dennoch als bedeutsames Konzept an, welches in vielen Bereichen (z.B. Bürokratietheorie) durchaus seine Berechtigung hat. Vgl. Oates (1985), S. 756. Frey/ Eichenberger (1996) untersuchen ebenfalls das Zusammenspiel von ökonomischen Verzerrungen durch Steuerwettbewerb und politischen Verzerrungen durch Eigennutzstreben bei Politikern durch Steuerharmonisierung. Sie schlagen grundlegende Änderungen der „rules of the game“ vor, um die politischen Verzerrungen zu beheben. Ihre Vorschläge gehen in die Richtung der Einführung eines Wettbewerbsföderalismus im Sinne von Functional, Overlapping, Competing Jurisdictions (FOCJs). Vgl. Frey/Eichenberger (2004), Frey/Eichenberger (2002).

[42] Vgl. Sørensen (2004).

[43] Sørensen (2004), S. 105.

Eine reine Eigennutzorientierung der Politiker kann vor dem Hintergrund der in demokratischen Systemen anzunehmenden Wiederwahlorientierung auch nicht unterstellt werden, was sich wiederum mit den empirischen Ergebnissen von Oates (1985) deckt.[44] Auf Basis der Untersuchung von Persson/Tabellini (1992) lassen sich ebenfalls Aussagen zur Stärke der Effekte des Steuerwettbewerbs ableiten. Die Wähler werden in Reaktion auf eine Wohlfahrtsverschlechterung durch steuerwettbewerbsinduzierte Steuersenkungen ihre Präferenzen hin zu einer stärker an Umverteilung orientierten Politik ändern. Da den ökonomischen Effekten durch die Senkung der Steuersätze die politischen Effekte durch die Änderung der Wählerpräferenzen gegenüberstehen, sind nach Persson/Tabellini die erwarteten disziplinierenden Effekte für Politiker durch Steuerwettbewerb nicht so hoch wie aus der rein polit-ökonomischen Sicht vorhergesagt.[45]

7.2.1.3 Steuerwettbewerbsliteratur

Die klassische Steuerwettbewerbsliteratur[46] sieht vom Steuerwettbewerb eine Minderung der sozialen Wohlfahrt ausgehen, da über (horizontale) fiskalische Externalitäten Ineffizienzen in Form zu niedriger Besteuerung und zu niedrigem Angebot an öffentlichen Gütern ausgelöst werden.

> „The result of tax competition may well be a tendency toward less than efficient levels of output of local services. In an attempt to keep taxes low to attract business investment, local officials may hold spending below those levels for which marginal benefits equal marginal costs, particularly for those programs that do not offer direct benefits to local business."[47]

Steuersatzdifferenzen zwischen Gebietskörperschaften führen insbesondere unter den Bedingungen einer weitgehenden wirtschaftlichen Integration - wie in der Europäischen Union - zu Anpassungsreaktionen der Steuersubjekte. Zu hohe Steuersätze führen zu einem schnellen Ausweichen der (mobilen) Bemessungsgrundlagen und einer Verlagerung an einen Standort mit geringerer Steuerlast (Kapitalflucht). Im Ergebnis werden die Steuersätze für mobiles Kapital in allen Staaten zu niedrig gesetzt.[48] Verantwortlich dafür ist eine positive horizontale fiskalische Externalität. Die (unkoordinierte) Entscheidung des

[44] In vielen Modellen wird daher dem Politiker sowohl Eigennutz als auch Gemeinwohlorientierung unterstellt. Vgl. z.B. Edward/Keen (1996), Rauscher (1998) und Wigger/Wartha (2003, 2004).

[45] Vgl. Persson/Tabellini (1992), S. 700.

[46] Siehe exemplarisch Wilson (1986, 1991), Zodrow/Mieszkowski (1986), Oates (1972), Gordon (1983), Wildasin (1988, 1989), Bucovetsky (1991), Bucovetsky/Wilson (1991). Einen guten Überblick über die Literatur bieten Wilson (1999), Zodrow (2003), Wilson/Wildasin (2004) oder Fuest/Huber/Mintz (2005).

[47] Oates (1972), S. 143.

[48] Weiterhin ist von einer Unterbereitstellung mit öffentlichen Gütern auszugehen. Vgl. etwa Zodrow/Mieszkowski (1986). Vgl. Fuest/Huber/Mintz (2005), S. 41f. mit ihren Ausführungen zum Modell von Bucovetsky/Wilson (1991). Eine Empfehlung des Modells ist dabei von einer Kapitalbesteuerung (mit im Modell angenommener unendlichen Elastizität) ganz abzusehen, da die Steuerlast letztendlich doch vom Faktor Arbeit getragen wird und mit der zunächst parallelen Besteuerung beider Faktoren höhere Ineffizienzen verbunden sind als mit der alleinigen Besteuerung des Faktors Arbeit.

besteuernden Landes, die Steuersätze zu erhöhen, führt zu einer Wohlfahrtssteigerung in anderen Ländern. In diesem Zusammenhang wird häufig von einem race-to-the-bottom bei der Besteuerung mobiler Bemessungsgrundlagen gesprochen und damit ein Steuersenkungswettlauf der Staaten befürchtet.

Es gibt aber auch die Möglichkeit, dass im Rahmen von Steuerwettbewerb ineffizient hohe Steuersätze und öffentliche Ausgaben auftreten können.[49] Im Rahmen von Steuerexport kann ein Teil der Steuerlast durch Besteuerung von ausländischen Unternehmen auf Steuerbürger (oder Unternehmen) im Ausland überwälzt werden. Die Steuersätze werden in dieser Situation tendenziell zu hoch gesetzt werden, da das Steuern setzende Land die negativen Wohlfahrtseffekte auf die anderen Länder nicht in seiner Entscheidung berücksichtigt. Es treten negative fiskalische Externalitäten auf. Es ergibt sich damit die Möglichkeit für das besteuernde Land, andere Steuern, die Inländer belasten, zu senken. Im Ergebnis wird der überwälzbare Teil der Steuern ineffizient hoch sein.[50]

Dass Steuerwettbewerb in der Realität tatsächlich zu ineffizient hohen Steuersätzen führt, muss jedoch bezweifelt werden:

> „One limitation of the literature dealing with the implications of foreign firm ownership for tax competition and tax coordination is that the presence of foreign firms is taken as given. This is not satisfactory because the extent of foreign firm ownership will not be independent of the degree of economic integration and the level of taxes."[51]

Im Rahmen der Unternehmensbesteuerung in der EU kann zudem eine überhöhte Besteuerung durch Steuerexport auch aus dem Grund vernachlässigt werden, dass über die Kapitalverkehrsfreiheit eine diskriminierende (steuerliche) Behandlung von Kapital aus einem anderen Mitgliedstaat (und sogar gegenüber Nicht-EU-Staaten) unzulässig ist.[52]

7.2.2 Empirische Belege für einen Einfluss des Steuerwettbewerbs auf die nationale Steuerpolitik

Ob die Existenz von Steuerwettbewerb tatsächlich einen bedeutsamen Anpassungsdruck auf die nationalen Steuersysteme - im Extremfall ein "race to the bottom" - erzeugt oder nicht, darüber wird in der theoretischen und empirischen Literatur ausgiebig gestritten.[53]

[49]Dazu ausführlich Fuest/Huber/Mintz (2005), S. 46ff.

[50]Vgl. Sørensen (2004). Würde in der EU allerdings eine Steuer derart wirken, dass sie im Wesentlichen ausländische Unternehmen zu tragen haben, dann würde dies voraussichtlich gegen die Kapitalverkehrsfreiheit verstoßen und als diskriminierend eingestuft werden.

[51]Fuest/Huber/Mintz (2005), S. 47.

[52]Vgl. Fuest/Huber/Mintz (2005), S. 1ff. Eine weitere Möglichkeit für Gebietskörperschaften zur Durchsetzung ineffizient hoher Steuersätze auf mobiles (inländisches und ausländisches) Kapital kann bei Vorliegen so genannter agglomeration forces (locational rents) gegeben sein. Siehe dazu Krogstrup (2004), S. 30ff. Neben Steuerexport und Asymmetrischen Volkswirtschaften verweisen Fuest/Huber/Mintz (2005) auch noch auf den unvollständigen Wettbewerb auf den Arbeitsmärkten als möglichen Grund für überhöhte Steuersätze auf Kapital. Vgl. Fuest/Huber/Mintz (2005), S. 44ff.

[53]Einen (politikwissenschaftlich zugespitzen) Überblick über die Argumentationslinien in den Wirtschaftswissenschaften liefert Genschel (2000).

Im Folgenden soll anhand empirischer Untersuchungen der Zusammenhang genauer beleuchtet werden.[54]

Bereits der Ruding-Bericht von 1992 im Auftrag der Europäischen Kommission enthielt einen Versuch, die Steuerwettbewerbstheorien empirisch zu testen. Der Untersuchungszeitraum lag mit den 1980er Jahren in einer Zeit, in der sich die Volkswirtschaften - vor allem in der Europäischen Union - zunehmend öffneten und Kapitalverkehrsbeschränkungen zurückgefahren wurden. Die Steueraufkommensentwicklung bei der Körperschaftsteuer - sowohl der Anteil am BNE als auch der Anteil am Gesamtsteueraufkommen - war in dem Untersuchungszeitraum allerdings deutlich ansteigend, was die Existenz eines Steuerwettbewerbs zunächst nicht bestätigte.[55] Eine sichere Verbindung von Steuerwettbewerb und einer Angleichung der Steuersätze im Rahmen von Steuerreformen der Mitgliedstaaten konnte auch von Devereux (1995) nicht bestätigt werden.[56] Die Untersuchung von Eurostat (1997) kann für einen Zeitraum von 1970 bis 1995 ebenfalls keine Umverteilung der Steuerbelastung vom Faktor Kapital auf andere Steuerbasen (Einkommen, Konsum) belegen. Der Anteil der Körperschaftsteuer am Gesamtaufkommen wie auch der effektive Steuersatz auf Kapital ist in diesen Zeiträumen ebenfalls tendenziell angestiegen. Die race-to-the-bottom-These für die Kapitalbesteuerung ist somit in diesen frühen Untersuchungen empirisch nicht belegbar und hat sich zunächst für die politische Diskussion als wenig brauchbar erwiesen.[57]

Bénassy et al. (2001) untersuchen empirisch die Wirkung von Steuerreformen in der Europäischen Union auf die ausländischen Direktinvestitionen.[58] In den Ergebnissen zeigt sich, dass die ausländischen Direktinvestitionen auch stark abhängig von der jeweiligen Standortqualität sind. Regierungen großer Mitgliedstaaten, wie etwa Deutschland, können ihre Körperschaftsteuersätze über denen eher peripherer Länder halten. Ein gewisser Anpassungsdruck auf die Steuersätze auf mobile Faktoren nach unten, wird von Bénassy et al. allerdings nicht bestritten.

Die Auswirkungen der sehr heterogenen Unternehmensbesteuerung in der Europäischen Union wurden auch in der Studie der Kommissionsdienststellen von 2001 eingehend analysiert.[59] Für die quantitative Analyse der effektiven Körperschaftsteuersätze wurden jeweils die im Jahr 1999 geltenden Steuervorschriften zugrunde gelegt. Die Ergebnisse be-

---

[54] Anzumerken ist, dass bei allen empirischen Untersuchungen die Ergebnisse immer von den Annahmen und Methoden abhängen. Es sind immer auch die wirtschaftlichen Rahmenbedingungen und die gesamten relevanten Faktoren eines Steuersystems zu berücksichtigen, um die Aussagekraft der Ergebnisse zu überprüfen.

[55] Vgl. Devereux (1995), S. 184f.

[56] Vgl. Devereux (1995), S. 192.

[57] Vgl. Garrett (1998). Nach einer Untersuchung der Steuerwettbewerbs in der Schweiz sehen dies ebendso Kirchgässner/Pommerehne (1996) in Bezug auf die Europäische Union. Vgl. Kirchgässner/Pommerehne (1996), S. 367.

[58] Vgl. Bénassy-Queré, A. et al. (2001), S.45-68.

[59] Vgl. Europäische Kommission (2001d). Grundlage war dabei wiederum der Ansatz von Devereux und Griffith (1998) zur Bemessung der effektiven Körperschaftsteuersätze. Das Verfahren von Devereux und Griffith (1998) zur Berechnung der effektiven steuerlichen Belastung hypothetischer Investitionsvorhaben wurde auf Basis eines Ansatzes von King/Fullerton sowie des „European Tax Analyser Model", der Universität Mannheim überarbeitet und erweitert.

legen eine sehr heterogene effektive steuerliche Belastung der Unternehmen im EU-Raum, deren Ursache im Wesentlichen in den sehr unterschiedlichen Nominalsteuersätzen gesehen wird. Aus den starken Unterschieden bei der Effektivbelastung leitet die Kommission eine Beeinträchtigung der Wettbewerbsfähigkeit für Unternehmen in der EU sowie starke Verzerrungen von Standort-, Investitions- und Finanzierungsentscheidungen ab.[60] Die Unterschiede lassen Anreize zur Investition am steuerlich günstigsten Standort entstehen, *„auch wenn der betreffende Standort ohne Berücksichtigung der Steuern möglicherweise nicht der effizienteste ist. Somit können Unterschiede in Bezug auf das effektive Niveau der Unternehmenssteuern eine ineffiziente Ressourcenallokation und damit Wohlfahrtskosten implizieren."*[61] Auf Basis dieser Argumentation rechtfertigt die Kommission ihre besonderen Bemühungen im Bereich der Körperschaftsteuer. Allerdings berücksichtigt die Kommission auch, dass die verschiedenen legitimen steuerpolitischen Ziele *„eine gewisse Abweichung vom Ziel der Steuerneutralität rechtfertigen können"*.[62] In der Studie der Kommission findet allerdings keine Längsschnittbetrachtung der effektiven Steuersätze statt und Effekte des Steuerwettbewerbs bleiben weitgehend ausgeblendet. Eine Quantifizierung der negativen Wohlfahrtseffekte wird ebenfalls nicht vorgenommen. Auf Basis der Ergebnisse des Gutachtens gibt es für die Kommission

> „keinen überzeugenden Grund, spezifische Maßnahmen zur Annäherung der nationalen Körperschaftsteuersätze oder die Festsetzung eines Mindestsatzes für die Körperschaftsteuer vorzuschlagen."[63]

Der vom Zentrum für Europäische Wirtschaftsforschung (ZEW) im Auftrag des IBC BAK International Benchmark Club erstellte IBC Taxation Index liefert für 2003 und 2005[64] ausreichende Belege dafür, dass im Bereich der Unternehmensbesteuerung die Steuerpolitik in den EU-Staaten von Steuerwettbewerb getrieben bzw. zumindest beeinflusst wird.[65] Wie Fuest/Huber/Mintz (2005) zu den jüngeren Entwicklungen feststellen, ist der Wettbewerb um Kapital allerdings *„less extreme than what typical economic models would suggest"*[66]. Eine in theoretischen Modellen abgeleitete Einstellung der Besteuerung mobiler Faktoren etwa, ist in der Realität nicht zu beobachten[67] und wird nach Bach/Wiegard

[60]Vgl. Europäische Kommission (2001d), S. 2ff. Die Ergebnisse der unterschiedlichen Simulationen legen sogar die Einführung eines einheitlichen Steuersatzes auf Unternehmensgewinne nahe (S. 195f.).

[61]Europäische Kommission (2001c), S. 9.

[62]Europäische Kommission (2001c), S. 9. Und weiter: „Steuerneutralität ist eindeutig nicht das einzige legitime Ziel der Steuerpolitik - jegliche Besteuerung ist letztlich Ausdruck einer politischen Entscheidung und einer Abwägung zwischen rein wirtschaftlicher Effizienz und anderen legitimen politischen Zielen." Europäische Kommission (2001c), S. 10.

[63]Europäische Kommission (2001c), S. 10.

[64]Zum Rechtsstand von 2005. Die Berechnung der effektiven Steuerbelastung erfolgte auf Basis der Methode von Devereux/Griffith (1998).

[65]Vgl. Eichler/Elschner/Overesch (2005), S. 9. Die Steuerbelastung in den osteuropäischen Mitgliedstaaten ist für Unternehmen demnach am niedrigsten.

[66]Fuest/Huber/Mintz (2005), S. 55.

[67]Vgl. Bach/Wiegard (2002), S. 87.

(2002) „*auch für die nächsten Jahre selbst bei verstärkter Integration innerhalb der Europäischen Union nicht zu erwarten*“[68] sein.

Hinsichtlich der Wirkungen des Steuerwettbewerbs im Binnenmarkt der Europäischen Union bezogen auf die Unternehmensbesteuerung kommen auch Razin/Sadka/Nam (2005) zum Ergebnis, dass sowohl die nominalen als auch die effektiven Steuersätze im beobachteten Zeitraum von 1974 bis 2000 - ohne Einbeziehung der neuen Beitrittsländer der Erweiterung von 2004 - stark gesunken sind. Die entscheidende Sprungstelle für die Abwärtsentwicklung der effektiven Steuersätze befindet sich am Zeitpunkt der Etablierung des Binnenmarktes Ende der 1980er Jahre.[69] Mit Blick auf die wesentlich niedrigeren Steuersätze der neuen EU-Mitgliedstaaten[70] bemerken Razin/Sadka/Nam zur Zukunft der Kapitaleinkommenbesteuerung in der EU:

> „Capital income taxation cannot come to the rescue of the dwindling welfare states in EU-15 countries.“[71]

7.2.3 Zwischenfazit

Der Steuerwettbewerb wird mittel- bis langfristig eine grundlegende Reform der Unternehmensbesteuerung in der EU erzwingen. Die Finanzierung des europäischen Wohlfahrtsstaatsmodells durch die Besteuerung von Kapital wird durch Migration und Alterung sowie vor dem Hintergrund fortschreitender globaler Ausrichtung der Unternehmenstätigkeit nicht mehr möglich sein. Aufgrund der hohen Mobilität von Kapital (auch von hoch qualifiziertem Humankapital) wird die Steuerlast zunehmend auf andere immobile Bemessungsgrundlagen (unqualifizierte Arbeit und Boden) verlagert.

Die - neueren - empirischen Untersuchungen deuten daraufhin, dass die Besteuerung von Unternehmen in der EU, verbunden mit einem entsprechenden Steueraufkommen, für die (alten) Mitgliedstaaten zunehmend schwieriger wird. Die Vorhersage, dass die Kapitaleinkommenbesteuerung für die Finanzierung öffentlicher Haushalte in naher Zukunft keine Rolle mehr spielen würde[72], hat sich (bisher) allerdings nicht bewahrheitet. Die Regierungen haben über die Verbreiterung der Bemessungsgrundlage und die Absenkung der Steuersätze bei der Körperschaftsteuer den Aufkommensverfall zunächst in den Griff bekommen.[73]

Die bisher angeführten theoretischen und empirischen Erkenntnisse lassen aber den Schluss zu, dass die Effekte des Steuerwettbewerbs zunehmend mehr Bedeutung für die Politik der Unternehmensbesteuerung in der Europäischen Union erlangen werden.

---

[68] Bach/Wiegard (2002), S. 88.

[69] Vgl. Razin/Sadka/Nam (2005), S. 109ff. Deren Berechnung der effektiven Steuersätze beruht auf dem Ansatz von Hall/Jorgenson (1967) und Auerbach (1983).

[70] Die nominalen Steuersätze für Unternehmen betrugen in 2003 in Estland 0%, in Litauen und Zypern 15%, in Ungarn 18% und in Lettland 19%. Vgl. Razin/Sadka/Nam (2005), S. 111.

[71] Razin/Sadka/Nam (2005), S. 112.

[72] Vgl. Gordon (1992).

[73] Für Deutschland kann im 1. Halbjahr 2006 bei den Einnahmen aus der Körperschaftsteuer ein Zuwachs 3,2 Mrd. EUR bzw. 45,3% im Vergleich zu Vorjahr verzeichnet werden. Vgl. Bundesministerium der Finanzen (2006b), S. 78.

7.3 Harmonisierung der Unternehmensbesteuerung in der Europäischen Union

Die Frage „Steuerwettbewerb oder Steuerharmonisierung?“ wird in der Literatur intensiv und kontrovers diskutiert.[74] Vor dem Hintergrund dieser Diskussion und der im Kapitel 7.1 dargestellten zahlreichen Strategiewechsel der Europäischen Kommission in dieser Sache, kann man Oates (2002a) zustimmen:

> „I find it hard to provide a definite answer based on the existing literature. Instead this is another of those issues where the economist is likely to respond 'On the one hand, this... and on the other hand, that...'.“[75]

Da es offensichtlich gute Argumente für und gegen Steuerharmonisierung gibt, gilt es die der Argumentation zugrunde liegenden Zielsetzungen offen zu legen. Geht es primär um die Beschränkung eines von Eigeninteresse geleiteten Staates oder vertritt man die Meinung, dass an der Wohlfahrt orientierte Politiker durch Steuerwettbewerb an der optimalen Bereitstellung öffentlicher Güter gehindert wird. In der politischen Diskussion werden diese grundlegenden Annahmen häufig nicht offen gelegt.

> „Because it involves two fundamentally different views of government, the controversy on the vices and virtues of tax competition can easily degenerate into an unproductive exchange of political articles of faith.“[76]

Im Folgenden sollen im Zusammenhang mit der geplanten Reform der Unternehmensbesteuerung auf der EU-Ebene einige Argumente für eine Harmonisierung vorgestellt werden.[77]

- **Förderung der Funktionsfähigkeit des Binnenmarktes**: Die effizienzorientierte Argumentation der Kommission setzt vor allem an der Verzerrung der Kapitalallokation im Binnenmarkt durch das bestehende heterogene System der Körperschaftsteuer in der Europäischen Union an. Eine effiziente Verwendung der Ressourcen sei nur dann gegeben, wenn die Kapitalallokation der Unternehmen nicht durch steuerliche Regelungen in den Mitgliedstaaten verzerrt wird. Investitionsprojekte, deren Nettorenditen inferior sind sollen nicht aufgrund steuerlicher Effekte als rentable Investitionen erscheinen.[78] Ebenfalls wird durch die heterogenen Körperschaft-

[74]Für einen Überblick über die aktuelle Diskussion siehe etwa Zodrow (2003).

[75]Oates (2002a), S. 387.

[76]Sørensen (2004), S. 104.

[77]Vgl. dazu auch Mintz (1999).

[78]Steuerarbitrage ist für die heterogene Besteuerungspraxis in den 25 Mitgliedsländern symptomatisch. Steuerarbitrage in der EU zielt auf das Ausnutzen unterschiedlicher Besteuerungsbedingungen in den Mitgliedstaaten durch Ansiedlungsentscheidungen bzw. Verrechnungspreisstrategien der Unternehmen. Unternehmen können in gewissem Maß Steuerarbitrage betreiben und die Standortentscheidungen für Mutter- und Tochtergesellschaften an die günstigsten Regelungen anpassen. Vgl. Lannoo/Levin (2002), S. 9. Steuerpflichtige Gewinne aus mulitnationalen Konzernen können beispielsweise mittels Verrechnungspreistechniken (in einem gewissen Ausmaß) in Niedrigsteuerländer verlagert werden. Vgl. auch Genschel (2000), S. 8f.

steuersysteme die Wahl der Finanzierungs- sowie der Rechtsform der Unternehmen verzerrt.

- **Internalisierung (horizontaler) fiskalischer Externalitäten**: Wenn durch die unterschiedliche Besteuerung von Unternehmensgewinnen in der EU eine Abwanderung der Steuerbasis ausgelöst wird und suboptimal niedrige Steuersätze auf mobiles Kapital resultieren, so kann auf Basis der Steuerwettbewerbsliteratur durchaus für eine Harmonisierung der Besteuerung plädiert werden. In der EU ist tendenziell eine Abwärtsentwicklung im Rahmen der unkoordinierten Besteuerung von Unternehmensgewinnen zu beobachten, ineffizient niedrige Steuersätze und damit ineffizient niedrige Bereitstellungsniveaus öffentlicher Güter sind den empirischen Untersuchungen folgend derzeit aber eher nicht zu beobachten.[79]

- **Minimierung der administrativen Kosten und der compliance costs**: Die Zurechnung von steuerlich relevanten Bemessungsgrundlagen auf die verschiedenen Unternehmensteile, die in mehreren Mitgliedstaaten aktiv sind, ist sehr kompliziert und erfordert hohe Kontrollkosten.[80] Dazu Fuest/Huber/Mintz (2005):

  > „The other issue is that it is increasingly difficult to impose a tax on income earned in a jurisdiction by a growing multinational sector in a more integrated global economy. New technology and financial transactions makes it more problematical to define profits earned in one country alone. [...] Nonetheless, administrative practices will require considerable co-operation amongst governments if they are to maintain the corporate income tax. Alternatively, governments might need to look for alternative taxes on businesses."[81]

  Slemrod (1995) beurteilt die aufwändige Zurechnung weitaus drastischer:

  > „The location of the income of an integrated global enterprise ... is a conceptual nightmare".[82]

  Für die Unternehmen ist durch eine Abschaffung der fünfundzwanzig unterschiedlichen Körperschaftsteuersysteme im Rahmen der EU-Steuer-Einführung ebenfalls eine deutliche Senkung der compliance costs verbunden. Die EU-Körperschaftsteuer

[79] Wie Kapitel 7.2.2, S. 147, entnommen werden kann, ist ein „race-to-the-bottom" nach Zodrow/Mieszkowski (1986) und Wilson (1986) bisher allerdings ausgeblieben. Nach Kelders/Köthenbürger (2005) ist bei der dezentralen Besteuerung von Kapital eher ein race to the top- als in ein race to the bottom-Verhalten zu konstatieren. Sie führen dabei die Entwicklung in der Unternehmensbesteuerung in Deutschland an, die auf der föderalen Ebene zunehmend an Bedeutung verliert, während die Gewerbesteueraufkommen der Kommunen steigen.

[80] Mittels Transferpreismanipulationen kann der anfallende Gewinn in den einzelnen Mitgliedstaaten derart manipuliert werden, so dass die Besteuerung in einem Niedrigsteuerland anfällt. Zur Problematik der Transferpreise und der Steuervermeidung siehe Fuest/Huber/Mintz (2005), S. 20ff.

[81] Fuest/Huber/Mintz (2005), S. 56.

[82] Slemrod (1995), S. 484.

ist damit im Vergleich zur Sitzland-Besteuerung (oder anderen Optionsmodellen[83]) vorteilhaft. Bei der Sitzland-Besteuerung ist für die Unternehmen zumindest die Kenntnis der fünfundzwanzig unterschiedlichen Systeme für eine optimale Steuerplanung Voraussetzung.

- **Europäisches Gesellschaftsrecht**: Eine Harmonisierung kann auch mit dem am 1.10.2004 in Kraft getretenen Statut der Europäischen Gesellschaft (Societas Europaea)[84] und des damit begründeten einheitlichen europäischen Gesellschaftsrechts gerechtfertigt werden. Eine einheitliche steuerliche Behandlung der Societas Europaea wäre für die Etablierung dieser Gesellschaftsform vorteilhaft. Im Rahmen der Europäischen Unternehmensteuerkonferenz 2002 erklärten Vertreter der Unternehmen nahezu geschlossen, dass das „*Statut der Europäischen Gesellschaft ohne eigene steuerliche Regelung [...] kaum von praktischem Nutzen wäre*“.[85]

Die oben aufgeführten Argumente für eine Harmonisierung der Körperschaftsteuer können zur Rechtfertigung einer stärkeren Harmonisierung der Steuerbemessungsgrundlage in der EU herangezogen werden. Daraus eine noch weitere Einschränkung des Steuerwettbewerbs durch die Harmonisierung der Steuersätze im Rahmen der EU-Körperschaftsteuer zu begründen, erscheint überzogen. Eine Voll-Harmonisierung der Körperschaftsteuersätze in der Europäischen Union würde den Wettbewerb um Direktinvestitionen nahezu völlig unterbinden bzw. noch intransparenter (über andere Standortfaktoren) stattfinden lassen. In der Vollharmonisierungslösung fehlt in jedem Fall ein Gegengewicht zu den am Eigeninteresse orientierten Politikern, die zu überhöhten Steuersätzen neigen.[86]

7.4 Eignung der Körperschaftsteuer als EU-Steuer

7.4.1 Ökonomische Effizienz

Wie auch schon im Rahmen der Bewertung der EU-Mehrwertsteuer und der EU-CO_2-/Energiesteuer ist bei der Beurteilung der Effizienzwirkungen der EU-Körperschaftsteuer zunächst auch die Problematik der entstehenden vertikalen fiskalischen Steuerexternalitäten anzuführen. Auch bei dieser Steuerart ist ein konkurrierender Zugriff auf die Steuerbasis durch die EU-Ebene und die mitgliedstaatliche Ebene zu erwarten. Die Zuweisung der alleinigen Besteuerungshoheit an die EU-Ebene wird wie im Fall der EU-CO_2-/Energiesteuer auch zu vertikalen Steuerexternalitäten führen, da die Mitgliedstaaten weiterhin die Möglichkeit haben, über andere Formen der Besteuerung von Unternehmensgewinnen auf die Bemessungsgrundlage der EU-Körperschaftsteuer

[83] Siehe Kapitel 7.1.2, S. 136.

[84] Vgl. Rat der Europäischen Union (2001).

[85] Europäische Kommission (2003a), S. 28.

[86] Siehe auch Lannoo/Levin (2002), S. 17f. Einige Vorschläge betonen auch die Notwendigkeit einer internationalen Wettbewerbsordnung. Vgl. Müller (2001).

zuzugreifen.[87] Eine vollständige Überlappung der Bemessungsgrundlagen ist zwar unwahrscheinlich, was den durch die vertikale fiskalische Externalität ausgelösten Effekt allerdings nur abmildert. Die Einführung einer EU-Körperschaftsteuer muss auf Basis der Theorie der fiskalischen Externalitäten daher zunächst abgelehnt werden.

Aufgrund der durch die Kapitalverkehrsfreiheit garantierten Freizügigkeit der Bemessungsgrundlage auch über die EU-Grenzen hinaus muss bei einer EU-Körperschaftsteuer das gleichzeitige Auftreten von vertikalen und horizontalen fiskalischen Externalitäten genauer analysiert werden. Die EU steht auch nach der Einführung einer EU-Körperschaftsteuer mit dem Rest der Welt im Wettbewerb um Kapital.[88]

Die Einführung der EU-Körperschaftsteuer könnte allerdings auch positive Effekte auslösen. Mit der Verlagerung von Unternehmen(-szentralen) nach ausschließlich steuerlichen Gesichtspunkten kann eine ineffiziente Allokation des Kapitals resultieren, wenn eine Angleichung der Vor-Steuer-Renditen nicht erfolgt.[89] Ökonomisch effiziente Steuersysteme sollten idealerweise den wirtschaftlichen Entscheidungsprozess nicht verzerren, sondern „neutral" sein. Unterschiede in der Effektivbelastung können Wohlfahrtskosten verursachen, wenn in der Folge wirtschaftliche Tätigkeiten nicht vom kostengünstigsten Hersteller am kostengünstigsten Standort (vor Steuern) durchgeführt werden können. Wird ein Standort lediglich durch Unterschiede in den Steuersystemen gewählt, so kann dies dazu führen, dass die Waren zu höheren Kosten (vor Steuern) produziert werden.[90] Die einheitliche Bemessungsgrundlage und der einheitliche Steuersatz auf Unternehmensgewinne bei einer EU-Körperschaftsteuer schließt eine unterschiedliche Behandlung von Mutter- und Tochtergesellschaften in der EU aus. Mit der Harmonisierung von Bemessungsgrundlage und Steuersatz werden Investitionsentscheidungen demnach auch nicht mehr steuerbedingt verzerrt.[91] Die einheitliche Bemessungsgrundlage würde die Neutralität der Kör-

[87]In Deutschland kann z.B. die Gewerbesteuer angeführt werden. Diese mindert zwar als Betriebsausgabe den steuerlichen Gewinn des Körperschaftsteuer-pflichtigen Unternehmens, dennoch führt eine autonome Steuersatzänderung einer Ebene über die Elastizität der Steuerbasis zu einer Externalität.

[88]Der Vertrag über die Europäische Gemeinschaft bezieht in den Bestimmungen zur Kapitalverkehrsfreiheit explizit den Kapitalverkehr mit Drittländern (Nichtmitgliedsländern) ein. Art. 56 Abs. 1 EGV: „Im Rahmen der Bestimmungen dieses Kapitels sind alle Beschränkungen des Kapitalverkehrs zwischen den Mitgliedstaaten sowie zwischen den Mitgliedstaaten und dritten Ländern verboten." Der freie Kapitalverkehr kann gemäß Art. 57 Abs. 2 EGV unter bestimmten Umständen mit qualifizierter Mehrheit eingeschränkt werden. Maßnahmen, die „im Rahmen des Gemeinschaftsrechts für die Liberalisierung des Kapitalverkehrs mit dritten Ländern einen Rückschritt darstellen, bedürfen der Einstimmigkeit." Die Problematik hat sich insbesondere im Rahmen der Harmonisierung der Besteuerung von Zinserträgen in der EU gezeigt. Die noch stärker mobilen Portfolioinvestitionen sind mit einer EU-Regelung nicht zu erfassen. Man hat sich im Rahmen langwieriger Verhandlungen allerdings mit bedeutenden Kapital importierenden Ländern wie der Schweiz, Liechtenstein, Andorra, Monaco und San Marino sowie den USA und verschiedenen „Steuerparadiesen" über u.a. einen Informationsaustausch geeinigt. Die Richtlinie 2003/49/EG des Rates (Vgl. Rat der Europäischen Union (2003c)) ist zum 1.1.2004 von den Mitgliedstaaten in innerstaatliches Recht umzusetzen und ab dem 1.1.2005 anzuwenden.

[89]Vgl. Tanzi/Bovenberg (1990), S. 178ff.

[90]Vgl. Europäische Kommission (2001d), S. 2. Siehe auch Sachverständigenrat zur Begutachtung der gesamtwirtschaftlichen Entwicklung (2003), S. 324.

[91]Vgl. Sørensen (2004), S. 93.

perschaftsbesteuerung verbessern, da die Gewinn- und Verlustverrechnung dann EU-weit möglich wäre.

➪ Der EU-Körperschaftsteuer-Vorschlag wird daher aus Effizienzgesichtspunkten insgesamt als nur bedingt geeignet eingestuft.

7.4.2 Verteilungswirkungen

Die Verteilungswirkungen der Körperschaftsteuer für Individuen und Haushalte sind nur schwer zu bestimmen. Die bisherigen Untersuchungen kommen zu keinen eindeutigen Ergebnissen, da für die Körperschaftsteuer - wie grundsätzlich für Gewinnsteuern - gilt, dass die Belastungswirkungen der Individuen und Haushalte durch diese direkte Steuer zum einen von den in der Untersuchung getroffenen Überwälzungsannahmen[92] und zum anderen von der Richtung der Überwälzung (niedrigere Löhne, höhere Preise, Belastung der Kapitaleigner) abhängen. Für die Bewertung der EU-Körperschaftsteuer wird der Aspekt der Verteilungswirkungen für Individuen und Haushalte daher nicht vertieft.[93]

Die Einigung auf eine einheitliche Bemessungsgrundlage mit einheitlichen Steuersätzen im Rahmen der EU-Steuer impliziert aber auch Verteilungswirkungen durch die Änderung der Steueraufkommen für die Mitgliedstaaten. Während der durchschnittliche Anteil des Aufkommens aus der Körperschaftsteuer in % des BNE zwischen 1995 und 2002 für die EU-25 bei 2,55% lag, kann für einzelne Mitgliedstaaten ein deutlich höherer Anteil festgestellt werden. Luxemburg (7.84%), Zypern (4.57%), Niederlande (4.21%), Tschechien (4.08%), Finnland (4.06%), Irland (3,93%), Portugal (3.47%), Großbritannien (3.27%), Griechenland (3.23%) und Italien (3.12%) liegen deutlich über dem EU-Durchschnitt und müssen somit zunächst mit Einbußen an Steueraufkommen durch die EU-Steuer rechnen.[94] Da das Körperschaftsteueraufkommen nach dem Kommissions-Vorschlag den Finanzbedarf der EU übersteigen würde[95], ist zudem ein Rückverteilungschlüssel für das überschüssige Aufkommen an die Mitgliedstaaten notwendig.[96] Die Verteilungswirkungen für die Mitgliedstaaten hängen demnach im Wesentlichen von der Einigung auf eine Rückverteilungsformel ab. Die tatsächlichen Belastungswirkungen sind daher schwer abzuschätzen.

In einer statischen Betrachtung der Einführung einer EU-Körperschaftsteuer sind auch die Reaktionen von Unternehmen auf die Harmonisierung der Bemessungsgrundlage nicht einbezogen. In dynamischer Sicht ist mit Verlagerungen von Unternehmen aus dem EU-Raum oder innerhalb der EU mit einer noch nicht abschätzbaren Reallokation der Ka-

[92] Vgl. zu dieser Problematik etwa Grüske (1978), S. 113ff.

[93] Dazu Bohnet (1999), S. 202:„Die Wissenschaft ist damit bis heute nicht in der Lage, dem interessierten Verteilungspolitiker zuverlässige Wirkungsaussagen zur Verfügung zu stellen. Diesen verbleibt damit ein breiter Spielraum für eigene Annahmen über die Verteilungswirkungen von Gewinnsteuern."

[94] Vgl. Europäische Kommission (2004e), S. 56.

[95] Siehe Kapitel 7.4.5, S. 158.

[96] Eine von der Intention vergleichbare Formellösung wird auch für die Vorstöße der Europäischen Kommission bei ihren Reformbemühungen zur Harmonisierung der Körperschaftsteuerbemessungsgrundlage vorgeschlagen.

pitals und entsprechenden Verteilungswirkungen zu rechnen.[97] Staaten an der Peripherie der EU und nur unterdurchschnittlich ausgebauter Infrastruktur würden mit hoher Wahrscheinlichkeit durch die Vereinheitlichung der Steuersätze und der Steuerbasis eine Standortverschlechterung hinsichtlich der Attraktion von Direktinvestitionen hinnehmen müssen.

➪ Eine Bewertung der EU-Körperschaftsteuer auf Basis der Verteilungswirkungen hängt wesentlich von noch nicht verhandelten Rahmenbedingungen ab und liefert zum aktuellen Zeitpunkt noch keine aussagekräftigen Ergebnisse.

7.4.3 Harmonisierungsbedarf

Der Harmonisierungsbedarf stellt den zentralen Schwachpunkt der EU-Körperschaftsteuer dar. Wie den bisherigen Ausführungen entnommen werden kann, ist bis heute die Bemessungsgrundlage der Körperschaftsteuer trotz intensiver Bemühungen der Europäischen Kommission in nicht nennenswertem Umfang harmonisiert worden.

Es gibt große Anstrengungen der Generaldirektion Steuern und Zollunion der Europäischen Kommission in Bezug auf die Harmonisierung der Körperschaftsteuer (z.B. Schaffung einer einheitlichen, konsolidierten Bemessungsgrundlage). Diese Bemühungen laufen aber nicht immer konform mit dem Vorschlag der Generaldirektion Finanzplanung und Haushalt zur Schaffung einer EU-Körperschaftsteuer im Rahmen der Reform der EU-Finanzierung.

Fortschritte bei der Harmonisierung vollziehen sich nur sehr langsam und bergen erhebliches Konfliktpotenzial. Die Chancen auf eine Einigung der Mitgliedstaaten auf eine Harmonisierung der Körperschaftsteuer-Bemessungsgrundlage in naher Zukunft sind als äußerst gering einzustufen, was sich somit auch gleichermaßen negativ auf die Chancen der Einführung einer EU-Körperschaftsteuer auswirkt.

Begründet in den (politischen) Schwierigkeiten, eine gemeinsame Bemessungsgrundlage - als Grundvoraussetzung für die Einführung einer EU-Steuer - zu etablieren, hält sich die Kommission mit konkreten Vorhersagen zum Zeitrahmen demnach auch zurück.

➪ Mit Blick auf den Harmonisierungsbedarf ist die EU-Körperschaftsteuer nicht geeignet.

7.4.4 Administrative Kosten und compliance costs

Die Einführung einer EU-Körperschaftsteuer würde für die mitgliedstaatlichen **Steuerverwaltungen** zu einer deutlichen Entlastung führen. Durch die Vollharmonisierung von

[97] Zentrales Problem bei der Abschätzung von Verteilungswirkungen für die Mitgliedstaaten ist die dynamische Wirkung der EU-Steuer-Einführung. Die Reaktionen der Unternehmen (Änderungen der Investitionsstrategie und Unternehmensstruktur) bei alternativen Formelvarianten sind nur schwer abzuschätzen.

Steuerbasis und Steuersatz entfällt die Zurechnung der Bemessungsgrundlagen auf unterschiedliche Mitgliedstaaten für jene Unternehmen, die EU-weit tätig sind. Die Einhaltung des Fremdverkehrsprinzips[98] bei der Prüfung der Transferpreiskalkulation der Unternehmen verursacht bisher hohe Kosten, da bei den Unternehmen strenge Dokumentationsvorschriften einzuhalten sind und bei den Steuerverwaltung die Prüfung der Dokumentationen und die Beschaffung von relevanten Vergleichsdaten sehr aufwändig ist. Während die Steuerverwaltungen im gegenwärtigen System damit beschäftigt sind, das im Inland zu versteuernde Einkommen festzustellen und unter der Transferpreisproblematik leiden, würden mit einer EU-Körperschaftsteuer nur noch weltweit, über die EU-Grenzen hinaus agierende Unternehmungen diesen Prüfaufwand erfordern. Die separate Rechnungslegung für den EU-Binnenmarkt würde wegen der Betrachtung der gesamten EU-Steuerbemessungsgrundlage entfallen.

Sandford/Godwin/Hardwick (1989) berechnen in ihrer Studie für Großbritannien, dass gemessen am Steueraufkommen die Körperschaftsteuer mit 0,52% nur relativ geringe administrative Kosten erzeugt.[99] Auch Grüske (1991) sieht nach Berechnung des Kosten-Steuer-Quotienten von 0,45 diese Steuerart als vergleichsweise „günstige“ Steuer an. Grüske weist aber bereits auf die Problematik hin, dass der vermeintliche Vorteil der Körperschaftsteuer durch das (zum Zeitpunkt der Studie vergleichsweise) hohe Aufkommen erzeugt wird. Wenn - wie in jüngster Zeit zu beobachten - das Aufkommen aus der Unternehmensbesteuerung rückläufig ist und Unternehmen sich der Besteuerung entziehen können, dann schlagen die hohen Verwaltungskosten der Körperschaftsteuer durch und die Steuerart wird deutlich „teurer“. Die Reaktion der von Abwanderung betroffenen Mitgliedstaaten, die Bemessungsgrundlage zu erweitern, führt dann wiederum zu höheren administrativen Kosten (z.B. Kontrollkosten) und erhöhten compliance costs (z.B. Kosten der Steuerplanung).

Studien zu Schätzungen der **compliance costs** bei der Körperschaftsteuer kommen für die USA und Australien auf eine Größenordnung von 3,2% [100] und für Kanada auf 2,7% der Steuerschuld.[101] Für die Niederlande sind 4%[102] und für Großbritannien auf 2,2% des Körperschaftsteueraufkommens zu beobachten.[103]

Nach Grüske (1991) können grundsätzlich für die Körperschaftsteuer aufgrund der detaillierten und aufwändigen Steuerberechnungen und Steuerplanungsbemühungen hohe compliance costs angenommen werden.[104] Sandford/Godwin/Hardwick (1989) bestätigen das Ergebnis in ihrer Studie für Großbritannien. Gemessen am Steueraufkommen erzeugt

[98] Auch als armŠs length-Prinzip bezeichnet. Interne Verrechnungspreise sind demnach so anzusetzen, wie sie voneinander unabhängige Dritte unter gleichen oder ähnlichen Verhältnissen vereinbart hätten.

[99] Vgl. Sandford/Godwin/Hardwick (1989), S. 192.

[100] Vgl. Slemrod/Blumenthal (1993) für die USA und Pope/Fayle/Chen (1990) für Australien.

[101] Vgl. Erard (1997).

[102] Vgl. Allers (1994).

[103] Vgl. Sandford (1995).

[104] Vgl. Grüske (1991), S. 53. Die Ergebnisse von Sandford/Godwin/Hardwick (1989), S. 147, lassen auf eine überproportionale Belastung vor allem der kleineren Unternehmen schließen.

die Körperschaftsteuer mit 2,74% nach der Mehrwertsteuer (3,69%) und der Einkommensteuer (3,40%) die dritthöchsten compliance costs.[105]

Die compliance costs einer EU-Körperschaftsteuer sind im Vergleich zur gegenwärtigen Situation einer nahezu unkoordinierten Besteuerungspraxis bei der Unternehmensbesteuerung allerdings mit hoher Wahrscheinlichkeit überlegen.[106] Die EU-Steuer würde die Koexistenz von fünfundzwanzig Steuersystemen im europäischen Binnenmarkt aufheben und die dadurch verursachten Befolgungskosten deutlich reduzieren. Die Unternehmen haben derzeit einen Anreiz, einen Teil ihrer Ressourcen für die optimale Planung von Steuerzahlungen - im Wesentlichen für die Transferpreiskalkulation - zu verwenden. Das ökonomische Problem dabei ist: „*The activity of tax planning is unproductive and economically inefficient.*“[107]

Multinationale Unternehmen wären im Rahmen einer EU-Körperschaftsteuer mit einer EU-weit einheitlichen Bemessungsgrundlage und einheitlichen Steuersätzen im Rahmen ihrer EU-Aktivitäten nicht mehr mit einer aufwändigen Steuerplanung konfrontiert. Die Kommission vermutet ebenfalls, dass diese Kosten bei großen multinationalen Konzernen durchaus beträchtliche Größenordnungen annehmen können.[108]

➪ Administrative Kosten und compliance costs sprechen für die Einführung der EU-Körperschaftsteuer.

7.4.5 Ergiebigkeit und Konjunkturabhängigkeit des Steueraufkommens

Die Aufkommenserwartungen der Europäischen Kommission orientieren sich am durchschnittlichen Körperschaftsteueraufkommen in den EU-25-Mitgliedstaaten im Zeitraum 1995-2002. Gemessen am Bruttonationaleinkommen der EU-25 wird demnach von durchschnittlich 2,6% ausgegangen. Entsprechend der aktuell gültigen Eigenmittelobergrenze von 1,24% des EU-BNE würde die EU-Körperschaftsteuer einen deutlichen Budgetüberschuss auslösen. Die Körperschaftsteuer würde sich somit zur Deckung der Finanzierungsverpflichtungen der EU gut eignen. Ohne Ausweitung der Ausgaben der EU würde das hohe Aufkommen allerdings - wie bereits angedeutet - eine Lösung für eine gerechte Rückverteilung des überschüssigen Aufkommens an die Mitgliedstaaten erfordern.

Die Schwankungen des Steueraufkommens aus der Körperschaftsteuer im Zeitablauf lassen auf eine höhere Konjunkturreagibilität als die anderen von der Kommission vorgeschlagenen Steuerarten schließen[109], was sich grundsätzlich nachteilig auf ihre Eignung auswirkt. Bedenken hinsichtlich der konjunkturellen Stabilität des Aufkommens im Zeitablauf können jedoch mit Hinweis auf die Kompensationsmöglichkeiten durch die weiterhin bestehenden Bruttonationaleinkommen-Eigenmittel zurückgewiesen werden.

[105] Vgl. Sandford/Godwin/Hardwick (1989), S. 192.

[106] So auch Europäische Kommission (2001d), S. 400ff. und Sørensen (2004), S. 105.

[107] Lannoo/Levin (2002), S. 9.

[108] Vgl. Europäische Kommission (2001e), S. 74 f.

[109] Sie reagiert über die direkte Kopplung an die Unternehmensgewinne am schnellsten auf konjunkturelle Änderungen. Vgl. Neumark (1970), S. 303.

➪ Die EU-Körperschaftsteuer ist mit Blick auf die Ergiebigkeit und Konjunkturabhängigkeit des Steueraufkommens gut geeignet.

7.4.6 Einfachheit, Transparenz und Fühlbarkeit

Eine EU-Körperschaftsteuer mit der EU-weiten Vereinheitlichung von Bemessungsgrundlage, Steuersatz und Verwaltungsvorschriften bringt eine erhebliche Vereinfachung der Unternehmensbesteuerung in der EU mit sich. Fünfundzwanzig unterschiedliche Steuersysteme würden mit der EU-Steuer vereinheitlicht und nur ein Steuersatz käme zur Anwendung. Die Einfachheit und Transparenz würde sich sowohl für die Steuerverwaltung als auch für die Unternehmen erhöhen.

Dass die erhöhte Einfachheit und Transparenz auch die Fühlbarkeit der EU-Finanzierung durch den EU-Bürger erhöht, muss eher verneint werden. Weniger bei den EU-Bürgern als bei den Unternehmungen würden die Kosten der EU bei der EU-Körperschaftsteuer fühlbar werden. Selbst wenn von einer Überwälzung der Steuerlast über die Preise ausgegangen wird, ist eine sichtbare Verknüpfung zwischen der EU-Steuer und der Belastung der EU-Bürger bei dieser Steuerart nicht gegeben.

➪ Im Hinblick auf die Einfachheit, Transparenz und Fühlbarkeit ist die EU-Körperschaftsteuer insgesamt nur bedingt geeignet.

7.4.7 Politische Durchsetzbarkeit

Der Vorschlag zur Einführung einer EU-Körperschaftsteuer hat mit der in Kapitel 6 vorgestellten EU-Energie-/CO_2-Steuer gemein, dass dafür eine gemeinsame einheitliche Bemessungsgrundlage geschaffen werden müsste, auf die die EU-Ebene mit einem einheitlichen Steuersatz zugreifen kann. Die Mitgliedstaaten verlieren vollständig die Steuerhoheit, was wiederum auch hier als Eingriff in eine der Kernsouveränitäten der Mitgliedstaaten gewertet werden kann.

Die EU-Mitgliedstaaten besitzen allerdings sehr unterschiedliche Einstellungen und Traditionen in Bezug auf ihr Besteuerungs- und Ausgabenverhalten. Trotz des in vielen Mitgliedstaaten verhältnismäßig geringen Steueraufkommens aus der Körperschaftsteuer in Relation zum Gesamtsteueraufkommen, wird der Handlungsspielraum der Regierungen durch die vollständige Abgabe der Steuerhoheit im Rahmen der EU-Körperschaftsteuer spürbar beschnitten. Dies lässt sich auch mit der in vielen Mitgliedstaaten bestehenden besonderen Qualität der Besteuerung von Unternehmen erklären - es gibt offensichtlich „philosophical differences“ in den Mitgliedstaaten[110] im Umgang mit Unternehmensgewinnen.

Ein weiterer Grund für die eher geringe politische Durchsetzbarkeit des Vorschlags ist auch die starke Verflechtung von Einkommen- und Körperschaftsteuer in den Mitgliedstaaten. Es wird befürchtet, dass mit der Einführung einer EU-Körperschaftsteuer in letzter Konsequenz auch ein Harmonisierungsdruck hinsichtlich der mitgliedstaatlichen

[110] Begg/Grimwade (1998), S. 118.

Einkommensbesteuerung zu erwarten ist, was die ablehnende Haltung der Mitgliedstaaten noch verstärken dürfte.[111]

Für die 2004 in die EU eingetretenen Mitgliedstaaten bietet sich mit der niedrigen nationalen Besteuerung von Unternehmensgewinnen zudem ein geeignetes finanzpolitisches Instrument, um die Standortentscheidungen von Unternehmen zu beeinflussen. Diese Mitgliedstaaten werden sich gegen eine stärkere Harmonisierung im Vergleich zum status quo wehren, da ihnen Steuerwettbewerb um mobiles Kapital Standortvorteile verschafft. Mit der Einführung einer EU-Körperschaftsteuer ist mit einem Anstieg der Steuersätze in vielen seit 2004 neu beigetretenen Mitgliedstaaten zu rechnen, während für die Mehrheit der alten EU-Mitgliedstaaten bei der Vollharmonisierung der Körperschaftsteuersätze eine Absenkung der Steuersätze droht.[112] Die Mitgliedstaaten, die einen Verlust an Standortqualität und somit Abwanderung der Bemessungsgrundlage zu verzeichnen haben, werden durch die EU-Körperschaftsteuer zwar weniger belastet,[113] die negativen Effekte aus der Verringerung der Standortqualität durch die Vollharmonisierung werden die positiven Effekte aus der Entlastung im Rahmen der EU-Finanzierung jedoch mit hoher Wahrscheinlichkeit übersteigen.

Ein zentraler kritischer Aspekt hinsichtlich der politischen Durchsetzbarkeit ist der im Rahmen der Verteilungswirkungen bereits erwähnte Aspekt der notwendigen Rückverteilung der überschüssigen Steuereinnahmen an die Mitgliedstaaten. Dabei treten Verteilungskonflikte ähnlich der Einführung einer Formellösung im Rahmen der Etablierung einer einheitlichen, konsolidierten Bemessungsgrundlage in der EU auf. Die Mitgliedstaaten werden für ihre Zustimmungsentscheidung ihren gegenwärtigen Anteil (über die Methode der separaten Rechnungslegung) an der Bemessungsgrundlage der Unternehmen mit dem nach Einführung einer EU-Bemessungsgrundlage und Rückverteilung des Überschusses vergleichen. Um die Zustimmung der Mitgliedstaaten zu bekommen, sollte dieser Mechanismus gerecht, transparent und dessen Verwaltung unkompliziert sein. Da nach McLure (2000) die Bestimmung einer Aufteilungsformel „conceptually impossible“ ist, kann damit auf das erforderliche Ausmaß an politischem Verhandlungsbedarf geschlossen werden.[114]

Wie bei allen EU-Steuer-Vorschlägen muss auch hier die Dilemmasituation überwunden werden, dass es immer optimal für einzelne Mitgliedstaaten ist, sich einer Einigung über eine gemeinsame Bemessungsgrundlage und einen einheitlichen Steuersatz zu widersetzen. Die geltende Einstimmigkeit bei Beschlüssen im Rahmen der Besteuerung lässt Raum für Kompensationsforderungen einzelner Mitgliedstaaten als Gegenleistung für das Mittragen des Harmonisierungsschritts.[115] Die Hoffnung von Bach/Wiegard (2002), dass

---

[111] Vgl. Begg/Grimwade (1998), S. 119, Milbrandt (2001), S. 101. Zusätzlich wäre eine Neuverhandlung der Doppelbesteuerungsabkommen notwendig.

[112] Mit Blick auf Steueraufkommen und Steuersätze in vielen alten Mitgliedstaaten kann aber möglicherweise davon ausgegangen werden, dass sich in einigen Staaten im Sinne der Laffer-Kurven-These mit einer Absenkung der Steuersätze eine Erhöhung des Steueraufkommens einstellt.

[113] Vgl. Milbrandt (2001), S. 100.

[114] Vgl. McLure (2000), S. 186.

[115] Die Zustimmung zur Richtlinie 2003/48/EG des Rates (vgl. Rat der Europäischen Union (2003b)) zur Besteuerung von Zinserträgen wurde beispielsweise zunächst von Italien blockiert. Die italienische Regierung hatte ihre Zustimmung an eine Lösung in der Frage einer Überschreitung der Produktionsquote

unter Umständen in einer stark integrierten Europäischen Union der politische Druck einzelne Staaten zum Einlenken bewegen könnte, scheint vor dem Hintergrund der bisherigen Praxis der Europäischen Integration zu optimistisch.[116] McLure (2005) nimmt implizit zur politischen Durchsetzbarkeit der EU-Körperschaftsteuer Stellung, indem er bei seiner Bewertung unterschiedlicher Reformoptionen der Europäischen Kommission den EU-Steuer-Vorschlag nicht weiter ausführt.[117] Die Europäische Kommission selbst rechnet auch nicht mit einem größeren Durchbruch in naher Zukunft bei den Plänen zur Einführung einer gemeinsamen Bemessungsgrundlage, was ebenfalls gegen diese EU-Steuer-Variante spricht.

➪ Die Chancen einer zügigen politischen Realisierung der EU-Körperschaftsteuer sind nur als sehr gering einzuschätzen.

7.5 Zusammenfassung

Einzig mit den Kriterien „Administrative Kosten und compliance costs“ und „Ergiebigkeit“ kann die Wahl der Körperschaftsteuer als EU-Steuer durchweg positiv bewertet werden:

- Der wesentlich verringerte Bedarf an Steuerplanung in den Unternehmen wirkt sich positiv auf die **compliance costs** aus. Außerdem entstehen in den Steuerverwaltungen durch den deutlich reduzierten Prüfaufwand in vielen Fällen geringere **administrative Kosten**.

- Die **Ergiebigkeit** der Körperschaftsteuer in Bezug auf die Finanzierung des EU-Haushalts ist gewährleistet. Hinsichtlich der **Konjunkturabhängigkeit** des Steueraufkommens können Bedenken aufkommen, die allerdings aufgrund der Einbindung in das Eigenmittelsystem mit Traditionellen und Bruttonationaleinkommen-Eigenmitteln wiederum vernachlässigt werden können.

Auf Basis aller anderen Kriterien muss die Einführung der EU-Körperschaftsteuer eher kritisch gesehen werden:

- Eine EU-Körperschaftsteuer kann einen Beitrag zur Verbesserung der Ressourcenallokation in der EU leisten und damit die **ökonomische Effizienz** steigern. Unternehmen würden ihre Investitionsentscheidungen weniger (kostenintensiv) an rein steuerlichen Kriterien ausrichten. Die Nettorenditen der würden Investitionsprojekte wieder in den Mittelpunkt rücken. Diese positiven Effekte könnten allerdings zum Teil bereits über eine Harmonisierung der Bemessungsgrundlage erreicht werden.

für Milch gekoppelt. Vgl. dazu genauer Rehm (2003), S. 1. Das Steuerpaket konnte in der Folge erst mit Verspätung und mit Kompensationsleistungen verabschiedet werden.

[116]Vgl. Bach/Wiegard (2002), S. 100.

[117]Vgl. McLure (2005), S. 33. Auch Sørensen (2004) verzichtet aus eben diesem Grund auf eine ausführliche Würdigung dieser Reformvariante der Kommissionsstudie von 2001. Dazu Sørensen (2004), S. 93, in Bezug auf die politische Dimension des EU-Steuer-Vorschlags:„Since a European Union Company Tax would mark a significant step towards a federal Europe for which most European politicians are not yet ready, I will limit the discussion.“

Die Harmonisierung des Steuersatzes stellt daher eine übermäßige Einschränkung des Steuerwettbewerbs dar, der hinsichtlich seiner „Kontrollfunktion" auch positive Wirkungen entfaltet. Ebenfalls problematisch wirkt sich das Auftreten vertikaler fiskalischer Externalitäten durch einen möglichen (indirekten) Zugriff beider Ebenen auf die Bemessungsgrundlage aus.

- Hinsichtlich der **Verteilungswirkungen** kann bezogen auf Individuen und Haushalte keine eindeutige Aussage getroffen werden. Für die Mitgliedstaaten wird sich erst mit Vorlage eines konkreten Reformentwurfs, der insbesondere eine Aufteilungsregel für die überschüssigen Einnahmen enthält, ein eindeutiges Belastungsbild ergeben, welches schließlich auch die politische Bewertung maßgeblich beeinflussen wird.

- Die **Einfachheit, Transparenz und Fühlbarkeit** der EU-Finanzierung wird durch die EU-Körperschaftsteuer nicht wesentlich verbessert. Sicherlich trägt die Harmonisierung zu einer Vereinfachung der Steuererhebung bei. Die Unternehmensbesteuerung bleibt aber nach wie vor durch eine hohe Komplexität gekennzeichnet, was jedenfalls im Vergleich zur Berechnung der derzeitigen Mehrwertsteuer-Eigenmittel kaum eine Vereinfachung mit sich bringen wird. Darüber hinaus ist die Körperschaftsteuer(-last) nicht nah genug an den EU-Bürgern, um die Kosten der EU-Aktivitäten fühlbar zu machen.

- Wegen des erforderlichen hohen **Harmonisierungsbedarfs** kann die Körperschaftsteuer keinesfalls kurzfristig als Finanzierungsquelle für die EU in Betracht gezogen werden. Insbesondere die Entwicklung einer Formel für die Rückverteilung des überschüssigen Steueraufkommens an die Mitgliedstaaten erscheint mit großen Problemen behaftet. Langfristig wäre sie als ergänzende Einnahmequelle vorstellbar, wenngleich die **politische Umsetzung** dieses Vorschlags kaum realisierbar erscheint.

Kapitel 8

Steuerartübergreifende Kriterien zur Beurteilung der Zuweisung einer Besteuerungshoheit an die EU-Ebene

Im Anschluss an die jeweils spezifische Betrachtung der zur Diskussion stehenden EU-Steuer-Vorschläge in den Kapiteln 5, 6 und 7 wird nun in Kapitel 8 mit weiteren steuerartübergreifenden Kriterien eine Beurteilung der Reformvariante „EU-Steuer“ vorgenommen. Hierbei werden unabhängig von konkreten Steuerarten, Steuersätzen und Bemessungsgrundlagen allgemeine - steuerartübergreifende - Chancen und Risiken einer Übertragung der Besteuerungshoheit an die EU erörtert.

8.1 Steuerartübergreifende Beurteilungskriterien

Zur grundlegenden, steuerartübergreifenden Beurteilung der Verlagerung von Besteuerungskompetenzen in einem föderalen System lassen sich folgende Kriterien anführen, auf die im Weiteren genauer eingegangen wird.

- Subsidiaritätsprinzip,
- Prinzip der fiskalischen Äquivalenz,
- Steuerharmonisierung versus Steuerwettbewerb,
- Demokratische Kontrolle der EU-Ebene,
- Finanzautonomie der EU-Ebene und
- Zentralisierungstendenz durch eine Verlagerung der Besteuerungshoheit an die EU-Ebene.

8.1.1 Subsidiaritätsprinzip

Das im Rahmen der Zuweisung von Kompetenzen in föderalen Systemen häufig angeführte Subsidiaritätsprinzip kann auch auf die Frage der EU-Steuer-Einführung angewendet werden. Das Prinzip entstammt der katholischen Soziallehre und beinhaltet, dass die Erfüllung von Aufgaben in erster Linie durch das Individuum bzw. die Familie als kleinste Einheiten der Gesellschaft erfolgen soll. Die Hilfe übergeordneter Gruppen oder des Staates sollte erst dann zum Tragen kommen, wenn das zu lösende Problem von den unteren Ebenen nicht angemessen bewältigt werden kann. Übertragen auf die EU besagt das Subsidiaritätsprinzip, dass die Union nur tätig werden darf, wenn eine Aufgabe von den einzelnen Mitgliedsstaaten nicht ausreichend wahrgenommen werden kann (Notwendigkeitsklausel) und wenn die Union diese Aufgabe besser erfüllen kann (Besserklausel).

Der EGV bekennt sich in Art. 5 ausdrücklich zum Subsidiaritätsprinzip als Regel zur Verteilung politischer Kompetenzen in der EU. In Art. 5 EGV heißt es:

> „In den Bereichen, die nicht in ihre ausschließliche Zuständigkeit fallen, wird die Gemeinschaft nach dem Subsidiaritätsprinzip nur tätig, sofern und soweit die Ziele der in Betracht gezogenen Maßnahmen auf Ebene der Mitgliedstaaten nicht ausreichend erreicht werden können und daher wegen ihres Umfangs oder ihrer Wirkungen besser auf Gemeinschaftsebene erreicht werden können.“

Das zentrale Problem des Prinzips liegt jedoch in der unterschiedlichen Auslegung. Zum einen kann es als Argument zur Eindämmung zentralstaatlicher Übergriffe der EU-Ebene auf originär mitgliedsstaatliche Zuständigkeiten angeführt werden und zum anderen dient es Befürwortern einer Kompetenzerweiterung der EU-Ebene als Legitimation für eine Aufgabenübernahme der EU, deren Erfüllung bisher in mitgliedstaatlicher Verantwortung lag. Letztendlich hängt der Gehalt des Subsidiaritätsprinzips an der Auslegung unbestimmter Rechtsbegriffe und des Verhältnismäßigkeitsprinzips. Demnach sollten die gewählten Mittel einer politischen Entscheidung in einem vernünftigen Verhältnis zu den verfolgten Zielen stehen.[1]

In Bezug auf die Zuweisung von Einnahmekompetenzen in föderalen Systemen nach dem Subsidiaritätsprinzip sieht McLure folgende Ausprägung des Prinzips:

> “A given tax should be assigned to the lowest level of government that can implement it (or for which it can be implemented) and for which it is not inappropriate.“[2]

Dezentralen Ebenen ist demnach zunächst Vorrang bei der Zuweisung der Steuerhoheit zu gewähren. Dezentrale Ebenen in einem föderalen System sind aber häufig mit Problemen bei der Durchsetzung bestimmter Steuern konfrontiert - z.B. bei Steuern auf

[1] Vgl. dazu auch Gerken et al. (2002), S. 21ff., Sinn (1994), Centre for Economic Policy Research (1993).

[2] McLure (1999), S. 5.

mobiles Kapital durch die lokale Ebene. In diesen Fällen kann die Empfehlung auf Basis des Subsidiaritätsprinzips gegeben werden, die Steuerhoheit auf einer höher gelegenen Ebene anzusiedeln.[3] Dies spiegelt sich auch im Standpunkt der Europäischen Kommission zur Beseitigung von steuerlichen Hindernissen in der Gemeinschaft wider:

> „Member States should remain free to determine their tax arrangements, except where these would lead to major distortions."[4]

Die Beurteilung, wann „major distortions" einen Eingriff in die mitgliedstaatliche Besteuerungshoheiten rechtfertigen, bleibt letztlich der Politik in Anwendung des Verhältnismäßigkeitsgrundsatzes vorbehalten.

⇨ Eine Verlagerung einer Besteuerungshoheit auf die EU-Ebene lässt sich mit dem Subsidiaritätsprinzip nicht eindeutig begründen.

8.1.2 Prinzip der fiskalischen Äquivalenz

Zur Ermittlung einer effizienten Aufgaben-, Ausgaben- und Einnahmenverteilung im Mehrebenensystem einer Föderation kann das Prinzip der fiskalischen Äquivalenz nach Olson (1969) herangezogen werden. Aus diesem Grundsatz kann gefolgert werden, dass der Kreis der Nutznießer öffentlicher Leistungen dem Kreis der Kostenträger entsprechen sollte. Eine Gebietskörperschaft sollte ihre Ausgaben durch eigene Einnahmen finanzieren können. Aus der verstärkten fiskalischen Eigenverantwortlichkeit der Ebenen entsteht dadurch ein Anreiz zur kostengünstigeren und nachfragegerechteren Aufgabenwahrnehmung.

Voraussetzung für das Erreichen fiskalischer Äquivalenz[5] ist die Umsetzung des Verbundprinzips[6], wonach sich der Kreis von Nutzern, Zahlern, Entscheidungsträgern und Anbietern einer öffentlichen Leistung idealerweise decken sollte. Das Auftreten von Trittbrettfahrern, die eine Leistung konsumieren, ohne für die Kosten voll oder teilweise aufzukommen[7] bzw. das Auftreten von Kostenspillovers dadurch, dass Entscheidungen auf der zentralen Ebene beschlossen werden und nachgelagerte Ebenen, die Kosten zu tragen haben[8], werden dadurch vermieden.

---

[3] In diesem Sinne auch Musgrave (1983), S. 11. Folkers (1999) hingegen legt das Subsidiaritätsprinzip in der Art und Weise aus, dass Mischfinanzierungen, Gemeinschaftsaufgaben und Finanzhilfen in einem föderalen System die Berechtigung abspricht und die Kompetenzen zur Gesetzgebung sowie die Kompetenzen zur verwaltungsmäßigen Durchführung in einer Hand fordert. Vgl. Folkers (1999), S. 255f.

[4] Europäische Kommission (1991). Vgl. dahingehend auch Europäische Kommission (2001f).

[5] Kritisch zur häufigen Gleichsetzung des Prinzips der fiskalischen Äquivalenz und des Verbundprinzips Blankart (2005), S. 607.

[6] Vgl. Blankart (2005), S. 607f., Zimmermann/Henke (2005), S. 196 und Feld/Schneider (2000), S. 2.

[7] Beispielhaft hierfür kann die unzureichende Bereitstellung von Studienplätzen in einzelnen Bundesländern sein. Durch die Möglichkeit des Studiums in jedem beliebigen Bundesland werden die Kosten der Hochschulausbildung auf andere Bundesländer überwälzt.

[8] Vgl. das Beispiel der Kindergartenplatzbereitstellung bei Blankart (2005), S. 609. Der Bund besitzt die Gesetzgebungskompetenz für das Sozialgesetzbuch VIII und beschließt ohne Berücksichtigung des Konnexitätsprinzips in Paragraph 24 des SGB VIII den Anspruch auf einen Kindergartenplatz. Den Kommunen werden damit die vollen Kosteneffekte aufgebürdet.

Die Präferenzen der Nutzer und Zahler wirken sich im Verbund Effizienz steigernd auf die Entscheidung über das Niveau und das Angebot öffentlicher Leistungen aus. Die Bürger sind sich den entstehenden Kosten bewusster und können über Wahlhandlungen entsprechende politische Konsequenzen erwirken.

Kritisch in Bezug auf die mangelnde Realisierung des Prinzips der fiskalischen Äquivalenz in Bezug auf die Finanzbeziehungen in Deutschland - wobei sich die Aussage ohne Probleme auf die EU-Ebene übertragen lässt - äußert sich Blankart (2005):

> „Im heutigen Föderalismus bezahlt jeder für jeden. Die Finanzbeziehungen unter Gebietskörperschaften gleichen einem gordischen Knoten. Vor Ort werden Steuern eingezogen, diese werden teilweise oder ganz an Land und Bund überwiesen, von dort wieder zurückverteilt an die Länder und von den Ländern an die Gemeinden. ... Wer netto aus diesem Gewirr von Steuern und Subventionen profitiert, ist kaum zu erkennen. Daher hat jeder einen Anreiz, auf Kosten des anderen zu leben.“[9]

Dem Prinzip der fiskalischen Äquivalenz streng folgend, ist für jede Ebene von einer Deckung der Ausgaben durch eigene Einnahmen auszugehen. So wird häufig die Forderung nach Einnahmeautonomie der EU-Ebene zur Finanzierung der von ihr wahrgenommenen Aufgaben begründet. Die EU-Ebene sollte für ihre finanzpolitischen Entscheidungen verantwortlich sein und Rechenschaft darüber ablegen müssen.[10] Ohne zumindest teilweise über eigene Einnahmequellen zu verfügen, ist das nur bedingt möglich.[11]

Die Bewertung der EU-Steuer auf Basis des Prinzips der fiskalischen Äquivalenz erfordert letztendlich eine Aussage dahingehend, ob und in welchem Ausmaß das gegenwärtige - eher auf Beiträgen durch die Mehrwertsteuer-Eigenmittel und die Bruttonationaleinkommen-Eigenmittel gestützte - Finanzierungssystem nicht mit dem Prinzip vereinbar ist. Der EU-Ebene werden durch das Verfahren der Eigenmittelbeschlüsse über einen verhältnismäßig langen Zeitraum Finanzmittel zur Verwendung im Rahmen der vertraglichen Ziele zugesichert. Durch die Finanziellen Vorausschauen, die die geplanten Ausgaben über längere Zeiträume projizieren, und die Eigenmittelobergrenze wirkt auf die politischen Entscheidungsträger durchaus ein gewisser Disziplinierungseffekt hinsichtlich der Verwendung der Eigenmittel.

Selbst wenn man von einer Effizienz steigernden Wirkung durch die Einführung einer EU-Steuer und der damit hergestellten fiskalischen Äquivalenz ausgeht, so sind diese positiven Effekte aber immer mit Effizienz mindernden Effekten - insbesondere durch das Auftreten vertikaler Steuerexternalitäten - abzuwiegen. Das Prinzip der fiskalischen Äquivalenz als mögliches Argument für eine EU-Steuer wird weiterhin durch die Einbeziehung

---

[9] Blankart (2005), S. 606.

[10] Zu berücksichtigen ist allerdings, dass der EU-Ebene auch nur Aufgaben zugewiesen werden sollten, deren Nutzenradien sich mit den politischen Grenzen der EU deckt. Die EU als zentrale Ebene sollte sich demnach bei der Bereitstellung von öffentlichen Gütern auf diejenigen mit europäischem Charakter konzentrieren. Öffentliche Güter mit nationalem oder regionalen Wirkungskreis sollten weiterhin in der Verantwortung untergeordneter Ebenen verbleiben.

[11] Vgl. Dahlby (2001), S. 93, McLure (2001), S. 341.

der Aufgaben- und Ausgabenseite der EU - z.B. durch die EU-Agrarpolitik ohne originär europäischen Charakter - geschwächt.[12]

➪ Mit dem Prinzip der fiskalischen Äquivalenz kann grundsätzlich eine Äquivalenz von Einnahmen und Ausgaben auf einer Ebene befürwortet werden. Die Einführung einer EU-Steuer ist damit aber - insbesondere ohne vorherige Reform der Ausgabenseite - allerdings nicht ohne weiteres zu rechtfertigen.

8.1.3 Demokratische Kontrolle der EU-Ebene

Die Verlagerung der Besteuerungshoheit an die EU-Ebene kann auch mit dem Argument abgelehnt werden, dass die erforderliche demokratische Kontrolle auf der EU-Ebene bisher nicht gewährleistet ist. Die Bürger der Europäische Union orientieren sich noch überwiegend an den politischen Strukturen der Mitgliedstaaten, die Interessen (an und) in der Gemeinschaft sind sehr heterogen, eine europäische Öffentlichkeit ist nicht vorhanden und das Europäische Parlament ist mit zu wenig Macht ausgestattet, um eine effektive Vertretung bzw. Budgetkontrolle zu gewährleisten.[13]

Enderlein et al. (2005) bezeichnen das Argument des Demokratiedefizits dagegen als „*technically wrong, since representation could be ensured by the European Parliament*".[14] Auch die frühere Haushaltskommissarin Schreyer argumentierte, dass das Europäische Parlament das einzige demokratisch gewählte Parlament ohne Entscheidungskompetenz auf der Einnahmenseite sei, was aber mit Verweis auf die besondere Historie und den Integrationsstand der Europäischen Union leicht zu entkräften ist.[15]

Eine mehr als symbolische Möglichkeit für die Bürger über Wahlhandlungen die europäische Exekutive zu kontrollieren, ist derzeit nicht gegeben. Allerdings lässt das Ausgabengebaren des Europäischen Parlaments - z.B. im Rahmen der Einigung über die nichtobligatorischen Ausgaben im jährlichen Haushaltsverfahren - eine Budget-disziplinierende Rolle des Parlaments bisher zumindest auch nicht erwarten. In den Verhandlungen um das Volumen des Gesamtetats in der Finanziellen Vorausschau 2007-2013 forderte das Europäische Parlament etwa eine Summe von rund 975 Mrd. Euro - rund 865 Mrd. Euro wurden schließlich vom Rat beschlossen.[16] Zusammenfassend ist festzustellen, dass für die gesamte Ebene „*a well-functioning system of checks and balances*"[17] von Nöten ist, bevor eine Verlagerung der Steuerhoheit angedacht werden kann.

➪ Das gegenwärtig vorliegende institutionelle Gefüge auf der EU-Ebene gewährleistet keine ausreichende demokratische Kontrolle einer EU-Steuerhoheit.

[12]Vgl. Wissenschaftlicher Beirat (1998), S. 31.

[13]Vgl. grundsätzlich zum Demokratiedefizit der EU-Ebene Schachtschneider (1999) und Grimm (1995). Dazu auch Fuest (1995), S. 126f.

[14]Enderlein et al. (2005), S. 15.

[15]Vgl. Schreyer (2001), S. 224f.

[16]Vgl. Europäisches Parlament (2005).

[17]Enderlein et al. (2005), S.15.

8.1.4 Steuerharmonisierung versus Steuerwettbewerb

> „I do not pretend that there are no inconveniences in competition (...). But if competition has its evils, it prevents greater evils.“[18]

John Stuart Mill beschreibt damit die Bedeutung des Wettbewerbs sehr treffend. Für die Umsetzung aller drei EU-Steuer-Vorschläge ist nach den Plänen der Kommission eine Vollharmonisierung der Bemessungsgrundlagen und der Steuersätze vorgesehen.[19] Dies stellt eine umfassende ex-ante Harmonisierung auf Basis europäischer Rechtsakte dar.

Anhänger von Wettbewerbslösungen würden eher eine langfristig angelegte ex-post Harmonisierung („harmonization by competition“) vorziehen, die über Marktanpassungsprozesse ein Entdeckungsverfahren bezüglich der wettbewerbsfähigsten Ausgestaltung des Staates und des Steuersystems einleitet. Mit der Entscheidung zur vollständigen ex-ante Harmonisierung durch die EU-Steuer ist eine Entscheidung gegen einen umfassenden Steuerwettbewerb in der EU [20] im Rahmen der betreffenden Steuerarten gefallen, die unter Umständen mit Wohlfahrtsverlusten verbunden ist.[21]

Wie in Kapitel 7 bereits verdeutlicht kann Steuerwettbewerb verschiedene Funktionen einnehmen.[22] Er kann als Schutzmechanismus der EU-Bürger begriffen werden, der das durch Eigeninteressen und Lobbyismus verzerrte Handeln von Politikern und Bürokraten im Hinblick auf das Niveau und die Zusammensetzung des Angebots öffentlicher Leistungen kontrolliert und beschränkt. Steuerwettbewerb als „*taxpayer's safeguard against exploitation from a revenue-maximizing Leviathan government.*“[23]

Steuerwettbewerb führt somit zur laufenden Hinterfragung und Kontrolle der Notwendigkeiten der Steuererhebung und hilft dabei, Möglichkeiten zur Verbesserung der Steuersysteme aufzudecken. Die unterschiedlichen Präferenzen in einer derart heterogenen Gebietskörperschaft wie der Europäischen Union lassen den Schluss zu, dass auch sehr unterschiedliche Steuersysteme vorliegen können und sollen. Jegliche Einschränkung des Steuerwettbewerbs durch weitreichende Harmonisierung oder eben eine Zentralisierung der Besteuerungskompetenz muss demnach intensiv geprüft werden.[24] Insbesondere wenn Steuerwettbewerb zu einer ineffizient niedrigen Besteuerung und somit einer Unterbereitstellung öffentlicher Güter führt, kann allerdings Handlungsbedarf geboten sein.

Wenn das Funktionieren des Binnenmarktes beispielsweise durch unterschiedliche Umsatz- und Verbrauchsbesteuerung in den Mitgliedstaaten gestört wird oder im Rahmen einer unkoordinierten Umweltbesteuerung Steuerwettbewerb zu einer Konzentration ver-

---

[18] Mill (1909), S. 64.

[19] Bei der EU-Mehrwertsteuer beschränkt sich die Vollharmonisierung auf die Bemessungsgrundlage. Die Mitgliedstaaten können weiterhin in gewissen Bandbreiten ihre Steuersätze selbst bestimmen.

[20] Allgemein zu Steuerwettbewerb und Steuerharmonisierung Caesar (2004), S. 173ff. Siehe auch Mintz/Tulkens (1986, 1990, 1991) und Pesmatzoglou (1995), S. 23.

[21] Zu den Vor- und Nachteilen von Steuerharmonisierung und Steuerwettbewerb in Bezug auf die Einführung einer EU-Steuer siehe Mallossek (1999), S. 232ff.

[22] Siehe Kapitel 7.2.1, S. 144ff.

[23] Sørensen (2004), S. 104.

[24] Vgl. beispielsweise Homburg (2000), S. 289.

schmutzungsintensiver Branchen führt,[25] kann eine gewisse Harmonisierung ratsam sein. Der Harmonisierungsgrad sollte aber immer so niedrig wie möglich gewählt werden, um die positiven Effekte des Steuerwettbewerbs nicht übermäßig zu beschränken.

Ein gewisser Angleichungsdruck bei unterschiedlicher Besteuerung in den Mitgliedstaaten würde sich durch marktliche Anpassungsprozesse auch ohne rechtliche Anstrengungen der EU-Ebene ergeben. Allerdings würden derartige Entwicklungen deutlich langsamer verlaufen.[26]

Mit der EU-Steuer wird der Steuerwettbewerb über Steuersätze und die Bemessungsgrundlage zwischen den Mitgliedstaaten für die jeweilige Steuerart eingestellt. Über die EU-Steuer-Vorschläge ergibt sich die Möglichkeit für die Mitgliedstaaten, die EU-Ebene als Durchsetzungsinstanz für Steuererhöhungen zu missbrauchen.[27] Die Ankündigung von Schreyer (2001) -

> „The design of a new resource will go in hand with the proportional reduction of the national contributions."[28]

- erscheint daher nicht realistisch. Vielmehr ist eine höhere Gesamtbelastung der EU-Steuerbürger im Falle der Einführung einer EU-Steuer zu befürchten.

➪ Insgesamt lässt sich nach Abwägung von Steuerharmonisierungs- und Steuerwettbewerbsargumenten kein überzeugendes Argument für eine vollständige Zentralisierung einer Steuerhoheit in der Europäischen Union ableiten.

8.1.5 Finanzautonomie der EU-Ebene

Eine höhere Finanzautonomie für die EU-Ebene durch die Zuweisung einer „echten" Einnahmenkompetenz wird von Seiten der Europäischen Kommission, die als so genannter „Motor der Integration" unter der mangelnden Finanzautonomie der Eigenmittelbeschlüsse eine Begrenzung ihrer Integrationsbemühungen erfährt, seit langem gefordert. Mit dem EU-Steuer-Vorschlag, der auf lange Sicht eine stabile „echte" Eigenmittelquelle etablieren würde, ginge eine deutliche Reduzierung der Eigenmittelarten mit Beitragscharakter einher.

Auf die positiven Wirkungen einer Verknüpfung von Einnahmen- und Ausgabenkompetenzen auf einer föderalen Ebene wurde bereits im Rahmen des Prinzips der fiskalischen Äquivalenz ausführlich eingegangen. Dem Prinzip, jeder Ebene einer Föderation einen

[25] Das Resultat ist ein ineffizient hoher Verbrauch an verschmutzungsintensiven Gütern. Vgl. Begg/Grimwade (1998), S. 129.

[26] Die unterschiedliche Besteuerung bei Verbrauchsgütern würde - unter Anwendung des Ursprungslandprinzips - beispielsweise zu einer Erosion der Bemessungsgrundlage führen, wenn die Güter und Dienstleistungen in anderen Mitgliedstaaten beschafft werden. Einen Überblick über die Koordinierungsbemühungen der EU im Bereich der direkten und indirekten Besteuerung findet sich bei Patterson et al. (2000) oder Folkers (1998), S. 627ff.

[27] Vgl. Brennan/Buchanan (1980), S. 181ff., Buchanan/Lee (1995), S. 230, Reding/Müller (1999), S. 478.

[28] Schreyer (2001), S. 225

hinreichenden Einfluss auf ihr fiskalisches Schicksal zu übertragen, kann sicherlich grundsätzlich zugestimmt werden. Es muss aber auch bedacht werden, ob finanzielle Autonomie der EU-Ebene nicht auch über eine in der EU-Finanzverfassung festgelegte Einnahmenaufteilung zwischen EU und Mitgliedstaaten erreicht werden kann (z.B. durch Einrichtung eines Steuerverbunds beider Ebenen).

Befürwortet man die Argumentation der Europäischen Kommission und plädiert für eine Stärkung der EU-Ebene, so sollte die Entscheidung für eine EU-Steuer berücksichtigen, dass eine Vollharmonisierung von Steuerbasis und Steuersatz - wie bei der EU-CO_2-/Energiesteuer und der EU-Körperschaftsteuer - vorgesehen, sich nachteiliger auswirkt als ein Zuschlagsrecht im Fall der EU-Mehrwertsteuer. Dieses erhält den Mitgliedstaaten einen gewissen Spielraum, auch weiterhin eigene Steuersätze zu erheben.

➪ Bereits das vorherrschende Eigenmittelsystem garantiert der EU-Ebene ausreichende Mittel zur Umsetzung der vertraglichen Ziele. Die eher politische Forderung der Europäischen Kommission nach Erhöhung der Finanzautonomie stellt kein tragfähiges Argument für eine EU-Steuer dar.

8.1.6 Zentralisierungstendenz durch eine Verlagerung der Besteuerungshoheit

In der Europäischen Union ist in vielen Politikbereichen eine gewisse Zentralisierungstendenz zu beobachten.[29] Der Einfluss der EU-Ebene ist zum einen durch primärrechtliche Kompetenzverlagerungen von den Mitgliedstaaten an die EU begründet und hat auch durch die Wirkung des Sekundärrechts (z.B. Richtlinien und Verordnungen) auf die mitgliedstaatliche Gesetzgebung stark zugenommen.[30] Mit Blick auf die Ausgabenentwicklung in den Finanziellen Vorausschauen und der konstanten Eigenmittelobergrenze ist angesichts des nicht in außergewöhnlichem Maße steigenden EU-Budgets bisher keine haushaltswirksame Zentralisierung der Staatstätigkeit in der EU zu beobachten.

Ob sich Kompetenzverlagerungen von unteren zu höheren Ebenen im Sinne des Popitzschen Gesetzes[31] in föderalen Systemen zwangsläufig ergeben, darüber herrscht in der Literatur Uneinigkeit.[32] Zu beobachten ist aber sicherlich eine Tendenz der EU-Institutionen - insbesondere der EU-Kommission -, Kompetenzen an sich zu ziehen sowie auch eine Tendenz der Verlagerung von - z.T. politisch umstrittenen - Entscheidungskompetenzen der Mitgliedstaaten auf die EU-Ebene.[33]

---

[29]Gerken et al. (2002), S. 112ff. führt dazu an den Interessen der am politischen Prozess beteiligten Akteure ausgerichtet einige Argumente für die Verlagerung von Kompetenzen an.

[30]Vgl. Vaubel (1994).

[31]Vgl. Popitz (1927), Hansmeyer/Zimmermann (1984).

[32]Vgl. die Diskussion darüber, ob Zentralisierung ein Naturgesetz sei, bei Gerken et al. (2002), S. 111, Blankart (2000a), S. 30f. In empirischen Untersuchungen kann Vaubel (1994) einen Beleg für eine Zentralisierungstendenz in den OECD-Staaten finden, während beispielsweise Blankart (1999) für die Schweiz diese These nicht stützen kann. Zu dem grundsätzlich bedeutendem Problem der Messung von De- und Zentralisierungsentwicklungen siehe Panizza (1999).

[33]Vgl. Blankart (2000a), Gerken et al., S. 112ff.

Persson/Tabellini (1997, 2003) sehen die Gefahr, dass das EU-Budget über die spezifische Macht der in den Haushaltsprozess eingebundenen EU-Institutionen zu Lasten der EU-Bürger ausgebeutet werden kann. Dadurch könnten theoretisch Minderheiten (in der EU) systematisch ausgebeutet werden. Enderlein et al. (2005) verweisen zurecht auf die im EU-Kontext auftretenden wechselnden Interessenkoalitionen für spezifische Fragen der Einnahmen- wie Ausgabenseite, die eine dauerhafte Ausbeutung einer Minderheit mit hoher Wahrscheinlichkeit ausschließen.[34] Dennoch ist der bei Zuweisung einer Steuerhoheit auf die EU-Ebene von Interessen geleitete Einfluss auf den Steuersatz und die Mittelverwendung nicht ohne Skepsis zu sehen.[35]

Im Zusammenhang mit einer EU-Steuer und einer möglichen Zentralisierung der Kompetenzen ist weiterhin auf die Gefahr der Kartellbildung[36] im Einnahmen- und Ausgabensektor zu verweisen. Haushaltswirksame Entscheidungen können von den Mitgliedstaaten im Schutz und mit der Durchsetzungskraft der EU-Ebene getroffen werden.[37] Die Kartellhypothese veranschaulicht Blankart (2000) am Beispiel des deutschen Fiskalföderalismus. Um dem unbequemen Steuerwettbewerb zu entgehen, kommt es zwischen Länderregierungen zu Kartellabsprachen. Da ein Steuerkartell aber der Gefahr der Instabilität unterliegt, bedarf es der Absicherung durch eine entsprechende Bundesgesetzgebung. Im Gegenzug wird der Bund am Steuerertrag beteiligt und so folgt der Zentralisierung von Steuern auch eine Zentralisierung von Ausgaben.[38]

So sieht auch der Wissenschaftliche Beirat des Bundeswirtschaftsministeriums (1998) im Gutachten über die Neuordnung des EU-Finanzierungssystems eine besondere Gefahr durch Steuerkartelle, wenn eine EU-Steuer mit einer Vereinheitlichung von Bemessungsgrundlagen und Steuersätzen etabliert würde. Generell besteht bei Verlagerung einer Steuerhoheit an die EU immer auch ein - nicht unbegründetes - Misstrauen gegenüber dem Staat, eine einmal definierte Einnahmequelle kräftig sprudeln zu lassen.[39] Die Gefahr der

[34]Vgl. Enderlein (2005), S. 15. Beispielhaft dafür sind die Koalition der Nettozahler, der Kohäsionsländer oder die der neuen Mitgliedstaaten.

[35]Das Verhältnis von EU und Mitgliedstaaten wird oft mit dem des Deutschen Reichs von 1871 und seinen Bundesstaaten verglichen. Das Deutsche Reich finanzierte sich zunächst auch fast ausschließlich durch Zolleinnahmen und Mitgliedsbeiträge der Einzelstaaten, weshalb gelegentlich davon gesprochen wurde, das Reich sei „Kostgänger der Länder“. Der Integrationsprozess innerhalb des Deutschen Reiches wurde zwar auch zum Teil von einer Verlagerung der Steuerhoheit von den Einzelstaaten auf das Reich begleitet. Allerdings betraf die Verlagerung nur verhältnismäßig unwichtige Steuern. Andere Steuern wurden völlig neu geschaffen (z.B. Zündwarensteuer, Tabaksteuer) - der zentrale Unterschied zur fehlenden Steuerfindungskompetenz der EU - oder umgestaltet - nicht aber von den Ländern auf den Bund verlagert. Gegenüber den Ländern hatte das Reich ein eher schwache Position. Die Länder beharrten somit auch erfolgreich auf der Ertragshoheit an einigen wichtigen direkten Steuern mit hohem Aufkommen. Zeitweise existierten so 27 verschiedene Landeseinkommensteuern nebeneinander. Vgl. z.B. Harold (1997).

[36]Vgl. Brennan/Buchanan (1980), S. 181ff., Buchanan/Lee (1995), S. 230.

[37]Vgl. Blankart (2000a), S. 27f.

[38]Typisch für das Vorliegen eines Steuerkartells sind differenzierte Verteilungsregeln bezüglich des Steuerertrags.

[39]Die Annahme, eine Substitution der Mehrwertsteuer-Eigenmittel durch eine „neue Steuer“ führte zu einer gleich bleibenden Steuerbelastung, kann jedoch kritisch gesehen werden. Die neue EU-Steuer wird in einem institutionell anderem Rahmen und von einer anderen Ebene erhoben. Die Ausübung der Besteuerungsmacht auf der EU-Ebene und die fehlende Bereitschaft der Mitgliedstaaten, Steuern zu

Herausbildung eines europäischen Steuerkartells,[40] das sich auf Basis einer letztlich vollständig harmonisierten Steuerquelle festigt und zu einer Überbeanspruchung des europäischen Steuerzahlers führt, sollte in der EU-Steuer-Diskussion nicht unterschätzt werden.[41] Als Regel empfiehlt Vaubel (1994) daher:

> „The safest way to avoid centralization is to withhold the power to tax and to issue debt from the central government."[42]

➪ Mit der Teilhabe der EU-Ebene an der bisher den Mitgliedstaaten vorbehaltenen Besteuerungshoheit sind gewisse Gefahren hinsichtlich einer weiteren Zentralisierung verbunden. Von der Einführung einer EU-Steuer sollte daher abgesehen werden.

8.2 Zusammenfassung

Das **Subsidiaritätsprinzip** kann als Hilfe bei der Suche nach der geeigneten Ebene zur Ansiedlung einer Steuerhoheit für eine bestimmte Steuerart dienen. Allerdings ist ohne eine Konkretisierung des Prinzips sowohl die Zentralisierung wie auch Dezentralisierung von Kompetenzen mit ihm begründbar, weshalb es sich nicht für eine ausschlaggebende Beurteilung der EU-Steuer-Problematik eignet.

➪ Eine Verlagerung einer Besteuerungshoheit auf die EU-Ebene lässt sich mit dem Subsidiaritätsprinzip nicht eindeutig begründen.

Mit dem **Prinzip der fiskalischen Äquivalenz** kann man einer EU-Steuer durchaus positive Seiten abgewinnen. Dies gilt um so mehr, wenn die Bemessungsgrundlage möglichst gleichmäßig in der EU verteilt wäre und dadurch alle EU-Bürger als Zahler zur Finanzierung der EU-Aktivitäten herangezogen würden. Allerdings kann eine Rechtfertigung einer Steuerhoheit mit diesem Prinzip, wenn zugleich auf der Ausgabenseite mit dem Angebot von Leistungen ohne europäischen Charakter dagegen verstoßen wird, nur schwerlich erfolgen. Der disziplinierende Effekt durch die Herstellung eines Verbunds aus Zahlern, Nutzern, Entscheidern und Anbietern ist aber grundsätzlich positiv zu sehen.

➪ Mit dem Prinzip der fiskalischen Äquivalenz kann grundsätzlich ein Zusammenfallen von Einnahmen- und Ausgabenhoheit auf einer Ebene befürwortet werden. Die Einführung einer EU-Steuer ist - insbesondere ohne vorherige Reform der Ausgabenseite - mit dem Prinzip nicht zu rechtfertigen.

---

senken, resultiert unter Umständen in einer höheren steuerliche Gesamtbelastung nach Einführung der EU-Steuer. Vgl. Brennan/Buchanan 1980, in: Blankart (2006), S. 263, 566.

[40] Vgl. Buchanan/Lee (1995), S. 230., Blankart (2000b), S. 22f.

[41] Befürchtungen dieser Art hegt auch der Wissenschaftliche Beirat beim Bundesministerium für Wirtschaft und Technologie (1998), Abs. 20. Ein Ausweichen der Mitgliedstaaten auf andere Bemessungsgrundlagen ist auch mit Ausweichlasten verbunden und wohlfahrtsökonomisch problematisch. Vgl. Genser (1997), S. 111, der in diesem Zusammenhang auch Konflikte mit dem Ziel „gesunder öffentlicher Finanzen" der Mitgliedstaaten in Art. 4 Abs. 3 EGV sieht (S. 115f.).

[42] Vaubel (1994), S. 179. Vgl. hierzu auch Caesar (2004), S. 160f.

Vor dem Hintergrund des derzeitigen institutionellen Gefüges, des geltenden Haushaltsverfahrens und dem darin enthalten Verantwortungsspielraum des Europäischen Parlaments muss eine Besteuerungshoheit für die EU mit dem Argument mangelnder **demokratischer Kontrolle** der EU-Ebene insgesamt abgelehnt werden.

➪ Das gegenwärtig vorliegende institutionelle Gefüge auf der EU-Ebene gewährleistet keine ausreichende demokratische Kontrolle einer EU-Steuerhoheit.

Hinsichtlich **Steuerharmonisierung versus Steuerwettbewerb** ist eine Entscheidung für das richtige Maß geboten. Ein effizientes Handeln von Mitgliedstaaten in horizontaler und das Zusammenspiel der verschiedenen föderalen Ebenen in vertikaler Perspektive kann zugleich Harmonisierungsmaßnahmen und Steuerwettbewerb erfordern. Das Funktionieren des Binnenmarktes kann etwa durch stark differierende und unkoordinierte Mehrwert-, Energie- und Körperschaftsbesteuerung in den Mitgliedstaaten gestört werden und eine Harmonisierung erfordern. Die Orientierung von Politikern am Eigeninteresse und damit zu hohe Steuersätze kann hingegen ein gewisses Maß an Steuerwettbewerb gebieten. Der Harmonisierungsgrad sollte demnach immer so niedrig wie möglich gewählt werden. Eine Vollharmonisierung von Bemessungsgrundlagen und Steuersätzen im Rahmen der EU-Steuer-Lösung ist daher unverhältnismäßig.

➪ Insgesamt lässt sich nach Abwägung von Steuerharmonisierungs- und Steuerwettbewerbsargumenten kein überzeugendes Argument für eine vollständige Zentralisierung einer Steuerhoheit in der Europäischen Union ableiten.

Das Argument der **Finanzautonomie der EU-Ebene** erscheint eher als ein symbolisches Argument der Europäischen Kommission. Auch mit einer durch eine EU-Steuer erhöhten Finanzautonomie bleibt die EU-Ebene - ohne eine fundamentale Finanzreform der EU - zunächst an die Finanzielle Vorausschau und den Eigenmittelbeschluss sowie die darin festgeschriebene Eigenmittelobergrenze gebunden. Eine Erhöhung des EU-Steueraufkommens wäre schließlich mit einer Verminderung der residualen Bruttonationaleinkommen-Eigenmittel verbunden.

➪ Bereits das vorherrschende Eigenmittelsystem garantiert der EU-Ebene ausreichend Mittel zur Umsetzung der vertraglichen Ziele. Die rein politische Forderung der Europäischen Kommission nach Erhöhung der Finanzautonomie stellt kein tragfähiges Argument für eine EU-Steuer dar.

Hinsichtlich der **Zentralisierungstendenz durch eine Verlagerung der Besteuerungshoheit an die EU-Ebene** kann zwar von einer Beförderung der Zentralisierung von (Einnahme-)Kompetenzen durch die Einführung einer EU-Steuer nicht mit Sicherheit ausgegangen werden, insbesondere zum gegenwärtigen Integrationsstand und unter Fortbestehen der Eigenmittelbeschlüsse. Die Gefahr der Herausbildung eines europäischen Steuerkartells, das sich auf Basis einer letztlich vollständig harmonisierten EU-Steuerquelle festigt und zu einer Überbeanspruchung des europäischen Steuerzahlers führt, darf allerdings nicht unterschätzt werden.

➪ Mit der Teilhabe der EU-Ebene an der den Mitgliedstaaten vorbehaltenen Besteuerungshoheit sind gewisse Gefahren hinsichtlich einer weiteren Zentralisierung verbunden. Eine EU-Steuer kann daher nicht befürwortet werden.

Kapitel 9

Ergebnisse, Politikempfehlungen und Ausblick

Zur Beantwortung der im Zentrum dieser Arbeit stehenden Frage „*Sollte die EU eine eigene Steuer erheben?*“ werden im folgenden Schlusskapitel zunächst die dafür maßgeblichen Ergebnisse aus den einzelnen Kapiteln zusammengefasst und für eine darauf aufbauende Politikempfehlung verdichtet.

Im Mittelpunkt des Kapitels 9.1 steht dabei die Beantwortung der folgenden Fragestellungen aus der Einführung:

1. Rechtfertigen die Mängel des gegenwärtigen Finanzierungssystems der Europäischen Union eine grundlegende Reform?

2. Welche ökonomischen und politischen Kriterien eignen sich konkret für die Beurteilung der EU-Steuer-Vorschläge der Europäischen Kommission und welche Kriterien bieten steuerartübergreifend Argumente für oder gegen die Einführung einer EU-Steuer?

3. Wie ist die Reform des EU-Finanzierungssystems mit der Einführung einer EU-Steuer auf Basis der entwickelten steuerartspezifischen und steuerartübergreifenden Beurteilungskriterien insgesamt zu bewerten?

9.1 Beurteilung der EU-Steuer

9.1.1 Ergebnisse der Beurteilung anhand steuerartspezifischer Kriterien

Die Ergebnisse der in den Kapiteln 5, 6 und 7 vorgenommenen Bewertung der einzelnen EU-Steuer-Vorschläge der EU-Kommission anhand steuerartspezifischer Beurteilungskriterien werden im Folgenden nochmals zusammengefasst.

- **Bewertung der EU-Mehrwertsteuer**:

  - Unter dem Gesichtspunkt der **Effizienz** kann durch die Förderung der Funktionsfähigkeit des Binnenmarktes mit einer EU-Mehrwertsteuer in gewissem Maße eine verbesserte Allokation der Ressourcen erreicht werden. Darüber hinaus leistet ein einheitliches EU-Mehrwertsteuersystem einen Beitrag zur Verbesserung der Erhebungseffizienz, indem es die Möglichkeiten für Betrug und Steuerhinterziehung im Vergleich zum gegenwärtigen System begrenzt.

    Aufgrund der hier auftretenden (direkten) perfekten Überlappung der Besteuerungsbasen beider Ebenen entstehen jedoch vertikale Steuerexternalitäten, die ineffizient hohe Steuersätze erwarten lassen. Die Zuweisung der Besteuerungshoheit für die Mehrwertsteuer an die EU-Ebene ist daher als besonders problematisch einzustufen.

    ➪ Der EU-Mehrwertsteuer-Vorschlag muss aus Effizienzgesichtspunkten dementsprechend insgesamt eher kritisch gesehen werden. Zum einen ist eine Überausschöpfung der Bemessungsgrundlage wahrscheinlich. Zum anderen können die positiven Aspekte hinsichtlich der Erhebungseffizienz und der Funktionsfähigkeit des Binnenmarktes auch mit geringerem Zentralisierungsaufwand erreicht werden.

  - Geht man im Hinblick auf die **Verteilungswirkungen** von einer nur moderat regressiven Wirkung der Mehrwertsteuer für private Haushalte aus, so bleibt die erforderliche Einigung der Mitgliedstaaten auf einheitliche Regelungen zu Steuerbefreiungen und ermäßigten Steuersätzen ein kritischer Punkt. In Bezug auf die Mitgliedstaaten wird ebenfalls nur eine regressive Wirkung in abgeschwächter Form angenommen. Ein spezieller BNE-Eigenmittel-basierter Ausgleichsmechanismus könnte allerdings die - von vielen Mitgliedstaaten unterstellte - regressive Wirkung weiter abmildern.

    ➪ Die Verteilungswirkungen der EU-Mehrwertsteuer erfordern eine besondere Berücksichtigung bei der Ausgestaltung der Steuer. Grundsätzlich steht das Kriterium der Einführung einer EU-Mehrwertsteuer jedoch nicht entgegen.

  - Der **Harmonisierungsbedarf** zur Etablierung eines EU-Mehrwertsteuersystems kann vor dem Hintergrund einer bereits weitgehend harmonisierten Bemessungsgrundlage und der Bandbreiten für Steuersätze als vergleichsweise gering eingestuft werden. Die Harmonisierungsfortschritte verlaufen unabhängig von den EU-Steuer-Plänen derzeit allerdings schleppend. Um die erforderliche vollständige Harmonisierung der Bemessungsgrundlage zu erreichen, sind insbesondere im Hinblick auf die sozial- und verteilungspolitisch sensiblen Fragen der Steuerbefreiungen und ermäßigten Steuersätze noch einige Anstrengungen zu unternehmen.

➪ Mit Blick auf den Harmonisierungsbedarf ist die EU-Mehrwertsteuer sehr gut geeignet. Dennoch sind auch bei dieser Steuerart noch einige Hürden zu nehmen.

- Die **administrativen Kosten und die compliance costs** sind bei der Mehrwertsteuer - weniger für private Haushalte als für Unternehmen - vergleichsweise hoch. Eine genaue Einschätzung der tatsächlichen Kosten ist allerdings stark von den letztlich beschlossenen Regelungen des EU-Mehrwertsteuersystems abhängig, so dass auf Basis der vorliegenden Informationen zur EU-Mehrwertsteuer keine klare Aussage gemacht werden kann.

  ➪ Administrative Kosten und compliance costs hängen stark von der Umsetzung der EU-Mehrwertsteuer ab. Sie sprechen nicht a priori gegen die Einführung derselbigen.

- Hinsichtlich der **Ergiebigkeit und Konjunkturabhängigkeit des Steueraufkommens** ist die EU-Mehrwertsteuer als unproblematisch anzusehen. Mit niedrigen EU-Steuersätzen ließe sich ein ausreichendes Aufkommen generieren. Eine Konjunkturreagibilität ist in gewissem Maße vorhanden, kann aber durch die verbleibenden Bruttonationaleinkommen-Eigenmittel aufgefangen werden.

  ➪ Die EU-Mehrwertsteuer ist mit Blick auf die Ergiebigkeit und Konjunkturabhängigkeit des Steueraufkommens gut geeignet.

- Besonders positive Eigenschaften zeigt die EU-Mehrwertsteuer in der Erfüllung der Kriterien **Einfachheit, Transparenz und Fühlbarkeit**. Durch die Einführung einer EU-Mehrwertsteuer, die in den (alten) Mitgliedstaaten eine lange Tradition besitzt, kann von einer hohen „Gewöhnung“ an diese Steuerart ausgegangen werden. Die Entscheidung für eine Aufschlagslösung auf die mitgliedstaatlichen Steuersätze und den Ausweis auf Rechnungen machen die EU-Steuer für die Steuerbürger transparent und fühlbar.

  ➪ Im Hinblick auf Einfachheit, Transparenz und Fühlbarkeit ist die EU-Mehrwertsteuer sehr gut geeignet.

- Wie bei allen Steuerarten spielt das Kriterium der **politischen Durchsetzbarkeit** auch bei der EU-Mehrwertsteuer eine entscheidende Rolle. Die Mehrwertsteuer-Variante führt wie alle EU-Steuer-Vorschläge zu einem Souveränitätsverlust der Mitgliedstaaten. Dieser fällt hier allerdings weniger drastisch aus, da die Steuerhoheit durch einen EU-Steuer-Aufschlag nur zum Teil von den Mitgliedstaaten an die EU-Ebene abgegeben wird. Abgesehen von diesem zentralen Aspekt hängt die Zustimmung der Mitgliedstaaten stark von der jeweiligen Einschätzung der Verteilungswirkungen bzw. der Nettoeffekte im Vergleich zum gegenwärtigen System ab. Aufgrund großer Vorbehalte gegen eine Aufgabe von Gestaltungshoheit bezüglich der Bestimmung von Steuerbefreiungen und Ermäßigungssätzen ist eine zügige politische Umsetzung aber wenig wahrscheinlich.

➪ Die Chancen einer zügigen politischen Realisierung der EU-Mehrwertsteuer sind eher als gering einzuschätzen.

Der EU-Mehrwertsteuer-Vorschlag kann mehrheitlich positiv beurteilt werden. Die EU-Mehrwertsteuer ist durch den fortgeschrittenen Harmonisierungsstand kurz- bis mittelfristig einführbar. Die Ergiebigkeit der Mittel ist bereits bei einem niedrigen EU-Zuschlagssatz gegeben. Das zentrale Problem des Auftretens vertikaler Steuerexternalitäten und damit ineffizient hoher Steuersätze könnte durch eine Begrenzung des Zuschlagssatzes für die EU-Ebene gemildert werden. Aufgrund der - vermuteten - regressiven Wirkung der Steuerart und der mitgliedstaatlichen Vorbehalte gegen eine Aufgabe von Gestaltungshoheit im Rahmen der Bestimmung von Ausnahme- und Ermäßigungssätzen ist eine politische Umsetzung allerdings wenig wahrscheinlich.

- **Bewertung der EU-CO_2-/Energiesteuer**:

  - Hinsichtlich der **ökonomischen Effizienz** entstehen auch hier vertikale Steuerexternalitäten und somit Ineffizienzen. Die Mitgliedstaaten können bei diesem Vorschlag zwar nicht mehr direkt auf die Bemessungsgrundlage zugreifen, mit einer zumindest indirekten (Teil-)Überlappung der Bemessungsgrundlagen von EU-Ebene und Mitgliedstaaten (z.B. durch die Mehrwertsteuer der Mitgliedstaaten) ist allerdings zu rechnen. Die Zuweisung einer Steuerhoheit an die EU-Ebene ist daher kritisch zu sehen.

    Weiterhin kollidieren bei dieser Steuerart Lenkungsziel und fiskalisches Einnahmeziel, so dass ein Zielkonflikt zu erwarten ist. Da in der EU-Steuerdiskussion das Erreichen umweltpolitischer Ziele zwar auch angedeutet wird, die Konzeption der Steuer aber eher unter haushaltspolitischen Gesichtspunkten erfolgt, können die positiven Effizienzwirkungen einer Internalisierung externer Effekte die negativen Effekte der Überbesteuerung voraussichtlich nicht ausgleichen.

    ➪ Der EU-CO_2-/Energiesteuer-Vorschlag muss daher aus Effizienzgesichtspunkten eher kritisch gesehen werden.

  - Betrachtet man die CO_2-/Energiesteuer hinsichtlich ihrer **Verteilungswirkungen**, so stellt man fest, dass die einzelnen Mitgliedstaaten bezüglich des Entwicklungsstands in der Umwelttechnik sowie beim Energieverbrauch sehr heterogen sind und somit unterschiedlichen Belastungen durch eine Energiesteuer unterliegen. Die tatsächlichen Belastungseffekte sind aber von den der Konzeption der EU-Steuer zugrunde liegenden Ausnahme- und Sonderregelungen abhängig. In Bezug auf die Haushalte wird eine eher regressive Verteilungswirkung vermutet.

➪ Grundsätzlich ist eine Bewertung der Verteilungswirkungen der EU-CO_2-/Energiesteuer ohne Kenntnis ihrer konkreten Ausgestaltung kaum möglich. Bis auf die leicht regressive Wirkung dieser Steuerart spricht zunächst nichts grundsätzlich gegen den Vorschlag.

- Der verbleibende **Harmonisierungsbedarf** ist durch die 2004 in Kraft getretene EU-Richtlinie zur Energiebesteuerung verhältnismäßig gering. Mögliche Bemessungsgrundlagen sind bereits weitgehend harmonisiert und Mindeststeuersätze festgelegt. Bedenken sind vor allem hinsichtlich der Einführung der CO_2-Steuer-Variante anzubringen, da diese Form der Energiebesteuerung in der Energiesteuer-Richtlinie nicht erfasst wird.

  ➪ Mit Blick auf den Harmonisierungsbedarf erscheint die EU-CO_2-/Energiesteuer sehr gut geeignet. Dennoch sind - insbesondere bei Einführung einer neuartigen CO_2-Steuer - noch einige Hürden zu nehmen.

- Die **administrativen Kosten und compliance costs** sind für die CO_2-Steuer und die Energiesteuer ebenfalls gesondert zu betrachten. Eine EU-CO_2-Steuer führt (zumindest zu Beginn der Einführung) zu höheren Kontroll- und Verwaltungskosten sowie compliance costs, während eine EU-Energiesteuer als „bekannte" und EU-weit harmonisierte Steuer zu geringeren Kosten führt.

  ➪ Administrative Kosten und compliance costs hängen stark von der jeweils umgesetzten Variante der EU-Steuer ab. Sie stellen kein unüberwindbares Hindernis für die Einführung einer EU-CO_2-/Energiesteuer als EU-Steuer dar.

- Die **Ergiebigkeit und Konjunkturabhängigkeit des Steueraufkommens** kann durchaus positiv beurteilt werden. Zwar besteht bei der EU-CO_2-/Energiesteuer eine nicht ganz unproblematische Vermischung von umweltpolitischen und haushaltspolitischen Zielsetzungen. Dennoch ist verschiedenen Schätzungen zu Folge das Aufkommen ausreichend. Die konjunkturellen Schwankungen stellen kein gravierendes Problem dar.

  ➪ Die EU-CO_2-/Energiesteuer ist mit Blick auf die Ergiebigkeit und Konjunkturabhängigkeit des Steueraufkommens gut geeignet.

- Grundsätzlich kann die CO_2-/Energie-Steuer in Bezug auf **Einfachheit, Transparenz und Fühlbarkeit** eher positiv bewertet werden. Die EU-Bürger sind mit dieser Form der Besteuerung vertraut. Die Fühlbarkeit einer auf die Preise überwälzten EU-Steuer ohne Ausweis auf Rechnungen ist allerdings nur gering.

➪ Im Hinblick auf die Einfachheit, Transparenz und Fühlbarkeit ist die EU-CO_2-/Energiesteuer vergleichsweise gut geeignet.

– Das Argument der **politischen Durchsetzbarkeit** spricht gegen die Einführung einer Energie-/CO_2-Steuer, da durch das seit 1.1.2005 etablierte Emissionshandelssystem für CO_2 die parallele Einführung einer EU-Steuer auf Energieträger politisch kaum durchsetzbar erscheint. Die Wechselwirkungen zwischen Lizenzhandel und Steuerlösung rufen zudem weitere Probleme hervor. Politischer Widerstand wird bei dieser EU-Steuer-Variante auf Energie oder den CO_2-Gehalt auch von Mitgliedstaaten auftreten, die durch die Erhöhung der Energiekosten besonders negative Effekte auf ihre Wettbewerbsfähigkeit erwarten.

➪ Die Chancen einer zügigen politischen Realisierung der EU-CO_2-/ Energiesteuer sind als gering einzuschätzen.

Bewertet man diesen EU-Steuer-Vorschlag anhand der steuerartspezifischen Kriterien, so kann man positive und negative Effekte erkennen. Bei der Beurteilung kommt man letztlich zu einem recht ähnlichen Ergebnis wie bei der EU-Mehrwertsteuer: Die Energie-/CO_2-Steuer stellt eine kurzfristig mobilisierbare Steuerart dar, die wenig Harmonisierungsaufwand erfordert und ausreichend Mittel generiert. Ein zentrales Problem stellt aber grundsätzlich das Auftreten vertikaler fiskalischer Externalitäten dar, die ohne einen geeigneten Internalisierungsmechanismus die Gefahr einer Überbesteuerung der Bemessungsgrundlage bergen. Letztlich würde der EU-Energie-/CO_2-Steuer-Vorschlag an der mangelnden politischen Durchsetzbarkeit scheitern.

- **Bewertung der EU-Körperschaftsteuer**:

  – Eine EU-Körperschaftsteuer kann hinsichtlich der **ökonomischen Effizienz** einen Beitrag zur Verbesserung der Ressourcenallokation in der EU leisten. Unternehmen würden ihre Investitionsentscheidungen weniger an rein steuerlichen Kriterien ausrichten. Mit einer einheitlichen Bemessungsgrundlage und einem einheitlichen Steuersatz stehen die Nettorenditen der Investitionsprojekte wieder im Mittelpunkt.

  Mit der Harmonisierung von Steuerbasis und Steuersatz ist aber auch eine deutliche Einschränkung des Steuerwettbewerbs verbunden, der dann hinsichtlich der Beschränkung eigennütziger Politiker seine Kontrollfunktion nicht mehr entfalten kann.

  Der EU-Körperschaftsteuer-Vorschlag muss ebenfalls wegen einer möglichen Überbesteuerung eher kritisch gesehen werden. Auch bei dieser Steuerart ist eine (indirekte) Überlappung der Bemessungsgrundlagen von EU-Ebene und Mitgliedstaaten (z.B. durch die Gewerbesteuer in Deutschland) wahrscheinlich.

➪ Der EU-Körperschaftsteuer-Vorschlag wird daher aus Effizienzgesichtspunkten nur als bedingt geeignet eingestuft.

- Hinsichtlich der **Verteilungswirkungen** kann bezogen auf Individuen und Haushalte keine eindeutige Aussage getroffen werden. Für die Mitgliedstaaten wird sich erst mit Vorlage einer konkreteren EU-Steuer-Konzeption, die insbesondere eine Aufteilungsregel für die zu erwartenden überschüssigen Einnahmen enthält, ein eindeutiges Belastungsbild ergeben.

  ➪ Die EU-Körperschaftsteuer kann daher bezüglich ihrer Verteilungswirkungen zum aktuellen Zeitpunkt nicht aussagekräftig bewertet werden.

- Wegen des erforderlichen hohen **Harmonisierungsbedarfs** kann die Körperschaftsteuer keinesfalls kurzfristig als Finanzierungsquelle für die EU in Betracht gezogen werden. Langfristig ist sie als ergänzende Einnahmequelle allerdings vorstellbar.

  ➪ Mit Blick auf den Harmonisierungsbedarf erscheint die EU-Körperschaftsteuer für die EU-Finanzierung kaum geeignet.

- Der wesentlich verringerte Bedarf an Steuerplanung in den Unternehmungen wirkt sich positiv auf die **compliance costs** aus. Weiterhin entstehen auch in den Steuerverwaltungen durch einen geringeren Prüfaufwand deutlich geringere **administrative Kosten**.

  ➪ Administrative Kosten und compliance costs sprechen für die Umsetzung der EU-Körperschaftsteuer-Variante.

- Die **Ergiebigkeit** der Körperschaftsteuer ist ausreichend. Hinsichtlich der **Konjunkturabhängigkeit** des Steueraufkommens sind zwar Bedenken zu äußern, die allerdings aufgrund der Einbindung in das Eigenmittelsystem mit Traditionellen und Bruttonationaleinkommen-Eigenmitteln vernachlässigt werden können.

  ➪ Die EU-Körperschaftsteuer ist mit Blick auf die Ergiebigkeit und Konjunkturabhängigkeit des Steueraufkommens gut geeignet.

- Die **Einfachheit, Transparenz und Fühlbarkeit** der EU-Finanzierung wird durch die EU-Körperschaftsteuer nicht wesentlich verbessert. Die Vollharmonisierung trägt sicherlich zu einer gewissen Vereinfachung der Unternehmensbesteuerung bei, dennoch bleibt diese grundsätzlich vergleichsweise komplex. Auch die EU-Finanzierung insgesamt bleibt nach wie vor durch eine hohe Komplexität (durch drei Eigenmittelarten) gekennzeichnet, was jedenfalls im Vergleich zum gegenwärtigen System kaum eine Vereinfachung mit sich bringen wird. Darüber hinaus ist die Körperschaftsteuer(-last) nicht nah genug an den EU-Bürgern, um die Kosten der EU-Aktivitäten fühlbar zu machen.

➪ Im Hinblick auf Einfachheit, Transparenz und Fühlbarkeit ist die EU-Körperschaftsteuer nur bedingt geeignet.

– Nicht zuletzt wegen des erforderlichen hohen Harmonisierungsbedarfs erscheint die **politische Umsetzung** dieses Vorschlags sehr unwahrscheinlich.

➪ Die Chancen einer zügigen politischen Realisierung der EU-Körperschaftsteuer sind daher nur als sehr gering einzuschätzen.

Die EU-Körperschaftsteuer kann bei vielen Beurteilungskriterien nicht überzeugen. Die Harmonisierung der Bemessungsgrundlage und der Steuersätze ist noch weit vom erforderlichen Niveau entfernt. Insbesondere hinsichtlich der politischen Durchsetzbarkeit sind schwerwiegende und kaum zu überwindende Probleme zu erwarten.

Auf Basis der oben in komprimierter Form dargestellten Bewertungen der einzelnen EU-Steuer-Varianten anhand des Katalogs an steuerartspezifischen Kriterien, kristallisiert sich die EU-Mehrwertsteuer als der am besten geeignete EU-Steuer-Vorschlag der Europäischen Kommission heraus.[1] Tabelle 9.1 gibt nochmals einen Kurzüberblick über die Bewertungsergebnisse.

Würde die Einführung einer EU-Steuer unter Berücksichtigung der Kommissionsvorschläge im Rahmen eines zukünftigen Eigenmittbeschlusses befürwortet werden, so sollte die Wahl demnach auf die EU-Mehrwertsteuer fallen. Durch bestimmte Korrekturen des Kommissionsvorschlags könnten darüber hinaus auch noch Verbesserungen in Problembereichen der EU-Mehrwertsteuer-Konzeption erreicht werden, wie z.B. die Einführung einer oberen Begrenzung des EU-Zuschlagssatzes zur Vorbeugung einer zu starken Überbesteuerung der Bemessungsgrundlage.

Eine abschließende Beurteilung dieser Steuerart erfordert allerdings eine genauere Kenntnis der Ausgestaltung der EU-Steuer auf Basis eines EU-Steuer-Gesetzentwurfs der Europäischen Kommission. Zum aktuellen Stand der Diskussion können viele Effekte nur sehr ungenau abgeschätzt werden (z.B. Verteilungswirkungen für die privaten Haushalte und für die Mitgliedstaaten). Die seit 1988 immer deutlicher gewordene Distanzierung der Mitgliedstaaten von der Eigenmittelfinanzierung auf Basis der Mehrwertsteuer-Eigenmittel und die immer stärkere Orientierung hin zu den Bruttonationaleinkommen-Eigenmittel lassen allerdings grundlegende Zweifel an der Durchsetzbarkeit dieser Reformoption aufkommen. Deshalb muss eine Einführung der EU-Mehrwertsteuer so gestaltet sein, dass das durch den (einstimmig angenommenen) Eigenmittelbeschluss als mehr oder minder gerecht empfundene Gleichgewicht nicht zu sehr verändert wird. Andernfalls wird ein Reformvorschlag nicht die notwendige Einstimmigkeit erreichen oder entsprechende Kompensationsleistungen erfordern, die das Finanzierungssystem an anderer Stelle wieder komplizierter machen.

[1] Eine positive Eignung wird der Mehrwertsteuer auch von Begg/Grimwade (1998) und im Langes Report (1994) attestiert.

Tabelle 9.1: Ergebnisse der Beurteilung der EU-Steuer-Vorschläge anhand steuerartspezifischer Kriterien

Kriterien / Steuerarten	EU-Mehrwertsteuer	EU-CO2-/Energiesteuer	EU- Körperschaftsteuer
Ökonomische Effizienz			
fiskalische Externalitäten	–	o	o
sonstige Effekte	o	+	+
Verteilungswirkungen	o	o	o
Harmonisierungsbedarf	++	+	–
Administrative Kosten und compliance costs	+	o	+
Ergiebigkeit und Konjunkturabhängigkeit des Steueraufkommens	+	+	o
Einfachheit, Transparenz und Fühlbarkeit	++	o	–
Politische Durchsetzbarkeit	o	o	–
Σ	**gut geeignet**	**nur bedingt geeignet**	**wenig geeignet**

Quelle: Eigene Darstellung.

9.1.2 Ergebnisse der Beurteilung anhand steuerartübergreifender Kriterien

Die Mehrwertsteuer hat sich im direkten Vergleich mit der EU-CO_2-/Energiesteuer und der EU-Körperschaftsteuer als am besten geeignete EU-Steuer-Variante erwiesen. Die besondere Eignung der Mehrwertsteuer hat aber nur im Vergleich mit den anderen von der Kommission vorgeschlagenen Steuerarten Bestand. Die Analyse der steuerartspezifischen Kriterien liefert keine Aussage über die am besten geeignete Form des Systems der EU-Finanzierung. Ob die Mehrwertsteuer als EU-Steuer eingeführt werden sollte, hängt maßgeblich auch von übergeordneten Kriterien ab.

Wie in Kapitel 8 ausführlich dargestellt, muss die Einführung einer EU-Steuer daher auch anhand von steuerartübergreifenden Kriterien bewertet werden. Die Ergebnisse zu den Vor- und Nachteilen der Einführung einer EU-Steuer, wie sie sich unabhängig von konkreten Steuerarten, Steuersätzen und Bemessungsgrundlagen darstellen, werden im Folgenden noch einmal kurz zusammengefasst.

- Im Rahmen der Zuweisung von Besteuerungshoheiten auf unterschiedliche föderale Ebenen können mit dem **Subsidiaritätsprinzip** grundsätzlich Empfehlungen gegeben werden. Allerdings ist ohne eine Konkretisierung des Prinzips sowohl eine Zentralisierung wie auch eine Dezentralisierung von Kompetenzen zu rechtfertigen, weshalb es für die Beurteilung der EU-Steuer-Problematik keine aussagekräftigen Ergebnisse liefert.

➪ Das Subsidiaritätsprinzip kann für die Rechtfertigung einer EU-Steuer nicht herangezogen werden.

- Das **Prinzip der fiskalischen Äquivalenz** führt zunächst zu einer positiven Beurteilung einer EU-Steuer. Durch die Herstellung eines Verbunds von Zahlern, Nutzern, Entscheidern und Anbietern kann ein disziplinierender, Effizienz steigernder Effekt erreicht werden.[2] Problematisch erweist sich allerdings, dass auf der Ausgabenseite des EU-Haushalts im Wesentlichen Politiken finanziert werden, die keinen originär europäischen Charakter besitzen (z.B. Gemeinsame Agrarpolitik). Eine Kongruenz zwischen Zahlern und Nutzern ist durch den gegenwärtigen EU-Haushalt nicht gegeben.

  ➪ Eine Befürwortung der Verlagerung der Steuerhoheit auf die EU-Ebene kann auf Basis des Prinzips der fiskalischen Äquivalenz nur nach tief greifenden Reformen auf der Ausgabenseite erfolgen.

- Eine wirksame **demokratische Kontrolle der EU-Ebene** ist im gegenwärtigen institutionellen Gefüge der Europäischen Union nicht gegeben. Die Rolle des Europäischen Parlaments im Haushaltsverfahren muss weiterhin gestärkt werden.

  ➪ Eine Besteuerungshoheit für die EU-Ebene ist mit dem Argument mangelnder demokratischer Kontrolle abzulehnen.

- Entscheidend für ein effizientes Zusammenspiel der Mitgliedstaaten und der föderalen Ebenen ist ein ausgewogenes Maß an **Steuerharmonisierung und Steuerwettbewerb**. Das Funktionieren des Binnenmarktes kann etwa durch stark differierende und unkoordinierte Mehrwert-, Energie- und Körperschaftsbesteuerung in den Mitgliedstaaten gestört werden. Eine gewisse Harmonisierung kann unter Umständen ratsam sein. Da der Harmonisierungsgrad mit Blick auf die positiven, disziplinierenden Effekte des Steuerwettbewerbs allerdings immer so niedrig wie möglich gewählt werden sollte, ist eine Vollharmonisierung von Bemessungsgrundlagen und Steuersätzen im Rahmen der EU-Steuer-Lösung unverhältnismäßig.

  ➪ Eine EU-Steuer ist mit dem Argument einer zu weit reichenden Harmonisierung demnach abzulehnen.

- Eine Steigerung der **Finanzautonomie der EU-Ebene** kann eher als symbolisches Argument der Europäischen Kommission gewertet werden. Auch im Falle einer durch eine EU-Steuer erhöhten Finanzautonomie bliebe die EU-Ebene zunächst an die

[2] Vgl. Recktenwald (1984b), S. 282.

Finanzielle Vorausschau und den Eigenmittelbeschluss sowie die darin festgeschriebene Eigenmittelobergrenze gebunden. Eine Erhöhung des EU-Steueraufkommens wäre schließlich mit einer Verminderung der residualen Bruttonationaleinkommen-Eigenmittel verbunden.

➪ Die eher politisch motivierte Forderung der Europäischen Kommission nach einer Erhöhung der Finanzautonomie ist kein tragfähiges Argument für die Einführung einer EU-Steuer.

- Die Entwicklung hin zu einer **Zentralisierung von Kompetenzen** würde mit der Verlagerung einer Besteuerung an die EU-Ebene sicherlich neuen Schwung bekommen. Eine EU-Steuer kann daher als ein erster Schritt in Richtung einer umfassenderen Zentralisierung von Einnahmekompetenzen gewertet werden. Zum gegenwärtigen Integrationsstand und mit Fortbestand der Geltung der Eigenmittelbeschlüsse und der Finanziellen Vorausschauen kann zwar nicht von einer schnellen Zentralisierung ausgegangen werden. Die Gefahr der sukzessiven Herausbildung eines europäischen Steuerkartells,[3] das sich auf Basis vollständig harmonisierter Steuerquellen auf der EU-Ebene festigt und zu einer Überbeanspruchung des europäischen Steuerzahlers führt, darf dennoch nicht unterschätzt werden.

➪ Da eine EU-Steuer einen bedeutenden Schritt zur Stärkung der Einnahmenseite der „EU-Zentrale“ bedeuten würde, ist von ihrer Einführung eher abzuraten.

9.2 Politikempfehlungen für die Reform des EU-Finanzierungssystems

9.2.1 Keine eigene Steuer für die EU-Ebene

Die im Titel der Arbeit aufgeworfene Frage - „*Eine eigene Steuer für die EU-Ebene?*“ - muss nach eingehender Bewertung anhand steuerartspezifischer und steuerartübergreifender Kriterien verneint werden.

Zwar konnte mit der EU-Mehrwertsteuer unter den EU-Steuer-Vorschlägen der Europäischen Kommission eine Steuerart identifiziert werden, die sich unter Abwägung der Vor- und Nachteile eventuell als EU-Steuer eignen würde, doch sprechen alle steuerartübergreifenden Beurteilungskriterien gegen die Einführung einer EU-Steuer.

Die Reformvariante III der Europäischen Kommission „*Erhöhung des Anteils der auf Steuern gestützten Eigenmittel an der Finanzierung des EU-Haushalts mit Einführung einer eigenen EU-Steuer*“ sollte zum gegenwärtigen Integrationsstand demnach nicht umgesetzt werden. Einige zentrale Argumente, die diese Empfehlung untermauern, werden im Folgenden noch einmal zusammengefasst:

[3] Vgl. Buchanan/Lee (1995), S. 219ff., Blankart (2000b), S. 22f.

- Die von der Kommission als besonders positiv dargestellten Effekte einer EU-Steuer-basierten EU-Finanzierung - „Transparenzsteigerung“ und „Finanzautonomie“ - erweisen sich bei genauerer Betrachtung als nicht zutreffend.

  Da die EU-Steuer nicht allein zur Finanzierung des EU-Haushalts beitragen würde, sondern gemäß den Überlegungen der Kommission nur etwa die Hälfte des Budgets abdecken soll, wird eine Mischfinanzierung aus Traditionellen Eigenmitteln, Bruttonationaleinkommen-Eigenmitteln und EU-Steuer keine nennenswerte Transparenzsteigerung mit sich bringen. Die Komplexität des gegenwärtigen Systems bliebe auch nach einer Zuweisung einer EU-Besteuerungshoheit erhalten.

  Die Erhöhung der Finanzautonomie durch eine EU-Steuer muss als lediglich „symbolisches Argument“ der Kommission kritisiert werden. Auch im Falle einer EU-Steuer-Lösung ist die EU-Ebene (zunächst) an die im - auch von den Parlamenten der Mitgliedstaaten zu ratifizierenden - Eigenmittelbeschluss getroffenen Vereinbarungen hinsichtlich der Steuerart, der Bemessungsgrundlage und der Steuersätze gebunden. Darüber hinaus enthält die mittelfristige Finanzplanung im Rahmen der Finanziellen Vorausschauen enge Vorgaben für die Ausgaben der Gemeinschaft. Die Finanzautonomie bliebe für die EU-Ebene de facto gering.

- Angesichts der zentralen Argumente der Europäischen Kommission wird deutlich, dass in der politischen wie auch im überwiegenden Teil der wissenschaftlichen Diskussion zur EU-Steuer bedeutende Kriterien nicht berücksichtigt werden.

  Die vor allem in den Kapiteln 5 und 6 herausgearbeitete Bedeutung der vertikalen fiskalischen Externalitäten für die Reallokation der Besteuerungshoheit in einem quasi-föderalen System wie der Europäischen Union wird in der Diskussion häufig vernachlässigt. Wenn die von der EU-Ebene und den Mitgliedstaaten zur Besteuerung herangezogenen Bemessungsgrundlagen sich vollständig oder teilweise überlappen[4], ist jedoch mit vertikalen fiskalische Steuerexternalitäten zu rechnen. Bei unkoordinierten Entscheidungen der beiden Ebenen über den jeweiligen Steuersatz schlägt sich der Effekt, der durch die Steuersatzänderung auf die Bemessungsgrundlage und somit das Budget der jeweils anderen Ebene entsteht, nicht oder nicht in seiner tatsächlichen Höhe im Entscheidungskalkül der Ebene nieder, die den Steuersatz ändert. Im Ergebnis muss mit einer ineffizient hohen Besteuerung der Bemessungsgrundlage durch eine EU-Steuer gerechnet werden.

- Die Gewährung einer eigenen Einnahmehoheit für die EU-Ebene schafft Anreize zur Steigerung von EU-Ausgaben. Die EU-Ebene ist dagegen keineswegs immun, sondern aufgrund der geringeren demokratischen Kontrollmöglichkeiten sogar stärker gefährdet als die mitgliedstaatliche Ebene. Die tatsächliche Gefahr einer Erhöhung des Aufkommens durch die EU-Steuer muss allerdings relativiert werden. Im Kontext des Kommissionsvorschlags ist mit der Erhöhung des EU-Steuer-Aufkommens

[4] Dabei kann der Einfluss einer Ebene auf die Bemessungsgrundlage auch indirekt erfolgen.

eine Verminderung der residualen Bruttonationaleinkommen-Eigenmittel verbunden. Einer Ausweitung des gesamten Eigenmittelaufkommens durch Erhöhung des EU-Steuer-Aufkommens wäre somit durch die im Eigenmittelbeschluss festgelegten Eigenmittelobergrenze Einhalt geboten.

Die Einführung einer EU-Steuer und damit die Umsetzung der Reformvariante III der Europäischen Kommission sollte dementsprechend abgelehnt werden. Um über den EU-Steuer-Vorschlag hinaus einige Empfehlungen für zukünftige Eigenmittelbeschlüsse geben zu können, sollen im Folgenden kurz die weiteren Reformvorschläge der Europäischen Kommission bewertet werden. Im Rahmen der Reform der Finanzierung der Europäischen Union stehen alternativ Reformvariante I „*Beibehaltung des gegenwärtigen Eigenmittelsystems mit Einführung eines neuen allgemeinen Korrekturmechanismus*“ und Reformvariante II „*Einführung eines auf dem Bruttonationaleinkommen beruhenden Finanzierungssystems im Sinne einer reinen Beitragsfinanzierung*“ zur Diskussion.

9.2.2 Alternative Finanzierungsmöglichkeiten

9.2.2.1 Umsetzung der Reformvariante I (Beibehaltung des gegenwärtigen Eigenmittelsystems) oder Reformvariante II (Beitragsfinanzierung auf BNE-Basis)

Die Erweiterung der Europäischen Union um zehn neue Mitgliedstaaten in 2004 löste auf der Ausgabenseite nicht wie befürchtet einen starken Reformdruck aus. Eine Erhöhung der Eigenmittelobergrenze wurde nicht erforderlich. Die Verpflichtungs- und Zahlungsermächtigungen im EU-Haushalt unterschritten in jedem Haushaltsjahr seit 2004 deutlich die Eigenmittelobergrenze von 1,24% des EU-BNE. Das entscheidende Pro-Argument für die Beibehaltung des **gegenwärtigen Finanzierungssystems** - der Weg, den die Mitgliedstaaten in ihrem Eigenmittelbeschluss 2006 gewählt haben - lautet also: Das System funktioniert.

Die zu Beginn der Arbeit gestellte Frage „*Rechtfertigen die Mängel des gegenwärtigen Finanzierungssystems der Europäischen Union eine grundlegende Reform?*“ muss auf Basis der Ergebnisse der vorliegenden Arbeit daher verneint werden.

Das Funktionieren des Systems wird von Seiten der Europäischen Kommission auch nicht bestritten: Schreyer attestiert dem gegenwärtigen Eigenmittelfinanzierungssystem die Fähigkeit, einen Budgetausgleich herzustellen und nur niedrige Verwaltungskosten zu verursachen. Es versorge die EU „with a secure and efficient source of finance“.[5] Die von der Kommission vorgeschlagene Einführung eines allgemeinen Korrekturmechanismus scheint vor dem Hintergrund des mit ökonomischen Indikatoren kaum mehr zu rechtfertigenden Rabatts für Großbritannien ein tatsächlich sinnvoller Reformschritt zu sein.

Die Gefahren für das Finanzierungssystem, die von der Kommission häufig angeführt werden - Abnahme des Anteils der Traditionellen Eigenmittel, Intransparenz und fehlende Finanzierungsverantwortung der EU-Ebene - sind nicht in dem Maße stichhaltig, dass sie die Probleme der Zuweisung einer eigenen Steuerhoheit ausräumen könnten.

[5] Schreyer (2001), S. 224.

➪ Vor dem Hintergrund der Probleme, die mit einer EU-Steuer-Einführung verbunden sind, kann die Beibehaltung des gegenwärtigen Finanzierungssystems auch nach 2013 empfohlen werden.

Der Wechsel zu einer reinen **Beitragsfinanzierung** der EU, wie er im Reformvorschlag II der Europäischen Kommission skizziert wird, besitzt ebenso wie die Reformvariante I Vorteile gegenüber der Einführung der EU-Steuer.[6]

Die Mitgliedstaaten bestimmen bei der Beitragsvariante die zur Finanzierung dienenden Einnahmequellen selbst. Die EU-Finanzierung ließe sich auf diesem Wege besser in die mitgliedstaatlichen Steuersysteme einbinden und würde deren Unterschiede und Besonderheiten besser berücksichtigen.

Bei der am Bruttonationaleinkommen anknüpfenden Beitragsfinanzierung werden die Mitgliedstaaten darüber hinaus entsprechend ihrer Leistungsfähigkeit zur Finanzierung herangezogen, so dass aus Verteilungsgesichtspunkten in mitgliedstaatlicher Perspektive kaum Probleme entstehen dürften.

Darüber hinaus müsste für eine Beitragslösung keine eigene EU-Steuer-Behörde eingerichtet werden, wie es bei Einführung einer EU-Steuer unumgänglich wäre. Die administrativen Kosten und die compliance costs könnten dementsprechend gering gehalten werden. Eine weitere Kostenreduktion ergibt sich durch den Wegfall der Zusammenarbeit der mitgliedstaatlichen mit der EU-Steueradministration und den damit verbundenen Transaktionskosten. Die Abschaffung der Traditionellen Eigenmittel und der Mehrwertsteuer-Eigenmittel mit ihren hohen Erhebungskosten wäre ein weiterer Schritt zur Steigerung der Erhebungseffizienz des EU-Finanzierungssystems. Die im Vergleich zur EU-Steuer-Lösung niedrigeren compliance costs der Beitragslösung durch Einbindung der EU-Finanzierung in die mitgliedstaatlichen Steuersysteme erweist sich ebenfalls als vorteilhaft.

Unproblematisch kann die Beitragslösung hinsichtlich der Ergiebigkeit und Konjunkturreagibilität sowie der Einfachheit und Transparenz gesehen werden. Insbesondere das von der Europäischen Kommission als bedeutsam eingestufte Transparenzkriterium wird durch die für die Bürger erhebliche Komplexitätsreduktion durch den Wegfall der Traditionellen Eigenmittel und der Mehrwertsteuer-Eigenmittel erfüllt. Eine bessere Fühlbarkeit könnte auf Ebene der Mitgliedstaaten durch eine Zweckbindung einzelner Steuern oder die Festlegung von Steueraufschlägen auf bestehende Steuerarten zur Finanzierung der Europäischen Union erreicht werden.[7] Eine politische Durchsetzbarkeit der Beitragslösung erscheint vor dem Hintergrund des zu erwartenden Widerstands der EU-Ebene allerdings nicht gegeben.

Die Kommission bemängelt den Wegfall der Eigenmittel-Erhebung. Nach ihrer Ansicht sei die EU entsprechend der Verträge als Zusammenschluss von *Mitgliedstaaten und von Bürgern* zu sehen. Dies sollte sich auch im Rahmen der EU-Finanzierung durch das „Konzept der Eigenmittel" niederschlagen. Vor dem Hintergrund der durchwegs positiven

[6] Vgl. dazu beispielsweise Blankart (2006), S. 651f., Genser (1997), S. 110ff., Caesar (1996), S. 165ff. und Buchanan/Lee (1995).

[7] Nach Schick/Märkt (2002), S. 31f., bietet sich eine mitgliedstaatlich erhobene Europasteuer an. Welche Steuer dafür herangezogen wird, bliebe den einzelnen Mitgliedstaaten überlassen.

Bewertung der Beitragslösung wirkt diese ablehnende Haltung der Kommission jedoch artifiziell.

Problematisch bei der Umsetzung der Beitragslösung wirkt sich hingegen aus, dass das in der volkswirtschaftlichen Gesamtrechnung der Mitgliedstaaten ausgewiesene Bruttonationaleinkommen nicht das tatsächlich im Mitgliedstaat vorherrschende Niveau an Schattenwirtschaft abbildet. Daraus kann eine ungleiche Belastung der Mitgliedstaaten im Rahmen der EU-Finanzierung resultieren.[8]

Weiterhin gilt zu bedenken, dass diese Form der reinen Beitragsfinanzierung eher typisch für internationale Organisationen ist (z.B. Finanzierung der Vereinten Nationen oder der OECD). In wirtschaftlich und politisch stark integrierten (quasi-) föderalen Staatenverbünden wie der Europäischen Union sind den jeweiligen Ebenen in einem gewissen Ausmaß „eigene Mittel" zur Finanzierung zuzuweisen. Einer reinen Beitragsfinanzierung würde die Vorstellung von einer Union zugrunde liegen, in der die Bürger nur indirekt über die Regierungen der Mitgliedstaaten vertreten werden. Die Kommission sieht auf Basis der Verträge die EU als Zusammenschluss von Mitgliedstaaten *und* von Bürgern, was sich auch bei der Finanzierung des Haushalts über ein „Konzept der Eigenmittel" berücksichtigt werden sollte.

➪ Die Beitragsvariante eignet sich grundsätzlich gut für die Finanzierung der Europäischen Union. Aufgrund der starken politischen Widerstände sollte der Beitragslösung bei der Suche nach alternativen Finanzierungsmöglichkeiten jedoch keine hohe Priorität eingeräumt werden.

9.2.2.2 Seignorage der Europäischen Zentralbank als Eigenmittelquelle

Um die Politikempfehlungen abzuschließen, wird im Folgenden über die Vorschläge der Europäischen Kommission hinaus ein weiterer Vorschlag skizziert, der im Rahmen der Frage der Zuweisung neuer, autonomer Eigenmittel mittelfristig eine Alternative zu einer EU-Steuer darstellt - die Seignorage[9] der Europäischen Zentralbank (EZB). Der Vorschlag wurde in jüngster Zeit von politischer Seite zur Reform der EU-Finanzierung wieder ins Gespräch gebracht und soll im Folgenden kurz vorgestellt und bewertet werden.

Der Zentralbankgewinn, um den es bei der EZB-Seignorage-Variante geht, wird mit dem Bestand der EZB an in- und ausländischer Währung im Rahmen von Anlagegeschäften erwirtschaftet (z.B. Ankauf und Verkauf von Wertpapieren, Staatsanleihen o.ä.). Art. 33 des Protokolls über die Satzung des Europäischen Systems der Zentralbanken und der Europäischen Zentralbank regelt dabei konkret die Verteilung der Nettogewinne und Verluste der EZB. Dabei fließt der Nettogewinn zu einem kleineren (nach oben begrenzten) Teil in einen allgemeinen Reservefonds. Der restliche Nettogewinn wird an die Mitgliedstaaten in Relation zu ihrem Anteil an der Kapitalausstattung der EZB ausgeschüttet.

---

[8]Vgl. Blankart (2006), S. 652.

[9]Unter Seignorage ist ursprünglich die Differenz zwischen den Kosten der Münzprägung und dem Nominalwert der Münzen zu verstehen.

Eine EU-Einnahmequelle, die an der EZB-Seignorage anknüpft, würde zunächst eine Regelung zur Besteuerung oder vollständigen Einbehaltung des EZB-Gewinns erfordern. Bei der Bewertung der EZB-Seignorage als Einnahmeart für den EU-Haushalt ist allerdings zu berücksichtigen, dass die EZB nicht zwingend Nettogewinne erwirtschaftet - auch Verluste sind möglich.[10] Konjunkturelle Schwankungen beeinflussen ebenfalls die Gewinnsituation der EZB, wobei die Vorhersehbarkeit der Schwankungen vergleichsweise gering ist, da auch andere Faktoren (z.B. währungspolitische Interventionen) eine bedeutende Rolle spielen. Die EZB-Seignorage wäre für die EU-Ebene leicht zu kontrollieren und zu erheben. Doch die EZB-Seignorage würde das Finanzierungssystem der EU nicht transparenter machen und für die EU-Bürger sicher ohne jede Fühlbarkeit bleiben.

Ein Einwand gegen eine Verwendung der EZB-Seignorage zur Finanzierung im Zuge einer grundlegenden Reform des Eigenmittelsystems ist das geringe aus ihr zu erwartende Aufkommen. Milbrandt (2001) rechnet mit Einnahmen in Höhe von etwa 0,2% des EU-BIP.[11] In Anlehnung an den Kommissionsvorschlag zur EU-Steuer würde sich das Finanzierungssystem bei einem Wegfall der Mehrwertsteuer-Eigenmittel zu einem im Wesentlichen Bruttonationaleinkommen-basierten Eigenmittelsystem wandeln, das noch mehr als heute den Charakter eines Beitragssystems annehmen würde. Ein Argument gegen eine vollständige Vergemeinschaftung des Zentralbankgewinns ist allerdings, dass die nationalen Zentralbanken als Teil des im Vertrag verankerten Europäischen Systems der Zentralbanken weiterhin Aufgaben im Rahmen der gemeinschaftlichen Geld- und Währungspolitik wahrnehmen und somit die Mitgliedstaaten am Nettogewinn beteiligt werden sollten. Solange nicht alle Mitgliedsstaaten der EU-25 in die Währungsunion aufgenommen sind, wird mit einer Vergemeinschaftung des EZB-Gewinns zur Finanzierung des Gesamthaushalts der EU aber nicht zu rechnen sein.

➪ Vor dem Hintergrund der supranationalen Kompetenzen der EU in der Geld- und Währungspolitik weist die EZB-Seignorage eine klare EU-Dimension auf. Sie ist mit Politikbereichen der EU eng verknüpft, so dass sie eigentlich nicht mehr sinnvoll an die Mitgliedstaaten rückverteilt werden kann.[12] Somit stellt die EZB-Seignorage grundsätzlich eine durchaus geeignete Eigenmittelquelle für die EU dar. Als Alternative zu einer EU-Steuer ist deren aufkommensmäßige Bedeutung allerdings zu gering.

9.3 Ausblick

Der Vorschlag der Kommission für einen Beschluss des Rates über das System der Eigenmittel der Europäischen Gemeinschaft vom 20.3.2006, der einen Eigenmittelbeschluss des Rates für den Zeitraum ab 1.1.2007 vorbereitet, enthält keine grundlegende Reform der EU-Finanzen.

---

[10] Vgl. dazu Art. 33 des Protokolls über die Satzung des Europäischen Systems der Zentralbanken und der Europäischen Zentralbank.

[11] Vgl. Milbrandt (2001), S. 94.

[12] Vgl. Sapir (2003), S. 165.

Gemäß den Beschlüssen des Europäischen Rates vom 15./16.12.2005 orientiert sich der Vorschlag der Kommission maßgeblich an der Reformvariante I der Europäischen Kommission: „Beibehaltung des gegenwärtigen Eigenmittelsystems mit Einführung eines neuen allgemeinen Korrekturmechanismus".[13] Eine grundlegende Reform der Eigenmittel mit Änderungen an den Eigenmittelquellen (Reformvariante II oder III) wurde damit nicht angegangen. Es wurde - wie so häufig in Reformfragen der EU(-Finanzierung) - der Weg des geringsten Widerstands gewählt.

Zentrale Elemente der Schlussfolgerungen des Europäischen Rates sind:

- Die Eigenmittelobergrenze von 1,24% des EU-BNE wird beibehalten.
- Ein allgemeiner Korrekturmechanismus im Einklang mit den einschlägigen Schlussfolgerungen des Europäischen Rates von Fontainebleau 1984 wird umgesetzt. Kein Mitgliedstaat soll demnach eine, gemessen an seinem relativen Wohlstand, überhöhte Haushaltsbelastung durch die EU-Finanzierung erfahren.
- Der „Briten-Rabatt" für Großbritannien wird in der Hinsicht modifiziert, dass Großbritannien zur Finanzierung der EU-Ausgaben, die aus dem Beitritt neuer Mitgliedstaaten nach dem 30.4.2004 entstehen, in der Zukunft vollständig beiträgt.[14]

Man hat sich - offensichtlich im Bewusstsein drängender Reformprojekte auf der Ausgabenseite - weiterhin darauf geeinigt, während der Laufzeit der Finanziellen Vorausschau 2007-2013, in 2008 oder 2009, neue Beratungen aufzunehmen und eine Entscheidung hinsichtlich der Einnahmen und Ausgaben der EU-Ebene herbeizuführen. In Art. 9 des Entwurfs der Europäischen Kommission für einen neuen Eigenmittelbeschluss ist eine Klausel vorgesehen, nach der „die Kommission eine generelle Überprüfung des Eigenmittelsystems" vornimmt und „hierzu erforderlichenfalls Vorschläge"[15] unterbreitet. Diese erneute Aufforderung zur *allgemeinen* Überprüfung der Funktionsfähigkeit des Eigenmittelsystems kann vor dem Hintergrund der bereits intensiv erfolgten Vorbereitungen und Diskussionen des Themas auf Basis der Berichte der Europäischen Kommission von 1994, 1998 und 2004 allerdings nur schwer nachvollzogen werden.

Nach den Plänen der Europäischen Kommission soll die Einführung der EU-Steuer in 2014 zum Ende der Finanziellen Vorausschau 2007-2013 konkretisiert werden. Die Kommission „*invites the Council to discuss the options*" im Bericht über das Funktionieren des Eigenmittelsystems in 2004. Der Rat sollte die Absicht der Kommission „*to prepare a roadmap in view of replacing [...] the current VAT resource by a genuinely tax-based own resource by 2014*"[16] zur Kenntnis nehmen.

[13]Vgl. Europäische Kommission (2006c). Gemäß den Schlussfolgerungen des Europäischen Rates soll der Eigenmittelbeschluss ab 1.1.2007 wirksam werden. Mit der Ratifizierung in allen Mitgliedstaaten rechnet man allerdings erst Anfang 2009. Die Beschlüsse sollen gegebenenfalls rückwirkend Rechtskraft erlangen. Vgl. Europäische Kommission (2006c), S. 2.

[14]Vgl. Europäische Kommission (2006c), S. 2ff.

[15]Europäische Kommission (2006c), S. 16.

[16]Europäische Kommission (2004e), S. 59.

Diese langfristige Planung zur Einführung neuer autonomer Eigenmittel könnte zudem durch die (erfolgreiche) Wiederaufnahme der Ratifizierungsbemühungen der EU-Verfassung flankiert werden. Im Finanzkapitel der EU-Verfassung (Art. I-52 bis I-55) ist in Art. I-54 die Schaffung neuer Eigenmittel explizit vorgesehen:

> „(1) Die Union stattet sich mit den erforderlichen Mitteln aus, um ihre Ziele erreichen und ihre Politik durchführen zu können.
>
> (2) Der Haushalt der Union wird unbeschadet der sonstigen Einnahmen vollständig aus Eigenmitteln finanziert. [...]
>
> (3) Die Bestimmungen über das System der Eigenmittel der Union werden durch Europäisches Gesetz des Rates festgelegt. Darin können neue Kategorien von Eigenmitteln eingeführt und bestehende Kategorien abgeschafft werden. Der Rat beschließt einstimmig nach Anhörung des Europäischen Parlaments. Dieses Gesetz tritt erst nach Zustimmung der Mitgliedstaaten im Einklang mit ihren jeweiligen verfassungsrechtlichen Vorschriften in Kraft.“

Mit dem Zustimmungsverfahren bestehen für die Einführung einer EU-Steuer zwar immer noch Hürden, dennoch ist die Aufnahme des Art. I-54 Abs. 3 EU-Verfassung als Signal hinsichtlich einer zukünftigen Einführung einer EU-Steuer zu werten. Nach dem Scheitern der Volksabstimmungen in den Niederlanden und Frankreich liegt die EU-Verfassung bisher allerdings immer noch auf Eis.

Der Ruf nach einer Reform des Eigenmittelsystems und insbesondere nach einer damit verbundenen Einführung einer EU-Steuer durch Barroso (2005), Blair (2005) und Schüssel (2006), die Vorschläge zu einer EU-Besteuerung internationaler Finanztransaktionen bzw. Flugtickets formulierten, verliehen der EU-Steuer-Idee zwar neue Konjunktur, lenken aber von der wesentlich dringlicheren Überprüfung und Reform der Ausgabenseite des EU-Haushalts ab.

> „As it stands today, the EU budget is a historical relic. Expenditures, revenues and procedures are all inconsistent with the present and future state of EU integration.“[17]

Die Europäische Union sollte vor einem so weitreichenden Eingriff in die mitgliedstaatliche Besteuerungshoheit ihre Aufgaben und die damit verbundenen Ausgaben überdenken und neu definieren. Ein erster Schritt zur Entflechtung der Kompetenzen von EU-Ebene und Mitgliedstaaten wurde in der Europäischen Verfassung versucht. Eine Reform der Einnahmeseite der EU-Finanzierung sollte erst im Anschluss an eine umfassende Reform der Ausgabenseite des EU-Haushalts erfolgen. Erst dann wird der verbleibende Finanzbedarf sichtbar.

Der Wissenschaftliche Beirat beim Bundesministerium für Wirtschaft und Technologie warnte schon 1998 in seinem Gutachten zur Reform des EU-Einnahmesystems vor

[17] Sapir (2003), S. 162.

einer zu starken Umverteilungsausrichtung des EU-Haushalts.[18] Die Überprüfung der Effektivität und Effizienz der Förderprogramme der EU lässt Zweifel am Erfolg der EU-Kohäsionspolitik aufkommen, zumal sogar eine Vergrößerung der Disparitäten trotz Förderpolitik zu konstatieren ist.[19] Eine Umverteilungsfunktion des EU-Haushalts ist zum Teil (z.B. Gemeinsame Agrarpolitik) mit allokativen Zielsetzungen nicht zu vereinbaren und erfolgt zudem durch Inkaufnahme überhöhter Kosten.[20] Entscheidend für einen nachhaltigen Aufholprozess sind liberalisierte Märkte, wachstumsfreundliche Steuersysteme und makroökonomische Stabilität.[21]

Ein weiteres, die EU-Steuer-Diskussion auch in Zukunft beherrschendes Problem ist eher integrationspolitischer Natur. Mit der Einführung einer EU-Steuer in das Finanzierungssystem der EU wird häufig eine Weichenstellung für die Entwicklung der Europäischen Union zu einem Bundesstaat gesehen. Enderlein et al. (2005) sprechen von einer „*strong and positive symbolic message*"[22] der EU-Steuer-Lösung. Ob der politische Wille zu einer tieferen Integration, insbesondere nach der starken Gegenbewegung im Rahmen der Ratifizierung der EU-Verfassung, ausreicht, eine solche Steuer einzuführen, bleibt fraglich.

> „The assignment of budgetary powers in the EU is as much the result of expediency, opportunism in policy-making and historical accident as of grand design, and it can be argued that it partly reflects a lack of common understanding among the Member States about how they view European integration."[23]

Die Grundsatzentscheidung der Staats- und Regierungschefs bezüglich des zukünftigen Finanzierungssystems - Besteuerungshoheit für die EU versus Fortsetzung der Eigenmittelfinanzierung mit Beitragscharakter - hat den Charakter einer Weichenstellung. Sie hat Signalwirkung für die absehbare zukünftige Finalität Europas. Die ökonomische Analyse stärkt dabei die Position der Gegner der EU-Steuer und gleichzeitig auch die Position der Befürworter des gegenwärtigen Integrationsstands, wenn die Zuweisung einer Besteuerungskompetenz an die EU zwingend mit einer veränderten Qualität der Staatlichkeit verknüpft wird.

---

[18] Vgl. etwa Wissenschaftlicher Beirat (1998), S. 28. Tanzi (2003) schlägt vor, eine möglich EU-Steuer mit einer Zweckbindung für europäische öffentliche Güter zu versehen, so dass die Einnahmen daraus nicht für Umverteilungsmaßnahmen verwendet werden können.

[19] Vgl. z.B. Puga (2002), Holtzmann (1997), S. 673ff.

[20] Vgl. Heinemann (2001), S. 235. Dabei wird auf den Vorschlag von Heinemann (1998) verwiesen, der die Einrichtung eines Kompensationsfonds auf EU-Ebene vorsieht.

[21] So auch Lammers (2006), S. 744. Lammers (2006) sieht die Kohäsionspolitik der Gemeinschaft ebenfalls als überbewertet an. Sie habe den Aufholprozess allenfalls gestützt.

[22] Enderlein et al. (2005), S. 15.

[23] Begg/Grimwade (1998), S. 12.

Literaturverzeichnis

[1] Alesina, A. und R. Wacziarg (1999), Is Europe going too far?, NBER Working Paper Series, Working Paper 8647.

[2] Allers, M.A. (1994), *Administrative and compliance costs of taxation and public transfers in the Netherlands*, Groningen.

[3] Andersson, L., Th. Aronsson und M. Wikström (2004), Testing for Vertical Fiscal Externalities, in: *International Tax and Public Finance* 11, S. 243-263.

[4] Aronsson, Th. und M. Wikström (1999), Fiscal Externalities and Asymmetric Information in a Federation, Economic Studies Discussion Paper 516.

[5] Auerbach, A.J. (1983), Corporate Taxation in the United States, Brookings Papers on Economic Acitivity 14, S. 451-513.

[6] Avi-Yonah, R. S. (2000), Globalisation, Tax Competition and the Fiscal Crisis of the Welfare State, Harvard Law School, Working Paper 004.

[7] Bach, S. und W. Wiegard (2002), Finanzwissenschaft, in: K.F. Zimmermann (Hrsg.), *Neue Entwicklungen in der Wirtschaftswissenschaft*, Heidelberg, S. 43-112.

[8] Baumol, W.J. und W.E. Oates (1975), *The Theory of Environmental Policy*, Englewood Cliffs, NJ.

[9] Baumol, W.J. und W.E. Oates (1988), *The Theory of Environmental Policy*, 2. Auflage, Englewood Cliffs, NJ.

[10] Bayerisches Staatsministerium der Finanzen (2002), *Europa und Steuern, Aktuelle Diskussionen auf europäischer Ebene mit steuerrechtlichem Bezug*, München.

[11] Becker, P. (2004), Die Agenda 2007, Die erste Etappe der europäischen Finanzverhandlungen 2007-2013, SWP-Aktuell 2004/34.

[12] Begg, I. und N. Grimwade (1998), *Paying for Europe*, Sheffield.

[13] Bénassy-Quéré, A. et al. (2001), The Reform of Taxation in EU Member States, Economic Affairs Series Directorate-General for Research, Working Paper Econ 127.

[14] Bénassy-Quéré, A., L. Fontagné und A. Lahrèche-Revil (2001), Foreign Direct Investment and Company Taxation in Europe, European Network of Economic Policy Research Institutes Working Paper 4.

[15] Bergius, M. (2002), Löchrig wie ein Schweizer Käse - Von einer koordinierten Schadstoff-Abgabe ist die EU weit entfernt, in: *Frankfurter Rundschau*, Nr. ?, 11.5.2002, S. 5.

[16] Berschens, R. (2001), Abfuhr auf Zeit, in: *Handelsblatt*, Nr. 131, 11.7.2001, S. 9.

[17] Besley, T.J. und H.S. Rosen (1998), Vertical Externalities in Tax Setting: Evidence from Gasoline and Cigarettes, in: *Journal of Public Economics* 70, S. 383-398.

[18] Biehl, D. (1988), Die Reform der EG-Finanzverfassung aus Sicht einer ökonomischen Theorie des Föderalismus, in: M.E. Streit (Hrsg.), *Wirtschaftspolitik zwischen ökonomischer und politischer Rationalität, Festschrift für Herbert Giersch*, Wiesbaden, S. 63-83.

[19] Biehl, D. (1991a), Financing the EEC budget, in: R. Prud'homme (Hrsg.), *Public finance with several levels of government*, The Hague et al., S. 137-152.

[20] Biehl, D. (1991b), Die EG-Finanzverfassung: Struktur, Mängel und Reformmöglichkeiten, in: R. Wildenmann (Hrsg.), *Staatswerdung Europas? Optionen für eine Europäische Union*, Baden-Baden, S. 355-391.

[21] Biehl, D. (1994), Zur ökonomischen Theorie des Föderalismus: Grundelemente und ihre Anwendung auf die EU-Finanzunion, in: H. Schneider und W. Wessels (Hrsg.), *Föderale Union - Europas Zukunft?*, München, S. 99-122.

[22] Biehl, D., M. Gérard, A. Inotai, J. Le Cacheux, S. Plasschaert, L. van depoele, J. Van Ginderachter (2005), *Own Resources: Evolution of the system in a EU of 25*, Study for the European Parliament, Study Group for European Policies, SEP-GEPE, Brussels.

[23] Bird, R.M. (1996), Why Tax Corporations?, International Centre for Tax Studies University of Toronto, Working Paper 96-2.

[24] Bird, R.M. (1999), Rethinking Subnational Taxes - A New Look at Tax Assignment, IMF Working Paper 99/165.

[25] Blankart, C.B. (1999), Die schleichende Zentralisierung der Staatstätigkeit: Eine Fallstudie, in: *Zeitschrift für Wirtschafts- und Sozialwissenschaften* 119, S. 331-350.

[26] Blankart, C.B. (2000a), The Process of Government Centralization: A Constitutional View, in: *Constitutional Political Economy* 11, S. 27-39.

[27] Blankart, C.B. (2000b), Besteuerungshoheit und Zentralisierung, in: *Schweizer Monatshefte* 80(3), S. 21-26.

[28] Blankart, C.B. (2001), Intranationaler und internationaler Steuerwettbewerb - Möglichkeiten und Grenzen autonomer Steuerpolitik, in: L. Gerken und O. Graf Lambsdorff (Hrsg.), *Ordnungspolitik in der Weltwirtschaft*, Baden-Baden, S. 222-227.

[29] Blankart, C.B. (2006), *Öffentliche Finanzen in der Demokratie*, 6. Aufl., München.

[30] Blankart, C.B. und D.C. Mueller (2003), Welche Aspekte sollten in einer Verfassung der EU berücksichtigt werden und welche nicht,in: *ifo Schnelldienst*, 56(6), S. 9-12.

[31] Blumenthal, M. und J. Slemrod (1995), The Compliance Cost of Taxing Foreign-Source Income: Its Magnitude, Determinants and Policy Implications, in: *International Tax and Public Finance* 2, S. 37-53.

[32] Boadway, R. (1992), *The Constitutional Division of Powers, An Economic Perspective*, Ottawa.

[33] Boadway, R. (2001), Inter-Governmental Fiscal Relations: The Facilitator of Fiscal Decentralization, in: *Constitutional Political Economy* 12, S. 93-121.

[34] Boadway, R. (2003), National Taxation, Fiscal Federalism and Global Taxation, UNU World Institute for Development Economics Research, Discussion Paper No. 2003/87.

[35] Boadway, R. und M. Keen (1996), Efficiency and the Optimal Direction of Federal-State Transfers, in: *International Tax and Public Finance* 3, S. 137-155.

[36] Boadway, R., M. Marchand und M. Vigneault (1998), The consequences of ovelapping tax bases for redistribution and public spending in a federation, in: *Journal of Public Economics* 68, S. 453-478.

[37] Boadway, R. und M. Hayashi (2001), An empirical analysis of intergovernmental tax interaction, in: *Canadian Journal of Economics* 34, S. 481-503.

[38] Bohnet, A. (1999), *Finanzwissenschaft: Grundlagen staatlicher Verteilungspolitik*, München, Wien.

[39] Bond, S., L. Chennells, M.P. Devereux, M. Gammie und E. Troup (2000), *Corporate Tax Harmonisation in Europe: A Guide to the Debate*, Institute for Fiscal Studies, London.

[40] Bönker, F. (2003), Steuerpolitische Aspekte der EU-Osterweiterung, in: *Vierteljahreshefte zur Wirtschaftsforschung* 72, S. 522-534.

[41] Boss, A. (2004), Alles spricht gegen die Einführung einer EU-Steuer, in: *Frankfurter Allgemeine Zeitung*, Nr. 28, 3.2.2004, S. 12.

[42] Bovenberg, A. L. und F. van der Ploeg (1994a), Environmental Policy, Public Finance and the Labour Market in a Second-Best World, in: *Journal of Public Economics* 55, S. 349-390.

[43] Bovenberg, A. L., und F. van der Ploeg (1994b), Green Policies in a Small Open Economy, in: *Scandinavian Journal of Economics* 96, S. 343-363.

[44] Bovenberg, A. L. und F. van der Ploeg (1998), Consequences of Environmental Reforms for Involuntary Unemployment and Welfare, in: *Environmental and Resource Economics* 12, S. 137-150.

[45] Bovenberg, A. L. und R. A. De Mooij (1994a), Environmental Levies and Distortionary Taxation, in: *American Economic Review* 84, S. 1085-1089.

[46] Bovenberg, A. L. und R. A. De Mooij (1994b), Environmental Taxes and Labor-Market Distortions, in: *European Journal of Political Economy* 10, S. 655-683.

[47] Brennan, G. und J.M. Buchanan (1980), *The Power to Tax. Analytical Foundations of a Fiscal Constitution*, Cambridge.

[48] Brennan, G. und J.M. Buchanan (1988), *Besteuerung und Staatsgewalt: Analytische Grundlagen einer Finanzverfassung*, herausgegeben und übersetzt von C. Folkers, Hamburg.

[49] Brett C. und J. Pinkse (2000), The determinants of municipal tax rates in British Columbia, in: *Canadian Journal of Economics* 33, S. 695-714.

[50] Brückner, J. (2003), „Strategic Interaction Among Governments“, Working Paper (erscheint in: R. Arnott und D. McMillen (Hrsg.) (2006), *Companion to Urban Economics*.

[51] Brügelmann, R. (2004), Eine Vereinheitlichung der Körperschaftsteuer schafft mehr Probleme, als sie löst, in: *ifo Schnelldienst* 11, S. 5-8.

[52] Brülhart, M. und M. Jametti (2004), Vertical Versus Horizontal Tax Competition: An Empirical Test, CEPR Discussion Paper No. 4593.

[53] Buchanan, J.M. und D.R. Lee (1995), On a Fiscal Constitution for the European Union, in: *Journal des Economistes et des Etudes Humaines* 5, S. 219ff.

[54] Bucovetsky, S. (1991), Asymmetric tax competition, in: *Journal of Urban Economics* 30, S. 167-181.

[55] Bucovetsky, S. und J.D. Wilson (1991), Tax competition with two tax instruments, in: *Regional Science and Urban Economics* 21, S. 333-350.

[56] Bundesministerium der Finanzen (2001), Die wichtigsten Steuern im internationalen Vergleich, in: *Monatsbericht* 10/2001.

[57] Bundesministerium der Finanzen (2005), *Finanzplan des Bundes von 2004 - 2008*, Berlin.

[58] Bundesministerium der Finanzen (2006a), Die Steuereinnahmen von Bund, Ländern und Gemeinden im Haushaltsjahr 2005, in: *Monatsbericht*, 7/2006.

[59] Bundesministerium der Finanzen (2006b), Die Steuereinnahmen des Bundes und der Länder im 1. Halbjahr 2006, in: *Monatsbericht*, 8/2006.

[60] Bundesministerium für Umwelt, Naturschutz und Reaktorsicherheit (BMU) (2006), *Erneuerbare Energien - Innovationen für die Zukunft*, Berlin.

[61] Bundesverfassungsgericht (1993), Urteil vom 12.10.1993 zum Maastrichter Vertrag, BVerfGE73, 339.

[62] Büttner, Th. (2000), Tax Base Effects and Fiscal Externalities of Local Capital Taxation: Evidence from a Panel of German Jurisdictions, in: Th. Büttner (Hrsg.), *Finanzverfassung und Flöderalismus in Deutschland und Europa*, Baden-Baden, S. 61-87.

[63] Büttner, Th. (2003), Tax Base Effects and Fiscal Externalities of Local Capital Taxation: Evidence from a Panel of German Jurisdictions, in: *Journal of Urban Economics* 54, S. 110-128.

[64] Caesar, R. (1990), Neue Steuern für die Europäische Gemeinschaft? - Kriterien und Vorschläge, in: Biehl, D. und G. Pfennig, (Hrsg.), *Zur Reform der EG-Finanzverfassung: Beiträge zur wissenschaftlichen und politischen Debatte*, Bonn, S. 57-105.

[65] Caesar, R. (1992), Kreditoperationen im Finanzsystem der EG, in: K.-H. Hansmeyer (Hrsg.), *Ausgewählte Probleme der EG-Finanzen*, Schriften des Vereins für Socialpolitik, N.F. Bd.216, Berlin, S. 115-182.

[66] Caesar, R. (1996a), Das Finanzsystem der EG - Mängel der europäischen Finanzverfassung, in: Caesar, R. und R. Ohr (Hrsg.), *Maastricht und Maastricht II: Vision oder Abenteuer?*, 1.Aufl., Baden-Baden, S. 251-262.

[67] Caesar, R. (1996b), Zur Reform des EU-Einnahmensystems der Europäischen Union, in: W. Zohlnhöfer (Hrsg.), *Europa auf dem Weg zur Politischen Union - Probleme und Perspektiven der europäischen Integration vor „Maastricht II“*, Schriften des Vereins für Socialpolitik, Bd.247, Berlin, S. 145-173.

[68] Caesar, R. (2001), An EU Tax? - Not a Good Idea, in: *Intereconomics* 36, S. 231-233.

[69] Caesar, R. (2002a), Haushalts- und Steuerpolitik in der EU, in: *Jahrbücher für Nationalökonomie und Statistik* 222, S. 132-150.

[70] Caesar, R. (2002b), Eine neue Finanzverfassung für die EU?, in: *Wirtschaftsdienst* 6, S. 322-329.

[71] Caesar, R. (2004), Leitlinien für eine europäische Finanzverfassung, in: W. Schäfer (Hrsg.), *Zukunftsprobleme der europäischen Wirtschaftsverfassung*, Schriften des Vereins für Socialpolitik, N.F. Bd.300, Berlin, S. 149-179.

[72] Caesar, R. (2006), Kein eigenes Besteuerungsrecht für die EU, in: *Frankfurter Allgemeine Zeitung*, Nr. 74, 28.6.2006, S. 23.

[73] Caplan, A.J. und E.C.D. Silva (1999), Federal Acid Rain Games, in: *Journal of Urban Economics* 46, S. 25-52.

[74] Caplan, A.J., R.C. Cornes und E.C.D. Silva (2000), Pure public goods and income redistribution in a federation with decentralized leadership and imperfect labor mobility, in: *Journal of Public Economics* 77, S. 265-284.

[75] Cassing, J.H. und A.L. Hillman (1982), State Federal Resource Tax Rivalry, in: *Economic Record* 58, S. 235-241.

[76] Centre for Economic Policy Research (1993), *Making sense of subsidiarity: how much centralization for Europe?*, London.

[77] Colasanti, F. (1997), Neue Einnahmequellen für die EU?, in: R. Caesar (Hrsg.), *Reform der Finanzverfassung und Strukturpolitik der EU*, Baden-Baden, S. 181-191.

[78] Cnossen, S. (1983), Harmonization of Indirect Taxes in the EEC, in: C.E. McLure Jr. (Hrsg.), *Tax Assignment in Federal Countries*, Centre for Research on Federal Financial Relations, Australian National University, Canberra, S. 150-168.

[79] Cnossen, S. (1990), On the Direction of Tax Harmonization in the European Community, in: H. Siebert (Hrsg.), *Reforming Capital Income Taxation*, Tübingen, S. 209-227.

[80] Conrad, K. (1996), Optimal environmental policy for oligopolistic industries under intra-industry trade, in: C. Carraro et al. (Hrsg.), *Environmental Policy and Market Structure*, S. 65-83.

[81] Cornes, R. und T. Sandler (1996), *The Theory of Externalities, Public Goods and Club Goods*, Cambridge.

[82] Courchene, T., C. Goodhart, A. Majocchi et al. (1993), Stable money-sound finances: Community public finance in the perspective of EMU, in: *European Economy* special issue 53.

[83] Crolly, H. (2005), Blair denkt über EU-Steuer nach, in: Die Welt, 21.12.2005.

[84] Cropper, M.L. und W.E. Oates (1992), Environmental Economics: A Survey, in: *Journal of Economic Literature* 30, S. 675-740.

[85] Cumberland, J.H. (1981), Efficiency and Equity in Interregional Evironmental Management, in: *The Review of Regional Studies* 10, S. 1-9.

[86] Dahlby, B. (1996), Fiscal Externalities and the Design of Intergovernmental Grants, in: *International Tax and Public Finance* 3, S. 55-83.

[87] Dahlby, B. (2001), Taxing Choice: The Issues in the Assignment of Taxes in Federations, in: *International Social Science Journal* 167, S. 93-101.

[88] Dahlby, B. und L.S. Wilson (2003), Vertical fiscal externalities in a federation, in: *Journal of Public Economics* 87, S. 917-930.

[89] Dawid, H., C. Deissenberg und P. Sevcik (2004), Cheaptalk, gullibility, and welfare in an environmental taxation game, in: A. Haurie und G. Zaccour (Hrsg.), *Dynamic Games: Theory and Applications*, Ort?, S. 175-192.

[90] Deutsche Bank (2005), *Aktuelle Kommentare - EU-Zinsbesteuerung vor der Ziellinie*, Deutsche Bank Research, 14.04.2005.

[91] Devereux, M.P. (1995), Tax Competition and the Impact on Capital Flows, in: H. Siebert (Hrsg.), *Locational Competition in the World Economy*, Tübingen, S. 169-196.

[92] Devereux, M.P. (2003), Debating Proposed Reforms of the Taxation of Corporate Income in the European Union, in: *International Tax and Public Finance* 11, S. 71-89.

[93] Devereux, M.P., B. Lockwood und M. Redoano (2004), Horizontal and Vertical Indirect Tax Competition: Theory and Some Evidence From the USA, CEPR Discussion Papers 4470.

[94] Diaz Cayeros A., C.E. McLure, Jr. (2000), Tax Assignment in México, in: G. y Webb (Hrsg.), *Achievements and Challenges of Fiscal Decentralization: Lessons from Mexico*, Washington, S. 177-199.

[95] Doering, T. und O. Fromm (1995), Koordinierungsbedarf fuer die direkten Steuern bei verstaerkter politischer und wirtschaftlicher Integration in der Europaeischen Union, in: *Vierteljahreshefte zur Wirtschaftsforschung* 64, S. 624-641.

[96] Donges, J.B., J. Eekhoff, W. Möschel, M.J.M. Neumann und O. Sievert (1998), *Osterweiterung der Europäischen Union. Als Chance zur Reform begreifen*, Schriftenreihe des Frankfurter Instituts, Bd. 33, Bad Homburg.

[97] Easson, A. (1992), Harmonization of Direct Taxation in the European Community: From Neumark to Ruding, in: *Canadian Tax Journal* 40, S. 600-638.

[98] Edwards, J. und M. Keen (1996), Tax competition and Leviathan, in: *European Economic Review* 40, S. 113-134.

[99] Eichler, M., Ch. Elschner und M. Overesch (2005), *IBC Taxation Index 2005, Comparison of the Effective Tax Burden of Companies and Highly Qualified Manpower in European Regions and the United States - Executive Summary*, BAK Basel Economics, Mannheim.

[100] Elschner, Ch., L. Lammersen und R. Schwager (2003), *Der IBC Taxation Index - Die effektive Steuerbelastung von Unternehmen und hoch qualifizierten Arbeitskräften*, Executive Summary, Studie im Auftrag des IBC BAK International Benchmark Club von BAK Basel Economics, Mannheim.

[101] Enderlein, H., J. Lindner, O. Calvo-Gonzalez und R. Ritter (2005), The EU budget - how much scope for institutional reform?, European Central Bank, Occasional Paper Series No. 27.

[102] Erard, B. (1997), The income tax compliance burden on Canadian big business, Carleton University, Arbeitspapier, 97-2.

[103] Esteller-Moré, A. und A. Solé-Ollé (2001), Vertical Income Tax Externalities and Fiscal Interdependence: Evidence from the US, in: *Regional Science and Urban Economics* 31, S. 247-272.

[104] Esteller-Moré, A. und A. Solé-Ollé (2002), Tax setting in a federal system: The case of personal income taxation in Canada, in: *International Tax and Public Finance* 9, S. 235-257.

[105] Europäische Kommission (1967), *Programm für die Harmonisierung der direkten Steuern*, in: Bulletin der EWG, Sonderbeilage 8, Brüssel.

[106] Europäische Kommission (1975), *Harmonisierung der Körperschaftsteuersysteme, Vorschlag für eine Richtlinie des Rates zur und der Regelung der Quellensteuer auf Dividenden*, Bulletin der EG, Beilage 10, Brüssel.

[107] Europäische Kommission (1977a), *Report of the Study Group on the Role of Public Finances in European Integration*(MacDougall-Report), Vol. I, Brüssel.

[108] Europäische Kommission (1977b), *Report of the Study Group on the Role of Public Finances in European Integration* (MacDougall-Report), Vol. II, Brüssel.

[109] Europäische Kommission (1978), *Financing the Community Budget: The Way Ahead*, COM(78)531 final, 21.11.1978, Bulletin of the European Communities, Supplement 8/78, Brüssel.

[110] Europäische Kommission (1978), *Report on the financing of the Community budget*, KOM(87)101, Brüssel.

[111] Europäische Kommission (1990), Leitlinien zur Unternehmensbesteuerung, SEK(90) 601, Brüssel.

[112] Europäische Kommission (1991), Removal of tax obstacles to the cross-frontier activities of companies, Bulletin der Europäischen Gemeinschaften, Beilage 4/91.

[113] Europäische Kommission (1992a), Conclusions and Recommendations of the Committee of Independent Experts on Company Taxation (Ruding Report), Brüssel.

[114] Europäische Kommission (1992b), Mitteilung der Kommission, Das System der Eigenmittel, KOM(92)81 endg. vom 10.3.1992, Brüssel.

[115] Europäische Kommission (1994), *Wachstum, Wettbewerbsfähigkeit, Beschäftigung. Herausforderungen der Gegenwart und Wege ins 21. Jahrhundert*, Weißbuch, Luxemburg.

[116] Europäische Kommission (1996a), *Steuern in der Europäischen Union*, Diskussionspapier für die informelle Tagung des Rates „Wirtschaft und Finanzen", SEK(96)487, Brüssel.

[117] Europäische Kommission (1996b), Die Steuern in der Europäischen Union - Entwicklung der Steuersysteme, KOM(96)546, Brüssel.

[118] Europäische Kommission (1997a), *Mitteilung der Kommission an den Rat - Koordinierung der Steuerpolitik in der Europäischen Union - Maßnahmenpaket zur Bekämpfung des schädlichen Steuerwettbewerbs*, KOM(97)495 endg., 1.10.1997, Brüssel.

[119] Europäische Kommission (1997b), *Agenda 2000 - Teil I: Eine stärkere und erweiterte Union - Teil II: Die Erweiterung der Union - Eine Herausforderung*, KOM(97)2000 endg., Brüssel.

[120] Europäische Kommission (1997c), *Maßnahmenpaket zur Bekämpfung des schädlichen Steuerwettbewerbs in der Europäischen Union*, Mitteilung der Kommission an den Rat und das Europäische Parlament, KOM(97)564, 5.11.1997, Brüssel.

[121] Europäische Kommission (1998a), *Die Finanzierung der Europäischen Union. Bericht der Kommission über das Funktionieren des Eigenmittelsystemes*, Kommissionsbericht vom 7.10.1998, Brüssel.

[122] Europäische Kommission (1998b), *Die Finanzierung der Europäischen Union. Bericht der Kommission über das Funktionieren des Eigenmittelsystemes, Anhang 2*, Kommissionsbericht vom 7.10.1998, Brüssel.

[123] Europäische Kommission (2000a), *Finanzbericht 2000*, Brüssel.

[124] Europäische Kommission (2000b), *Haushalts-Vademekum*, Brüssel.

[125] Europäische Kommission (2000c), Mitteilung der Kommission an den Rat und das Europäische Parlament, Strategie zur Verbesserung der Funktionsweise des MWST-Systems im Binnenmarkt, KOM(2000)348 endg. vom 07.06.2000, Brüssel.

[126] Europäische Kommission (2000d), Agenda 2000, DOC/97/6-8 vom 15.7.1997, Brüssel.

[127] Europäische Kommission (2001a), *Anpassung der Eigenmittelobergrenze und der Obergrenze der Mittel für Verpflichtungen nach Inkrafttreten des Beschlusses 2000/597/EG, Euratom*, KOM(2001)801 endg., Brüssel.

[128] Europäische Kommission (2001b), *Steuerpolitik in der Europäischen Union - Prioritäten für die nächsten Jahre*, Mitteilung der Kommission an den Rat, das Europäische Parlament und den Wirtschafts- und Sozialaussschuß, KOM(2001)260, Brüssel.

[129] Europäische Kommission (2001c), Mitteilung der Kommission an den Rat, das Europäische Parlament und den Wirtschafts- und Sozialausschuss: Ein Binnenmarkt ohne steuerliche Hindernisse - Strategie zur Schaffung einer konsolidierten Körperschaftsteuer-Bemessungsgrundlage für die grenzüberschreitende Unternehmenstätigkeit in der EU, KOM(2001)582, Brüssel.

[130] Europäische Kommission (2001d), Unternehmensbesteuerung im Binnenmarkt, SEK(2001)1681/KOM(2001)582endg., Brüssel.

[131] Europäische Kommission (2001e), Anhang zur Kommissionsstudie „Unternehmensbesteuerung im Binnenmarkt“, SEK(2001)1681, Brüssel.

[132] Europäische Kommission (2001f), Unternehmenssteuerstrategie der Kommission - Häufig gestellte Fragen, MEMO/01/335, 23.10.2001, Brüssel.

[133] Europäische Kommission (2002a), Gesamthaushaltsplan der Europäischen Union für das Haushaltsjahr 2002, Luxemburg.

[134] Europäische Kommission (2002b), Verordnung (EG, EURATOM) Nr. 2343/2002 der Kommission vom 23.12.2002 betreffend die Rahmenfinanzregelung für Einrichtungen gemäß Art. 185 der Verordnung (EG, Euratom) Nr. 1605/2002 des Rates über die Haushaltsordnung für den Gesamthaushaltsplan der Europäischen Gemeinschaften, ABl. L 357/72 vom 31.12.2002.

[135] Europäische Kommission (2003a), Mitteilung der Kommission an den Rat, das Europäische Parlament und den Europäischen Wirtschafts- und Sozialausschuss: Ein Binnenmarkt ohne unternehmenssteuerliche Hindernisse Ergebnisse, Initiativen, Herausforderungen, KOM(2003)726, Brüssel.

[136] Europäische Kommission (2003b), Binnenmarktstrategie - Vorrangige Aufgaben 2003-2006, KOM(2003)238 endg., Brüssel.

[137] Europäische Kommission (2003c), Vorschlag für eine Richtlinie des Rates zur Änderung der Richtlinie 77/388/EWG in Bezug auf den Anwendungsbereich der ermäßigten Mehrwertsteuersätze, KOM(2003)397 endg., Brüssel.

[138] Europäische Kommission (2003d), Bilanz und Aktualisierung der Prioritäten der MwSt-Strategie, Mitteilung der Kommission an den Rat, das Europäische Parlament und den Europäischen Wirtschafts- und Sozialausschuss, KOM(2003)614 endg., Brüssel.

[139] Europäische Kommission (2003e), Angepasste Tabellen der Finanziellen Vorausschau für die EU-25 mit Preisen von 1999 und Preisen von 2004, ABl. L 147 vom 14.06.2003, S. 31.

[140] Europäische Kommission (2004a), Mitteilung der Kommission an den Rat und das Europäische Parlament, Finanzielle Vorausschau 2007-2013, KOM(2004)487, Brüssel.

[141] Europäische Kommission (2004b), Mitteilung der Kommission an den Rat und das Europäische Parlament, Unsere gemeinsame Zukunft aufbauen, Politische Herausforderungen und Haushaltsmittel der erweiterten Union -2007-2013, KOM(2004)101 endg./3, Brüssel.

[142] Europäische Kommission (2004c), Vorschlag für eine Verordnung des Rates mit Durchführungsmaßnahmen für die Korrektur der Haushaltsungleichgewichte gemäß den Artikeln 4 und 5 des Beschlusses des Rates vom (...) über das System der Eigenmittel der Europäischen Gemeinschaften, KOM(2004)501 endg., Brüssel.

[143] Europäische Kommission (2004d), Bericht der Kommission über das Funktionieren des Eigenmittelsystems, Band I, KOM(2004)505 endg./2, Brüssel.

[144] Europäische Kommission (2004e), Bericht der Kommission über das Funktionieren des Eigenmittelsystems, Technical annex to the 2004 report COM(2004)505 final - Band II, Brüssel.

[145] Europäische Kommission (2005a), Vorentwurf des Gesamthaushaltsplans der Europäischen Gemeinschaften für das Haushaltsjahr 2006, Luxemburg.

[146] Europäische Kommission (2005b), Die Finanzierung des Haushalts, http://ec.europa.eu/budget/budget_detail/overview_de.htm, letzter Aufruf: 21.8.2006.

[147] Europäische Kommission (2005c), Bericht der Kommission über das Follow-up der traditionellen Eigenmittel in Fällen von Betrug und Unregelmäßigkeiten, KOM(2004)850 endg., Brüssel.

[148] Europäische Kommission (2005d), Bericht der Kommission an den Rat und das Europäische Parlament, Fünfter Bericht gemäß Artikel 12 der Verordnung (EWG,

Euratom) Nr. 1553/89 über Verfahren zur Erhebung und Kontrolle der MwSt, KOM(2004)855 endg., Brüssel.

[149] Europäische Kommission (2005e), Aufteilung der EU-Ausgaben 2004 nach Mitgliedstaaten, http://europa.eu.int/comm/budget/agenda2000/reports_de.htm, letzter Aufruf: 2.8.2006.

[150] Europäische Kommission (2006a), Steuerpolitische Strategie der EU, http://europa.eu.int/comm/taxation_customs/taxation/gen_info/tax_policy/index_de.htm, letzter Aufruf: 4.5.2006.

[151] Europäische Kommission (2006b), Gesamthaushaltsplan der Europäischen Union für das Haushaltsjahr 2006, Übersicht in Zahlen, Luxemburg.

[152] Europäische Kommission (2006c), Vorschlag für einen Beschluss des Rates über das System der Eigenmittel der Europäischen Gemeinschaft, KOM(2006)99 endg./2, Brüssel.

[153] Europäische Kommission (2006d), Mitteilung der Kommission an das Europäische Parlament und den Rat, Technische Anpassung des Finanzrahmens an die Entwicklung des Bruttonationaleinkommens und der Preise für das Haushaltsjahr 2007 (Nummer 16 der Interinstitutionellen Vereinbarung vom 17.5.2006 über die Haushaltsdisziplin und die Wirtschaftlichkeit der Haushaltsführung), KOM(2006) 327 endg., 22.6.2006, Brüssel.

[154] Europäische Kommission (2006e), *Structures of the Taxation Systems in the European Union: 1995-2004*, Brüssel.

[155] Europäisches Parlament (1990), *Interim Report of the Committee on Budgets on the Financing of the European Community*, Rapporteur Joan Colom I Naval, A3-0317/90, Brüssel.

[156] Europäisches Parlament (2001), Entschließung zu der Situation bei den Eigenmitteln der Europäischen Union, in: Bulletin der Europäischen Union 7/8, Brüssel.

[157] Europäisches Parlament (2005), Politische Herausforderungen und Haushaltsmittel der erweiterten Union 2007-2013, Entschließung des Europäischen Parlaments zu den politischen Herausforderungen und Haushaltsmitteln der erweiterten Union 2007-2013, 2004/2209(INI).

[158] Europäisches Parlament (2006), Endgültige Feststellung des Gesamthaushaltsplans der Europäischen Union für das Haushaltsjahr 2006, ABl. L 78 vom 15.3.2006, Bd.I, Brüssel.

[159] Europäisches Parlament und Rat der Europäischen Union (2003), Beschluss des Europäischen Parlaments und des Rates vom 19.5.2003 zur Anpassung der Finanziellen

Vorausschau anlässlich der Erweiterung, 2003/429/EG, ABl. L 147 vom 14.06.2003, Brüssel.

[160] Europäisches Parlament, Rat der Europäischen Union und Europäische Kommission (1999), Interinstitutionelle Vereinbarung zwischen dem Europäischen Parlament, dem Rat und der Kommission vom 6.5.1999 über die Haushaltsdisziplin und die Verbesserung des Haushaltsverfahrens, ABl. C 172 vom 18.6.1999, Brüssel.

[161] Europäischer Rat (1984), Schlussfolgerungen des Europäischen Rates von Fontainebleau, 25./26.6.1984, DOC(84)2.

[162] Europäischer Rat (2000), Schlussfolgerungen des Vorsitzes, Europäischer Rat von Lissabon vom 24.3.2000, Nr. 100/1/00, Bulletin des Rates EU, 3/2000, Brüssel.

[163] Europäischer Rechnungshof (1998), Sonderbericht Nr. 6/98 über die Bilanz des Systems der MwSt.- und BSP-Eigenmittel zusammen mit den Antworten der Kommission (vorgelegt gemäß Artikel 188c Absatz 4 Unterabsatz 2 des EG-Vertrags) (98/C 241/02), ABl. C 241/58 vom 31.7.1998, S. 58-80.

[164] Eurostat (2005), Daten für 2004 und endgültige Daten für 2003 zum BIP/Kopf, Luxemburg.

[165] Fehr, H. (2001), Der Haushalt der Europäischen Union - Aktuelle Entwicklungstendenzen und Reformoptionen, in: *Zeitschrift für Wirtschaftspolitik* 50, S. 36-48.

[166] Feist, H. und R. Schöb (1998), Workfare in Germany and the Problem of Vertical Fiscal Externalities in: *Finanzarchiv* N.F. 55, S. 461-480.

[167] Feld, L. P. (2000), *Steuerwettbewerb und seine Auswirkungen auf Allokation und Distribution: ein überblick und eine empirische Analyse für die Schweiz*, Tübingen.

[168] Feld, L. P. und F. Schneider (2000), State and local taxation, Working Paper at the Department of Economics, Johannes Kepler University Linz.

[169] Feld, L. P. und F. Schneider (2001), Zum Wandel des föderalistischen Aufgaben-, Ausgaben- und Finanzierungsspektrums: österreich und die Schweiz im Vergleich, Arbeitspapier.

[170] Fischer, J. (2000), Vom Staatenverbund zur Föderation, in: Walter-Hallstein-Institut für Europäisches Verfassungsrecht (Hrsg.), *Verfassungsrechtliche Reformen zur Erweiterung der Europäischen Union*, Baden-Baden, S. 171-183.

[171] Flochel, L. und Th. Madiès (2002), Interjurisdictional Tax Competition in a Federal System of Overlapping Revenue Maximizing Governments, in: *International Tax and Rublic Finance* 9, S. 121-141.

[172] Flowers, M.R. (1988), Shared Tax Sources in a Leviathan Model of Federalism, in: *Public Finance Quarterly* 16, S. 67-77.

[173] Folkers, C. (1994), *Die Kompensationsfunktion des europäischen Haushalts, Zur ökonomischen Analyse der EU-Finanzen im Integrationsprozess*, Bochum.

[174] Folkers, C. (1998), Finanz- und Haushaltspolitik, in: P. Klemmer (Hrsg.), *Handbuch Europäische Wirtschaftspolitik*, München, S. 559-663.

[175] Folkers, C. (1999), Schranken für den Leviathan: Grenzen für staatliche Abgaben, Kredite und Ausgaben in den Verfassungen des Bundes und der Länder?, in: H.H.v. Arnim (Hrsg.), *Adäquate Institutionen: Voraussetzungen für „gute" und bürgernahe Politik?*, Berlin, S. 241-258.

[176] Folkers, C. (2002), Politische ökonomie und Reform des europäischen Haushalts- und Finanzsystems, in: H. Hegmann und B. Neumärker (Hrsg.), *Die Europäische Union aus politökonomischer Perspektive*, Marburg, S. 229-263.

[177] Frederiksson, G. und D.L. Millimet (2002), Strategic interaction and the determination of US environmental policy across US states, in: *Journal of Urban Economics* 51, S. 101-122.

[178] Freeman, A.M. (2003), *The Measurement of Environmental and Resource Values*, 2.Aufl., Washington, D.C.

[179] Frey, B.S. (1985), *Internationale Politische Ökonomie*, München.

[180] Frey, B.S. und R. Eichenberger (1996), To harmonize or to compete? That's not the question, in: *Journal of Public Economics* 60, S. 335-349.

[181] Frey, B.S. und R. Eichenberger (2002), Federalism with Overlapping Jurisdictions and Variable Levels of Integration: The Concept of FOCJ, in: J. von Hagen und M. Widgren (Hrsg.), *Regionalism in Europe: Geometrics and Strategics after 2000*, Boston et al., S. 3-21.

[182] Frey, B.S. und R. Eichenberger (2004), The New Democratic Federalism for Europe: Functional, Overlapping and Competing Jurisdictions, in: J.G. Backhaus und D. Doering (Hrsg.), *The Political Economy of Secession*, Zürich, S. 231-279.

[183] Frey, B.S., G. Kirchgässner (1994), *Demokratische Wirtschaftspolitik, Theorie und Anwendung*, München.

[184] Fritsch, M., Th. Wein und H.-J. Ewers (2003), *Marktversagen und Wirtschaftspolitik, mikroökonomische Grundlagen staatlichen Handelns*, 5.Aufl., München.

[185] Fritsche, B., R. Kambeck, et al. (2003), *Empirische Analyse der effektiven Inzidenz des deutschen Steuersystems*, Untersuchungen des Rheinisch-Westfälischen Instituts für Wirtschaftsforschung, Heft 42, Bottrop.

[186] Fuest, C. (1995), *Eine Fiskalverfassung für die Europäische Union, Untersuchungen zur Wirtschaftspolitik*, Institut für Wirtschaftspolitik, Bd.100, Köln.

[187] Fuest, C. (1996), Zur Reform der EU-Fiskalverfassung, in: M.E. Streit und S. Voigt (Hrsg.), *Ökonomen und Juristen zur zukünftigen Verfasstheit Europas*, Baden-Baden, S. 166-182.

[188] Fuest, C. (2000), Europäische Steuerpolitik: Zwischen Harmonisierung und Wettbewerb, in: R. Ohr und T. Theurl (Hrsg.), *Kompendium Europäische Wirtschaftspolitik*, München, S. 467-499.

[189] Fuest, C. und B. Huber (2001), Tax Competition and Tax Coordination in a Median Voter Model, in: *Public Choice* 107, S. 97-113.

[190] Fuest, C. und B. Huber (2002), Why capital income taxes survive in open economies: The role of multinational firms, in: *International Tax and Public Finance* 9, S. 567-589.

[191] Fuest, C., B. Huber und J. Mintz (2005), Capital mobility and tax competition, *Foun- dations and Trends in Microeconomics* 1(1), S. 1-62.

[192] Genschel, Ph. (2000), Der Wohlfahrtsstaat im Steuerwettbewerb, in: *Zeitschrift für Internationale Beziehungen* 7, S. 267-296.

[193] Genser, B. (1997), Auf der Suche nach einer föderalen Finanzverfassung für Europa, in: H.-J. Vosgerau (Hrsg.), *Zentrum und Peripherie - Zur Entwicklung der Arbeitsteilung in Europa*, Schriften des Vereins für Socialpolitik, N.F. Bd.250, Berlin, S. 101-127.

[194] Gerken, L., J. Märkt und G. Schick (2000), *Internationaler Steuerwettbewerb*, Tübingen.

[195] Gerken, L., J. Märkt, G. Schick und A. Renner (2002), *Eine freiheitliche supranationale Föderation. Zur Aufgabenverteilung in Europa*, Baden-Baden.

[196] Giersch, H. (1990), Diskussion zu B. Molitor, Die Verwirklichung des EG-Binnenmarktes, *Beihefte zur Konjunkturpolitik* 36, Berlin, S. 110-114.

[197] Giovannini, A. (1989), National Tax Systems versus the European Capital Market, in: *Economic Policy* 9, S. 345-386.

[198] Giovannini, A. (1990), International Capital Mobility and Capital Income Taxation - Theory and Policy, in: *European Economic Review* 34, S. 480-488.

[199] Goodspeed, T.J. (1990), The assignment of ability to pay taxes in the OECD countries, in: R. Prud'homme (Hrsg.), *Proceeding of the 46th Congress of the International Institute of Public Finance*, Brussels, S. 83-98.

[200] Goodspeed, T.J. (2000), Tax structure in a federation, in: *Journal of Public Economics* 75, S. 493-506.

[201] Gordon, R.H. (1983), An Optimal Taxation Approach to Fiscal Federalism, in: *Quaterly Journal of Economics* 98, S. 567-86.

[202] Gordon, R. (1992), Can Capital Income Taxes Survive in Open Economies?, in: *Journal of Finance* 47, S. 1159-1180.

[203] Gordon, R. (2000), Taxation of Capital Income vs. Labour Income: An Overview, in: S. Cnossen (Hrsg.), *Taxing Capital Income in the European Union Issues and Options for Reform*, Oxford, S. 15-45.

[204] Gorter, J. und R. de Mooij (2001), *Capital Income Taxation in Europe: Trends and Trade-Offs*, Den Haag.

[205] Goulder, L.H. (1993), Energy Taxes: Traditional Efficiency Effects and Environmental Implications, NBER Working Paper No. W4582 (veröffentlicht: (1994), in: J.M. Poterba (Hrsg.), Tax Policy and the Economy 8, Cambridge: MIT Press).

[206] Goulder, L.H. (1995), Environmental Taxation and the 'Double Dividend': A Reader's Guide, in: *International Tax and Public Finance* 2, S. 155-182.

[207] Gravelle, J. (1994), *The Economic Effects of Taxing Capital Income*, Cambridge, Mass.

[208] Grimm, D. (1995), Does Europe Need a Constitution?, in: *European Law Journal* 1, S. 282-302.

[209] Gros, D. und S. Micossi (2005), A Better Budget for the European Union, More Value for Money, More Money for Value, CEPS Policy Brief, No. 66.

[210] Grundgesetz für die Bundesrepublik Deutschland, in der Fassung vom 26.7.2002 (BGBl. I 2002, S. 2863ff.).

[211] Grüske, K.-D. (1997), Föderalismus und Finanzausgleich, in: M. Vollkommer (Hrsg.), *Föderalismus - Prinzip und Wirklichkeit*, Atzelsberger Gespräche, Erlanger Forschungen Reihe A, Geisteswissenschaften Bd.83, Erlangen, S. 17-40.

[212] Grüske, K.-D.(1989), Additional Costs of Taxation: Administrative and Compliance Cost - Some Empirical Evidence, in: A. Chiancone und K. Messere (Hrsg.), *Changes in Revenue Structures* , 42. Congress Proceedings of IIPF, Athen 1986, Detroit, S. 243-264.

[213] Grüske, K.-D.(1991), Zur Bürokratieverlagerung im Steuerwesen, Kosten der Steuern innerhalb und außerhalb der öffentlichen Administration, in: *Das öffentliche Haushaltswesen in Österreich*, Zeitschrift der Gesellschaft für das öffentliche Haushaltswesen 32, S. 43-62.

[214] Guth, E. (1997), Die derzeitige Finanzverfassung der EU: Entwicklungen und Erfahrungen, in: R. Caesar (Hrsg.), *Zur Reform der Finanzverfassung und Strukturpolitik der EU*, Baden Baden, S. 91-110.

[215] Guth, E. (1999), Die Vorschläge zur Reform des EU-Finanzsystems 2000-2006, in: *List-Forum für Wirtschafts- und Finanzpolitik* 25, S. 119-137.

[216] Hall, R.E. und D.W. Jorgenseon (1967), Tax Policy and Investment Behavior, in: *American Economic Review* 57, S. 391-414.

[217] Hansmeyer, K.-H. und K. Zimmermann (1984), Das Popitzsche Gesetz und die Entwicklung der Ausgabenverteilung zwischen Bund und Ländern in den 60er und 70er Jahren, in: W.A.S. Koch und H.-G. Petersen (Hrsg.), *Staat, Steuer und Finanzausgleich, Festschrift für Heinz Kolms zum 70. Geburtstag*, Berlin, S. 297-314.

[218] Harold, J. (1997), *Monetary And Fiscal Unification In Nineteenth-Century Germany: What Can Kohl Learn From Bismarck?*, Princeton.

[219] Haavio, M. (2005), Transboundary Pollution and Household Mobility: Are They Equivalent?, in: *Journal of Environmental Economics and Management* 50, S. 252-275.

[220] Heinemann, F. (1995), *Die Finanzverfassung und Kompetenzausstattung der Europäischen Union nach Maastricht*, ZEW Wirtschaftsanalysen, Bd. 5, Baden-Baden.

[221] Heinemann, F. (1998), *EU-Finanzreform 1999 - Eine Synopse der politischen und wissenschaftlichen Diskussion und eine neue Reformkonzeption*, Gütersloh.

[222] Heinemann, F. (2001), Europäische Finanzverfassung: Zwischen Umverteilung und Effizienz, in: R. Ohr und T. Theurl (Hrsg.), *Kompendium Europäische Wirtschaftspolitik*, München, S. 205-239.

[223] Henke, K.-D. (1981), Die Finanzierung der Europäischen Gemeinschaften - Zur integrationsfördernden Fortentwicklung des europäischen Einnahmensystems, in: D. Pohmer (Hrsg), *Probleme des Finanzausgleichs II*, Berlin, S. 11-83.

[224] Henke, K-D. (1997), Die Finanzierung der EU, in: *Wirtschaftsdienst* 77, S. 45-49.

[225] Henke, K.-D. und O.D. Perschau (1999), Zum Föderalismus im zusammenwachsenden Europa: Aspekte einer europäischen Sozial- und Finanzverfassung, in: K. Morath (Hrsg.), *Reform des Föderalismus*, Bad Homburg, S. 119-144.

[226] Hindriks, J. und G.D. Myles (2006), *Intermediate Public Economics*, Cambridge, Mass.

[227] Hobbes, Th. (1651/1976), *Leviathan*, hrsg. und übersetzt von I. Fetscher, Frankfurt/M. et al.

[228] Hoel, M. und P. Shapiro (2003), Population Mobility and Transboundary Environmental Problems, in: *Journal of Public Economics* 87, S. 1013-1024.

[229] Hoel, M. und P. Shapiro (2004), Transboundary environmental problems with mobile but heterogeneous populations, in: *Environmental and Resource Economics* 27, S. 265-271.

[230] Holtzmann, H.-D. (1997), *Regionalpolitik der Europäischen Union, Eine Erfolgskontrolle in theoretischer und empirischer Sicht*, Abhandlungen zur Nationalökonomie, Bd.7, Berlin.

[231] Homburg, S. (1999), Competition and Coordination in International Capital Income Taxation, in: *Finanzarchiv* N.F. Bd.56, S. 1-17.

[232] Homburg, S. (2005), *Allgemeine Steuerlehre*, 4.Aufl., München.

[233] Hoyt, W.H. (1991), Property Taxation, Nash Equilibrium, and Market Power, in: *Journal of Urban Economics* 94, S. 123-131.

[234] Hoyt, W.H. (1999), Tax Policy Coordination, Vertical Externalities, and Optimal Taxation in a System of Hierarchical Governments, Working Paper.

[235] Hoyt, W.H. (2001), Tax Policy Coordination, Vertical Externalities, and Optimal Taxation in a System of Hierarchical Governments, in: *Journal of Urban Economics* 50, S. 491-516.

[236] Huber, B. (1997), Der Steuerwettbewerb: Gefahr oder Chance? in: *List-Forum für Wirtschafts- und Finanzpolitik* 23, S. 242-256.

[237] Huber, B. (2001a), Zur Finanzierung der Europäischen Union, in: *Zeitschrift für Wirtschaftspolitik* 50, S. 49-58.

[238] Huber, B. (2001b), Eine neue EU-Steuer - nein danke!, in: *Handelsblatt*, Nr. 130, 10.7.2001, S. 10.

[239] Huizinga, B. (1995), The Optimal Taxation of Savings and Investment in an Open Economy, in: *Economics Letters* 47, S. 59-62.

[240] Huppertz, P.H., U. Wartenberg (1978), Wirkt die Umsatzsteuer verteilungsneutral?, in: *Wirtschaftsdienst* 58, S. 395-399.

[241] Inman, R.P. und D.L. Rubinfeld (1996), Designing tax policy in federalist economies: An overview, in: *Journal of Public Economics*, 60, S. 307-334.

[242] Inman, R.P. und D.L. Rubinfeld (1997), Rethinking Federalism, in: *Journal of Economic Perspectives* 11(4), S. 43-64.

[243] Jacobs, O.H. (2004), Eine Unternehmenssteuerreform ist notwendig, in: *ifo Schnelldienst* 11, S. 3-4.

[244] Jacobs, O.H., C. Spengel, M. Finkenzeller und M. Roche (2004), *Company Taxation in the New EU Member States - Survey of the Tax Regimes and Effective Tax Burdens for Multinational Investors*, Studie des ZEW und der Fa. Ernst & Young AG, 2.Aufl., Frankfurt.

[245] Jakimovski, R. (2004), *Methoden zur Gewinnabgrenzung in internationalen Konzernen Methoden zur Gewinnabgrenzung in internationalen Konzernen, Eine systematische Analyse der Einflussfaktoren auf transaktionsbezogene und globale Methoden vor dem Hintergrund einer objektorientierten Modellierung*, Hamburg.

[246] Janeba, E. (1997), *International Tax Competition*, Tübingen.

[247] Johnson, W.R. (1988), Income Redistribution in a Federal System, in: *American Economic Review* 78, S. 570-573.

[248] Johnson, W.R. (1991), Decentralized income redistribution reconsidered, in: *Economic Inquiry* 29, S. 69-78.

[249] Kaiser, H. (1989), Die Mehrwertsteuerbelastung privater Haushalte in der Bundesrepublik Deutschland - Ein Vergleich empirischer Inzidenzanalysen auf Basis der Einkommens- und Verbrauchsstichproben 1969, 1973 und 1978, in: *DIW-Vierteljahresheft zur Wirtschaftsforschung*, Heft 1, S. 24-44.

[250] Kanbur, R. und M. Keen (1993), Jeux Sans Frontieres: Tax Competition and Tax Coordination When Countries Differ in Size, in: *American Economic Review* 83, S. 877-892.

[251] Keen, M. (1987), Welfare Effects of Commodity Tax Harmonisation, in: *Journal of Public Economics* 33, S. 107-114.

[252] Keen, M. (1989), Pareto-Improving Indirect Tax Harmonisation, in: *European Economic Review* 33, S. 1-12.

[253] Keen, M. (1993), The Welfare Economics of Tax Coordination in the European Community: A Survey, in: *Fiscal Studies* 19(2), S. 15-36.

[254] Keen, M.J. (1998), Vertical Tax Externalities in the Theory of Fiscal Federalism, IMF Staff Papers 45, S. 454-485.

[255] Keen, M.J. und C. Kotsogiannis (2002), Does federalism lead to excessively high taxes?, in: *American Economic Review* 92, S. 363-370.

[256] Kelders, Ch. und M. Köthenbürger (2005), Tax Incentives in Fiscal Federalism - An Integrated Perspective, Working Paper.

[257] Kirsch, G. (1987), über zentrifugale und zentripetale Kräfte im Föderalismus, in: K. Schmidt (Hrsg.), *Beiträge zu ökonomischen Problemen des Föderalismus*, Berlin, S. 13-34.

[258] Klor, E.F. (2006), A Positive Model of Overlapping Income Taxation in a Federation of States, in: *Journal of Public Economics* 90, S. 703-772.

[259] Kolck, G. (2001), *Kapitalsteuerwettbewerb und politischer Entscheidungsprozess - Eine spieltheoretische Analyse der Situation in der EU*, Hamburg.

[260] Konrad, K.A. und G. Schjelderup (1999), Fortress building in global tax competition, in: *Journal of Urban Economics* 46, S. 156-167.

[261] Kops, M. (1997), Grundstrukturen einer europäischen Finanzverfassung, in: R. Caesar (Hrsg.), *Reform der Finanzverfassung und Strukturpolitik der Europäischen Union*, Baden-Baden, S. 23-53.

[262] Köthenbürger, M. (2000), *International Tax Competition, A Federal Approach*, Paderborn.

[263] Krause-Junk, G. (1996), Das Für und Wider einer Angleichung der Steuersysteme im Binnenmarkt, in: *Beihefte der Konjunkturpolitik* 44, S. 101-116.

[264] Krause-Junk, G. (1999), Preisdumping und Steuerdumping - wie weit reicht die Parallele?, in: *Finanzarchiv* N.F. 56, S. 86-103.

[265] Krogstrup, S. (2004), A Synthesis of Recent Developments in the Theory of Capital Tax Competition, The Graduate Institute of International Studies, Working Paper, Genf.

[266] Krutilla, K. (1999), Environmental Policy and Transaction Costs, in: J.C.J.M. van den Berg (Hrsg.), *Handbook of Environmental and Resource Economics*, Cheltenham, S. 249-264.

[267] Langes, H. (1994), *Report for the Committee of Budgets on the System of Own Resources in the European Union*, European Parliament Working Documents A3-0228/94.

[268] Lannoo, K. und M. Levin (2002), *An EU Company without an EU Tax?*, CEPS Research Report, Brüssel.

[269] Lipsey, R.G. und K. Lancaster (1956), The general Theory of Second Best, in: *Review of Economic Studies* 24, S. 11-24.

[270] Loeffelholz, H.D. von (1996), Für und Wider einer Angleichung der Steuersysteme im Binnenmarkt, in: *Beihefte der Konjunkturpolitik* 44, S. 77-100.

[271] Lucas, V. (2004), Cross-border shopping in a federal economy, in: *Regional Science and Urban Economics* 34, S. 365-385.

[272] Madiès, Th. (2004), Interjurisdictional tax competition and vertical externalities when states provide industrial public goods: A note, Working Paper.

[273] Mäler, K.-G. (1991), Incentives in International Environmental Problems, in: H. Siebert (Hrsg.), *Environmental scarcity: The international dimension*, Tübingen, S. 75-93.

[274] Mallossek, J. (1999), Zur Finanzverfassung der EU - Lehren aus dem fiskalischen Föderalismus?, in: *Applied Economics Quarterly* 49, S. 221-246.

[275] Marshall, A. (1920), *Principles of Economics*, London.

[276] Martínez-López, D. (2005), Fiscal federalism and public inputs provision - vertical externalities matter, European Central Bank, Working Paper Series 484.

[277] McLure Jr., C.E. (1983), *Tax assignment in federal countries*, Centre for Research on Federal Financial Relations, Australian National University, Canberra.

[278] McLure Jr., C.E. (1999), *The Tax Assignment Problem: Conceptual and Administrative Considerations in Achieving Subnational fiscal autonomy*, World Bank, Washington, DC.

[279] McLure Jr., C.E. und J.M. Weiner (2000), Deciding whether the European Union should adopt formula apportionment of company income, in: S. Cnossen (Hrsg.), *Taxing Capital Income in the European Union Issues and Options for Reform*, Oxford, S. 243-292.

[280] McLure Jr., C.E. (2001), The tax assignment problem: Ruminations on how theory and practice depend on history, in: *National Tax Journal* 54, S. 339-364.

[281] McLure Jr., C.E. (2005), The European Commission's Proposals for Corporate Tax Harmonization, in: *CES ifo Forum* 6(1), S. 32-41.

[282] Mendoza, E.G., A. Razin und L.L. Tesard (1994), Effective tax rates in macroeconomics, Cross-country estimates of tax rates on factor incomes and consumption, in: *Journal of Monetary Economics* 34, S. 297-323.

[283] Messal, R. (1991), *Das Eigenmittelsystem der Europäischen Gemeinschaft*, Baden-Baden.

[284] Messal, R. und A. Klein (1993), Finanzlasten und Eigenmittelstruktur der Europäischen Gemeinschaft, in: *Wirtschaftsdienst* 73, S. 375-383.

[285] Messere, K. (1998), *The Tax System in Industrialized Countries*, Oxford.

[286] Messere, K., F. de Kam und C. Heady (2003), *Tax policy: Theory and practice in OECD countries*, Oxford.

[287] Mieszkowski, P. (1983), Energy policy, taxation of natural resources, and fiscal federalism, in: C.E. McLure Jr. (Hrsg.), *Tax Assignment in federal countries*, Centre for Research on Federal Financial Relations, Australian National University, Canberra, S. 129-145.

[288] Milbrandt, B. (2001), *Die Finanzierung der Europäischen Union, Perspektiven für eine Osterweiterung*, Baden-Baden.

[289] Mill, J.S. (1909), *The Principles of Political Economy with some of their Applications to Social Philosophy*, London (Erstauflage: 1848).

[290] Mintz, J.M. (1992), Is there a future for capital income taxation?, OECD Economics department working papers, Working Paper No. 108.

[291] Mintz, J.M. (1999), Globalization of the Corporate Income Tax: The Role of Allocation, in: *FinanzArchiv* N.F. 56, S. 389-422.

[292] Mintz, J.M. und H. Tulkens (1986), Commodity Tax Competition between Member States of a Federation, in: *Journal of Public Economics* 29, S. 133-192.

[293] Mintz, J.M. und H. Tulkens (1990), The OECD Convention: A ŚModelŠ for Corporate Tax Harmonization?, Institute of Policy Analysis, Working paper series, Working Paper No. 9021.

[294] Mintz, J.M. und H. Tulkens (1991), Strategic Use of Tax Rates and Credits in a Model of International Corporate Income Tax Competition, CORE discussion paper No. 9073.

[295] Mintz, J.M. und H. Tulkens (1996), Optimality Properties of Alternative Systems of Taxation of Foreign Capital Income, in: *Journal of Public Economics* 56, S. 373-399.

[296] Mishan, E.J. (1971), The post war literature on externalities: an interpretive essay, in: *Journal of Economic Literature* 9, S. 1-28.

[297] Missfeldt, F. (1999), Game Theoretic Modelling Transboundary Pollution, in: *Journal of Economic Surveys* 13, S. 287-321.

[298] Müller, W. (1998), Was ist fairer Steuerwettbewerb und welche Regeln braucht er?, in: *Konjunkturpolitik* 44, S. 313-352.

[299] Müller, W. (2001), Plädoyer für eine Steuerwettbewerbsordnung, in: W. Müller, O. Fromm und B. Hansjürgens (Hrsg.), *Regeln für den Systemwettbewerb - Steuern und soziale Sicherungssysteme*, Marburg, S. 153-168.

[300] Musgrave, P.B., R.A. Musgrave (1990), Fiscal Coordination and Competition in an International Setting, in: C.E. McLure Jr. (Hrsg.), *Influence of Tax Differentials on International Competitiveness*, Bosten, S. 61-85.

[301] Musgrave, R.A. (1959) *The theory of public finance*, New York.

[302] Musgrave, R.A. (1983), Who Should Tax, Where and What?, in: C.E. McLure, Jr. (Hrsg.), *Tax Assignment in Federal Countries*, Canberra, S. 2-19.

[303] Musgrave, R.A., P.B. Musgrave und L. Kullmer (1987), *Die öffentlichen Finanzen in Theorie und Praxis*, Bd.3, 3.Aufl., Tübingen.

[304] Musgrave, R.A., P.B. Musgrave und L. Kullmer (1990), *Die öffentlichen Finanzen in Theorie und Praxis*, Bd.1, 5.Aufl., J.C.B.Mohr: Tübingen.

[305] Mutén, L. (2001), The case for an EU tax is not convincing, in: *Intereconomics* 36, S. 228-230.

[306] Neumark, F. (1970), *Grundsätze gerechter und ökonomisch rationaler Steuerpolitik*, Tübingen.

[307] Neumark, F. (1988), Steuerpolitische Ideale der Gegenwart, in: H. Zimmermann (Hrsg.), *Staatsfinanzen und Gesellschaft, Zur zukünftigen Finanzierung des Staatshaushalts*, Stuttgart, S. 45-60.

[308] Neumann, J.M.M. (1999), Grundlegende Reform des Finanzierungssystems der EU, in: *Wirtschaftsdienst*, 1999/II, S. 71-75.

[309] Niskanen, W.A. (1971), *Bureaucracies and Representative Government*, Chicago.

[310] o.V. (2001a), Europaparlament lehnt Einführung einer EU-Steuer ab, in: *Handelsblatt*, 6.7.2001 (Online-Ausgabe).

[311] o.V. (2001b), Juncker plädiert für Einführung einer Europa-Steuer, in: *Handelsblatt*, (Online-Ausgabe).

[312] o.V. (2001c), Prodi fordert eine eigene Europa-Steuer, in: *Tagesspiegel*, 30.5.2001 (Online-Ausgabe).

[313] o.V. (2004), Kommission denkt an eine EU-Steuer, in: *Frankfurter Allgemeine Zeitung*, Nr. 28, 3.2.2004, S. 12.

[314] o.V. (2005), Blair fasst EU-Steuer ins Auge, in: *Handelsblatt*, 20.12.2005 (Online-Ausgabe).

[315] O'Donoghue, C., M. Baldini und D. Mantovani (2001), Modelling the Redistributive Impact of Indirect Taxes in Europe: an Application of Euromod, EUROMOD Working Paper Series, Working Paper No. 7/01.

[316] Oates, W.E. (1968), The theory of public finance in a federal system, in: *Canadian Journal of Economics* 1, S. 37-54.

[317] Oates, W.E. (1972), *Fiscal Federalism*, New York.

[318] Oates, W.E. (1985), Searching for Leviathan: An empirical analysis, in: *American Economic Review* 75, S. 748-757.

[319] Oates, W.E. (1989), Searching for Leviathan: A Reply and some further reflections, in: *American Economic Review* 79, S. 578-583.

[320] Oates, W.E. (1994), Federalism and Government Finance, in: J. Quigley und E. Smolensky (Hrsg.), *Modern Public Finance*, Cambridge, MA.

[321] Oates, W.E. (1995), Green Taxes: Can We Protect the Environment and Improve the Tax System at the Same Time?, in: Southern Economic Journal 61, S. 915-922.

[322] Oates, W.E. (1999), An Essay on Fiscal Federalism, in: *Journal of Economic Literature* 37, S. 1120-1149.

[323] Oates, W.E. (2002a), Fiscal and Regulatory Competition: Theory and Evidence, in: *Perspektiven der Wirtschaftspolitik* 3, S. 377-390.

[324] Oates, W.E. (2002b), A reconsideration of environmental federalism, in: J.A. List (Hrsg.), *Recent advances in environmental economics*, Cheltenham et al., S. 1-32.

[325] Oates, W.E. (2002c), Fiscal federalism and European Union: some reflections, University of Maryland, Working Paper.

[326] OECD (1995), *Climate Change, Economic Instruments and Income Distribution*, Paris.

[327] OECD (1998), *Harmful Tax Competition: An Emerging Global Issue*, Paris.

[328] Olson, M. (1969), The Principle of „Fiscal Equivalence": The Devision of Responsibilities Among Different Levels of Government, in: *American Economic Review* 59, S. 479-487.

[329] Overwiening, B. (1996), *Die optimale fiskalische Souveränität eines Staates im Spiegel des Internationalen Steuerrechts: eine Soll-Ist-Analyse*, Volkswirtschaftliche Schriftenreihe, Bd.23, Münster.

[330] Owens, J., J. Nørregaard, J. (1991), The Role of Lower Levels of Government: The Experience of Selected OECD Countries, in: J. Owens, G. Panella (Hrsg.), *Local Government: an International Perspective*, Amsterdam.

[331] Panizza, U. (1999), On the determinants of fiscal centralization: Theory and evidence, in: *Journal of Public Economics* 74, S. 97-139.

[332] Parsche, R. Ch.W. Nam, B. Schaden (2001), Measurement of value added tax evasion in selected EU countries on the basis of national accounts data, *ifo Studien* 47, S. 127-144.

[333] Patterson, B. und A. Martinez Serrano (2000), Tax coordination in the European Union, Economic Affairs Series of Directorate-General for Research, Working Paper Econ 125.

[334] Peffekoven, R. (1980), Finanzausgleich I: Wirtschaftstheoretische Grundlagen, in: *Handwörterbuch der Wirtschaftswissenschaft*, Bd. 2, Stuttgart et al., S. 608-636.

[335] Peffekoven, R. (1981), Verteilung internationaler Finanzierungslasten, in: *List-Forum für Wirtschafts- und Finanzpolitik* 11, S. 14ff.

[336] Peffekoven, R. (1994), *Die Finanzen der Europäischen Union*, Mannheim et al.

[337] Peffekoven, R. (2001), Keine EU-Steuer vor 2004, in: *Die Sparkassen-Zeitung*, Nr. 24, 22.6.2001, S. 2.

[338] Peltzman, S. und N.T. Tideman (1972), Local versus National Pollution Control: Note, in: *American Economic Review* 62, S. 959-963.

[339] Persson, T., G. Roland und G. Tabellini (1997), Separation of Powers and Political Accountability, in: *Quarterly Journal of Economics* 112, S. 1163-1202.

[340] Persson, J. und G. Tabellini (2003), *The Economic Effects of Constitutions*, Boston.

[341] Pesmatzoglou, H. (1996), *Die Harmonisierung der Kapitaleinkommensbesteuerung in der Europäischen Union*, Frankfurt/M.

[342] Piekkola, H. (1998), Reducing the tax burden on labor and how to finance it, in: Austrian Federal Ministry of Finance (Hrsg.), *Tax competition and coordination of tax policy in the European Union*, Wien, S. 77-95.

[343] Pigou, A.C. (1920), *The Economics of Welfare*, London.

[344] Pitlik, H. (1998), Steuerwettbewerb oder Steuerharmonisierung in der WWU?, in: R. Caesar (Hrsg.), *Die Europäische Wirtschafts- und Währungsunion: Regionale und globale Herausforderungen*, Bonn, S. 169-193.

[345] Polster, W. (2001), *Europäische Währungsintegration - Von der Zahlungsunion zur Währungsunion*, Berlin.

[346] Pope, J., R. Fayle und D.L. Chen (1990), *The compliance costs of public companies' income taxation in Australia 1986-87*, Sydney.

[347] Popitz, J. (1927), Der Finanzausgleich, in: *Handbuch der Finanzwissenschaft*, Bd.2, 1.Aufl., S. 338-375.

[348] Preißer, K.-H. (1991), *Die Stellung Bayerns bei der Steuerharmonisierung im Deutschen Zollverein 1834-1871*, Wirtschafts- und Sozialwissenschaftliche Forschungsbeiträge, Bd.10, Regensburg.

[349] Protokoll über den wirtschaftlichen und sozialen Zusammenhalt zum Vertrag über die Europäische Union, ABl. C 191 vom 29.7.1992.

[350] Protokoll über die Satzung des Europäischen Systems der Zentralbanken und der Europäischen Zentralbank, ABl. C 191 vom 29.7.1992.

[351] Puga, D. (2002), European regional policy in light of recent location theories, in: *Journal of Economic Geography* 2, S. 372-406.

[352] Raab, U.H. (1995), Öffentliche Transaktionskosten und Effizienz des staatlichen Einnahmesystems, Berlin.

[353] Radaelli, C.M. (1998), Policy Narratives in the European Union: The Case of Harmful Tax Competition, The European University Institute of Florence, Working paper RSC No. 9834, Florenz.

[354] Rahmeyer, F. (1999), Klimaschutz durch Steuern oder Lizenzen, in: *Konjunkturpolitik* 45, S. 317-357.

[355] Rat der Europäischen Gemeinschaften (1970), Beschluss 70/243/EGKS,EWG, Euratom vom 21. April 1970 über die Ersetzung der Finanzbeträge der Mitgliedstaaten durch eigene Mittel der Gemeinschaften, ABl. L 94 vom 28.04.1970, S. 19ff.

[356] Rat der Europäischen Gemeinschaften (1988a), Beschluss 88/376/EWG des Rates vom 24.6.1988 über das System der Eigenmittel der Gemeinschaften, ABl. L 185, S. 24-28. I

[357] Rat der Europäischen Gemeinschaften (1988b), Richtlinie 88/361/EWG des Rates vom 24.6.1988 zur Durchführung von Artikel 67 des Vertrages, ABl. L 178 vom 8.7.1988, S. 5-18.

[358] Rat der Europäischen Gemeinschaften (1989), Verordnung 1553/89/EWG/EURATOM des Rates über die endgültige einheitliche Regelung für die Erhebung der Mehrwertsteuereigenmittel, 29.5.1989.

[359] Rat der Europäischen Gemeinschaften (1990a), Richtlinie 90/434/EWG des Rates über das gemeinsame Steuersystem der Mutter- und Tochtergesellschaften verschiedener Mitgliedstaaten, ABl. L 225 vom 20.8.1990, S. 6-9.

[360] Rat der Europäischen Gemeinschaften (1990b), Richtlinie 90/435/EWG des Rates über das gemeinsame Steuersystem für Fusionen, Spaltungen, die Einbringung von Unternehmensteilen und den Austausch von Anteilen, die Gesellschaften verschiedener Mitgliedstaaten betreffen, ABl. L 225 vom 20.8.1990, S. 1-5.

[361] Rat der Europäischen Gemeinschaften (1990c), Übereinkommen 90/436/EWG über die Beseitigung der Doppelbesteuerung im Falle von Gewinnberichtigungen zwischen verbundenen Unternehmen, ABl. L 225 vom 20.8.1990, S. 6-9.

[362] Rat der Europäischen Gemeinschaften (1992), Richtlinie 92/12/EWG des Rates vom 25. Februar 1992 über das allgemeine System, den Besitz, die Beförderung und die Kontrolle verbrauchsteuerpflichtiger Waren, ABl. L 76 vom 23.3.1992, S. 1-13.

[363] Rat der Europäischen Union[24] (1994), Beschluss des Rates vom 31.10.1994 über das System der Eigenmittel der Europäischen Gemeinschaften, ABl. L 293 vom 12.11.1994, S. 9-13.

[364] Rat der Europäischen Union (1997a), Schlussfolgerungen des Rates „Wirtschafts- und Finanzfragen" vom 1.12.1997 zur Steuerpolitik - Entschließung des Rates und der im Rat vereinigten Vertreter der Regierungen der Mitgliedstaaten vom 1.12.1997 über einen Verhaltenskodex für die Unternehmensbe-steuerung - Besteuerung von Zinserträgen, ABl. C 2, vom 6.1.1998, S. 1-6.

[365] Rat der Europäischen Union (1997b), Entschließung des Rates und der im Rat vereinigten Vertreter der Regierungen der Mitgliedstaaten über einen Verhaltenskodex für die Unternehmensbesteuerung vom 1.12.1997, ABl. C 2 vom 6.1.98, S. 2-5.

[366] Rat der Europäischen Union (2000), Beschluss des Rates vom 29.9.2000 über das System der Eigenmittel der Europäischen Gemeinschaften, Beschluss 2000/597/EG, Euratom, ABl. L 253 vom 7.10.2000, S.42-46.

[367] Rat der Europäischen Union (2001), Verordnung (EG) Nr. 2157/2001 des Rates vom 8.10.2001 über das Statut der Europäischen Gesellschaft (SE), ABl. L 294 vom 10.11.2001, S. 1-21.

[368] Rat der Europäischen Union (2002), Verordnung (EG, EURATOM) Nr. 1605/2002 des Rates vom 25.6.2002 über die Haushaltsordnung für den Gesamthaushaltsplan der Europäischen Gemeinschaften, ABl. L 248 vom 16.9.2002.

[369] Rat der Europäischen Union (2003a), Richtlinie 2003/96/EG des Rates vom 27.10.2003 zur Restrukturierung der gemeinschaftlichen Rahmenvorschriften zur Besteuerung von Energieerzeugnissen und elektrischem Strom, ABl. L 283, 31.10.2003, S. 51ff.

[370] Rat der Europäischen Union (2003b), Richtlinie 2003/48/EG des Rates vom 3.6.2003 im Bereich der Besteuerung von Zinserträgen, ABl. L 157 vom 26.6.2003, S. 38-48.

[24]Mit dem Vertrag über die Europäische Union kam 1993 zur Umbenennung des Rates von Rat der Europäischen Gemeinschaften in Rat der Europäischen Union.

[371] Rat der Europäischen Union (2003c), Richtlinie 2003/49/EG des Rates vom 3.6.2003 über eine gemeinsame Steuerregelung für Zahlungen von Zinsen und Lizenzgebühren zwischen verbundenen Unternehmen verschiedener Mitgliedstaaten, ABl. L 157 vom 26.6.2003, S. 49-54.

[372] Rat der Europäischen Union (2003d), Mehrjähriges Strategieprogramm des Rates 2004-2006, 15896/03 vom 8.12.2003, Brüssel.

[373] Rat der Europäischen Union (2003e), Verordnung (EG, Euratom) Nr. 1287/2003 vom 15.7.2003 zur Harmonisierung des Bruttonationaleinkommens zu Marktpreisen („BNE-Verordnung"), ABl. L 181 vom 19.7.2003, S. 1-3.

[374] Rat der Europäischen Union (2005), Jahresprogramm des Rates für 2006, 16065/05 vom 22.12.2005, Brüssel.

[375] Rat der Europäischen Union (2006), Richtlinie 2006/18/EG des Rates vom 14.2.2006 zur Änderung der Richtlinie 77/388/EWG in Bezug auf die ermäßigten Mehrwertsteuersätze, ABl. L 51 vom 22.2.2006, S. 12-13.

[376] Rauscher, M. (1998), Leviathan and Competition Among Jurisdictions - The Case of Benefit Taxation, in: *Journal of Urban Economics* 44, S. 59-67.

[377] Razin, A. et al. (1998), A Pecking Order of Capital Inflows and International Tax Principles, in: *Journal of International Economics* 44, S. 45-68.

[378] Razin, A., E. Sadka und Ch.W. Nam (2005), *The Decline of the Welfare State: Demographics and Globalization*, Cambridge, MA.

[379] Recktenwald H.C. (1984a), Neue Analytik der Steuerwirkungen, in: WiSt, Heft 8, S. 393-400.

[380] Recktenwald H.C. (1984b), Föderalismus im säkularem Wandel, in: W.A.S. Koch und H.-G. Petersen (Hrsg.), *Staat, Steuern und Finanzausgleich*, Berlin, S. 279-295.

[381] Reding, K. und W. Müller (1999), *Einführung in die Allgemeine Steuerlehre*, München.

[382] Rehm, H. (2003), Die Zinsbesteuerung in der Europaeischen Union, Norddeutschen Landesbank, Diskussionspapier Nr. 281, Hannover.

[383] Rizzo, L. (2005), Interaction between Vertical and Horizontal Tax Competition: Theory and Evidence, Working Paper No. 5/2005.

[384] Rose, M. (1991), *Konsumorientierte Neuordnung des Steuersystems*, Berlin.

[385] Sachverständigenrat zur Begutachtung der gesamtwirtschaftlichen Entwicklung (2003), *Jahresgutachten 2003/04: Staatsfinanzen konsolidieren - Steuersystem reformieren*, Stuttgart.

[386] Sachverständigenrat zur Begutachtung der gesamtwirtschaftlichen Entwicklung (2004), *Jahresgutachten 2004/05: Erfolge im Ausland - Herausforderungen im Inland*, Stuttgart.

[387] Sachverständigenrat für Umweltfragen (SRU) (2004), *Umweltgutachten 2004. Umweltpolitische Handlungsfähigkeit sichern - Kurzfassung*, Berlin.

[388] Sandford, C. (1995), *Tax compliance costs: measurement and policy*, Bath.

[389] Sandford, C., M. Godwin, P. Hardwick (1989), *Administrative and Compliance Costs of Taxation*, Bath.

[390] Sandmo, A. (1975), Optimal Taxation in the presence of externalities, in: *Swedish Journal of Economics* 77, S. 86-98.

[391] Sapir, A. et al. (2003), An Agenda for a Growing Europe, Making the EU Economic System Deliver, Report of an Independent High-Level Study Group established on the initiative of the President of the European Commission, Brüssel.

[392] Sato, M. (2000), Fiscal externalities and efficient transfers in a federation, in: *International Tax and Public Finance* 7, S. 119-139.

[393] Schachtschneider, K.A. (1999), Demokratiedefizite in der Europäischen Union, in: W. Nölling, K.A. Schachtschneider, J. Starbatty (Hrsg.), *Währungsunion und Weltwirtschaft*, Festschrift für Wilhelm Hankel, S. 119-148.

[394] Schaden, B. (1995), *Effektive Kapitalsteuerbelastung in Europa. Eine empirische Analyse aus deutscher Sicht*, Heidelberg.

[395] Schenk, M. (2002), *Effiziente Steuersysteme und internationaler Steuerwettbewerb*, Frankfurt/M. et al.

[396] Schick, G. und J. Märkt (2001), Braucht die EU eine eigene Steuer?, in: *DStZ* 1-2, S. 27-35.

[397] Schöb, R. (1994), On Marginal Cost and Marginal Benefit of Public Funds, in: Public Finance 49, S. 87-106.

[398] Schöb, R. (1996), Evaluating Tax Reforms in the Presence of Externalities, Oxford Economic Papers 48, S. 537-555.

[399] Schoen, W. (1997), Kapitalverkehrsfreiheit und nationales Steuerrecht, in: ders. (Hrsg.), *Gedächtnisschrift für Brigitte Knobbe-Keuk*, Köln, S. 743-756.

[400] Scholz, K. (2003), *Supranationale Klimapolitik - Eine ökonomische Analyse am Beispiel der Europäischen Union*, Berlin.

[401] Schreyer, M. (2000), Die Europäische Finanzverfassung vor der Erweiterung, in: Walter-Hallstein-Institut für Europäisches Verfassungsrecht (Hrsg.), *Verfassungsrechtliche Reformen zur Erweiterung der Europäischen Union*, Baden-Baden, S. 119-129.

[402] Schreyer, M. (2001), Does the EU need a tax of its own?, in: *Intereconomics* 36, S. 223-225.

[403] Schüssel, W. (2006), Vorstellung des Programms des österreichischen Vorsitzes, Rede des Vorsitzenden des Europäischen Rates vor dem Europäischen Parlament, Plenardebatte des Europäischen Parlaments, 18.1.2006, Straßburg.

[404] Shapiro, P. und J. Petchey (1997), The welfare economics of environmental regulatory authority: two parables on state vs federal control, in: J.B. Praden und S. Proost (Hrsg.), *The economic theory of environmental policy in a federal system*, Cheltenham, S. 122-146.

[405] Silva, E.C.D. und A.J. Caplan (1997), Transboundary Pollution Control in Federal Systems, in: *Journal of Environmental Economics and Management* 34, S. 173-186.

[406] Sinn, H.-W. (1990), Tax Harmonization or Tax Competition in Europe, in: *European Economic Review*, 34, S. 489-504.

[407] Sinn, H.-W. (1994), How much Europe? Subsidiarity, Centralization and Fiscal Competition, in: *Scottish Journal of Political Economy* 41, S. 85-107.

[408] Sinn, H.-W. (1995), Implikationen der vier Grundfreiheiten für eine nationale Fiskalpolitik, in: *Wirtschaftsdienst* 5, S. 240-249.

[409] Slemrod, J. und M. Blumenthal (1993), The income tax compliance cost of big business, University of Michigan, Arbeitspapier, 93-11.

[410] Slemrod, J.B. (1995), Free Trade Taxation and Protectionist Taxation, in: *International Tax and Public Finance* 2, S. 471-489.

[411] Slemrod, J.B. und S. Yitzhaki (2002), Tax Avoidance, Evasion, and Administration, in: A.J. Auerbach und M. Feldstein (Hrsg.),*Handbook of Public Economics*, Vol. 3, Amsterdam, S. 1423-1470.

[412] Smith, A. (1776), *An Inquiry into the Nature and Causes of the Wealth of Nations*, London (zitiert nach: Smith (1983), Der Wohlstand der Nationen, Eine Untersuchung seiner Natur und seiner Ursachen, Übersetzung von H.C. Recktenwald, München).

[413] Smith, S. (1993), Distributional Effects of a European Carbon Tax, in: C. Carraro und D. Siniscalco (Hrsg.), *The Carbon Tax: An Economic Assessment*, Dordrecht, S. 49-65.

[414] Smith, S. (1999b), The Compatibility of Tradable Permits With Other Environmental Policy Instruments, in: OECD (Hrsg.), *Implementing Domestic Tradable Permits for Environmental Protection*, Paris, S. 199-219.

[415] Smith, S. (1999), Tax instruments for curbing CO_2 emissions, in: J.C.J.M. van den Bergh (Hrsg.), *Handbook of environmental and resource economics*, Cheltenham, S. 505-521.

[416] Smulders, S. und H. Vollebergh (2001), Green Taxes and Administrative Costs: the Case of Carbon Taxation, in: C. Carraro und G. Metcalf (Hrsg.), *Distributional and Behavioral Effects of Environmental Policy*, Chicago, S. 91-130.

[417] Sobel, R. (1997), Optimal Taxation in a Federal System of Governments, in: *Southern Economic Journal* 64, S. 468-485.

[418] Sorrell, S. et al. (2003), Interaction in EU Climate Policy, Final Report, Science and Technology Policy Research (SPRU), Sussex.

[419] Sijm, J. (2003), Interaction of the EU Emissions Trading Directive with Climate Policy Instruments in the Netherlands, Policy Brief, Energy Research Centre of the Netherlands, Amsterdam.

[420] Sørensen, P.B. (2000), The case for international tax coordination reconsidered, in: *Economic Policy* 15, S. 431-472.

[421] Sørensen, P.B. (2004), Company Tax Reform in the European Union, in: *International Tax and Public Finance* 11, S. 91-115.

[422] Spahn, P.B. (1993), *The community budget for an economic and monetary union*, Basingstoke.

[423] Speck, S. (1999), Energy and Carbon Taxes and their Distributional Implications, in: *Energy Policy* 27, S. 659-667.

[424] Spengel, Ch. (2004), Unternehmensbesteuerung in der EU - quo vadis?, in: J. Lüdicke (Hrsg.), Deutsches Steuerrecht im europäischen Rahmen, Köln, S. 109-155 (in der Arbeit wird die Version des Arbeitspapiers mit der Nummerierung 1-38 zitiert).

[425] Tabellini, G. (2003), Principles of Policymaking in the European Union: An Economic Perspective, in: *CESifo Economic Studies* 49, S. 75-102.

[426] Tanzi, V. (1995), *Taxation in an Integrating World*, Washington, DC.

[427] Tanzi, V. und L. Bovenberg (1990), Is There a Need for Harmonizing Capital Income Taxes within EC Countries?, in: H. Siebert (Hrsg.), Reforming Capital Income Taxation, Tübingen, S. 171-197.

[428] Teutemann, M. (1992), *Rationale Kompetenzverteilung im Rahmen der europäischen Integration, Ein Beitrag zur finanzwirtschaftlichen Ordnungspolitik*, Berlin.

[429] Tiebout, C.M. (1956), A Pure Theory of Local Expenditures, in: *Journal of Political Economy* 64, S. 416-424.

[430] Tofaute, H. (1994), Verteilungswirkungen der Mehrwertsteuer auf private Haushaltseinkommen, in: *WSI-Mitteilungen* 47, S. 644-653.

[431] Vaubel, R. (1994), The Political Economy of Centralization and the European Community, in: *Public Choice* 81, S. 151-190.

[432] Verhoef, E.T. (1999), Externalities, in: J.C.J.M. van den Bergh (Hrsg.), *Handbook of environmental and resource economics*, Bodmin, S. 197-214.

[433] Vertrag zur Gründung der Europäischen Gemeinschaft, Konsolidierte Fassung, ABl. C 325 vom 24.12.2002.

[434] Vertrag über die Europäische Union, Konsolidierte Fassung, ABl. C 325 vom 24.12.2002.

[435] Vertrag über eine Verfassung für Europa, ABl. C 310 vom 16.12.2004.

[436] Vollebergh, H. (1995), Transaction Costs and European Carbon Tax Design, in: M. Faure, J. Vervaele, und A. Weale (Hrsg.), *Environmental Standards in the European Union in an Interdisciplinary Framework*, Antwerpen, S. 135-154.

[437] Walthes, F. (1995), *Europäischer Finanzausgleich*, Berlin.

[438] Weichenrieder, A.J. (2004), Koordination bei der Besteuerung von Unternehmenserträgen trotz nationaler Autonomie?, in: *ifo Schnelldienst* 11/2004, S. 9-10.

[439] Weide, K.-M. (1991), *Ansätze zur Harmonisierung der direkten Unternehmensbesteuerung in der Europäischen Gemeinschaft*, Kassel.

[440] Wellisch, D. (2000), *Theory of Public Finance in a Federal State*, Cambridge.

[441] Wiegard, W. (1982), Erkenntnisgegenstand und -inhalt der Neuen Finanztheorie, in: *Finanzarchiv* 40, S. 155-166.

[442] Wier, M., K. Birr-Pedersen, H. Klinge Jacobsen und J. Klok (2005), Are CO_2 Taxes Regressive? Evidence from the Danish Experience, in: *Ecological Economics* 52, S. 239-251.

[443] Wiese, H. (1998), Externe Effekte, in: *WiSt* 8, S. 404-408.

[444] Wigger, B.U. (2006), Grundzüge der Finanzwissenschaft, 2. Aufl., Berlin.

[445] Wigger, B.U. und U. Wartha (2003), How to Allocate the Power to Tax in Europe?, in: *Yearbook of New Political Economy* 22, European Governance, S. 172-190.

[446] Wigger, B.U. und U. Wartha (2004), Vertical Tax Externalities and the Composition of Public Spending in a Federation, in: *Economics Letters* 84, S. 357-361.

[447] Wildasin, D.E. (1989), Interjurisdictional capital mobility: Fiscal externality and a corrective subsidy, in: *Journal of Urban Economics* 25, S. 193-212.

[448] Wildasin, D.E. (1988), Nash equilibria in models of fiscal competition, in: *Journal of Public Economics* 35, S. 229-240.

[449] Wilson, J.D. (1986), A Theory of Interregional Tax Competition, in: *Journal of Urban Economics* 19, S. 296-315.

[450] Wilson, J.D. (1991), Tax competition with interregional differences in factor endowment, in: *Regional Science and Urban Economics* 21, S. 423-431.

[451] Wilson, J.D. (1999), Theories of Tax Competition, in: *National Tax Journal* 52, S. 269-304.

[452] Wilson, J.D. und D.E. Wildasin (2004), Capital tax competition: bane or boon?, in: *Journal of Public Economics* 88, S. 1065-1091.

[453] Wilson, J.D., E. Janeba (2005), Decentralization and international tax competition, in: *Journal of Public Economics* 89, S. 1211-1229.

[454] Winer, S.L. (2000), On the Reassignment of Fiscal Powers in a Federal State, in: G. Galeotti, P. Salmon und R. Wintrobe (Hrsg.), *Competition and Structure: The Political Economy of Collective Decisions*, Essays in Honour of Albert Breton, New York, S. 150-173.

[455] Wissenschaftlicher Beirat beim Bundesministerium für Wirtschaft und Technologie (1998), Neuordnung des Finanzierungssystems der Europäischen Gemeinschaft, Gutachten vom 18./19.12.1998, BMWi-Studienreihe Nr. 455, Bonn.

[456] Wit, R. und J. Dings (2002), Economic incentives to mitigate economic greenhouse gas emissions from air transport in Europe, Paper for the European Commission report on the operation of the own resources system 2004.

[457] Wrede, M. (1997), Vertical and Horizontal Tax Competition: Will Unco-ordinated Leviathans end up on the wrong Side of the Laffer Curve?, in: *Finanzarchiv* N.F. 53, S. 461-479.

[458] Wrede, M. (1999), Tragedy of the fiscal common?: Fiscal stock externalities in a Leviathan model of federalism, in: *Public Choice* 101, S. 177-193.

[459] Wrede, M. (2002), *Fiskalische Externalitäten im föderativen Staat*, Tübingen.

[460] Wrede, M. (2005), Vertikale fiskalische Externalitäten und Kofinanzierung in der Regionalpolitik der Europäischen Union, in: *Vierteljahreshefte zur Wirtschaftsforschung* 74, S. 66-73.

[461] Wrede, M. und R. Fenge (2004), EU Regional Policy: Vertical Fiscal Externalities and Matching Grants, CESIFO Working Paper No. 1146.

[462] Zhang, Z. und A. Baranzini (2004), What Do We Know About Carbon Taxes? An Inquiry Into Their Impacts on Competitiveness and Distribution of Income, in: *Energy Policy* 32, S. 507-518.

[463] Zimmermann, H. (1983), Allgemeine Probleme und Methoden des Finanzausgleichs, in: *Handbuch der Finanzwissenschaft*, Bd.4, Tübingen, S. 3-52.

[464] Zimmermann, H. und K.-D. Henke (2005), *Finanzwissenschaft*, 9. Aufl., München.

[465] Zodrow, G.R. (2003), Tax Competition and Tax Coordination in the European Union, in: *International Tax and Public Finance* 10, S. 651-671.

[466] Zodrow, G.R. und P. Mieszkowski (1986), Pigou, Tiebout, Property Taxation, and the Underprovision of Local Public Goods, in: *Journal of Urban Economics* 19, S. 356-370.

[467] Zuleeg, M. (2000a), Die föderativen Grundsätze der Europäischen Union, in: *NJW* 39, S. 2846-2851.

[468] Zuleeg, M. (2000b), Federalization Through Law - An Evergreen, in: Th. Baums, K.J. Hopt und N. Horn (Hrsg.), *Corporation, Capital Markets and Business in the Law*, London et al., S. 669-678.

FSC
www.fsc.org
MIX
Papier | Fördert gute Waldnutzung
FSC® C083411

Kolibri 360 GmbH
Ferdinand-Jühlke-Straße 7
99095 Erfurt, Deutschland
produktsicherheit@kolibri360.de

Druck:
CPI Druckdienstleistungen GmbH
im Auftrag der
Kolibri 360 GmbH
Ferdinand-Jühlke-Str. 7
99095 Erfurt